普通高等教育"十二五"规划教材

全国高职高专规划教材·财经系列

企业管理心理实务

主　编　陈鸿雁

副主编　吴翠领　李　雯　徐　哲

U0362583

北京大学出版社

PEKING UNIVERSITY PRESS

内容简介

本书是一本真正实现"任务驱动、项目引领"的高职高专《企业管理心理实务》示范性教材。全书根据教育部 2006 年第 16 号《教育部关于全面提高高等职业教育教学质量的若干意见》文件精神,通过对企业管理工作岗位实地考察分析,以真实职业活动顺序(业务流程)为主线进行教材内容设计,形成了特征鲜明的"工作过程导向"教学蓝本。编写过程中,在不改变核心理论的前提下将知识内容进行了重组,真正做到了"必须与够用",使理论的基础地位变为对实践操作的服务地位。从课程设计的角度,解决了经济管理类专业"工学结合"的难题。按企业管理岗位业务流程,本书分为 7 个工作项目,分别是现代企业管理观念→个体心理与管理→激励理论与实践→群体心理与管理→领导心理与管理→组织心理与管理→心理健康与管理。

本书适合高职高专经济管理类专业选用,或作为高职学生参加企业管理专业专升本自学考试的参考用书,同时也适合作为企业管理在职人员的工作实践指导用书,以及作为参加人力资源师职业资格考试参考用书。

图书在版编目(CIP)数据

企业管理心理实务/陈鸿雁主编. —北京:北京大学出版社,2012.6
(全国高职高专规划教材·财经系列)
ISBN 978-7-301-20707-9

Ⅰ. 企… Ⅱ. 陈… Ⅲ. ①企业管理—管理心理学—高等职业教育—教材
Ⅳ. ①F270-05

中国版本图书馆 CIP 数据核字(2011)第 108827 号

书　　　名:企业管理心理实务	
著作责任者:陈鸿雁　主编	
责 任 编 辑:成　淼	
标 准 书 号:ISBN 978-7-301-20707-9/F · 3194	
出 版 发 行:北京大学出版社	
地　　　址:北京市海淀区成府路 205 号　100871	
网　　　址:http://www.pup.cn	
电 子 信 箱:zyjy@pup.cn	
电　　　话:邮购部 62752015　发行部 62750672　编辑部 62765126　出版部 62754962	
印 刷 者:北京鑫海金澳胶印有限公司	
经 销 者:新华书店	

787 毫米×1092 毫米　16 开本　19 印张　459 千字
2012 年 6 月第 1 版　2012 年 6 月第 1 次印刷

定　　　价:39.00 元

前　言

尊敬的读者：拿到这本书，只要您大致浏览一遍，您会觉得这是一本非常"好"的教科书！与传统学科教材相比，本书在定位与设计方面有以下特点：

首先，是"好看"。考虑到我国高职高专学生的文化背景和基础教育养成的吸纳知识的习惯，增强了趣味性。尤其是精选的管理故事、实例，富有哲理，耐人寻味，让学生在笑声中得到思想启迪与管理智慧。在做到学习情景与职业情景紧密结合的同时，注意行文的活泼与优美，使其具有可读性。尽量运用形象具体的语言，使学生可以直观、形象地获取知识，从而可以轻松获取实际职业行动能力。

其次，是"好教"。以任务驱动统领教学过程的实施，便于教师梳理教材，把握主干，同时可更好地诱发学生学习的自主性、积极性，由过去教师讲，学生听的被动行为变为学生的主动探索行为，使学生通过课程学习逐步养成职业能力。完成"从实践到理论、从具体到抽象、从个别到一般"和"提出问题、解决问题、归纳总结"的教学程序。

再次，是"好学"。坚持知识的掌握服务于能力的构建，围绕职业能力的形成组织课程内容，以工作任务为中心来整合相应的知识和技能。不追求理论知识的体系完整，但求教学内容先进、重点突出，取舍合理，结构清晰、层次分明，表述深入浅出，用平实的语言阐释高深的管理理论，信息传递高效简洁。

最后，是"好做"。以基础管理岗位具体工作项目为载体，设计、组织课程内容，形成以工作任务为中心，以技术实践知识为焦点、以技术理论知识为背景的课程内容结构，实现了课程内容由学科结构向工作结构的转变，提高可操作性。加强工作任务与知识、技能的联系，增强了学生的直观体验，诱发其学习的参与性和主动性。在关键技能环节，有针对地设置实际操作练习，加大技能培训力度，从而方便学生将知识转化为专业性的技能技巧，提高其解决和处理现实问题的综合能力。

本书遵循职业教育教学规律，在进行企业咨询和企业调研基础上，以真实企业管理心理活动顺序为教材内容设计主线，面向应用，突出学生企业管理的应用能力培养，工作项目设置为7个，依次是：现代企业管理观念、个体心理与管理、激励理论与实践、群体心理与管理、领导心理与管理、组织心理与管理和心理健康与管理。每一个项目都设计了知识目标、能力目标、任务情境、任务分析、知识精讲、任务诊断、知识小结、知识巩固、案例分析、实训设计、典型事例、管理必读、管理故事、知识拓展、课堂讨论等栏目，构建了相对完整的管理心理理论及操作体系，回归了以培养学生技术应用能力为主线的高职高专教育本位，突出强调学生学习的参与性与主动性，体现了教材定位、规划、设计与编写等方面的职业教育教学改革示范性，适合高职高专院校经济管理类专业及相关专业选用。

本书由全国百所示范性高职院校淄博职业学院陈鸿雁担任主编，吴翠领、李雯、徐哲担任副主编。具体分工为：项目一由吴翠领编写，项目二、三、五、七由陈鸿雁编写，项目四由陈鸿雁、李雯编写，项目六由陈鸿雁、徐哲编写。本书配有完整的精品课程教学资源库。

在编写过程中，我们参阅了国内外一些企业管理专家学者的研究成果及相关文献，行业技术专家馈赠了一些国内外企业的宝贵资料，除注明出处的部分外，限于体例未能一一说明，在此，一并致以衷心感谢。

作为全国百所示范性高职院校之一，不断探索与实践既是我们的责任，也是我们的使命。我们深知，作为示范性院校建设的阶段性成果，本书难免会有错误与疏漏，敬请广大专家和读者批评、指正。

编　者

2012 年 2 月

目　　录

1

项目 1

现代企业管理观念

1. 了解管理心理学的含义、研究对象和研究原则；
2. 掌握管理心理学的研究任务和意义，熟悉管理心理学的研究方法；
3. 了解管理理论的产生和发展过程，并把握理论的主要内容；
4. 认识并掌握梅奥的人际关系学说；
5. 了解心理的实质，熟悉心理现象的主要内容；
6. 掌握人性假设理论的基本观点、管理思想与策略。

能力目标

1. 认识梅奥的人际关系学说的兴起是以人为本管理思想的里程碑；
2. 能应用心理学评价指标评价人力资源管理的成败。

尊敬的读者：你能说出企业"物本管理"和"人本管理"有什么不同吗？你接触过企业管理吗？你是不是觉得企业管理离我们很遥远呢？作为家庭中的一员，我们每天都在不知不觉地在参与家庭的管理活动。那么，企业呢，企业更是如此，它离不开管理。没有管理，企业如同无源之水，无本之木。企业是否采用科学的方法管理，关系到企业的生存、发展与壮大。好了，从现在开始，我们将引领你走近企业管理，一层一层地揭开企业管理神秘的面纱！

要掌握企业管理心理实务这门学科，先从管理谈起。可以说，在今天社会的各个领域、各个层面的活动中，"管理"都被放在了重要的位置，管理所显示的惊人力量，使人们对它的研究兴趣与日俱增。现代企业资源管理的重点，已从金融资本转向人力资本，管理也由过去的"物本管理"转向"人本管理"。企业管理"软化"趋势已成为不可逆转的潮流。

管理心理学是一门较新的科学，但它的诞生，既以我们祖先的管理活动及其思想为其渊源，又有历史沿革中不断呈现出来的各具特色的管理理论作为积淀。为此，只有了解现代管理心理学的演化历史，才能更好地把握这门学科并推动其不断发展。

任务一　认识管理心理学

任务情境　被誉为"经营之神"的松下幸之助，同时也是"用人之神"。他白手起家，筑起松下电器王国，首先是用人的成功。松下先生有一句名言："企业是人造出来的。"从表面上看，松下幸之助在员工面前的确是个很严厉的经营者，这一点在日本没有哪个企业家不知道。但跟随松下幸之助做事的人，都对这位日本现代企业界非凡人物表示非常的敬佩，原因很简单，松下幸之助在严格要求的同时，也对员工显示了对自己工作的热诚。几十年来，他始终跟公司内部上下员工一同为达到更大的目标而努力。松下幸之助从长年的经验积累中得到这样的启示：一个企业领导人，绝对不能让下属觉得你只会开口发号施令，自己不懂而又不参与这项工作。他说："你一方面要管理得当，不挫伤大家的积极性，同时又要表示出自己对大家的关心，还要在下了一道指示命令之后，自己也投入到员工中去，跟大家共同分担责任，这样才能获得大家的信赖。领导者要取得员工的一致信任，事业才有前途可言。"松下幸之助认为，凭权力地位的威势操使员工，所得到的功效很小，只有用诚意去取得属下的敬意与信任，使职员真诚地跟你合作，企业才能兴旺发达。

问题：松下幸之助用人之道是什么？

任务分析　21世纪，企业管理中对人的关注已成为最重要的管理。这种在管理中对人格、情感、人际关系、人的发展、人的需要等方面的关注，从理论上讲，是管理心理学的映射。管理心理学是一门年轻的学科，尽管它的发展历程同20世纪初科学管理和工业心理学密切相关，但"管理心理学"一词首次出现，是在20世纪50年代经济高速发展的美国。随着经济社会的发展，对人的发展关注程度也在加深，而管理心理学研究成果也越来越广泛地被应用到企业管理中。在经济全球化的发展过程中，它显示的学科魅力和应用价值，在更广泛的意义上呈现出新的研究视野。

本任务主要是走进管理，初步认识管理与管理者，了解管理心理学的研究内容、特点与任务，同时告诉我们学习管理心理学的原则、方法和意义以及学习管理心理学应注意的问题。

在上述任务中，松下幸之助的用人之道是攻心。攻心始终是用人的真谛。近年来，人本管理被广泛用于现代企业管理中。人本管理的核心是把人性渗透到管理之中，融情感于理性之中，从以物为中心到以人为中心，从人是物的附属品到人处于支配地位。管理的重点是创造工作场所中人与人之间的和谐关系，形成良好的企业环境，最大限度地发挥和调动人的内在动力。

一、管理与管理者

(一) 管理

在今天社会的各个领域、各个层面的活动中,"管理"都被放在了重要的位置,管理所显示的惊人力量,使人们对它的研究兴趣与日俱增。但是有关管理的探究,却早在古代就有了。特别在我国,古代就有了比较丰富的管理思想和一些很有实效的管理方法。只可惜我们没能形成系统的管理理论。真正把"管理"提升到科学高度加以研究,应该开始于西方。但是由于管理问题的多样性和复杂性,时至今日,大家也还没有形成对管理的统一认识。在不同的时期,不同的学者对管理有着不同的描述。

泰罗从管理的工作任务和结果这个角度,认为管理是确切地知道要干什么,并使人们用最好、最经济的办法去干。

法约尔从管理过程出发,认为管理就是实行计划、组织、指挥、协调和控制。

西蒙从管理的目标角度,认为管理就是决策。

综合起来,我们认为,管理就是在特定环境下,通过计划、组织、领导和控制等环节,来协调人、财、物和信息资源,以更有效实现组织目标的社会活动过程。这个定义包含着管理具有以下特征:

(1) 管理的载体是一个组织。这个组织可以是一个国家、一个企业、一个学校、一个家庭等等,总之,是一个有特定目的的组织而不是个人。

(2) 管理的基本对象是人。虽然管理也要涉及对物、财、信息、时间、技术的管理,但是,只有通过对人的管理,才能称之为真正意义上的管理活动。在某种意义上说,企业的竞争就是人力资源管理制度上的竞争,有了好的制度,没有人才也能把人才吸引过来;反之,没有好的制度,即使暂时有了人才,也难以长久地留住人才。决定一个国家、一个城市,乃至一个企业综合竞争力的因素,就是人才。知人善任,用其所长,扬长避短,是人才配置的要诀。

(3) 管理的基本职能是计划、组织、领导与控制。管理的职能就是管理者为了有效地管理必须具备的功能,或者说管理者在执行其职务时应该做些什么。也就是说,这四项职能在工作中是相互关联和相互依赖的。

(4) 管理的本质是活动。在一般意义上说,管理的任务就是通过采取某些具体的手段和措施,创造一种环境,包括组织内部和外部的环境,使所有管理对象在特定的环境中,做到协调而有序地进行活动。

(5) 管理的目的或任务是实现组织目标。

【课堂讨论】 结合对管理的理解,用自己的话给管理下一个定义。

（二）管理者

1. 管理者的内涵

管理者是企业管理活动的主体，任何企业的管理活动都是与管理者密切相关的。大量事实证明，一个企业乃至一项活动的成功与失败，在很大程度上取决于管理者。那么什么是管理者？或者说，在一个企业中哪些成员属于管理者？

管理者是指在组织（群体）中从事并负责对组织（群体）的资源（人、财、物等）进行计划、组织、领导和控制等管理活动的有关人员。

在这个定义中，强调"从事并负责"是十分重要的。一个人不从事上述管理活动当然不是一个管理者，仅仅从事管理活动而不"负责"，或者说没有扮演负责人的角色也不能称为管理者。如公司的经理、医院的院长、学校的校长、系主任、机关中的局长、处长、科长等。他们虽然有时也做一些具体的事务性工作，如校长也可能讲课，医院院长也可能给患者做手术等，但其主要职责是指挥下属工作。

2. 管理者的分类

组织中的管理者，由于他们的责任和权限不同，他们所处的地位和所起的作用不同，因此可以按不同的标志把一个组织中的管理者划分成不同的类型。最基本的划分方法是按照管理的层次和管理的内容进行划分，即从组织的纵面和横面进行划分。

（1）按不同的管理层次划分。

按不同的管理层次进行划分，管理者可以分为高层管理者、中层管理者和基层管理者。

高层管理者。组织的高层管理者是站在组织整体的立场上，对整个组织实行综合指挥和统一管理的人员。高层管理者所考虑的问题和所从事的管理活动，都是与组织的总体战略和长远发展密切相关的。具体讲，高层管理者的主要职责是制定组织长远发展的战略目标和发展的总体战略，制定政策，使用干部，分配资源，评价组织的活动成效和业绩等。公司的总经理、学校的校长、医院的院长、机关行政首脑等都是高层管理者。

中层管理者。中层管理者的职责主要是执行高层管理者所做出的决策和大政方针，并使高层管理者制定的目标、战略得以实现。他们或者对组织的某个部分（如车间）负责，或者领导某个职能部门（如人事处）。中层管理者要为他们所负责的部分或部门制定为达到组织总目标的次一级管理目标；筹划和选择达到目标的实施方案；按部门分配资源；协调组织内各单位的活动；制定对偏离目标的行动的纠正方案。他们向组织的最高管理层直接报告工作，同时负责监督和协调基层管理者的工作，起着承上启下的作用。公司的部门经理、工厂的车间主任、学校的系主任、政府机关的处长等都属于中层管理者。

基层管理者。基层管理者的主要职责是按中层管理者指示的程序，去组织、指挥和从事组织的具体管理活动，如给下属人员分配工作、监督下属人员的工作情况等。基层管理者又称一线管理者，如工厂里的工段长、班组长，机关里的科长、股长等，都属于基层管理者。

（2）按管理的不同业务内容划分。

组织中的各层管理者在实际工作中，所从事的管理工作的性质和业务内容是不同的，如以企业为例，管理者可分为以下几种：

业务管理人员。业务管理人员对组织目标的实现负有直接责任，负责计划、组织和控制组织内的日常业务活动的开展，如企业中的生产部、市场经营部、技术设计部等部门的负责人都属于业务管理人员。

财务管理人员。任何一个组织的运转都离不开资金的有效运作，财务管理人员主要从事与资金的筹备、预算、核算、投资、使用等有关的活动的管理。

人事管理人员。人事管理人员的主要职责是从事人力资源的管理。具体地说，人事管理人员的任务是制订人力资源的计划，招聘和选择组织所需要的合格人才，并对这些人才进行有效的培训和合理使用，建立合理而有效的业绩评估、晋升、奖励、惩罚及报酬制度。

行政管理人员。主要负责后勤保障工作，以保证其他各部门各项工作的正常运转。

其他管理人员。就是除了上述几类管理人员以外的各类管理人员。除了上述各类管理人员以外，在许多组织中还有其他一些专职管理人员，如公共关系人员，负责处理与传媒之间的关系，提高组织的形象；跨国公司中的国际管理人员等。这些专业管理人员的人数、性质及重要性，因组织的性质规模不同而不同。

二、管理心理学的研究内容

（一）管理心理学的含义

管理心理学是研究组织中人的心理活动规律，用科学的方法改进管理工作，充分调动人的积极性的一门学科。具体地说，管理心理学是将心理学的基本原理和其他学科的研究成果应用到管理活动中，分析和研究组织中人的心理活动和行为规律，探索人的心理和行为的各种途径和技巧，提高对人的行为的预测、引导和控制，以达到充分调动人的积极性、提高工作绩效的目的。可见，管理过程中人的行为规律及其心理机制都是管理心理学所要探讨的对象。

（二）管理心理学的研究内容

管理心理学大体包括个体心理、群体心理、组织心理和领导心理四部分内容。

1. 个体心理

任何组织都是由众多的个体组成的，个体的积极性、主动性、创造性地发挥程度，直接影响到群体、组织乃至整个工作的效率。因而，对个体心理的研究是管理心理学的主要课题之一。个体心理包括个体在生产劳动或组织活动中所反映出来的各种心理活动，同时也揭示不同个体的心理差异和心理特征，为管理者因材施管、合理用人提供理论依据，为提高对行为的预测、控制和引导提供方法指导。

个体心理研究的一个重要课题是激励问题，它涉及激励的作用于过程模式；有关的激励理论和这些理论在企业管理中的应用等。

2. 群体心理

群体是由个体组成的，群体又是组织的组成部分，群体在个体与组织间具有重要的沟通与桥梁作用，对群体心理的研究在管理心理学中占有重要地位。这里所说的群体心理并非是不同个体的抽象结合,而是指具有心理交互影响并具有一定组织形式的整体结合。群体心理研究的内容主要包括:群体内成员的年龄、性别、职业特点以及群体规模、群体结构、群体规范、群体凝聚力;群体的士气;群体的冲突和沟通;团队建设与管理等。

3. 组织心理

组织是群体或个体存在的形式,组织的状况直接影响群体或个体的行为效率。组织心理主要研究个体、群体与组织的关系,探讨什么样的组织更有利于激发个体动机、更好地实现组织目标。组织心理研究的内容主要包括:组织的类型和结构;组织的变革和发展;组织文化建设;压力的来源、后果和减压的方法等。

4. 领导心理

领导心理是影响组织、群体、个体心理的关键,也是影响工作效率和组织发展的一个核心要素。领导心理研究的主要内容包括:领导的行为、功能,领导者的影响力;有关的领导理论;领导者的素质与心理特征;领导艺术等。

三、管理心理学的特点与任务

(一) 管理心理学的特点

1. 着重研究企业中的人——人系统

管理活动是人类活动的特殊形式。企业管理的对象可以分为两个方面:一方面是管理劳动工具和劳动过程,这是属于技术、经济方面的,也就是管"物"的一面;另一方面是以人对人的管理,这是属于管"人"的一面。

前一方面涉及的是人与机器的关系,我们将人和机器当做一个系统,即人——机系统来研究,属于这一类型的研究学科称为工效学或工程心理学。另一方面涉及的是人与人的关系。我们将人和人当做一个系统,即人——人系统来研究,以探讨用什么管理方法可以最大程度地调动人的积极性,最终达到提高企业劳动生产效率的目的。管理心理学就是属于研究后一类型问题的学科。

研究人——机系统的工程心理学同研究人——人系统的管理心理学各有自己的研究对象,但又是相互联系的。工程心理学是从局部的观点上来提高劳动生产效率,而管理心理学是从调动人的积极性这一整体观点上来提高生产效率。显然,当一个人的整体积极性提高时,生产起来就劲头十足,一些生产过程中的具体问题就会相应解决,或者解决起来更为容易些。因此工程心理学和管理心理学是相辅相成的。

2. 着重研究企业中的纯粹的人的因素

由于劳动效率的提高不仅依赖于生产中的技术装备、劳动生产组织水平,而且在更大的程度上取决于员工的劳动目标、劳动态度、劳动中群体的行为准则、社会心理气氛、领导人的影响力等诸如此类的社会心理因素。所以,一个有远见的企业领导人在分析生产和经济过程中,一定要分析生产中的社会、心理因素,并采取相应的措施和方法。这就是要见"物",更要见"人"。在某种意义上而言,人的因素是完成生产和经济指标的先决条件。

所以，作为研究纯粹的人的因素的管理心理学必将在现代化的企业管理中发挥重要作用。

3. 注重研究企业中的内环境系统

任何一个企业都有内环境系统和外环境系统。外环境系统是指技术、资金、原料、法规、消费者爱好等。内环境系统是指技术环境、个体环境、群体环境、组织环境。它们之间的相互关系表现为：作为劳动生产率的主要指标最后具体地体现在技术环境中，用技术的水平、工作的性质和程度，即产品的质量和数量来体现。但是，这一切都是由劳动者作为个体环境来执行的，于是其效果就取决于个人的劳动动机、认识水平和工作态度。由于现代化企业中的劳动都不是个体的劳动，而是在一个群体环境中产生和进行的，由此人群关系环境又是一个影响因素。此外，任何劳动都是一个有组织的劳动，每一个人在组织中担任一定的角色，相互间以一定方式沟通信息，所以组织结构环境也是一个重要的影响因素。而管理心理学的研究主要着重于企业管理中的内环境系统，即探索影响劳动生产率的个体环境、人群关系环境、组织结构环境的活动规律性。

在此要说明一点，管理心理学在研究这些内环境系统时是有别于管理科学、政治经济学的。如果说政治经济学、管理科学是研究劳动的一般性质，比如劳动、人与技术联结的一般性质等，那么管理心理学要研究的是在内环境系统中，在劳动过程中，个体、群体、组织、领导人的具体心理活动的形式和规律。所以说，管理心理学的重点是心理分析，这就是这门学科在研究内容上的质的特殊性。

（二）管理心理学的任务

管理心理学的首要任务是提高企业的劳动生产率。具体来讲，其任务主要体现在以下三个方面：

1. 努力提高企业的生产效率，促进生产力的发展

现阶段我国的生产力发展水平还较低，虽然改革开放后发生了巨大的变化，但与发达国家相比，还有很大的差距。特别是在管理水平和管理思想方面，我国还很落后。因此，要认真研究管理心理学理论，充分借鉴国外先进的管理心理学理论与经验，结合我国国情，汲取我国古代管理心理学思想成果，深入探索我国企业中个体、群体、组织与领导的心理，为促进我国企业管理的现代化提供切实可行的理论和策略。这也是管理心理学首要的、核心的任务。

2. 提高企业管理者和员工的思想水平和心理素质，促进精神文明的发展

管理心理学通过对企业成员的心理与行为规律的研究，可以预见、调整和控制人的心理和行为，使组织的思想政治工作具有预见性、针对性和科学性；通过对需要、动机的研究，可以培养员工的主人翁意识、责任意识和进取意识；通过对个性心理的研究，有助于培养员工形成健全的人格和高尚的情操；通过对群体的研究，有利于形成良好的群体规范、增进群体凝聚力；通过对组织行为的研究，有助于形成正确的组织观念、深化改革意识；通过对领导心理的研究，有助于提高企业领导者的素质和领导效能。

管理的科学化、现代化，不仅体现为可以激发企业员工的劳动热情，提高生产效率，还体现为可以提高领导者和组织成员的思想水平和心理素质，促进社会主义精神文明的发展，为构建和谐的组织环境和社会环境服务。

3. 不断完善具有中国特色的管理心理学理论体系

管理心理学作为一门应用理论科学，除了要解决迫切的实际任务外，当前还迫切需要完善自己的理论体系和方法论的基础。如何建立适合我国国情的具有中国现代化建设特色的管理心理学体系，是一件刻不容缓的任务。

要建立我国自己的管理心理学体系，一方面要借鉴、学习国外的研究成果，汲取古代优秀的管理心理思想；另一方面还必须充分吸收心理学、社会学、管理学、运筹学等相关学科的优秀成果，并面向生产、管理第一线，用理论指导实践，再从实践中获取经验，发展理论。

知识拓展

超人是可能的

人的潜能，是最宝贵的资源，是最宝贵的潜在的财富。20世纪初，美国著名心理学家詹姆斯指出，一个普通的人只运用了其能力的10%，还有90%的潜能尚未被利用。后来，心理学家玛格丽特·米德研究发现，每个人只用了能力的6%，还有94%的潜能未被利用。1980年，世界著名的心理学家奥托认为："据我最近发现，一个人所发挥出来的能力，只占他全部能力的4%，也就是说，还有96%未开发。"当今世界鼎鼎大名的控制论奠基人维纳认为："可以完全有把握地说，每一个人，即使他是做出了辉煌创造的人，在他的一生中利用他自己的大脑潜能还不到百亿分之一。"

这些科学数据清晰地表明这样一种趋势：社会愈前进，科学愈发展，对人类潜能的研究愈深入，就愈发现人类潜能之巨大。苏联科学家伊凡·叶夫莫雷夫对人的潜能之巨大，作了另一方式的表述："在正常情况下工作的人，一般只使用了其思维能力的很小一部分。如果我们能迫使我们的大脑达到其一半的工作能力，我们就可以轻而易举地学会40种语言，也可将一本苏联大百科全书背得滚瓜烂熟，还能够学完数十所大学的课程。"

所以，超人是可能的，只要你能够把你的潜能充分地发挥出来。但是，很遗憾，有太多的人，他们满脑子里装满了各种各样的"不可能"。

四、学习管理心理学的原则与方法

同任何一门学科一样，管理心理学也有其自身的研究原则和方法。从某种意义上讲，管理学领域和心理学领域产生的各种管理学派和心理学派，实际上也可以说是因为采用了不同的研究方法的结果，管理学科的发展也就是研究方法的不断发展和进步。但是，相对于其他学科来说，管理心理学作为一门独立学科还不够成熟。

（一）学习原则

1. 理论联系实际原则

贯彻理论联系实际原则，就是要求从企业管理实践活动中总结和概括企业管理心理学的基本理论、程序和方法，来指导企业职工的实际行动，坚持在实践中检验、丰富和发展企业管理心理学理论，找到一条既符合我国国情，又能和国际接轨的行之有效的途径，建立有中国特色的企业管理心理学。比如，中国传统文化中的拉关系、走"后门"、讲人情之风盛行，生活中有许多合法不合情、合情不合法的事例存在，企业管理心理学要予以关注。

2. 客观性原则

坚持客观性原则，就是要密切联系企业管理活动的实际情况，依据人们可以观察并加以检验的客观事实，客观的、全面地分析社会主义市场经济条件下企业管理心理学的特点，揭示企业员工心理的产生、发展、变化的规律。不能凭主观臆测，把企业管理心理学当做脱离客观存在的抽象理论，想当然的进行逻辑推理。而需要广泛地运用市场调查，掌握第一手资料，或对成功的企业管理案例进行分析，总结经验，从而指导实践活动。

3. 联系性原则

联系性原则又称系统性原则，即研究者要把组织中人的行为和心理活动放在一定的系统中进行研究。因为任何心理现象的产生和发展，都会受到环境中的种种因素的影响和制约，还会受到内部生理和心理子系统的影响。系统性原则要求研究者要善于对人的行为及心理活动进行综合考察，把几个不同的系统对人的影响联系起来考察，以联系的观点分析人的心理现象，认识人的心理全貌。

4. 发展性原则

研究者要以动态的观点来分析和研究人的行为及心理活动。人的心理活动既是对客观事物的反映，也一定会像客观存在的一切事物一样，不断地发展变化。发展性原则要求研究者要依据客观事物的发展变化来分析研究组织中人的心理活动规律，切不可用僵化、静止的观点去研究动态中的心理活动。

（二）学习方法

"工欲善其事，必先利其器"，进行任何研究都必须掌握一定的技能和方法。企业管理心理学的研究方法主要以心理学的研究方法为基础。常用的企业管理心理学的研究方法包括：观察法、问卷法、访谈法、个案研究法、实验法、测量法等。

1. 观察法

观察法是指调查者在自然条件下有目的、有计划地观察人们的语言、行为、表情等，分析其内在的原因，进而发现人们心理活动的规律的研究方法。观察法分为自然观察法与实验室观察法。自然观察法是指在自然行为发生的自然环境中进行观察，对行为不施加任何干预。实验室观察法是指在实验室内，在人为控制的某些条件下进行观察。观察法的优点在于简便、易行，可涉及相当广泛的内容，且观察材料更接近于生活现实。其缺陷在于只能反映表面现象，难以揭示现象背后的本质或因果规律。因此，此法最好与其他方法结合使用。

观察法是科学研究中最一般、最方便使用的研究方法，也是心理学的一种最基本的研究方法。

2. 问卷法

在企业管理心理学研究中，常常需要对某一地区人员的较大随机样本进行问卷调查，以便获得更多的信息。问卷调查是管理心理学研究中运用最为广泛的类型之一。问卷调查是通过书面形式，以严格设计的心理测量项目或题目，向研究对象收集研究资料和数据的一种方法。主要采用量表方式，进行定量化的测定。问卷调查需要有明确的研究目的，必须根据研究的理论框架和心理量表及问卷设计的原则进行严格的设计和编制。问卷调查适用的研究问题很广泛，可以系统地了解员工的满意感、基本需要、学习和工作动机、工作紧张、工作负荷、工作疲劳、群体气氛、领导作风、工作价值观和态度等。

问卷调查表分为封闭式、开放式和半封闭式三种类型。封闭式调查表是让被调查者从所列出的答案中进行选择，类似选择题、是非题等；开放式调查表是被调查者根据调查者所列问题任意填写答案，不作限制，类似填空题和简答题；半封闭式调查表是上述二者的结合。

问卷调查法的优点是能同时进行团体调查，快速收集大量资料，而且简单的问题也方便人们回答。但调查法不大适于针对行为，而且对涉及态度问题的回答未必完全真实，故而所得材料的价值要打折扣。

3. 访谈法

访谈法是研究者事先拟定一定的问题同被试者进行谈话，以了解其心理状态的方法。分为：结构式访谈、无结构式访谈、个人访谈和小组座谈四种。结构式访谈指调查者根据预定目标事先拟定谈话提纲，访谈时按已拟定的提纲向受访者提出问题，受访者逐一予以回答的一种研究方法；无结构式访谈指调查者与受访者以自由交谈的方式进行的调查活动；个人访谈指由调查者对单个受访者进行的访问，可以采取结构式访谈，即询问一些预定的问题，也可以采取无结构式自由访谈的形式；小组座谈指调查人员以召开座谈会的方式向一组受访者进行的访谈。

访谈法简单易行，便于迅速获取资料，但具有较大的局限性。

4. 个案研究法

个案研究，也叫案例法，是指对情境和情境中人们的行为的集中考察。为了理解和解释一些复杂行为或事件，在缺少经验和理论指导的情况下，个案研究就应运而生。个案研究法给研究者提供了一个更为开阔的视角。

个案研究法有三个显著特点：第一，研究者能让正在被研究的因素随着自身发展引导研究，并且不局限于检验形成的假设。第二，个案研究是因为研究者试图获取充分的信息来对研究情境进行的强烈定性和解释。第三，个案研究检验一个研究者统合多元化信息并在此基础上作出综合解释的能力。如果研究者对这三个特征了然于心，那么个案研究就能成为分析组织行为的有效方法。例如，揭示组织中人际关系的影响力，这种人际关系不同于组织结构图中的关系。一个研究者能够通过察看组织会议材料、访谈、发放问卷以及亲自观察雇员间人际往来的方式来揭示存在的真正人际关系的影响力。

5. 实验法

实验法是指在人为控制的环境条件下精确操纵自变量而考察因变量如何因其而变化、研究变量间相互关系的方法。实验法又分为实验室实验和现场实验。实验室实验是指在人为制造的实验室环境中进行。其特点是精确，但也因此而失去了一定的真实性和普遍性，因为现实中很少有像实验室那样的环境。现场实验是指在真实的组织环境中进行。比如，要了解照明度对生产的影响，可安排两个同样条件的车间在不同的照明光线下生产，比较生产率。现场实验可算是最为有效的方法，所得的结论也最具普遍性意义，只是成本较高。

实验法对研究个体的或较简单的心理现象具有优越性，而对于复杂的心理现象研究较为困难，而且它的结果与实际生活有一定的差距，因此，在实际中较少运用。

6. 测验法

上述各种方法都有可能要结合使用测验法，即采用标准化的心理量表或精密的测量仪器测量被试者有关心理品质的一种方法。运用测验法需要用标准化的测验工具，这些用文字或图形等表达内容的测验工具称为"量表"。在企业管理心理学研究中，许多心理学量表被采用。测验法在时间和经济上都比较经济，通常情况下测试结果还可用于探求个体、群体和组织心理之间的关系。能力测验、性格测验、人才测评等，都是企业管理心理学中常用的测量法。

五、学习管理心理学的意义

加强对管理心理学的学习和研究，对提高我国企业管理水平，促进生产力的发展，增强国际竞争力，都具有十分重要的意义。其具体表现在：

（一）推进企业管理的现代化和科学化

传统的企业管理方式强调"权威"和"服从"，管理手段提倡"恩威并施"，企业管理者一个人说了算，是独裁式、专制型的管理。对人才的使用、选拔是主观随意的，很少考虑人的心理特点和差异。

现代化的企业管理，是"以人为本"的管理，是符合人的心理特点和行为规律的管理。它同单凭个人主观臆测的管理、经验主义的管理、单纯依靠行政手段进行的管理，是完全不同的。它表现为：在管理方式上，强调要尊重员工的心理和行为规律，增进与员工的感情联系；在管理手段上，强调各种激励机制，满足员工的各种需要去激发人的工作积极性、创造性；在管理制度上，强调民主管理，提倡员工参与决策与管理；在人才选拔和使用方面，强调根据人的心理活动特点和个性差异合理用人、人尽其才。总之，管理心理学的研究，无论从理论价值和使用价值，还是从思想到方法，对于推进我国企事业管理的现代化与科学化的进程都会产生积极的作用。

（二）充分发掘人的潜能，不断提高工作绩效

心理学研究表明，人人都有巨大的潜能。对于每个人来说，充分发掘、利用人的潜能，是创造积极人生、走向成功的重要条件。

我们学习研究企业管理心理学，掌握了生产过程中个体、群体、组织、领导的心理活动规律后，就可以制定出对个体、群体、组织行之有效的科学管理原则和方法，提高企业

管理者的领导艺术和决策水平，从而极大的调动每个职工的积极性和创造性，促进工作效率和效益的提高，促进生产的发展。

（三）提高企业领导者自身素质，改进领导方法，讲究领导艺术

领导者的素质包括品德、知识、才能、体格、心理、领导方式及领导水平等方面因素，而心理素质是基础，有的学者曾这样形象地比喻：人的全面素质就像一个木质的水桶，而心理素质就是木桶的底板，能盛多少水取决于水桶的底板。

企业管理心理学研究人的心理活动和行为规律，也研究领导方法和领导艺术。领导方法是领导者思考问题、处理问题和指导工作的方式和方法。学习和掌握科学的领导方法，对于领导者做好企业管理工作具有重要意义。

六、学习管理心理学应注意的问题

管理心理学是研究人的一门学科。因此，我们在学习研究中，必须以科学的世界观、方法论，以辩证唯物主义、历史唯物主义作为哲学基础；以马克思关于管理二重性的理论和人性理论作为指导思想；把理论与实践结合起来；把定性分析与定量分析结合起来；把国内和国外经验结合起来，做到学能致用，用能生效。

（一）要明确企业管理心理学这门学科的两种属性

管理心理学的学习和应用，对促进中国管理现代化，提高人们的工作效率起了积极作用。管理心理学是在资本主义国家中产生并发展起来的一门学科。管理心理学也是管理科学中的一个分支，是现代管理理论的重要组成部分。因此，这门学科同其他资本主义管理理论一样，在其性质上具有二重性：一方面具有与生产力、与社会化大生产相联系的自然属性；另一方面又具有与生产关系、与社会制度相联系的社会属性。

（二）要树立以人为中心的企业管理思想

企业管理心理学给我们的一个重要启示，就是强调以人为中心。

1. 强调研究人在现代化大生产中的作用

在现代化大生产的条件下，虽然先进的科学技术与现代化的技术设备将在企业的经营管理中发挥重要作用，但是这些先进技术设备之所以能正常运转，归根结底还是要依靠掌握先进科学技术的人。人的行为在现代化大生产的过程中仍然占有主导地位，因此，现代化的企业管理必须是以人为中心的管理，必须重视挖掘人的潜在能力和人力资源的有效利用。因此，人事组织管理与教育工作在现代化企业管理中具有重要的战略地位。只有充分重视人的工作，搞好人的组织管理，才能保证现代化大生产的顺利进行，才能取得最大的经济效果和社会效益。

2. 强调研究人的动机和心理活动规律

这就是强调人在工作中必须树立科学态度，尊重科学规律，掌握科学理论。因此它重

视吸收心理学、社会学、社会心理学和人类学等学科的研究成果，重视对人的动机和心理活动规律的研究，这对于中国现代企业的人事工作是具有启发意义的。

3. 强调研究企业管理中如何有效地调动人的劳动积极性的途径

企业管理心理学的理论强调，需要与动机是决定人的行为的基础。人们的行为规律是需要决定动机，动机产生行为，行为指向目标。当一种目标完成了，该种需要得到了满足，于是又产生新的需要、动机和行为，以实现新的目标。企业管理心理学关于人的行为规律的这一研究结论，是符合辩证唯物论的认识的。

为有效调动人们的生产积极性，企业管理心理学的理论强调，人不仅有生理动机，而且还有高级的心理动机，社会的职能在于满足人们的高级心理动机的需要。在现代化企业的人事组织与思想政治工作中，不仅要关心人们的物质需要，还要充分注意满足人们的各种精神需要，注意对各类人员给予更多的信任和尊重，注意在工作中给予必要的权利和责任，注意对人们的工作成就给予及时的承认和鼓励，注意对德才兼备的人才给予及时的提拔和任用，注意提高人们的事业心和责任感以及培养高尚情操。这些都是激发人们生产积极性的动力之源，是充分挖掘人力资源潜力的有效途径，是值得我们在学习中加以探讨运用的。

4. 强调研究企业领导行为的问题

办好企业关键在于领导。因此在现代企业中，必须要有优秀的领导班子，要有合理的领导结构。企业管理心理学的理论强调，领导的重要职责是决策，企业的领导人能否做出正确的决策，是企业成败的关键。

管理必读

决定成功的十种积极心态

1. 决心。请随时随地问自己：我到底想要什么？是想要，还是一定要？如果是想要，我们可能什么都得不到；如果是一定要，我们就一定能够有方法得到。人生就决定于你做决定的那一刻。

2. 企图心。一个顶尖的推销员最优秀的素质是要有强烈的成交欲望；一个优秀的足球前锋最可贵的素质是强烈的射门意识。要成功，你必须先有强烈的成功欲望，就像你有强烈的求生欲望。

3. 主动。中国有一句古话：枪打出头鸟。这句话保护了一大批精明人士免遭去打，但同时也造就了无数弱者和懦夫。市场经济的本性就是竞争，竞争的本性就是积极地去获取主动权。

4. 热情。一事无成的人，往往表现的是前三分钟很有热情，而成功往往属于最后三分钟还有热情的人。

5. 爱心。内心深处的爱是你一切行动力的源泉。缺乏爱心的人，就不太可能得到别人的支持；失去别人的支持，离失败就不会太远。你有多大的爱心，决定你有多大的成功。

6. 学习。信息社会更新周期已经缩短到不足五年，危机每天都会伴随我们左右。所谓逆水行舟，不进则退，唯有知道得比对方更多，学习的速度比对手更快，才可能立于不败之地。

7. 自信。一个主妇，当她进入厨房的时候就感觉很自信；一个老板，当他坐到他的大班台前的时候他就很自信；一个老师，当他走上讲台的时候他就感觉很自信；每当我开始演讲前发现自己找不到状态，我就会想象我以前无数次跑上讲台时的那一刹那，所见到的讲台下面听众兴奋的表情，从而带来了信心。厨房就是那个主妇的卓越圈；老板椅，就是老板的卓越圈；听众的兴奋场景就是我的卓越圈。卓越圈一旦牢固建立，每当有需要的时候，你就可以轻松地移植，成为你自信的源泉。

8. 自律。别人在看电视、看电影的时候，你能否去工作？别人娱乐的时候，你能否去学习？别人在睡懒觉的时候，你能不能早点起来。这一切，就是你必须"强迫"自己付出的成功代价。自律，是人生的另一种快乐。

9. 顽强。人生有两杯水一定要喝，一杯是苦水，一杯是甜水。只不过不同的人喝甜水和苦水的顺序不同。成功者常常是先喝苦水，再喝甜水。不愿吃苦，不能吃苦，往往吃苦一辈子。

10. 坚持。选定你的目标；放弃所有与你无关的东西；接下来就是按丘吉尔的话去做：坚持到底，永不放弃，直至成功。

任务诊断　试着和同学一起交流，以小组为单位讨论"应怎样理解管理心理学是推行'合乎人性'的管理?"

任务二　解读管理心理学理论

任务情境　联合邮包服务公司（UPS）雇佣了 15 万员工，平均每天将 900 万个包裹发送到美国各地和 180 个国家及地区。为了实现他们的宗旨，"在邮运业中办理最快捷的运送"，UPS 的管理当局系统地培训他们的员工，使他们以尽可能高的效率从事工作。让我们以送货司机的工作为例，介绍一下他们的管理风格。

UPS 的工业工程师们对每一位司机的行驶路线进行了时间研究，并对每种送货、暂停和取货活动都设立了标准。这些工程师们记录了红灯、通行、按门铃、穿院子、上楼梯、中间休息喝咖啡时间，甚至上厕所时间，将这些数据输入计算机中，从而给出每一位发动机每天中工作的详细时间标准。为了完成每天取送 130 件包裹的目标，司机们必须严格遵循工程师设定的程序。当他们接近发送站时，他们松开安全带，按喇叭，关发动机，拉起紧急制动，把变速器推到 1 档上，为送货车完毕的启动离开做好准备，这一系列动作严丝合缝。然后，司机从驾驶室出溜到地面上，右臂夹着文件夹，左手拿着包裹，右手拿着车钥匙。他们看一眼包裹上的地址把他记在脑子里，然后以每秒 3 米的速度快步跑到顾客的门前，先敲一下门以免浪费时间找门铃。送完货后，他们回到卡车上的路途中完成登录工作。

这种刻板的时间表是不是看起来有点烦琐？也许是，它真能带来高效率吗？毫无疑问！生产率专家公认，UPS 是世界上效率最高的公司之一。举例来说吧，联邦捷运公司平均每人每天不过取送 80 件包裹，而 UPS 却是 130 件。在提高效率方面的不懈努力，看来对 UPS 的净利润产生积极的影响。虽然这是一家未上市的公司，但人们普遍认为它是一家获利丰厚的公司。

问题：联合邮包服务公司（UPS）的高效率得益于什么？

任务分析 管理心理学是一门多学科相互渗透的综合性应用学科，它既是心理学的一个重要分支，也是管理学的一个重要组成部分。同时，企业管理理论又是建立在对"人性"问题的认识上。可见，管理学、心理学、人性观等理论是构成企业管理心理学的最主要的理论基础。掌握这些基础理论，有助于我们明确管理心理学的研究方向，加深对管理心理理论和实际问题的理解。因此，就有必要对现代企业管理的发展趋势有所了解，以树立现代企业管理理念。围绕"管理心理学是研究人的一门学问"这个中心，更有效地开展企业管理活动。

本任务主要展示管理心理学的基础理论是由管理学理论、心理学理论、人性假设理论三部分组成的，以及这些理论的产生和发展历程等等问题。

在上述任务中，联合邮包服务公司（UPS）为获得最佳效率所采用的程序并不是 UPS 创造的，他们实际上是科学管理的成果。

知识精讲

一、管理学理论

人类有组织的管理活动有着悠久的历史，包含着许多光辉的管理思想。管理思想来源于人类社会的管理实践，在长期的管理实践中，由于社会生产的发展及需要，管理思想逐渐形成为系统的管理理论。回顾整个管理发展史，可以将管理理论分为早期管理思想→科学管理理论→行为科学理论→现代管理理论四个阶段：

（一）早期管理思想

管理的实践活动由来已久，但在 18 世纪以前，由于生产力发展较为缓慢，无法形成系统的管理思想。18 世纪后期，英国及其他一些资本主义国家发生了工业革命，它是以大机器工业代替工场手工业的革命，工厂这一新的组织形式代替了以家庭为单位的手工作坊。工厂制度的出现，也带来了一系列新的管理问题。如在专业化生产的条件下，工人彼此之间、工人与机器之间、机器与机器之间如何配合，怎样对工人进行培训、激励和管理等等，这些问题与手工作坊的管理完全不同。在这样的背景下，管理工作中的计划、组织、控制等职能逐渐形成，同时专门从事管理工作的管理人员从工人中逐渐分离出来，在实践的基础上开始形成管理思想。也就是说，早期的管理思想是伴随着工厂制度的出现而形成的。

具有代表性的早期管理思想家及其主要思想有：

1. 英国重商主义经济学家詹姆斯·斯图亚特，在《政治经济学原理研究》一书中提出实行刺激工资的思想、工作方法研究、管理人员与工作之间的分工等许多重要的管理思想。

2. 英国古典政治经济学家亚当·斯密，是最早对经济管理思想进行系统论述的学者，在《国民财富的性质和原因的研究》（简称《国富论》）一书中提出劳动分工理论和"经济人"的观点。

3. 英国数学家和机械工程师查尔斯·巴贝奇，在《论机器与制造业经济》一书中提出了专业分工与机器、工具的使用、时间研究、批量生产、均衡生产、成本记录、以专业技能作为工资与奖金基础实行有益的建议制度，并对有益的建议给予不同的奖励等重要的管理思想。

4. 英国的空想社会主义者罗伯特·欧文提出企业内部人的因素在提高劳动生产率方面有重要的作用。

上述介绍的几种管理思想，虽然都只是反映在某个人、某个企业的单一管理实践和个别论述中，不系统、不全面，没有形成专门的管理理论和管理学派，但对于促进生产，加强早期企业管理和以后科学管理理论的形成，都有积极的影响。

（二）科学管理理论

随着资本主义自由竞争逐渐向垄断过渡，科学技术水平以及生产社会化程度不断提高，西方国家的工业出现了前所未有的变化：工厂制度日益普及，生产规模不断扩大，生产技术更加复杂，生产专业化程度日益提高，劳资关系日益恶化。在这种情况下，传统的经验管理方法已经不能适应客观上的要求。于是，一些有志之士开始致力于总结经验，进行各种试验研究，并把当时的科技成果应用于企业管理。因此，从19世纪末到20世纪30年代，这一期间所形成的管理理论称为"科学管理理论"。科学管理理论的主要代表人物有美国的泰罗、法国的法约尔和德国的韦伯。

1. 泰罗的科学管理理论

被誉为"科学管理之父"的泰罗是科学管理理论的杰出代表人物。他用毕生的努力，为管理的革新奠定了基础，成为科学管理学派的创始人。泰罗的科学管理的根本目的是谋求最高效率，而最高的工作效率是雇主和雇员达到共同富裕的基础，使较高工资和较低的劳动成本统一起来，从而扩大再生产的发展。要达到最高工作效率，其重要手段是用科学化、标准化的管理方法代替昔日的经验管理。为此，泰罗提出了一些基本的管理制度。

（1）工时研究与标准化。

工时研究是泰罗科学管理的基础，它是通过对工人操作的基本组成部分的测试与分析，确定最佳工作方法、工时定额和其他劳动定额标准。同时，建立各种明确的规定、条例、标准，并使工人掌握标准化的操作方法，使用标准化的工具、机器和材料，使一切制度化、标准化、科学化。

（2）差别计件工资制。

为了鼓励工人努力工作，泰罗提出要采取刺激性工资报酬制度——"差别计件工资制"。所谓"差别计件工资制"，就是按照工人完成其定额的情况而采取不同的工资率。

泰罗认为，工人消极怠工的一个重要原因是报酬制度不合理，多劳不一定多得。因此他提出了一种新的报酬制度——差别计件工资制。如果工人达到或超过了劳动定额，按"高"工资率付酬，即正常工资率的120%，不仅超额部分而且定额内的工作量也以此计酬。如果完不成定额，则按"低"工资率付酬，为正常工资率的80%。泰罗还认为，工资的支付对象是工人而不是职位，即根据工人的实际工作表现和工作量而不是根据工作类别来支付工资。这样既能克服消极怠工现象，又有利于提高工人的劳动积极性。

（3）计划职能和执行职能相分离。

为了提高劳动生产率，泰罗主张把计划职能与执行职能分开。泰罗的计划职能实际上就是管理职能，执行职能则是工人的劳动职能。并建立专门的计划部门，专门进行标准化研究，制定标准，下达任务，工人按计划生产。对于工长对工人的管理，泰罗提出一种"职能工长制"，即将管理工作予以细分，一个工长只承担一项管理职能，每个工长在其业务范围内有权监督和指导工人的工作。

（4）科学挑选"第一流的工人"。

泰罗认为，为了提高劳动生产率，必须为工作选择"第一流的工人"。泰罗认为：那种能够工作而又不想工作的人不能成为"第一流的工人"。他也曾试图阐明，每种类型的工人都能找到某些工作使他成为"第一流工人"。泰罗的"第一流的工人"要求包括以下内容：① "第一流的工人"必须是有能力做"第一流工作的人"；② "第一流的工人"必须愿意工作，而不是被强迫去做某种工作；③ 一般的工人可以被培训为"第一流的工人"；④ "第一流的工人"必须干"第一流的工作"，做到能力与工作相适应。

（5）在管理上实行"例外原则"。

所谓例外原则，就是企业的高级管理者只集中精力处理组织中那种重大经营决策的问题，把那些经常出现、重复出现的"例行问题"的解决办法制度化、标准化，交给下级人员去处理。贯彻这一原则，有利于减轻组织中高层管理者的日常工作事务，使他们能集中精力进行组织的重大问题的决策与控制。

（6）"两方面的精神革命"。

泰罗认为，实施科学管理的核心问题，是要求管理人员和工人双方在精神上和思想上进行一个彻底变革。1912年，泰罗在美国众议院特别委员会所作的证词中强调指出：科学管理是一场重大的精神变革。他要求工厂的工人树立对工作、对伙伴、对雇主负责任的观念；同时也要求管理人员——领工、监工、企业主、董事会改变对合作伙伴、对工人以及对一切日常问题的态度，增强责任观念。通过这种重大的精神变革，可使管理人员和工人双方都把注意力从盈利的分配上转移到增加盈利的数量上来。

管 理 必 读

泰罗被誉为"科学管理之父"，是科学管理理论的杰出代表人物。泰罗出身于美国费城的一个中产家庭，中学毕业后报考哈佛大学法学院，考取后因眼疾而辍学。1875年，泰罗进入费城的一家机械厂当学徒工，1878年进费城米德维尔钢铁公司当技工，1884年升任总工程师。

泰罗对科学管理的研究是在米德维尔钢铁公司当工长时开始的。当时的工厂主和办公室人员不接触生产活动，工头对制造产品的负全责，操作方法和选择工具都凭工人个人的经验和爱好办事，生产效率极低，劳资关系很不协调，工资制度不严密，工作干好干坏都一样，有些工厂虽然采取计件工资制，但当产量升高时，资本家把工资率降低。因此，工人的生产积极性很低，消极怠工现象相当普遍。针对这种情况，泰罗首先以进行工时测定开始他的研究，由此而发展到研究作业分析、工资制度、生产进度、车间组织、人员选择、训练等一系列有关管理的基本问题。经过毕生的努力，他为管理的革新奠定了基础，成为古典管理学派的创始人。他的主要代表著作有《计件工资制》（1895）、《车间管理》（1903）、《科学管理原理》（1911）。

1911年《科学管理原理》一出版立刻变得"洛阳纸贵"。到1914年，泰罗的管理原理已经深入人心，以至于在一次纽约市举行的"效率展示会"上，由于泰罗的参加，竟然吸引了大约69000名观众前来参加。泰罗的《科学管理原理》一书以及他的其他论文，把他的思想不仅传播到美国各地，而且传播到法国、苏联以及日本。受此思想影响最大的行业应该算是美国的制造业了。由于美国的制造业普遍较早地接受了科学管理方法，从而使它们较外国公司处于相对优势的地位。至少在其后的50年甚至是更长的时间里，美国制造业的效率一直令世界为之瞩目。

2. 法约尔的一般管理理论

被称为"现代经营管理之父"的亨利·法约尔，1916年发表了《工业管理和一般管理》一书，标志着一般管理理论的形成。其主要内容如下：

（1）企业的六种基本活动。

法约尔指出任何企业的经营包括六种基本活动，管理只是其中之一。这六种基本活动是：

①技术活动，指生产、制造、加工等活动；

②商业活动，指采购、销售和交换等；

③财务活动，指资金的筹措、运用和控制；

④会计活动，指货物盘点、会计、成本统计、核算；

⑤安全活动，指设备维护、商品和人员的保护；

⑥管理活动，指计划、组织、指挥、控制和协调。

（2）管理活动的五大要素。

①计划，是指预测未来并制订行动方案，是管理的首要职能；

②组织，是为组织机构达到预定目标提供所需一切条件的活动，包括组织的建立、职工的招募和训练以及规章制度的建立等；

③指挥，是为了使组织行动起来所必需的，可简述成为使组织能充分发挥作用的有效领导的艺术；

④协调，即工作和谐配合，让企业中的所有人员团结一致，以便使工作顺利进行；

⑤控制，是指核定情况的进行是不是与既定的计划、发出的指示以及确定的原则相符合，以便加以纠正和避免重犯。

（3）管理的14条基本原则。

法约尔根据自己的管理经验提出了管理的14条基本原则：

①工作分工。这条原则与亚当·斯密的"劳动分工"原则是一致的。专业化使雇员的工作更有效率,从而提高了工作量;

②权责相符。管理者必须拥有权力以发布命令,但权力必须与责任相符。凡行使职权的地方,就应当建立责任;

③纪律严明。雇员必须服从和尊重组织规定,良好的纪律是有效领导的结果。管理者和雇员对规章有明确理解和公平的奖惩,对于保证纪律的有效性是非常重要的;

④统一指挥。组织中的每一个成员都应该只接受一个上级的指挥,并向这个上级汇报自己的工作;

⑤统一领导。凡是从事同种工作或具有相同目标活动的任何部门,应该由同一个管理者,按一个统一的计划来加以领导。一个组织或一个部门,只能有一个正职;

⑥个人利益服从整体利益。任何一位员工或员工团体的利益,不应当置于组织的整体利益之上;

⑦报酬。对员工和下属单位应给予公平合理的报酬;

⑧适当的集权和分权。集权反映的是下属参与决策的程度,决策是集中(由管理者作出)还是不集中(由下属作出),涉及一个适度问题,管理当局的任务是找到在每种情况下最适合的集中程度;

⑨等级链。从最高领导层到基层应形成并保持权威等级系列制度,沟通应当按这种系列制度进行传递。但是,如果遵循等级链会导致信息传递的延迟,而所有当事人都同意并通知了各自的上级,则可以允许横向交叉沟通;

⑩秩序。人员和材料应当在恰当的时候放到恰当的位置上;

⑪公平。每一个管理者对自己的下属人员都必须善意和公正;

⑫保持人员的稳定。在人员安排上要避免杂乱无章的混乱现象,要有秩序地安排人员并补充人力资源;

⑬首创精神。允许员工自发制订和实施计划将会极大地调动他们的积极性;

⑭合作精神。要注意保持和维护组织中人与人之间的团结、和谐、协作的关系,形成和谐与团结的气氛。

法约尔提出的管理的六种活动、五大要素和十四条基本原则成为西方管理理论发展史上的一个里程碑,为之后管理理论的发展勾勒出了基本的理论框架,从而使管理具有了一般的科学性。当然,这些原则并不完整,也不是一成不变的,它不能回答特殊的问题,而且它只是考察了组织的内在因素,忽视了组织同它周围环境的关系。因而,这一理论也存在一定的局限性。

3. 韦伯的行政组织理论

被称为"组织理论之父"的马克思·韦伯对管理理论的贡献主要是提出了理想的行政组织体系理论,这一理论集中反映在他的代表作《社会组织与经济组织理论》一书中。他不是从企业管理的角度而是从行政管理的角度对管理理论进行了系统的研究,开辟了资本主义管理理论研究的新领域。

(1)三种权力。

韦伯认为,任何组织都必须以某种形式的权力作为基础,没有某种形式的权力,任何组织都不能达到自己的目标。人类社会存在三种为社会所接受的权力:

①传统权力：传统惯例或世袭得来。对于传统权力，韦伯认为：人们对其服从是因为领袖人物占据着传统所支持的权力地位，同时，领袖人物也受着传统的制约。但是，人们对传统权力的服从并不是以与个人无关的秩序为依据，而是在习惯义务领域内的个人忠诚。领导人的作用似乎只为了维护传统，因而效率较低，不宜作为行政组织体系的基础；

②超凡权力：来源于别人的崇拜与追随。超凡权力的合法性，完全依靠对于领袖人物的信仰，他必须以不断的奇迹和英雄之举赢得追随者，超凡权力过于带有感情色彩并且是非理性的，不是依据规章制度，而是依据神秘的启示。所以，超凡的权力形式也不宜作为行政组织体系的基础；

③法定权力：理性——法律规定的权力。韦伯认为，只有法定权力才能作为行政组织体系的基础，其最根本的特征在于它提供了慎重的公正。原因在于：一是管理的连续性使管理活动必须有秩序的进行。二是以"能"为本的择人方式提供了理性基础。三是领导者的权力并非无限，应受到约束。

（2）官僚组织模式的特征。

有了适合于行政组织体系的权力基础，韦伯勾画出理想的官僚组织模式，具有下列特征：

①组织中的人员应有固定和正式的职责并依法行使职权。组织是根据合法程序制定的，应有其明确目标，并靠着这一套完整的法规制度，组织与规范成员的行为，以期有效地追求与达到组织的目标；

②组织的结构是一层层控制的体系。在组织内，按照地位的高低规定成员间命令与服从的关系；

③人与工作的关系。成员间的关系只有对事的关系而无对人的关系；

④成员的选用与保障。每一职位根据其资格限制（资历或学历），按自由契约原则，经公开考试合格予以使用，务求人尽其才；

⑤专业分工与技术训练。对成员进行合理分工并明确每人的工作范围及权责，然后通过技术培训来提高工作效率；

⑥成员的工资及升迁。按职位支付薪金，并建立奖惩与升迁制度，使成员安心工作，培养其事业心。

韦伯认为，凡具有上述 6 项特征的组织，可使组织表现出高度的理性化，其成员的工作行为也能达到预期的效果，组织目标也能顺利的达成。韦伯对理想的官僚组织模式的描绘，为行政组织指明了一条制度化的组织准则，这是他在管理思想上的最大贡献。

【课堂讨论】 有人说："古典理论是古典的，然而也是现代的，古典管理的精华永存。"你觉得有道理吗？我们应如何理解？

（三）行为科学管理理论

行为科学是研究人的行为或人类集合体的行为，在心理学、人类学、社会学、经济学、政治学和语言学等的边缘领域协作的一门科学。其研究对象涉及思考过程、交往、消费者行为、经营行为、社会的和文化的变革、国际关系政策的拟定等广泛的课题。

行为科学产生于管理工作实践。它正式被命名为行为科学，是在 1949 年美国芝加哥的一次跨学科的科学会议上。

20 世纪 30 年代以前，古典管理理论的杰出代表泰罗、法约尔等人在不同的方面对管理思想和管理理论的发展做出了卓越的贡献，并对管理实践产生深刻影响，但是他们共同的特点是，着重强调管理的科学性、合理性、纪律性，而未给管理中人的因素和作用以足够重视。他们的理论是基于这样一种假设，即社会是由一群群无组织的个人所组成的；他们在思想上、行动上力争获得个人利益，追求最大限度的经济收入，即"经济人"；管理部门面对的仅仅是单一的职工个体或个体的简单总和。基于这种认识，工人被安排去从事固定的、枯燥的和过分简单的工作，成了"活机器"。从 20 年代美国推行科学管理的实践来看，泰罗制在使生产率大幅度提高的同时，也使工人的劳动变得异常紧张、单调和劳累，因而引起了工人的强烈不满，并导致工人的怠工、罢工以及劳资关系日益紧张等事件的出现；另一方面，随着经济的发展和科学的进步，有着较高文化水平和技术水平的工人逐渐占据了主导地位，体力劳动也逐渐让位于脑力劳动，也使得西方的资产阶级感到单纯用古典管理理论和方法已不能有效控制工人以达到提高生产率和利润的目的。这使得对新的管理思想、管理理论和管理方法的寻求和探索成为必要。

行为科学的研究，基本上可以分为两个时期：

前期以人际关系学说（或人群关系学说）的三条结论为主要内容，从 20 世纪 30 年代梅奥的霍桑试验开始，到 1949 年在美国芝加哥讨论会上第一次提出行为科学的概念止。

1. 霍桑试验的主要内容

（1）照明试验。试验的目的是要证明工作环境与生产效率之间有无直接的因果关系。研究人员将接受试验的工人分成两个组，一组采用固定照明，称为控制组；另一组采用变化的照明，称为试验组。研究人员原以为试验组的产量会由于照明条件的变化而发生变化。但结果是，当试验组的照明强度增加时产量提高了，控制组的产量也提高了，当照明强度减弱时，试验组的产量不但没有减少，反而还有所提高了，控制组的产量也相应提高。试验结果说明，照明条件与生产效率无直接的因果关系，照明条件仅是影响生产效率的一个因素，还有其他因素对工人劳动生产效率产生影响。两组的产量都提高，是因为被测试人员对试验发生了莫大兴趣所致。

（2）福利试验。试验的目的是通过试验发现各种工作条件变动对生产效率的影响。研究人员将装配继电器的 6 名女工从原来的集体中分离出来，成立单独小组，同时改变原来的工资支付办法，以小组为单位计酬；撤销工头监督；增加工作的休息时间，实行每周五天工作制；工作休息时免费供应饮料等。采取这些措施后，女工们的日产量增加了 30% 以上。试验一段时间，又取消了上述这些待遇，但是生产率并没有因此而下降，反而仍在上升。原因何在？研究中发现是社会条件和监督方式的改变，导致了女工们的工作态度的变化，因而产量仍在增加。同时也说明，各种工作条件，包括福利待遇，也不是提高劳动生产效率的唯一因素。

（3）谈话试验。在上述试验的基础上，研究人员又进行了为期两年对 2 万多名职工进行访谈调查。调查涉及的问题很广泛，允许职工自己选择话题、提建议、发牢骚，结果收到很好的效果，生产效率大幅度提高。通过试验证明，物质条件的变化往往对生产效率的影响不大，人们的工作绩效还受其他人的影响，即不仅仅取决于个人自身，还取决于群体成员。

（4）群体试验。研究人员又组织了"接线板小组观察室"试验。目的是研究社会因素对激发职工积极性的影响。试验时选择了 14 名接线板工人，通过 6 个月的观察，发现许多行为准则会影响工人的行为。这些准则包括了工作的干多干少、与管理人员的信息交往等，如活不应干得太多，也不应干得太少；不应向上司告密同事中发生的事情等。

2. 人际关系理论的主要内容

在总结霍桑试验研究成果的基础上，梅奥于 1933 年出版了《工业文明中的人的问题》一书，提出与古典管理理论不同的新的管理理论——人际关系理论。这一理论的主要内容有：

（1）职工是社会人。在此之前，西方社会流行的观点是把劳动者看成"经济人"，认为金钱是刺激劳动者积极性的唯一动力。梅奥则认为，人是"社会人"，影响人的工作积极性的因素，除物质条件外，还有社会、心理等因素，如安全感、归属感、相互尊重和友情，这些因素对人的积极性有极大的影响。

（2）企业中存在着"非正式组织"。正式组织是为了实现企业目标而规定成员之间职责范围的一种结构。而企业成员在共同的工作中，必然相互间产生关系，由此而形成人们之间的共同感情，进而构成一个体系，成为非正式组织。非正式组织的存在对企业有利有弊。作为管理者，要认识非正式组织存在的作用，搞好成员之间的沟通和协作，充分发挥非正式组织的积极作用。

（3）生产效率的提高，主要取决于职工的工作态度和他与周围人的关系。梅奥认为，提高生产效率的主要途径是力争提高职工的满足度，即职工对社会因素，特别是人群关系的满足程度，在安全方面、友谊方面、自己的工作能否被社会、上级和同事承认等。如果满足度高，生产效率就高。所以管理者要善于提高职工的士气，处理好人际关系，这是提高生产效率的决定性因素。

（4）新型领导能力问题。梅奥提出领导在了解人们合乎逻辑的行为时，还须了解不合乎逻辑的行为，要善于倾听和沟通职工的意见，使正式组织的经济需要与非正式组织的社会需要取得平衡。试验的结果证明，新型的领导能力在于通过职工心理需求的满足，来达到提高劳动生产率和工作效率的目的。

后期行为科学的发展主要集中在四个领域：有关人的需要、动机和激励问题；有关企业中人的本性问题；有关企业中的"双因素"问题；有关企业中领导方式的问题等。其主要理论有需要层次理论、双因素理论、成就需要理论、公平理论、期望理论、领导理论等。

（四）现代管理理论

第二次世界大战以后，随着科学技术日新月异的发展，生产社会化程度的日益提高，以及系统论、控制论、信息论、电子计算机技术在管理领域中广泛的应用，管理理论的研究出现了百花齐放的新局面。众多的学者和管理专家都从各自不同的背景、不同的角度、用不同的方法对现代管理问题进行研究，形成了众多的管理理论学派。

1961 年 12 月，美国著名管理学家孔茨在美国《管理学杂志》上发表了《管理理论的丛林》一文，把当时的各种管理理论划分为 6 个主要学派。1980 年孔茨又发表了《再论管理理论的丛林》一文，指出管理理论已经发展到 11 个学派。它们是管理过程学派、社会系统学派、决策理论学派、系统管理学派、社会技术系统学派、经验主义学派、管理科学学派、人际关系学派、群体行为学派、经理角色学派和权变理论学派等。

从管理理论发展过程看，管理科学的发展是和现代生产力发展以及社会化大生产的需要分不开的。

二、心理学理论

心理学是管理心理学的主要理论依据之一。我们研究和应用管理心理学，做人的思想工作，预测人的行为的规律性，首先必须了解心理的实质、人的心理过程和心理特征。

（一）心理的实质

1. 心理是人脑的机能

人的心理是怎样产生的呢？在人类历史中一段漫长的时期里，由于受科学发展水平的限制，人们对于心理活动的生理基础缺乏正确的认识。在遥远的古代，人们认为心理或精神是看不见、摸不着的，是无法认识的"灵魂"，也有人认为心脏是产生心理活动的器官。根据这一认识所形成的一些词语，如"心中思念"、"记在心里"等，至今仍在人们的日常生活中使用。直至近代，随着科学的进步，尤其是医学和解剖学的发展，才使人们逐渐认识到心理并不是物质之外的独立实体，而是由高度完善的物质组织成的人脑属性。心理是人脑对客观现实的主观反映。

人脑是以特殊方式组织起来的高度发展的物质。人的大脑是人的神经系统的中枢部位，它的结构和机能极为复杂。其中，大脑皮层又是中枢神经系统的最高部位，所以叫高级神经中枢。人的大脑皮层是人类行为的最高调节器，它不仅具有与动物相同的第一信号系统，即以现实中的具体事物及其属性的刺激为信号而建立起来的条件反射系统，而且具有人类所独有的第二信号系统，即以代表具体事物的词语，这种特殊的、抽象的刺激为信号而建立起来的条件反射系统。这两种信号系统的协调活动，就构成了人的心理活动。心理活动不仅能感知事物，还能进行抽象思维，不仅可以回忆往事，还可以预测未来。这一切均发生在人的大脑里，是在大脑中进行的。生理解剖学表明，如果人的大脑受损害，人的心理活动也就必然遭到严重的破坏。由此也证明了人脑是心理的器官，心理是人脑的机能。

2. 心理是客观现实的反映

说人脑是心理的器官，但不等于说人的头脑本身能自然地产生心理。人脑只是心理产生的物质前提，它只提供了心理产生的可能性。要把这种可能性变为现实性，还必须依靠外界的客观现实为人的心理提供源泉与内容。

客观现实是独立于人的心理之外，不依赖于人的心理而存在的一切事物，包括自然界和人类社会的各个方面。当客观现实中的各种事物及其所构成的信息通过各种能量形式刺激了人的感觉器官，并由神经运动传递到大脑后，再通过大脑的两种信号系统的活动，才形成人的各种心理活动和心理现象。因此，人的心理是在客观现实作用下产生的，离开了客观现实，人的心理也就成为无源之水、无本之木，是绝对不会产生出来的。

人的心理是大脑对客观现实的反映，但这种反映并不像镜子那样只是对被反映事物的简单再现。由于人可以借助于语言、词语形成条件反射，具有高级思维活动能力。因而，人对客观现实的反映又具有主观能动性。在人们的社会实践中，人可以运用已掌握的知识和经验，结合自己的个性心理特征，积极主动地去认识外界事物，进而改造客观世界。人的心理的这种主观能动性，是其他动物所没有的，是人与其他动物在心理上的最本质的区别。

总之，人的心理是人脑的机能，是客观现实在人脑中的能动反映，是主观与客观的统一，这就是科学心理学的最基本的观点。

【课堂讨论】 人的心理活动是与生俱来的吗？

（二）心理现象

1. 心理过程

心理现象并不神秘，也不是一种不可捉摸和不可理解的东西。人的心理现象是人类最普遍、最熟悉的精神现象，它存在于每个人的自身中，它是每个人对所处的社会环境的心理反应。例如，人在工作过程时，就会产生种种心理现象：当他置身于具有现代气息、环境整洁、灯光明亮、空气清新的办公环境中时，就会感到舒适愉悦；当他受到上司的热情招待时，就会感到十分亲切；当他的需要得到满足时，又会感到十分高兴等等。人在工作过程中出现的观察、思考、体验、下决心等各种感受，都是心理现象的反映。

人的心理现象是普遍存在的，同时也是复杂多样的。概括起来，心理现象可分为心理过程和个性心理两个方面。

心理过程是指人的心理形成及其活动的过程。它包括认识过程、情感过程和意志过程。认识过程是人认识客观事物的表面属性和内在联系的心理活动过程，也是最基本的心理过程，它主要包括感觉、知觉、记忆、注意、思维、想象等心理活动环节。情感过程是伴随着认识过程而产生和发展变化的心理活动过程，是反映客观事物是否满足人的主观需要的一种倾向性的态度和主观体验。例如，职工在一些工作活动中表现出满意、愉快、高兴、气愤、厌恶等，都是人的情感的流露。情感过程包括情绪和情感两种形式，它们对人的行为活动既有积极的推动作用，也有消极的阻碍作用。意志过程是人们为了达到预定的目标，自觉地调节和支配自己的行为，并与克服困难相联系的心理活动过程。

人的认识过程、情绪与情感过程和意志过程是统一的心理过程的三个不同方面，它们既有区别，又相互联系、相互影响和相互制约。认识过程是引起人的情绪、情感和确定行动目标的基础；情绪、情感过程对人的认识过程和意志行为起着动力或阻力的作用；意志品质如何，又反过来影响人的认识过程和情绪、情感，并影响着行为目标的实现。

2. 个性心理

心理过程的三个方面是每个人都有的心理活动，体现了人的心理活动的共性。但由于每个人的心理素质，所受的教育，所处的生活环境以及社会实践的不同，就使人的心理活动带有主体自身的特点，表现出个体的色彩，形成了人的个性差异，即个性。个性心理是指个人带有一定倾向性的稳定的心理特点的总和。

人的个性差异主要表现在个性心理倾向性与个性心理特征两个方面。个性心理倾向性是决定人对现实的态度和行为方式的动力系统，主要包括需要、动机、兴趣、态度、理想、信仰、世界观等。例如，在对待工作问题上，有人追求物质需要的满足，有人更注重精神需要的满足；有人工作的生理性动机强烈，有人则是工作的社会性动机更加突出。体现在生活目标中，有的人理想、信念坚定明确，有的人则动摇、模糊。个性心理特征是指在个人身上经常表现出来的，比较稳定的心理特点，主要包括人的气质、性格和能力等方面的特征。例如，有的人记忆力好，有人思维能力强，这些是能力方面的差异；有的人活泼好动，有人沉默寡言，有人急躁，有人温和，这些是气质方面的差异；有人大公无私，有人自私自利，有人谦虚，有人骄傲，有人意志坚强，有人退缩怯懦，这是性格方面的差异。

总之，人的心理过程的共性与人的个性心理也是密切联系在一起的。一方面，人的个性心理是在一般心理活动过程中形成和发展的，如果没有对客观世界的认识，没有对外界事物的情绪与情感，没有对客观世界积极改造的意志过程，人的个性是无法形成的。另一方面，人的个性也可以制约心理活动过程的进行，并在其中得到体现。可见，心理过程与个性心理是人的完整的心理现象中不可分割的两个方面。

【课堂讨论】 有人说："物质的贫困不是贫困，心理的贫困才是最贫困的。"我们应如何理解？

三、人性假设理论

管理心理学所讲的人性假设，是指管理者对被管理者的劳动态度、工作目的、工作原因等的基本估计，以及用什么方法激励被管理者的基本看法。它属于管理人员世界观的一个组成部分。不同的人性假设反映了管理活动中对人性看法的多样性和复杂性。各种管理人员以他们对人的性质的假设为依据，用不同的方式来组织、控制和激励人们。接受某种人性假设的管理人员会趋向于用某种方式来管理。

（一）X理论-Y理论

麦格雷戈是美国著名行为科学家，他在1957年11月号的美国《管理评论》杂志上发表了《企业的人性方面》一文，该文1960年以书的形式出版。麦格雷戈认为，有关人的性质和人的行为的假设对于决定管理人员的工作方式来讲是极为重要的，各种管理人员以他们对人的性质的假设为依据，可用不同的方式来组织、控制和激励人们。基于这种思想，他们提出了有名的"X理论-Y理论"。

1. X理论

（1）X理论人性假设基本观点。

麦格雷戈把传统的管理观点叫做"X理论"，其主要内容是：

①大多数人趋于懒惰的，尽可能地逃避工作；

②大多数人缺乏雄心壮志，不喜欢担负责任；

③大多数人以自我为中心忽视组织目标；

④大多数人缺乏理智，不能克制自己，很容易受别人影响；

⑤大多数人都是从经济利益出发选择工作；

⑥人群大致分为两类，多数人符合上述假设，少数人不符合上述假设，这部分人应当担负起管理的责任。

（2）X理论管理思想与策略。

根据X理论的假设，组织管理者的思想与策略为：

①任何一个组织绩效之低落都是由于人的本性所致；

②人必须在强迫与控制之下才肯工作，因而在管理上要求有分权化管理恢复到集权化管理；

③由X理论推论出一项组织的基本原则称为"阶梯原则"，即透过权威的运用以执行督导与控制；

④从X理论出发，强调"组织要求"重于"个人需求"。

由此可见，此种管理方式是"胡萝卜加大棒"的方法，一方面靠金钱的收买与刺激，一方面靠严密的控制、监督和惩罚迫使其为组织目标努力。麦格雷戈认为，在人们的生活还不够丰裕的情况下，"胡萝卜加大棒"的管理方法是有效的；但是当人们达到了丰裕的生活水平时，这种管理方法就无效了。

（3）对X理论人性假设的简评。

X理论是静止地看人，有很大的局限性，但是，这种理论包含有科学的成分。改变了当时放任自流的管理状态，促进了科学管理体制的建立，提高了劳动生产率。目前，X理论在一些中小企业仍然在使用。

2.Y理论

（1）Y理论人性假设基本观点。

麦格雷戈在对人的特性和人的行为动机的更为恰当的认识基础上，又提出了Y理论，其主要内容是：

①一般人并非天生就不喜欢工作。工作毕竟是满足的基本方式，而且工作中体力和脑力的消耗就像游戏和休息一样自然。工作可能是一种满足，因而自愿去执行；也可能是一种处罚，因而只要可能就想逃避，到底怎样要看环境而定；

②人为了达成应完成的目标，能够"自我督导"、"自我控制"。外来的控制和惩罚并不是促使人们为实现组织的目标而努力的唯一方法。它甚至对人是一种威胁和阻碍，并放慢了人成熟的脚步；

③人的自我实现的要求和组织要求的行为之间是没有矛盾的。如果给人提供适当的机会，人就能将个人目标和组织目标统一起来；

④一般人在适当条件下，不仅学会了接受职责而且还学会了谋求职责。逃避责任、缺乏抱负以及强调安全感，通常是经验的结果而不是人的本性；

⑤大多数人而不是少数人在解决组织困难问题时都能发挥较高的想象力、聪明才智和创造性；

⑥在现代工业生活的条件下，一般人的智慧潜能只是部分得到了发挥。

（2）Y理论管理思想与策略。

根据Y理论的假设，组织管理者的思想与策略为：

①任何一个组织绩效之低落都应归之于管理；

②人是依靠自己的主动性、天资禀赋与自我督导去工作的，因而在管理上要求有集权化管理恢复到参与管理；

③由 Y 理论推论出一项组织的基本原则称为"融合原则"，即创造一种环境使组织中的员工既能达成个人目标，又要努力促成组织的成功；

④从 Y 理论出发，强调要同时兼顾组织的需要与个人需要。

（3）对 Y 理论人性假设理论的简评。

X 理论是静止地看人，有很大的局限性，而 Y 理论则是以动态的观点来看人，对人性的假设有其积极的一面，它为组织管理者提供了一种对于人的乐观主义的看法，而这种乐观主义的看法对争取职工的协作和热情支持是必需的。但是，麦格雷戈只看到了问题的一面，固然不能说所有的人天生就是懒惰而不愿负责任的，但在现实生活中有些人确实是这样的，而且坚决不愿改变。对于这些人，应用 Y 理论进行管理难免会失败。而且要发展和实现人的智慧潜能，就必须有合适的工作环境，但这种合适的工作环境并不是经常有的，要创造出这样一种环境来，成本也往往太高。所以，Y 理论也并不是普遍使用的。

（二）超 Y 理论

莫尔斯和洛希于 1970 年发表了《超 Y 理论》一文，提出了"超 Y 理论"。超 Y 理论从权变理论的观点出发，认为 X 理论并不一定是毫无用处，Y 理论也不是普遍适用，应针对不同的情况，将任务、组织、人员做最佳的配合，以激励工作人员作出有效的工作成绩。

1. 超 Y 理论人性假设基本观点

超 Y 理论人性假设的基本观点有：

（1）人们带着各式各样的需要和动机来到工作单位中，但主要的需要是取得胜任感；

（2）取得胜任感的动机尽管人人都有，但不同的人可以用不同的方式来实现，这取决于这种需要同一个人的其他需要的力量的相互作用；

（3）如果任务和组织相适合，胜任感的动机极可能得到实现；

（4）即使胜任感达到了目的，它仍继续起激励作用，一个目标达成后，一个新的、更高的目标就树立起来了。

2. 超 Y 理论管理思想与策略

根据 Y 理论的假设，组织管理者的思想与策略为：

（1）设法把工作、组织和人密切配合起来，将特定的工作，由适合的组织与适合的人员来担任；

（2）先应从对工作任务的确知和对工作目标的了解等方面来考虑，然后决定管理阶层的划分、工作的分派、酬劳和管理程度的安排；

（3）合理确定训练计划和强调适宜的管理方式，使组织更妥当地配合工作与人员，这样能够产生较高的工作效率和较高的胜任感的激励；

（4）各种管理理论，不论是传统的或是参与的，均有其可用之处，主要应由工作性质、职工对象而定。

3. 对超 Y 理论人性假设理论的简评

目前超 Y 理论很受西方一些组织管理学者的推崇，评价很高。它虽然含有辩证法的因素，但是只强调特殊性而忽视普遍性，就难以摆脱形而上学和历史唯心主义的观点。

（三）雪恩的人性假设理论

美国著名的管理心理学家雪恩于 1965 年出版的《组织心理学》一书中，对人性假设提出了四种不同的人性观，即经济人、社会人、自我实现人和复杂人假设。这四种不同的人性假设反映了管理活动中对人性看法的多样性和复杂性，具有一定的代表性和实际意义。

1. 经济人

经济人又叫唯利人，起源于享乐主义哲学和亚当·斯密的关于劳动交换的理论，认为人的行为动机在于经济诱因，都是为了追求自身的最大的经济利益。以泰罗为代表的科学管理理论是经济人假设的典型代表。

（1）经济人假设的基本观点。

①职工们基本上都是受经济性刺激物激励的，不管是什么事，只要能够提供最大的经济利益，他们就会去干；

②因为经济性刺激物是在组织的控制之下，所以职工们的本质是一种被动的因素，要受组织的左右、驱使和控制；

③感情是非理性的，必须加以防范，以免干扰了人们对自己利害的理性的权衡；

④组织能够而且必须按照能中和并控制住人们感情的方式来设计，也就是要控制住人们的那些无法预计的品质。

（2）经济人假设的管理思想与策略。

①组织是用经济性奖酬来获取职工们的劳务与服从；

②管理的重点在于提高劳动生产率，完成生产任务，而对人们的感情和士气方面应负的责任是次要的；

③如果职工工作效率低、情绪低落，解决的办法就是重新审查组织的奖酬刺激方案，并加以改变。

（3）对经济人假设的简评。

①把人看成是非理性的、天生懒惰的、不喜欢工作的人——自然人，抹杀了人的社会性；

②把金钱当成一种主要的激励工具，把惩罚看作有效的管理手段，否认了人的主动性、自觉性、创造性和责任心，其后果就是多给钱多干，少给钱少干，不给钱不干的一切向钱看的消极后果；

③把管理者与被管理者绝对对立起来，反对工人参与管理，否认工人在生产中的地位和作用。

【课堂讨论】 "重赏之下必有勇夫"，你觉得这句话在现实的组织管理中有适用性吗？

2. 社会人

社会人也称社交人。这种假设是在梅奥的霍桑试验的基础上提出来的。梅奥把重视社会需要和自我尊重需要而轻视物质需要与经济利益的人称为社会人。社会人假设的理论基础就是梅奥的人际关系理论。

（1）社会人假设的基本观点。

①人的行为动机不只是追求金钱和物质，而是人的全部社会需求；

②科技的发展及工作合理化结果，使工作本身失去了乐趣和意义，人们便从工作的社会关系中去寻求乐趣和意义；

③工人对同事之间的社会影响力要比组织所给予的经济报酬更为重要；

④工人的工作效率，随上级满足他们社会需求的程度而变化。

（2）社会人假设的管理思想与策略。

①管理者不应只注意生产任务完成，更应注意关心人，满足人的需要；

②管理者不仅要注意对下属的指导和监控，更应重视职工间的人际关系，要培养和形成职工的归属感和整体感；

③在奖励方式上，不仅要考虑个人奖励，更应提倡集体奖励；

④管理者不只限于计划、组织和控制，更应该注意上下沟通；

⑤实行"参与式管理"，吸引职工在不同程度上参与企业决策研讨。

（3）对社会人假设的简评。

组织关心和重视职工的个人与社交需要，并使之建立起这些需要将会得到满足的期望，有助于职工对组织保持忠诚，积极努力，勤奋工作。但是，社会人假设并没能改变资本主义社会的雇佣关系、剥削关系，假设中的人际关系，并未改变资本主义生产关系。因此，社会人假设也不是唯一正确的。

3. 自我实现人

自我实现人也叫自动人。这种假设认为，人都需要发挥自己的潜力，表现自己的才能，只有人的潜力充分发挥出来，人的才能充分表现出来，人才会感到最大的满足。雪恩在总结了马斯洛、麦格雷戈等人所倡导的人性观后，提出了自我实现人的人性假设，并认为，这种假设与麦格雷戈的 Y 理论中的人性假设是一致的。

（1）自我实现人假设的基本观点。

①人具有寻求最大限度地利用自己的才能与资源的需要，即自我实现的需要。人的需要可以归结为多种需要组成的一个层次系统，由低到高，他们依次是生理、安全、社交、尊重和自我实现的需要。当人们的最基本的需要得到满足后，就会转而致力于较高层次需要的满足。即使是一个普通的工人，在他的其他需要或多或少获得满足之后，也会在自己的工作中寻求意义和任务完成的满足感；

②厌恶工作并非是普通人的天性，相反个人总是追求在工作中变得成熟起来。他们通过行驶一定的自主权，采用以长远的观点来看问题，培养自己的专长和能力，并以较大的灵活性去适应环境等表现形式，来使自己真的变得成熟；

③人主要还是由自己来激励和控制，外部施加的刺激与控制很可能对人变成一种威胁，并把人降低到较不成熟的状态中去；

④自我实现和使组织的绩效更富成果，这两方面并不一定矛盾。如果给予适当的机会，职工们是会自愿地把他们的个人目标和组织目标结合为一体的。

（2）自我实现人假设的管理思想与策略。

根据自我实现人假设，组织管理者的策略可以归纳为以下四个方面：

①管理重点的转变。管理者要较多地考虑怎样才能使工作本身变得具有内在意义和更高的挑战性。经济人假设的管理重点重视生产任务而轻视人的因素；社会人假设的管理重点是重视和关心人的需要；而自我实现人假设的管理重点又从重视人的因素转移到重视工

作环境上来了。但重视环境因素与经济人假设的重视生产任务不同，重点不是放在计划、组织、指导、监督、控制上，而是要创造一种适宜的工作环境、工作条件，使人们能在这种环境下充分挖掘自己的潜力，充分发挥自己的才能，也就是说能够充分地自我实现；

②管理职能的转变。管理者的主要职能应该是生产环境与条件的设计者与调节者。经济人假设的管理职能是生产的指挥者；社会人假设的管理职能是人际关系的调节者；而自我实现人假设的管理职能应该是生产环境与条件的设计者与采访者，管理者要为发挥人的聪明才智创造适宜的条件，减少和消除职工自我实现过程中所遇到的障碍；

③奖励方式的转变。麦格雷戈等人认为，奖励方式分外在奖励和内在奖励两种。外在奖励指工资、提升、良好的人际关系等奖励模式；内在奖励是指人们在工作中能获得知识，增长才干，充分发挥自己的潜力等。只有内在奖励才能满足人们的自尊和自我实现的需要，从而极大地调动起职工的积极性。正如麦格雷戈所说："管理的任务只是在于创造一个适宜的工作环境，即一个可以允许和鼓励每一位职工都能从工作中得到内在奖励的环境。"经济人假设和社会人假设强调外在奖励；而自我实现人假设强调内在奖励；

④管理方式的转变。管理制度与方式应能保证职工充分展示自己的才能，达到自己所希望的成就。自我实现人假设主张下放权限，实行民主参与管理，给职工一定的自主权、参与组织决策的实施。

（3）对自我实现人假设的简评。

①自我实现人的假设是资本主义高度发展的产物。机械化生产条件下，工人的工作日益专业化，特别是传送带工艺的普遍运用，把工人束缚在狭窄的工作范围内。工人只是重复简单、单调的动作，看不到自己的工作与整个组织任务的联系，工作的士气很低，影响产量和质量的提高。正是在这种情况下，才提出了自我实现人假设和 Y 理论，并采取了相应的管理措施，如工作扩大化，工作丰富化等；

②从理论上来看，自我实现人的理论基础是错误的。人既不是天生懒惰的，也不是天生勤奋的，此外，人的发展也不是自然成熟的过程。自我实现人的假设认为人的自我实现是一个自然发展过程，人之所以不能充分地自我实现（马斯洛自己也承认，现实社会中真正达到自我实现的人是极少数），是由于受到环境的束缚和限制。实际上，人的发展主要是社会影响，特别是社会关系影响的结果；

③要借鉴自我实现人假设中的有益成分。当然，我们在批判其错误观点的同时，也绝不能忽视借鉴其中有益的成分。例如，在不违反集体利益的原则下为职工和技术人员创造较适当的客观条件，以利于充分发挥个人的才能；把奖励划分为外在奖励和内在奖励，与我们所说的物质奖励和精神奖励有一定的类似，可以吸取其中对我们有用的奖励形式；企业领导人要相信职工的独立性、创造性的含义，对我们也不无启发等等。

管理故事

做一棵永远成长的苹果树

一棵苹果树，终于结果了。第一年，它结了 10 个苹果，9 个被拿走，自己得到 1 个。对此，苹果树愤愤不平，于是自断经脉，拒绝成长。第二年，它结了 5 个苹果，4 个被拿走，自己得到 1 个。"哈哈，去年我得到了 10%，今年得到 20%！翻了一番。"这棵苹果树心理平衡了。但是，它还可以这样：继续成长。譬如，第二年，它结了 100 个果子，被拿走 90 个，自己得到 10 个。很可能，它被拿走 99 个，自己得到 1 个。但没关系，它还可以继续成长，第三年结 1000 个果子……

4. 复杂人

受权变理论的影响，雪恩在对前三种人性观进行回顾和总结的基础上，提出的一种新的人性假设，即复杂人假设。该假设与 20 世纪 60 年代末 70 年代初由摩斯和洛希提出的"应变理论"，即超 Y 理论有很大的相似性。

（1）复杂人假设的基本观点。

①人的需要是多种多样的，而且这些需要随着人的发展和生活条件的变化而发生改变；

②人在同一时间内有各种需要和动机，他们会发生相互作用并结合为统一的整体，形成错综复杂的动机模式；

③人在组织中的工作和生活条件是不断变化的，因此会不断产生新的需要和动机；

④一个人在不同单位或同一单位的不同部门工作，会产生不同的需要；

⑤人的不同需要，能力各异，对同一管理模式会有不同反映。没有一套适合于任何时代、任何组织和任何个人的普遍的行之有效的方法。

（2）复杂人假设的管理思想与策略。

①管理者应注意采取不同的组织形式，以提高管理效率，组织形式必须适应工作性质和职工的复杂的动机模式；

②管理者应根据企业的实际情况，采取弹性、应变的领导方式，而不能简单化、一般化；

③管理者应善于发现职工的需要、动机、能力和个性上的差异性，因人、因事、因地制宜地采取灵活多样的管理方式和奖励方式。

（3）对复杂人假设的简评。

复杂人假设承认了人的个性差异，强调因人而异，灵活多变的管理方式，有辩证法思想；强调管理策略核心是领导、管理、组织方式和方法的灵活性和变化性，即所谓的权变。在一定意义上说，支持前三种人性假设及相应的管理策略的研究，都支持复杂人假设的基本观点和管理策略。另外，越来越多的研究成果也已经从不同的侧面支持和证实了这种新的人性观。

但是这种人性假设过分强调了人的个性、特殊性，在某种程度上忽视了人的共性、普遍性，其结果是片面强调了管理措施的灵活性、应变性，而否定了管理的普遍性和一般规律，不利于管理组织和管理制度的相对稳定。

> **知识拓展**

我国古代的人性思想

荀子认为人性是恶的。"人性之恶，其善者伪也"。就是说，人的本性是恶的，而性善则是人为的。人性之所以为恶，就在于人之"有欲"。"人生而有欲，欲而不得，则不能无求；求而无度量界限，则不能不争；争则乱，乱则穷。"因此荀子主张，要"养人之欲，给人以求，使欲必不穷乎物，物必不屈于欲，两者相持而长。"就是说，要使人的欲望和物资两者在相互制约中增长。荀子的性恶论，类似于西方行为科学中的"X理论"或"经济人"理论。荀子主张性恶论，所以认为其管理原则是"导欲"、"节求"、"明分"、"赏罚"。

在先秦思想家中，商鞅和韩非也是主张性恶论的，都把人看做是本质上的"经纪人"。因此，在管理上都强调用富贵名利去刺激和调动人的积极性，强调重奖重罚，以实现其管理目标。

孟子认为人性是善的。"人之善也，如水之下也。"就是说，人之性善，人性向善，如同水的本性向下一样是自然而必然的。孟子从性善论出发，强调其管理原则应施"仁政"。孟子这种性善论有点类似于西方行为科学中的"Y理论"。

《管子》认为，应从不同角度对人性进行分析。它首先指出："仓廪实则知礼节，衣食足则知荣辱"。就是说，人的需要首先是衣食足，其次是知荣辱，再次是知礼节。这有点类似于西方行为学中的需要层次论的思想。其次，《管子》强调多方面满足人的需要。"民恶忧劳，我佚乐之；民恶贫贱，我富贵之；民恶危坠，我存安之；民恶灭绝，我生育之。"人民的要求得到满足后，就会拥护统治者，甚至为了统治者的利益而牺牲自己。这就叫"予之为取"。因此强调其管理原则是"得人之道，莫如利之"。做到"只见予之形，不见夺之理"。《管子》这些思想，有点类似于西方行为科学中的"超Y理论"。

典型事例

轻松和谐　人性至上

世界软件巨头微软是一个天才云集的地方。如何组织，配置和运用好这些杰出的人才，就成为微软企业管理工作中极为重要的一环。为此，微软公司在企业内部实行了全面的人性管理，逐步形成了有微软特色的，以人为本的企业管理文化，从而极大地促进了微软公司事业的发展。那么，微软公司的以人为本的管理文化有哪些内容和特色呢？

1. 方便的电子邮件系统

方便员工之间和上下级之间的沟通是微软公司民主化和人性化管理的一大特色，微软公司有四通八达的电子邮件系统，每个职工都有自己的电子信箱，相互之间都知道对方的代码，上至公司领导（包括比尔），下到每个职工都无一例外。相互之间可以传递消息，讲悄悄话，甚至聊天。只要你高兴，无论在什么时间，什么地点，你都用不着秘书的安排，就可以和在任何地方的职工（包括比尔）进行联系并交谈。

这种系统的使用使员工体验到一种真正的民主气息。电子邮件系统是一种最迅速，最方便，最直接，最尊重人性的沟通工作方式。除了职工之间的相互沟通，传递信息，布置任务可以通过它外，最重要的是职工对公司最高当局提意见和建议也可以方便地使用它。

电子邮件系统为微软公司内部职工和上下级的交流提供了最大的方便，确保了相互间意见的及时沟通，有利于相互间消除隔阂，统一步调，这是微软公司在人员管理上的一大创造。

2. 无等级的安排

等级隔阂是人与人之间关系难以融洽的一大原因，它妨碍了人们之间的相互沟通，不利于企业职工间形成一个坚强的整体，为共同的事业齐心协力。因此，在管理工作中，应尽可能消除它的影响。微软公司在公司内部人员关系处理的具体措施体现在以下两个方面：

（1）平等的办公室。

只要是微软公司的职工，都有自己的办公室或房间，每个办公室都是互相隔开的，有自己的门和可以眺望外面的窗户，每个办公室的面积大小差不多，即使董事会主席比尔和总裁谢利的办公室也比别人的大不了多少。对自己的办公室，每个人享有绝对的自主权，可以自由装饰和布置，任何人都无权干涉。至于办公室的位置也不是上面硬性安排的，而是由职工自己挑选的。如果某一办公室有多个人选择，可以通过抽签决定。另外，如果你的第一次选择的不满意，可以下次再选，直到满意为止。每个办公室都有可随手关闭的门，公司充分尊重每个人的隐私权。微软公司的这种做法与其他公司都不相同，他使职工们感到很有意思，而且心情舒畅。

（2）无等级的停车。

在微软公司，各办公室楼门前都有停车场，这些停车场是没什么等级划分的。不管是比尔或谢利，还是一般职工，谁先来谁就选择地方停车，只是先来后到，没有什么职位高低。但是，即使如此，比尔也从来没有因为找不到停车的地方而苦恼过，这是因为每天他比任何人来的都早。

3. 轻松的工作氛围

微软公司努力地为职工创造一个尽可能放松又无需干扰的宽松环境，其独特的方式体现在以下四个方面：

（1）适应当地天气的工作方式。

微软公司总部位于西雅图市。该市的天气是阴天多，晴天少。只要一出太阳，只要是风和日丽，员工们就可自由自在地在外面散散心。你可以到楼前的草地坐着或躺着晒太阳，也可以弹吉他、吹口琴，也可以听录音机，还可以在各种球场上打打球。比尔自己这时候也是如此，他最喜欢在华盛顿湖边游荡，生活方式与其在大学里类似。

（2）没有时钟的办公楼。

微软公司的办公大楼是用简易的方法建造的，主要的材料是玻璃和钢材。办公大楼的地面上铺着地毯，房顶上安装着柔和的灯光，但让人奇怪的是整座办公大楼内看不到一座钟表，大家凭自觉性上下班，加班多少也是自愿的。

（3）随处可见的高脚凳。

微软为公司职员免费提供各种软件。除此之外，在公司内部，可用于办公的高脚凳到处可见，其目的在于方便公司职工可以不拘形式的在任何地点进行办公。当然这种考虑也离不开软件产品开发的生产特点。

（4）愉快的周末。

每周星期五的晚上举行狂欢舞会是微软公司的传统。比尔一直想把这个舞会办得更正式一点，以缓解经过繁重拼搏或矛盾形成的压力和紧张，增强企业职工的凝聚力和向心力，达到相互沟通、增进理解和友谊的目的。

微软公司就是靠这种别出心裁的人性化管理，吸引了大批富有创造力的人才到其公司工作；又是通过独特的文化氛围，使这些人才留在微软，并创造了一个个商业与技术上的奇迹。

四、管理心理学的形成与发展

科学的发展源远流长，管理心理学也不例外。它虽是一门较新的科学，但它的诞生，既有我们祖先的管理活动及其思想为其渊源，又有历史沿革中不断呈现出来的各具特色的管理理论作为积淀。为此，只有了解现代管理心理学的演化历史，才能更好地把握这门学科并推动其不断发展。管理心理学诞生于 20 世纪初期，于 40 年代末 50 年代初发展成为一门独立的学科。在我国，管理心理学作为一门独立的学科，是从引进、翻译早期心理学著作而开始的。随着经济社会的发展，对人的发展关注的程度也在加深。

（一）管理心理学的萌芽

1879 年，德国的冯特在莱比锡大学建立了世界上第一所心理实验室，使心理学成为一门独立的学科。随着心理科学的深入研究和发展，许多在实践领域遇到的问题也要求运用心理学的知识去探讨和解决。因此，就出现了大量的应用心理学。工业心理学就是这样的学科，它是将心理学的知识直接应用到工业生产领域。最早进行具体研究工作的是冯特的学生闵斯特伯格，人称"工业心理学之父"。他在 1912 年发表的《心理学与工业生产率》一书中，就论述了如何运用心理测验的方法选拔合格工人以适应工作的要求，以及减少疲劳，劳动合理化等问题。这些内容的研究，已经开始涉及管理心理学的理论问题，但由于他考虑的面比较窄，仅限于工业个体心理学的研究，其研究的基本方向仍然是要解决人适应机器的问题。所以，他的理论未能引起更广泛的注意，但为管理心理学的诞生开辟了道路。

（二）管理心理学的形成标志

工业心理学虽然把心理学引进了工业生产领域，对促进管理心理学的形成起了推动作用。但是，在这里值得一提的是早期的工业心理学关注的是如何更好地选拔员工、对员工的培训方法、工作任务的设计和工作场的布局，认为这些是提高工作效率的重要途径。这些思路和泰罗的科学管理理论是一致的，没有注意到工作环境、人际关系等对生产效率的影响。一直到霍桑试验，才进一步把心理学、社会学、管理学等结合起来，真正开创了管理心理学的道路。

霍桑试验是指由美国哈佛大学心理学教授梅奥主持的，在美国芝加哥西部电器公司所属的霍桑工厂进行的一系列的心理学研究的总称。试验 1924 年开始，1927 年由梅奥接管，直到 1932 年。通过一系列的试验，梅奥等人认识到，人们的生产效率不仅受到生理方面、物理方面等因素的影响，更受到社会环境、心理方面的影响。这一结论对"科学管理"只重视物质条件，忽视社会环境、心理因素对职工的影响来说，无疑是一个很大的进步。梅奥的重要研究成果产生了人际关系理论。人际关系理论是将心理学理论应用于管理领域而获得的重要成果之一，从而使人际关系理论成为管理心理学的重要内容。

霍桑试验与人际关系理论，对管理心理学的形成和发展产生了重要影响，可以说它是管理心理学开端的重要标志。

美国斯坦福大学教授莱维特出版了一本名为《管理心理学》的专著（1958），意味着管理心理学作为一门独立学科开始登上历史舞台。到 20 世纪 60 年代之后，行为科学进入到管理心理和组织行为的研究阶段。此后，管理心理学得到了快速的发展。

（三）我国管理心理学的发展历程

1. 早期发展阶段

虽然我国传统文化蕴涵着丰富的管理心理学思想，但这些思想基本上停留在经验和朴素的认识上。管理心理学作为一门独立的学科，是从引进、翻译早期心理学著作而开始的。早在 1935 年，我国著名心理学家陈立撰写了《工业心理学概观》一书，第一次从环境、疲劳、休息、工作方法、事故与效率，以及工业组织、激励与动机等重要方面，系统论述了中国工业心理学和管理心理学的基本问题。《工业心理学概观》成为我国管理心理学理论发展的重要里程碑，对以后的管理心理学发展和演变产生了重要的影响。

从 20 世纪 50 年代开始，我国已逐步开展工程心理学和劳动心理学的研究，但管理心理学的起步较晚。1957 年，中国科学院心理研究所成立了劳动心理组。1960 年，随着工业的振兴和生产水平的提高，人和机器之间的协调问题引起了各方面的注意。但由于"文化大革命"的影响，在 20 世纪 60 年代我国学术界对西方正在迅速发展的工业与组织心理学知之甚少。

2. 初步形成阶段

20 世纪 70 年代末，我国转向以经济建设为中心，工业部门感到需要运用心理学的知识调动企业管理者和职工的积极性，心理学界也感到需要开展有关生产管理中的心理学问题的研究，正是在这种改革开放的大好形势下，管理心理学才逐步得到发展。1980 年中国心理学会工业心理专业委员会的成立，标志着中国管理心理学的起步。

我国管理心理学界在 80 年代完成了几项重要的工作：

（1）翻译出版了一批国外较有影响管理心理学书籍。

翻译、撰写和出版了第一批管理心理学书籍，用于高校教学和干部培训。其中，比较有影响的是卢盛忠等的《管理心理学》（浙江教育出版社，1985 年），俞文钊的《管理心理学》（甘肃人民出版社，1988 年），陈立的《工业管理心理学》（上海人民出版社，1988 年），徐联仓、陈龙的《管理心理学》（光明日报出版社，1988 年）和王重鸣的《劳动人事心理学》（浙江教育出版社，1988 年）等。

（2）对企业管理干部开展管理心理学培训。

开展了广泛的管理心理学培训，帮助各类企业的管理干部掌握现代管理知识与方法。从 1980 年起，机械工业部、电子工业部、纺织工业部、石油工业部等各大行业的大批管理干部都参加了管理心理学培训。这些培训活动为我国管理心理学的新的发展和应用提供了充分的思想基础。

（3）陆续成立了有关管理心理学研究与应用的学术团体和机构。

从 80 年代初开始，中国心理学会建立了工业心理学专业委员会，把管理心理学作为重点发展的学科分支。同时，行为科学被逐步介绍到我国。1985 年，行为科学知识日益受到重视，成立了"中国行为科学学会"，中国工业经济学会也成立了行为科学学组，全国初步形成了一支以理论工作者与企业管理干部相结合的研究与应用队伍，为管理心理学的发展进一步奠定了群众基础。

3. 发展阶段

20 世纪 90 年代之后，随着国有企业改革的突破和外资企业的兴起及迅猛发展，交叉文化条件下的组织文化与战略管理成为管理心理学研究的关键课题。同时，随着我国人力资源管理热的兴起，全国许多高校的管理学院的部分教师开始从事管理心理学的教学和研究，一批硕士生和博士生以管理心理学领域作为学位论文的课题。这些都大大促进了我国管理心理学理论的进步和整个学科的迅速发展。

任务诊断 如何理解梅奥的人际关系学说的兴起是以人为本管理思想的里程碑？

知识小结

《论语》里有一句名言："工欲善其事，必先利其器。"用到这里来，也是很合适的。要想把管理工作做好，先得在思想上武装自己，尤其是要树立现代企业管理观念。本任务就是让你了解管理，懂得企业管理心理实务是一门建立在经济科学、行为科学以及现代管理理论基础上的应用科学。

通过本项目的学习，你应该明白：从心理的层面上说，管理是要控制人的行为，让人们按照一定的要求做出行为，而不做出或最大限度地减少不符合这些要求的行为。要对人的行为进行有效的控制，就必须能预见人的行为，要预见人的行为就必须了解人的行为。人的行为是非常多样的和多变的，个体之间有差异，而一个人在不同的情境下也会表现出不同的行为。尽管人的行为表现得非常纷繁，但像其他事物一样，它的发生和变化也是有规律的。只要掌握了人的行为的规律，我们就能了解人的行为，就能预见人在什么情况下会发生什么样的心理变化，出现什么样的行为，从而主动地去诱发什么样的行为，阻止什么样行为，达到有效控制人的行为的目的。因此，我们说，管理心理学的任务是为有效的管理措施提供心理依据。作为一位优秀的管理者，需要从多角度，全方位去研究，不仅要从哲学、政治经济学、中国近代革命史、教育学、社会学、管理学、领导学等方面去研究，更重要的还要从心理学角度去研究。要掌握一个人的心理活动和状态，就要学会心理，在工作中能帮助我们提高观察力，识别力，开发人的潜力，搞好管理工作。只有这样，才能掌握思想政治工作的规律，实现党的方针、路线和政策。"顺乎于天而应乎于人"，取得民族的自强和自立。与时俱进，以现代的理想、健全的人格和健康的心身承担起我们民族的历史重任。

这里我们特别强调，一是管理心理学是管理学和心理学的交叉学科，是心理学在管理上的应用。在管理心理学里，一般的是介绍各种心理现象及其规律，然后根据心理学的原理，提示管理中应遵循的原则，还可能做出一些原则性的建议，但不会提出具体的管理措施。二是企业管理观念有一个演进的过程，了解企业管理观念的变化就是让我们树立现代企业管理观念，以先进的管理理念做指南，紧紧围绕着管理者的行为和员工的需求，开展企业管理活动。

知识巩固

一、单项选择题

1. 下列各项中不属于管理心理学研究内容的是（　　）。
A. 个体心理　　　　B. 群体心理　　　　C. 组织心理　　　　D. 病理心理

2. 尊重客观事实，按照事物本来面目认识事物是管理心理学应坚持的（　　）。
A. 联系性原则　　　B. 发展性原则　　　C. 客观性原则　　　D. 具体性原则

3. 谈话法和问卷法应属于（　　）。
A. 观察法　　　　　B. 测验法　　　　　C. 调查法　　　　　D. 实验法

4. 人的心理现象是与外部环境的刺激、主体的状况和反应活动紧密地联系着，所以，在管理心理学的研究中，还必须贯彻（　　）。
A. 客观性原则　　　B. 联系性原则　　　C. 科学性原则　　　D. 发展性原则

5. 对某一个体、某一团体或组织在较长的时间里连续进行观察、调查、了解，是管理心理学研究方法中的（　　）。
A. 观察法　　　　　B. 个案法　　　　　C. 调查法　　　　　D. 实验法

6. 梅奥是下列（　　）管理学派的代表学者。
A. 科学管理学派　　B. 行为科学管理学派 C. 管理科学学派　　D. 现代管理学派

7. 下列（　　）属于人性假设的 Y 理论。
A. 是静止的、消极的、僵化的　　　　B. 控制主要来自于外部，由上级强加给下级
C. 代表了传统的管理科学　　　　　　D. 人的智慧和能力只是部分得到了发挥

8. 霍桑实验的结果表明，新型的领导能力在于提高（　　）。
A. 职工的工资水平　B. 职工的满足度　　C. 职工的福利水平　D. 企业的生存能力

9. （　　）假设只强调了人之间存在差异的一面，在某种程度上忽视了人性中共性的一面，忽视了普遍性，所以也是有失偏颇的。
A. 经济人　　　　　B. 社会人　　　　　C. 自我实现人　　　D. 复杂人

10. 管理心理学家（　　）把对人性的假设提出了四种分类：经济人、社会人、自我实现人和复杂人假设。
A. 雪恩　　　　　　B. 亚当斯　　　　　C. 麦格雷戈　　　　D. 卡门

二、简答题

1. 什么是管理心理学？研究内容是什么？
2. 管理心理学研究方法有哪些？常用的有哪几种？
3. 什么是人性观？主要包括哪些观点？
4. 管理理论包括哪几个阶段？主要代表人物及其观点有哪些？
5. 如何理解心理的实质？心理活动的主要内容有哪些？

案例分析

案例 1：为什么自己得不到重用和提拔呢？

西方某企业中，有一位部门经理与自己部门的女职工甲关系较好，且人人皆知。在一次升职中，这位部门经理出乎大家的意外提拔了女职工乙，而不是甲。对此，职工甲既感到没有颜面又感到不满意。她觉得自己工作年限和专业资历都比乙要长，与部门经理的关系也不错，为什么自己得不到重用和提拔呢？

于是，职工甲把部门经理告到了企业的人力资源部门，企业人力资源部门对发生的事情也非常重视，并专门对提拔职工乙的程序进行了严格的审查，结果发现了部门经理是位作风正、原则强、负责任的人。职工乙的工作能力、工作业绩等确实比部门中的其他职工要强些，而且整个提拔程序也没有发现违规行为。人力资源部门在了解了具体情况以后，对这件事情的当事人做出了处理决定。

事后也证明人力资源部的处理决定是正确的，并收到了很好的效果。

阅读以上资料，回答下列问题：

1. 如果你是企业人力资源部门人员，建议应该怎样处理当事人？并说明理由。

2. 如果你是企业中的普通职工，建议应该怎样处理当事人？并说明理由。

3. 你猜猜看这个西方国家企业会怎样处理当事人？你估计他们的处理决定与你做出的处理决定会不会不同？不论你认同的是相同还是不同，请说明理由。

案例 2：西安杨森的人性化管理

西安杨森制药有限公司成立于 1985 年 10 月。合资中方以陕西省医药工业公司为代表，外方为美国强生公司的成员比利时杨森制药有限公司。总投资 1.9 亿元人民币，注册资本比例为外方占 52%，中方占 48%，合资期限 50 年。

1. 严格管理，注重激励

合资企业的工人和中层管理人员是由几家中方合资单位提供的。起初，他们在管理意识上比较涣散，不适应严格的生产要求。有鉴于此，合资企业在管理上严格遵循杨森公司的标准，制定了严格的劳动纪律，使员工逐步适应新的管理模式。

通过调查研究发现，在中国员工尤其是较高层次的员工中，价值取向表现为对高报酬和工作成功的双重追求。优厚的待遇是西安杨森吸引和招聘人才的重要手段，而不断丰富的工作意义，增加工作的挑战性和成功的机会则是公司善于使用人才的关键所在。在创建初期，公司主要依靠销售代表的个人能力，四处撒网孤军奋战，对员工采用的是个人激励。从"人员—职位—组织"匹配原则出发，选用那些具有冒险精神、勇于探索、争强好胜又认同企业哲学对企业负责的人作为企业的销售代表，主要是医药大学应届毕业生和已有若干年工作经验的医药代表。此时，西安杨森大力宣传以"鹰"为代表形象的企业文化，"鹰是强壮的，鹰是果敢的，鹰是敢于向山巅和天空挑战的，它们总是敢于伸出自己的颈项独立作战。在我们的队伍中，鼓励出头鸟，并且不仅要做出头鸟，还要做搏击长空的雄鹰。作为企业，我们要成为全世界优秀公司中的雄鹰"。

2. 注重团队建设

在 1996 年年底的销售会议中，集中学习并讨论了"雁的启示"："……当每只雁展翅高飞时，也为后面的队友提供了'向上之风'。由于组成 V 字队形，可以增加雁群 71%

的飞行范围。"

"当某只雁离队时它立即感到孤独飞行的困难和阻力。它会立即飞回队伍，善用前面同伴提供的'向上之风'继续前进"。

3. 充满人情味的工作环境

每当逢年过节，总裁即使在外出差、休假，也不会忘记邮寄贺卡，捎给员工一份祝福。在员工过生日的时候，总会得到公司领导的问候。员工生病休息，部门负责人甚至总裁都会亲自前去看望，或写信问候。员工结婚或生小孩，公司都会把这视为自己家庭的喜事而给予热烈祝贺，公司还曾举办过集体婚礼。公司的有些活动，还邀请员工家属参加，一起分享大家庭的快乐。公司主办的内部刊物名字就叫《我们的家》，以此作为沟通信息、联络感情、相互关怀的桥梁。

经过公司的中外方高层领导之间几年的磨合，终于达成共识：职工个人待业、就业、退休保险、人身保险由公司承担，由部门专门负责；员工的医疗费用可以全部报销。在住房上，他们借鉴新加坡的做法，并结合中国房改政策，员工每月按工资支出25％，公司相应支出35％，建立职工购房基金。

4. 加强爱国主义的传统教育

1996年11月22日，西安杨森的90多名高级管理人员和销售骨干，与来自中央和地方新闻单位的记者及中国扶贫基金会的代表一起由江西省宁冈县向井冈山市所在地的茨坪镇挺进，进行30.8公里的"'96西安杨森领导健康新长征"活动。他们每走3.08公里，就拿出308元人民币捐献给井冈山地区的人民，除此以外个人也进行了捐赠。公司还向井冈山地区的人民医院赠送了价值10万元的药品。

1996年冬天的早晨，北京天安门广场上出现了一支身穿"我爱中国"红蓝色大衣的三十多人的队伍，中国人、外国人都有，连续许多天进行长跑，然后观看庄严肃穆的升国旗仪式，高唱国歌。这也是西安杨森爱国主义教育的又一部分。

前任美籍总裁罗健瑞说："我们重视爱国主义教育，使员工具备吃苦耐劳的精神，使我们企业更有凝聚力。因为很难想象，一个不热爱祖国的人怎能热爱公司？而且我也爱中国！"

阅读以上资料，回答下列问题：

1. 西安杨森的管理实践中用到了哪些管理方法？

2. 失去员工认同的经营理念会成功得到贯彻吗？

3. 你认为在企业管理中应该如何正确运用心理教育方法？

实训设计

请寻找并描述学校教学和生活管理的人性化问题，每组6—8人，在课下进行分组讨论。也可进行集体讨论，鼓励大家各抒己见，提出一些合理化的建议，但不必要求最终统一结论。建议定期进行一次讨论看看大家的意见有什么进步。

项目2

个体心理与管理

知识目标

1. 深入理解知觉、社会知觉的含义及影响因素，掌握社会知觉效应对企业管理的影响；

2. 了解情绪情感的含义、特点，掌握情绪控制的方法；

3. 理解挫折的含义、成因，充分认识、掌握适应挫折的方式；

4. 了解个性的含义、特点和个性理论；

5. 掌握能力、气质、性格的类型、特征及其在企业管理中的应用；

6. 理解并解释情商的含义及其对管理的重要性，认识培养情商的一些途径和方法。

能力目标

1. 结合实际分析加强情绪管理的重要性，并有意识地培养自己的情绪管理能力；

2. 学会将个性心理特征的知识应用于管理实践中。

尊敬的读者： 管理的第一步就是先管理好自己，管理好自我的心理。一位著名的企业家曾经说："我们要时刻记住，在这个世界上，最重要的是学会尊重每一个人。"经营人心，实际上是经营企业的未来。人心系一笔无形资产，是一笔不可忽视的巨大财富，对于企业和商家而言，经营人心才是事业健康、持续发展的关键。

现代企业管理是强调以人为中心的管理。为此，作为一个优秀的管理者，必须了解员工的个体的心理过程和个性心理特点，了解的越透彻，就越能对症下药搞好管理。管理者与被管理者都要善于了解自己的个性，也要善于分析他人的个性。只有这样，才能很好地与人相处，使人际冲突与矛盾减少；此外，个性研究也是人员选择、配备的重要依据。人员选择、职业分配应该考虑到人的个性类型。领导班子成员的选拔，也要依据个性类型最佳匹配的方案，才能取得工作班子的最佳整体效能。

任务一　分析社会知觉

任务情境　假如你经过公司经理办公室时，看到经理正凝视着天花板。他是在工作还是在休息？你很难做出判断。如果老板看到这种情况，可能认为经理正"对着天花板发呆"，也许相反，认为他正"陷入深深的思考中"。

问题：我们是看到了现实，还是对自己看到的东西作出解释并称它为现实？

任务分析　知觉是人类重要的心理现象之一，是主体对客体的反应。主体对客体的知觉差异，会导致其行为反映的差异。社会知觉是关于社会现象、尤其是对社会中人的知觉。人是社会的人，总是处在一定的社会环境和关系之中，人总是同他人联系和交往的。组织成员对人、对事、对己的知觉是组织行为管理的特点。个体、群体及组织心理与行为的问题都始于知觉，尤其是社会知觉，社会知觉有无偏差，会直接影响到生产与管理的绩效。

本任务要回答知觉、社会知觉的含义、特性及其形成，社会知觉的内容和社会知觉效应的形成及如何认识和预防社会知觉偏差等等问题。

在上述任务情境中，我们并不是看到了现实，而是对自己看到的东西作出解释并称它为现实。这个世界是人通过知觉而认识的世界，而不是以现实本身为基础。老板的认识会受到很多因素的影响，比如，与经理相识的时间长短，经理过去的绩效如何，经理过去是否有过这样的举动，其他人在同样情况下的动作怎样，等等，这些问题会在很大程度上影响老板对这位经理行为的解释。

知识精讲

一、知觉及其特性

知觉是人脑对直接作用于感觉器官的客观事物的各个部分和属性的整体反映，是人对感觉信息的组织和解释的过程。

人能够迅速、清晰地感知客观事物，是与知觉所具有的基本特性分不开的。它有四个特性：

一是知觉的整体性。指人根据自己的知识经验把直接作用于感官的客观事物的多种属性整合为统一整体的过程。

二是知觉的选择性。指人根据当前的需要，对客观刺激有选择地作为知觉对象进行加工的过程。

三是知觉的理解性。指人以知识经验为基础对感知的事物加工处理，并用词语加以概括赋予说明的加工过程。

四是知觉的恒常性。指人的知觉映象在一定范围内不随知觉条件的改变而保持相对稳定特性的过程。

二、影响知觉的因素

影响知觉的因素很多，主要有客观因素和主观因素两个方面。

（一）影响知觉的客观因素

1. 知觉对象本身的特点

在其他因素不变的情况下，刺激强烈且突出的事物容易引起人们的注意，并成为知觉的对象。比如色彩鲜明、闪动的事物容易成为注意的对象。在企业管理中，管理人员应当将有关的重要信息，通过增强强度来提高吸引力。而对于干扰与影响员工行为的刺激，应尽量降低其强度，减少消极影响。

2. 知觉对象与背景的差别

外界环境是丰富多彩的，通过对比可以加强印象。对象与背景之间的差别越大，人们就越容易从背景中把对象选择出来；反之，如果对象与背景之间没有明确的差别，人们的知觉就容易产生模糊和混乱。因此，我们应该强化事物之间的对比性，以便对知觉对象有更清楚、更准确的认识。

3. 知觉对象的组合

知觉的整体性特点，决定了知觉的对象不是单一的刺激，个体总是将若干事物组合成一个整体作为知觉的对象。因此，按照一定的组合原则会产生有利于知觉（或不利于知觉）的效果。不如在空间上接近的事物，容易被感知为一个整体。

（二）影响知觉的主观因素

人的知觉具有个体差异性，这主要是受个人主观因素的影响。个人主观因素主要包括以下几种：

1. 兴趣

人们兴趣的不同常常决定着知觉的选择上的差异。一般情况是最感兴趣的事物首先被知觉到，而那些对个体毫无兴趣的事物则往往被排除在知觉之外。比如，一位篮球健将和一位武术高手到书店买书，乔丹的画册更容易引起前者的关注，而李连杰的武打照片更容易引起后者的关注。

2. 需要和动机

一般而言，能够满足人的需要和符合其动机的事物，通常会成为知觉的对象和注意的中心。反之，不能满足人的需要和不符合其动机的事物，通常不能被知觉。比如，一本最新的托福参考书可能会立刻引起一位想要出国留学的大学生的注意力，而对那些不想出国的学生而言，可能就会视而不见。

3. 气质与性格

气质对知觉的影响主要表现在知觉的方式上，如灵活性、速度、广度和数量等。不同气质类型的人，知觉的广度和深度不一样。比如，多血质的人的知觉速度快、范围广，但不细致；黏液质的人知觉速度慢、范围较窄，但比较深入细致。性格主要影响个体知觉的心情以及知觉活动中的情绪体验。人们对人对事的敏感程度不同，对自尊和竞争性的认识也不同，这些特点都决定于个体的性格特征。

4. 过去的经验

经验对知觉的影响主要体现在，个体过去通过认知积累的经验和知识，以信息的形式储存于大脑中并形成信息系统。当知觉发生时，信息使人们更容易将熟悉的事物从环境中区分出来，成为知觉的对象。比如，对同一工作来说，具有丰富经验的老员工比新员工对工作中存在的问题更容易知觉。

5. 情绪状态

情绪状态是知觉活动时个人的主观态度和精神状态。它在很大程度上影响人的知觉水平。人在心情开朗、精神愉快时，其知觉无论敏感度还是广度都会比一般情况下强；反之，知觉水平就会大大降低，出现"视而不见，充耳不闻"的现象。

总之，一个人的知觉受到多种因素的共同影响，是主客观因素和外部环境因素相互作用、相互影响的结果。由于客观环境错综复杂、千变万化，人的主观因素又各不相同，即使是对于同一事物，人们的知觉也往往具有差异性。

三、社会知觉

（一）社会知觉的含义

社会知觉是个人对他人的心理状态、行为动机、意向、个性及社会关系等作出推测与判断的过程，是 1947 年美国心理学家布鲁纳首先提出来的。社会知觉的过程既是根据认知者的过去经验及对有关线索的分析而进行的，又必须通过认知者的思维活动（包括某种程度上的信息加工、推理、分类和归纳）来进行。社会知觉是个体行为的基础，个体的社会行为是社会知觉过程中作出各种裁决的结果。同样，在组织管理中，要加强组织成员的人际沟通，建立良好的人际关系，正确地选人、用人，激发员工的工作热情，都离不开正确的社会知觉。

（二）社会知觉的特点

社会知觉存在和发生于人与人相互影响和相互作用之中，因此，具有一些与物体知觉不同的特点：

1. 知觉主体与客体之间的相互作用

在对物体的知觉过程中，知觉主体与客体之间的关系是单向的，而在社会知觉过程中，知觉主体与客体之间的关系是双向的，往往互为主客体。你认识他，而他也在认识你。例如，你知觉对方过程中表达的善意，往往也使对方在看待你的时候报以善意。

2. 主观推断

社会知觉是包括感知、判断、推测和评价在内的社会心理活动，所依据的重要参照标准是知觉者的内在经验。在知觉者个人经验不足或推断所依据的线索不足的情况下，容易发生知觉偏差。

3. 受知觉对象社会意义的影响

社会知觉对象的一些社会特性，如角色、地位、影响力、权威性等，所引起的知觉"期望"作为推断、评价的参照系，容易影响知觉结果。

社会知觉的上述特点，正是人们在人际交往中容易发生知觉偏差，以及大多数人倾向于进行自我"印象整饰"的基本原因。由于社会知觉的复杂性，管理者在与员工的交往中应时刻注意克服不容易避免的知觉偏差。

（三）社会知觉的内容

社会知觉是一种最基本的社会心理过程。一个人对人对事的态度、人际交往方式和社会行为的发生，都是以社会知觉为基础的。社会知觉的研究范围包括：对自己的知觉（即自我知觉）、对他人的知觉（即他人知觉）、对人际关系的知觉（人际知觉）、对社会角色的知觉（即角色知觉）等。

1. 自我知觉

自我知觉也叫自我意识，是指对自己的心理和行为状态的知觉，即自己对自己的看法和评价，是个体的自我观。人的自我知觉既有整体性，又有可分性。它是由许多要素构成的，犹如一幅完整的个人自画像。

前苏联心理学家麦尔林认为自我意识（自我知觉）的结构要素有四部分：（1）同一意识，即区别于对自己和对其他事物单方面认知的特殊意识；（2）对活动主体的自我意识，即作为对积极从事活动的物质主体——自身的自我意识；（3）对心理特性的自我意识，即人对自己的心理活动及其个性的知觉；（4）社会与道德的自我评价，即对自己的社会地位、社会作用、社会价值以及道德上的义务、责任的自我知觉。

美国心理学家威廉·詹姆斯认为，自我认知包括物质自我、社会自我和精神自我三种要素：

（1）物质自我。物质自我是指人对自己身体的存在有自觉的意识。它是自我知觉的最原始形态。当个体能够把自己的躯体同外界分开来时，物质自我的认识就产生了；

（2）社会自我。社会自我是指自己在社会上的地位和荣誉。一般来说，人所处的社会地位是由他的职业所决定的。社会自我不仅要受到社会制度的制约，还要受到其他个体或群体的道德规范的制约，同时也要受到个体自身的制约；

（3）精神自我。精神自我是指人对自己的智慧、能力、道德水平、上进心和道德感的认识。

企业管理人员要有意识地鼓励青年人，不要只注意物质自我的追求，而是要有社会自我和精神自我的追求。单纯地追求物质自我的人，其思想境界是很低的，只有追求社会自我和精神自我的人的思想境界才是高尚的。

2. 他人知觉

他人知觉是指对别人的动机、情感、意向、性格等方面的知觉。我们认识他人时，除了从他的言谈举止，以及外表了解外，最重要的就是观察他的表情。一个人的喜、怒、哀、乐等情绪不但以其脸部的表情表达，同时也以说话的语词、手势动作等表达；一个人对自己的知觉，主要通过别人对自己的态度、看法，以及自己的行为结果与自己的期望、别人的评价来实现的。一个人以他人为"镜"而形成的"镜像自我"，是其个性中的核心成分，是"自我概念"（即一个人对自己的基本看法）形成的重要依据。管理者作为员工的"重要他人"（即对其成长起重要作用的人，包括父母、管理者和同伴），给员工以正面要求、积极评价是十分必要的。

3. 人际知觉

人际知觉是指人与人相互关系的知觉，包括对自己与他人、以及他人与他人之间关系的知觉。判断人际关系时我们不但要了解对方动机、性格以及人际反应特点，同时也需要了解对方与其他许多人之间的关系。由于在一个社会群体中，甲、乙双方的相互关系绝不是仅仅只受到甲、乙双方特点的影响，它往往还受到第三者乃至更多人的影响。一个社会成员在社会群体中不管主体想法如何，其行为必定受其他成员的影响。因此，他们必须了解群体组织中每一个人与其他人的相互关系，才能在人际关系的适应与调整上得心应手，进而提高组织的工作效率。

4. 角色知觉

角色认知又称为角色知觉，是指人对于自己所处的特定的社会与组织中的地位的知觉。角色就是演员在戏剧舞台上所扮演的人物。在社会这个大舞台上，人生就如同一场戏，每个人都在扮演着不同的角色，作为管理者同样扮演着一种社会角色。一个人担任了领导职务，这个人在单位里就取得了领导者的社会地位和身份。为此，作为领导者要具备领导者地位的角色知觉，时刻想到自己已经是一个领导者了，应该履行这一角色的责任与义务。

在角色知觉中，角色的社会地位、身份是客观存在的，不依个体的主观意志为转移。在社会实践中，任何人都无法自行创造角色和担任角色，也就是说，不是想当什么社会角色就能成为什么角色。例如，丈夫和妻子、医生和病人、教师和学生、管理者和被管理者，都是相互对应而又客观存在的角色，是不依个体的主观意志为转移的。

典型事例

有一个大学毕业生，一时找不到满意的工作，临时去了一家超市当售货员，总觉得自己是大材小用，满腹牢骚。这种思想情绪难免会反映在待人接物上。在超市蔬菜区，一位老大爷要买两斤黄瓜，要她挑嫩一点的。她顺手抓了几个，称了两斤，大爷说有点老，不想要了。她一听就火了，回了一句："这瓜老，有你老吗？你都活了几十年了，黄瓜才长了几天，就老了？"气得老大爷直发抖，同她吵起来了。经理闻声赶来，问清情况后，赶忙向老大爷赔礼道歉，给大爷换了一些嫩黄瓜，把大爷劝走了。还有一次，一位老大娘要买两斤鸡蛋，让她挑大一点的。她随便称了两斤，大娘嫌小要换。她心里烦透了，很不耐烦地说道："地球大你要不？鸡屁股能有多大！"说得大娘直瞪眼，扭头走了。

（四）社会知觉偏差

社会知觉效应，是人们对社会刺激的一些特殊反应形式，是客观存在的具有规律性的认知偏差。人性其实有许多弱点，不管你有多优秀，都不可避免存在错觉。企业管理中常见的认知效应主要有：

1. 首因效应

首因效应是指个体在加工社会性信息的时候，初次获得的信息对印象形成产生决定性影响的现象，又叫第一印象效应，也就是我们平常所说的"先入为主"。主要是获得被知觉者的面部表情、身体姿态、眼神、仪表、服饰等方面的印象，这些印象对以后的交往态度可能发生重要的影响。

在日常生活中，首因效应有时可以发挥积极的作用。例如，员工对新来的领导、新来的同事第一印象很好，双方都留下了深刻的印象，他们之间的交往就会有一个很好的起点。另一方面，首因效应也可能导致偏见。例如，初次见面时紧张、不自然和口吃，可能造成胆小、表达能力差的印象而引起他人的轻视，继而使当事人自卑。再则，首因效应容易给行骗者以方便，使人们单凭第一眼印象而轻信他人，结果上当吃亏。

当然，第一印象形成后也不是无法改变的，一般来说，随着时间的推移、交往的增多，所获得的信息越来越全面，第一次见面留下的印象也会改变。

【课堂讨论】心理学家曾作过这么一个实验：给两组大学生看同一个人的同一张照片。在看这张照片之前，对一组大学生说，照片上的人是一位屡教不改的罪犯；对第二组大学生说，照片上的人是一位著名的学者。然后，让这两组大学生分别从这个人的外貌中说明他的性格特征。结果两组学生的解释截然不同。第一组大学生说，深沉的目光里隐藏着险恶，突出的下巴表现他死不悔改的决心；而第二组大学生却说，深沉的目光表明他思想的深刻性，突出的下巴表明了他在科学道路上勇于攀登的坚强意志。试分析上述实验所揭示的现象及其对管理活动的启示。

2. 近因效应

近因效应是指最近获得的信息冲淡过去形成的印象，对新印象的形成产生决定性影响的现象。近因效应同首因效应是相对的。一般来讲，首因效应对初次或短期交往作用影响较大，当面对长期或较熟悉的事物时，首因效应已经淡化，而近因效应会成为新的心理定势，给人留下较深刻的印象。所谓"浪子回头金不换"，说的便是近因效应的道理。

在企业管理中，当第一次给人留下不好的印象时，并非是世界末日，不可改变。只要不断努力，用真诚打动人，用实力说服人，用事实改变人，最终会赢得消费者的信任；否则，再知名的企业，再好的产品，一旦偷工减料或假冒伪劣，欺骗消费者，再好的企业形象也会一落千丈，造成不可估量的损失。

3. 晕轮效应

晕轮效应又叫光环效应，指个体在加工社会性信息时，依据个人最初的好恶评价，做出对对象其他品质的笼统的、倾向性的总体评价，形成要么一切都好、要么一无是处的印象。最初的倾向性印象好似一个光环，使其他品质也因此罩上类似的色彩。

晕轮效应是一种以偏概全的现象，是人们在没有意识的情况下发生作用的。由于它的作用，一个人的优点或缺点变成光圈被夸大，其他优点或缺点也就退隐到光圈背后视而不见了。

晕轮效应容易使认知者以点代面，以偏概全，对对象采取极端的态度。一个人受晕轮效应的影响，往往会忽视自己觉得印象好的人的缺点或自己印象不好的人的优点，造成人际交往中的失误。最典型的表现是：对某人无好感，则对他的一举一动都看不顺眼；有了好感，则对其一切言谈举止都觉得顺眼。所谓"一好百好"、"一俊遮百丑"、"情人眼里出西施"，便是晕轮效应的典型反应。

4. 定型效应

定型效应又叫"刻板印象"，是指在人们头脑中存在的、关于某一类人的固定形象。社会定型是社会知觉的恒常性的表现，即对人或物抱有一种固定不变的看法与评价。

人的头脑中的定型多得数不胜数，不同民族、不同籍贯、不同年龄、不同职业、不同社会地位、不同性别的人，在人们的头脑中都有一个固定形象。比如：中国人勤劳勇敢，美国人敢于冒险；山东人豪放，上海人精明，四川人伶俐；已婚员工比未婚员工更稳定；年轻人开拓，老年人保守；无商不奸；知识分子是戴着眼镜、面色苍白的"白面书生"形象；农民是粗手大脚、质朴安分的形象；学习、工作就要认真努力，休息、娱乐就要轻松愉快；妇女缺乏事业心、进取心、决断力、比较柔弱，男子事业心强、有进取心、有决断力，比较刚强等。这都是刻板印象的例子。

刻板印象反映了共性，有利于迅速从总体上把握人的概貌。但刻板印象也有很僵化、不灵活的缺点，抹杀人的个性，因而并不能保证适用于同类中的每一个人。例如，管理者对女性员工在能力方面较消极的刻板印象，往往导致管理与被管理双方放弃在挑战性任务上的努力，使女性员工的潜能发挥不出来。

在组织管理工作中，要注意利用刻板印象的积极方面，克服刻板印象的消极方面。例如，对于工作程序、教学程序、日常事务性工作等，都要培养起人们的固定模式，使工作有序进行；而对于认识上的偏见、交往中的误解、体制上的弊端造成的固定模式，要认真面对，实事求是地纠正。

5. 知觉防御

知觉防御是指人们对不利于自己的信息会视而不见或加以歪曲，以达到防御的目的。当知觉者发现被知觉对象与自己已有的定型模式不相符合时，便会通过抹去被知觉对象中那些与模式不相符的部分，从而对被观察对象加以歪曲。

知觉防御是一种回避欲求的知觉倾向。它既是对社会知觉的歪曲，又是一种有效的心理防护手段。积极作用就在于能够使人对刺激的冲击加以缓冲，以增加心理承受能力。但要真正解决问题，光靠回避，靠歪曲知觉对象是不行的，而必须客观地修正自己的心理定型模式，使其与外部世界相适应。

6. 投射效应

投射效应是指一种通过以己度人的方法而达到心理防御目的的方法，通过投射方法将自己的失败、罪过推到别人身上去。例如，具有消极个性特征的人，比如懒惰、吝啬、顽固、办事无序等，往往认为别人比自己在这些方面更严重。一个管理人员可能被即将到来的组织改革谣言吓坏了，于是将别人看的比自己更害怕组织改革。

投射的目的是减少内在焦虑。当把那些令自己讨厌的或不能接受的想法，推诿给他人时有以下好处：通过投射给他人，获得了对不能接受的东西加以攻击的机会，因而与之保持一定距离，从而有安全感；用强调别人和我一样或比我更坏的方式来得到满足；以批评或阻止别人去做那些令人不快的事，来进行欺人或自欺。

【课堂讨论】 电影《天下无贼》中的傻根不相信"天下无贼"，为什么？

任务诊断 俗话说"人贵有自知之明"，一个人能正确认识自己并不是一件很容易的事。本任务完成后，你能正确认识自我了吗？请列出个人的一些品质。

任务二　情绪管理

任务情境 某公司雇用了数十名女打字员，为了方便管理，公司将她们集中在同一办公室工作。然而，在最初的三个月中，打字员们情绪不安，打字错误率高。经研究认为，严格的管理和室内高 80 分贝的噪音导致打字员工作效率差的重要原因。后来，公司配备了防音、消音设施，使室内噪音下降，而打字员的情绪也开始稳定，错误率降低。

问题：请分析人的情绪与行为的关系。

任务分析 情绪总是伴随一定的认知过程产生的，认知在情绪产生中起着重要的作用。事物是客观存在的，倘若它们与主体需要间的关系未被认识到，那么即便是关系很密切的事物也不能使人产生相应的情绪体验。但是，情绪情感又不同于认知过程，认知过程是对客观事物本身的反映，一般说来无明显的外部表现；而情绪情感是对客观事物与人的需要之间的关系的反映，外部表现比较明显。从情绪的作用角度看，情绪一般具有两极性，即积极的情绪和消极的情绪。积极的情绪可以提高人的活动效率，起着"推力"作用，消极的情绪可以削弱人的活动能力，起着"阻力"作用。现代企业管理实践证明，在人性化的管理模式下，员工的情感力量完全可以作为一种积极的因素促进企业的发展。对人的情绪态度转变是区分传统管理与现代管理的一个分水岭。提高情绪管理能力是企业管理者的一项重要任务。

本任务要回答情绪情感的含义、关系及其种类、作用，常见的控制情绪的方法，情商在管理中的重要性，管理者应如何培养自己的情商，以及有没有办法对个体的情商进行测评等等问题。

上述任务情境中，打字员在严格的管理和噪音影响下情绪消极不安，削弱了他们的活动能力，使其行为不利于提高工作效率。可见，情绪的产生和变化可以促使行为发生，也可以阻碍行为的进行。

一、情绪与情感

（一）情绪和情感的含义

情绪和情感是指人对客观事物是否符合其需要而产生的态度体验及相应的行为反映。这说明，情绪和情感是由客观事物引起的，离开了具体的客观事物，人不可能自发地产生情绪和情感；情绪和情感是以客观事物能否满足人的需要为中介的主观心理体验。若符合人的需要的客观事物，就会引起肯定的情绪和情感；若不符合人的需要或妨碍需要满足的客观事物，就会引起否定的情绪和情感。

（二）情绪与情感的区别

1. 从需要角度看，情绪是和有机体的生物需要相联系的体验形式；情感是同人的高级的社会性需要相联系的。

2. 从发生角度看，情绪发生较早，为人类和动物所共有，而情感体验发生得较晚，是人类所特有的。

3. 从稳定性程度看，情绪永远带有情境性，而情感既具有情境性，又具有稳固性和长期性，稳固的情感体验是情绪概括化的结果。

4. 从强度和外部表现看，一般说来，情绪的强度相对较大，外部表现较明显；情感的强度一般不如情绪强烈，外部表现也不如情绪强烈。但这种区分只是相对的。

（三）情绪与情感的联系

情感是在情绪基础上形成的，反过来情感对情绪又产生巨大的影响，它们是一种心理活动过程的两个不同的侧面，既相互转化，又相互依存。具体表现在：

1. 具有一定社会内容的情感，可能以强烈、鲜明的情绪形式表现出来，又能表现为深沉而持久的情操。

2. 与生理性需要相联系的情绪，都可能由所赋予的社会内容而改变它的原始表现形式，从而表现为情感。

3. 具有高级社会内容的情操，即可表现为情绪，又可表现为情感。

二、情绪的分类

（一）情绪的基本分类

关于情绪的类别，长期以来说法不一。我国古代有喜、怒、忧、思、悲、恐、惊的七情说；美国心理学家普拉切克提出了八种基本情绪：悲痛、恐惧、惊奇、接受、狂喜、狂怒、警惕、憎恨；还有的心理学家提出了九种类别。虽然类别很多，但一般认为有四种基本情绪，即快乐、愤怒、恐惧和悲哀。

1. 快乐

快乐是指一个人盼望和追求的目的达到后产生的情绪体验。由于需要得到满足，愿望得以实现，心理的急迫感和紧张感解除，快乐随之而生。快乐有强度的差异，从愉快、兴奋到狂喜，这种差异是和所追求的目的对自身的意义以及实现的难易程度有关。

2. 愤怒

愤怒是指所追求的目的受到阻碍，愿望无法实现时产生的情绪体验。愤怒时紧张感增加，有时不能自我控制，甚至出现攻击行为。愤怒也有程度上的区别，一般的愿望无法实现时，只会感到不快或生气，但当遇到不合理的阻碍或恶意的破坏时，愤怒会急剧爆发。这种情绪对人的身心的伤害也是明显的。

3. 恐惧

恐惧是企图摆脱和逃避某种危险情景而又无力应付时产生的情绪体验。所以，恐惧的产生不仅仅由于危险情景的存在，还与个人排除危险的能力和应付危险的手段有关。一个初次出海的人遇到惊涛骇浪或者鲨鱼袭击会感到恐惧无比，而一个经验丰富的水手对此可能已经司空见惯，泰然自若。婴儿身上的恐惧情绪表现较晚，可能是与他对恐惧情景的认知较晚有关。

4. 悲哀

悲哀是指心爱的事物失去时，或理想和愿望破灭时产生的情绪体验。悲哀的程度取决于失去的事物对自己的重要性和价值。悲哀时带来的紧张的释放，会导致哭泣。当然，悲哀并不总是消极的，它有时能够转化为前进的动力。

（二）情绪的状态分类

从情绪反应的强弱和影响效果来看，情绪可以分为心境、激情和应激三种状态。

1. 心境

心境是一种微弱的、平静的、在较长时间里持续存在的情绪状态，也叫心情。生活中我们常说"人逢喜事精神爽"，就是指发生在我们身上的一件喜事让我们很长时间保持着愉快的心情；但有时候一件不如意的事也会让我们很长一段时间忧心忡忡，情绪低落。这些都是心境的表现。

心境具有弥散性和长期性的特点。心境的弥散性是指当人具有了某种心境时，这种心境表现出的态度体验会朝向周围的一切事物。一个在单位受到表彰的员工，觉得心情愉快，回到家里同家人会谈笑风生，遇到邻居会笑脸相迎，走在路上也会觉得天高气爽；而当他心情郁闷时，在单位、在家里都会情绪低落，无精打采，甚至会"对花落泪，对月伤情"。心境的长期性是指心境产生后要在相当长的时间内主导人的情绪表现。虽然基本情绪具有情境性，但心境中的喜悦、悲伤、生气、害怕却要维持一段较长的时间，有时甚至成为人一生的主导心境。如有的人一生历尽坎坷，却总是豁达、开朗，以乐观的心境去面对生活；有的人总觉得命运对自己不公平，或觉得别人都对自己不友好，结果总是保持着抑郁愁闷的心境。

导致心境产生的原因很多，生活中的顺境和逆境，工作、学习上的成功和失败，人际关系的亲与疏，个人健康的好与坏，自然气候的变化，都可能引起某种心境。但心境并不完全取决于外部因素，还同人的世界观和人生观有联系。一个有高尚的人生追求的人会正确对待人生的失意和挫折，始终以乐观的心境面对生活。

心境对人们的生活、工作和健康都有很大的影响。心境可以说是一种生活的常态，人们每天总是在一定的心境中学习、工作和交往，积极良好的心境可以提高学习和工作的绩效，帮助人们克服困难，保持身心健康；消极不良的心境则会使人意志消沉，悲观绝望，无法正常工作和交往，甚至导致一些身心疾病。所以，保持一种积极健康、乐观向上的心境对每个人都有重要意义。

2. 激情

激情是一种强烈的、短暂的、爆发式的情绪状态。人们在生活中的狂喜、狂怒、深重的悲痛和异常的恐惧等都是激情的表现。和心境相比，激情在强度上更大，但维持的时间一般较短暂。

激情具有爆发性和冲动性的特点，同时伴随有明显的生理变化和行为表现。当激情到来的时候，大量心理能量在短时间内积聚而出，使得当事人失去了对自己行为的控制力。但激情在宣泄之后，人又会很快平息下来，甚至出现精力衰竭的状态。

激情常由生活事件引起，但不同的生活事件会引起不同的激情。那些对个体有特殊意义的重大事件、出乎意料的突发事件、违背个体意愿的事件等都会引起激情。

激情对人的影响有积极和消极两个方面。一方面，激情可以激发内在的心理能量，成为行为的巨大动力，提高工作效率并有所创造。另一方面，激情也有很大的破坏性和危害性。激情中的人有时任性而为，不计后果，对人对己都造成损失。激情有时还会引起强烈的生理变化，使人言语混乱，动作失调，甚至休克。所以，在生活中应该适当地控制激情，多发挥其积极作用。

3. 应激

应激是出乎意料的紧张和危急情况引起的情绪状态。如在日常生活中突然遇到火灾、地震，飞行员在执行任务中突然遇到恶劣天气，旅途中突然遭到歹徒的抢劫等，无论天灾还是人祸，这些突发事件常常使人们心理上高度警醒和紧张，并产生相应的反应，这都是应激的表现。

人在应激状态下常伴随明显的生理变化，这是因为个体在意外刺激作用下必须调动体内全部的能量以应付紧急事件和重大变故。加拿大心理学家塞里把整个应激反应过程分为动员、阻抗和衰竭三个阶段：首先是有机体通过自身生理机能的变化和调整做好防御性的准备；其次是借助呼吸心率变化和血糖增加等调动内在潜能，应对环境变化；最后当刺激不能及时消除，持续的阻抗使得内在机能受损，防御能力下降，从而导致疾病。

应激的生理反应大致相同，但外部表现可能有很大差异。积极的应激反应表现为沉着冷静、急中生智，全力以赴地去排除危险，克服困难；消极的应激反应表现为惊慌无措、一筹莫展，或者发生错误的行为，加剧了事态的严重性。这两种截然不同的行为表现，既同个人的能力和素质有关，也同平时的训练和经验积累有关。

【课堂讨论】 电视剧《武林外传》中有一精彩道白："世界如此美妙，我却如此暴躁，这样不好、不好。"是否有一定道理？

三、情绪测试

指导语：下列 30 道题中，每题都有 3 个备选答案，根据你的实际情况，选择一个最适合你的答案。

1. 如果要你选择，你更愿意（　　）。

A. 和很多人一起工作，亲密接触

B. 和一些人一起工作

C. 独自工作

2. 当为了解闷而读书时，你喜欢（　　）。

A. 真实的书，如史书、秘闻、传记及纪实文学

B. 纪实加虚构的读物，如历史小说或带有社会背景细节的小说

C. 幻想读物，如浪漫的或荒诞的小说

3. 你对恐怖影片反应如何？（　　）

A. 不能忍受　　　　　　B. 害怕　　　　　　C. 很喜欢

4. 哪种情况最符合你？（　　）

A. 对他人的事很少关心

B. 对熟人的生活关心

C. 对别人的生活细节很有兴趣，而且爱听新闻

5. 当你去外地时，你会（　　）。

A. 为亲戚们的平安感到高兴

B. 陶醉于自然风光

C. 希望去更多的地方

6. 你看电影时，你是否会哭或觉得要哭？（　　）

A. 经常　　　　　　　　B. 有时　　　　　　C. 从不

7. 遇到朋友时，通常是（　　）。

A. 点头问好　　　　　　B. 微笑，握手问候　　C. 拥抱他们

8. 如果在车上有个烦人的陌生人要你听他讲自己的经历,你会怎样?(　　)

A. 显得你颇有同感　　　　B. 真的很感兴趣　　　　C. 打断他,看你自己的书

9. 你是否想过给报纸的问题专栏投稿?(　　)

A. 绝对不想　　　　　　B. 有可能想　　　　　　C. 想过

10. 在一次工作会见中,你被问及私人问题,你会怎样?(　　)

A. 感到不情愿和气愤,拒绝回答

B. 平静地说出你认为适当的话

C. 虽然不快,但还是回答

11. 你在咖啡店里要了杯咖啡,这时你发现邻座有一位姑娘正在哭泣,你会怎样?(　　)

A. 想说些安慰的话,但却羞于启齿

B. 问她一下,你能帮助她吗

C. 移开你的座位

12. 你在一对夫妇家参加了聚餐之后,那一对和你很好的夫妻激烈地吵了起来,你会怎样?(　　)

A. 觉得不快,但却无能为力

B. 赶快离开

C. 尽力为他们调解

13. 你在什么时候送朋友礼物?(　　)

A. 仅仅在圣诞节和生日

B. 全凭感情,只要你感到他们特别亲切就送

C. 在你觉得愧疚时或忽视了他们时

14. 某个你刚认识的人对你说了些恭维的话,你会怎样?(　　)

A. 感到窘迫

B. 谨慎地观察他或她

C. 非常喜欢听,并开始喜欢他或她

15. 如果你因为在家里不顺心而带着不快的情绪去上班,你会(　　)。

A. 继续不快,并显露出来

B. 工作起来,把烦恼丢在一边

C. 尽力想理智些,可是却压不住地发脾气

16. 你生活里的一个重要关系破裂了,你会(　　)。

A. 感到伤心,但尽可能正常地继续你的生活

B. 至少短时间内感到痛心

C. 耸耸肩摆脱忧郁之情

17. 你家里闯进一只迷路的小猫,你会(　　)。

A. 收养并照顾它

B. 扔出去

C. 想给它找个主人,找不到时,便把它无痛苦地弄死

18. 你是（　　）。

A. 无情地将信或旧纪念品丢掉，甚至在你刚收到它们的时候

B. 将它们保存多年

C. 每两年清理一次这些东西

19. 你是否因为内疚或后悔而痛苦？（　　）

A. 是的，甚至为了很久以前的事

B. 偶尔是这样

C. 不，从来不后悔

20. 当你必须同一个很羞怯或紧张的人谈话时，你会（　　）。

A. 感到不安，多少也受到他的影响

B. 觉得有意思，并且逗他讲话

C. 稍微有点生气

21. 你在什么时候喜欢孩子们？（　　）

A. 在它们小的时候，而且有点可怜巴巴

B. 等他们长大了的时候

C. 在他们能与你谈话，并且形成了自己的个性时

22. 你的朋友或者配偶抱怨你花在工作上的时间太多了，你会怎样？（　　）

A. 解释说这是为了你们两人的共同利益，然后仍像以前那样去做

B. 试着把时间更多的花在家庭上

C. 对两方面要求感到矛盾，试图使两方面都满意

23. 在看完一次特别好的演出之后，你会（　　）。

A. 用力鼓掌　　　　　　B. 勉强地鼓掌　　　　　C. 加入鼓掌，可是觉得很不自在

24. 当你拿到一份母校出的刊物时，你会（　　）。

A. 扔掉之前诵读一遍

B. 仔细阅读，并保存起来

C. 还没有看完就丢进垃圾桶

25. 你在马路对面碰到一个熟人，你会（　　）。

A. 走开　　　　B. 穿过马路和他问好　　　　　C. 招手，如果没有反应，便走开

26. 你听人说一位朋友误解了你的行为，并且在生你的气，你会怎样？（　　）

A. 尽快和他联系，做出解释

B. 让他自己清醒过来

C. 等待一个比较自然的时机与他联系，但对误解的事不说什么

27. 你怎样处理不喜欢的礼物？（　　）

A. 马上扔掉

B. 热情的保存起来

C. 把它们藏起来，仅仅是赠送者来的时候才摆出来

28. 你对示威游行、爱国主义活动、宗教仪式的态度如何？（　　）

A. 冷淡　　　　　　　　B. 感动得落泪　　　　　　C. 使你窘迫

29. 你有没有毫无理由地觉得害怕?(　　)

A. 经常　　　　　　　　B. 偶尔　　　　　　　　C. 从不

30. 下列哪种情况最与你相符?(　　)

A. 我十分留心自己的感情

B. 我总是凭感情办事

C. 感情没什么要紧,结局才是最重要的

评分标准:

题号	A	B	C	题号	A	B	C	题号	A	B	C
1	3	2	1	11	2	3	1	21	3	1	2
2	1	2	3	12	2	1	3	22	1	3	2
3	1	3	2	13	1	3	2	23	3	1	2
4	1	2	3	14	2	1	3	24	2	3	1
5	1	2	4	15	3	1	2	25	1	3	2
6	3	2	1	16	2	3	1	26	3	1	2
7	1	2	3	17	3	1	2	27	1	3	2
8	1	2	3	18	1	3	2	28	1	3	2
9	1	2	3	19	3	2	1	29	3	2	1
10	3	1	2	20	2	3	1	30	2	3	1

30—50 分:理智型。特点是冷静而有克制力,情绪非常稳定,善于用理智支配一切,感情适度。

51—69 分:平衡型。特点是情绪水平一般,有时会感情用事,有时也会克制自己,一般情况下能够得体处理各种事件。

70—90 分:情绪型。特点是重感情,热情而朝气,善解人意,好强,为人随和,行为易受情绪左右。

典型事例

神七挑选航天员重心理素质:情绪调节能力要求高

1. 专家说

"神七在挑选航天员的时候会更注重他们的心理相融性。"这是载人航天系统专家在接受记者采访时透露的。因为相对于神六,神七的任务更重,上天时间更长,还有太空漫步,要承受各个方面的压力,所以在训练的时候也要更加细致、更加个性化、更加有针对性。上天后,就更需要两人在相互支撑的情况下,默契的配合。理性的勇敢、果断,情绪的自我调节能力强、聪明、能够清楚地表达自己、清楚地和旁人沟通等也是神六航天员的必需条件。所谓理性的勇敢是区别于莽撞的,是为了成功,要有大无畏的精神,在任何时候都明白自己该做什么，不该做什么；且需要航天员在多种冲突下，果断分清主次，快速对情况进行判断。对此专家举例说，当年杨利伟在训练任务最重的时候，妻子得肾炎住院，孩子太小也没有人照顾，但他在矛盾冲突中果断地做出了抉择，没有让这些事情影响他的训练；所谓能够清楚地表达自己、清楚地和旁人沟通首先要尊重人，在心理上没有傲气、没有居高临下的态度，其次要学会去倾听，这样在和人发生争执时，才能将自己的观点有理有节的表达给别人；情绪的自我调节能力对于不同的场景、不同的任务，要求也是不同的，这需要航天员根据场景来调节自己的心理，比如说航天员在面对媒体的采访时，就应该表现出自己的活力和自信，从而把一个健康的形象展现给公众。

当谈到航天员在太空中的危机应对处理时，专家说："其实我们一直在做以人物、角色为主的训练，也就是在模拟器上人为地设置各种故障，让航天员通过自行判断、分析、然后自行排除故障。虽然是在训练，但航天员们都非常认真、仔细，因为谁也不知道在太空中会有什么样的困难在等着他们。"如果在太空中遇到问题，紧张是很正常的，但一定要是适度紧张，而所谓适度紧张就是指把紧张控制在一定的范围内，不至于失态，也不影响到对问题的判断。

2. 编者按

情绪的自我调节能力强，学会去倾听。这些构成了航天员选拔的必备素质。作为21世纪使用最为广泛的实用心理学，在情绪处理上有着独特的优势。有声语言，肢体语言，面部表情，先跟后带，同步带领，亲和力，教练技巧等，都是我们倾听的利器，让我们能迅速和人建立亲和及信任关系，达成融洽有效的沟通。

神七来了，我们的三位卓越宇航员潇洒地漫步在美丽而宁静的太空中。良好的心理素质和聪明的头脑，成就了他们名垂史册的辉煌成就。生活中的我们，作为更大多数在努力涂抹人生的群体，我们如何能优雅一些漫步在茫茫人海中，学点心理学，您的脚步将会和宇航员一样，多一分沉着从容、潇洒淡定，其实，发射自己，同样具有非凡的意义。

神七，是我们的骄傲，它代表全体中国人探索浩瀚的宇宙。

四、管理者的情商

一个人能不能控制自己的情绪，就决定了他这一辈子跟财富有没有缘分。尽管我们不能够拿财富来衡量一个人的成就，但是从企业管理的角度来讲，凡是能够做大做强的老板或企业家，一般都不会乱发脾气，让自己的情绪影响到整个公司，他们都是善于控制自己情绪的人。

（一）什么是情商

情商（EQ）是指情绪商数，又称情绪智力，是近年来心理学家们提出的与智力和智商相对应的概念。它主要是指人在情绪、情感、意志、耐受挫折等方面的品质。情商高的人往往能够控制情绪，而不是被情绪所控制；一般不会强迫自己，而是能够找到一个自己和别人都可以接受的方式来表达自己的情绪；能够照顾别人的情绪，选择一个恰当的时机和处理问题的方法；情绪状态也不会影响个体的决策、判断等。

传统观点认为，一个人能否取得成就，智力水平是最重要的，即智商越高，取得成就的可能性就越大。但现在心理学家们普遍认为，情商水平的高低对一个人能否取得成功也有着重大的影响，有时其作用甚至要超过智力水平。

（二）情商的内容

情商的本质是个人识别、表达自己的情绪以及他人的情绪，激励自己并且处理和他人关系中的情绪的能力。情商包括五个方面的内容：

1. 正确识别、评价和表达自己情绪的能力，认识自己是主宰自己生活的前提；
2. 能妥善管理自己的情绪，即能调控自己；
3. 自我激励，它能够使人走出生命的低潮，重新出发；
4. 认知他人的情绪，这是与他人正常交往，实现顺利沟通的基础；
5. 人际关系的管理，即领导和管理能力。

情商的水平不像智力水平那样可用测验分数较准确地表示出来，它只能根据个人的综合表现进行判断。

管理必读

情商与智商

智商是用以表示智力水平的工具，也是测量智力水平常用的方法，智商的高低反映着智力水平的高低。情商是表示认识、控制和调节自身情感的能力。情商的高低反映着情感品质的差异。

智商和情商，都是人重要的心理品质，都是事业成功的重要基础。正确认识这两种心理品质之间的差异和联系，有利于更好地认识人自身，有利于克服唯智商的错误倾向，有利于培养更全面、更优秀的人才。

1. 智商和情商反映着两种不同性质的心理品质

智商主要反映人的认知能力、思维能力、语言能力和观察能力等。情商主要反映人的感受、理解、运用、表达、控制和调节自己情感，以及处理自己与他人之间的情感关系的能力。

2. 智商和情商的形成基础有所不同

情商和智商虽然都与遗传因素、环境因素有关，但智商与遗传因素的相关程度远大于社会环境因素；而情商的形成和发展中虽有先天的因素，但是环境因素的影响更大，情感有很大的文化差异，不同民族的情感表达方式有显著差异。

3. 智商和情商的作用不同

智商的作用主要在于更好地认识事物。智商高的人，思维品质优良，学习能力强，认识水平高，容易在某个专业领域做出杰出成就，成为某个领域的专家。调查表明，许多高智商的人能够成为专家、学者、教授、法官、律师、记者等，在自己的领域有较高造诣。情商主要与非理性因素有关，它影响着认识和实践活动的动力。它通过影响人的兴趣、意志、毅力，加强或弱化认识事物的驱动力。智商不高而情商较高的人，学习效率虽然不如高智商者，但是，有时能比高智商者学得更好，成就更大。另外，情商与社会生活、人际关系、健康状况、婚姻状况有密切关联。情商低的人人际关系紧张，往往把自己的价值观强加于他人；婚姻生活不顺利，领导水平不高。而情商较高的人，通常有较健康的情绪，有较完满的婚姻和家庭，有良好的人际关系，容易成为某个部门的领导人，具有较高的领导管理能力。

（三）高情商与低情商

科学家发现，大脑控制情绪的部分（边缘系统）受损的人，可以很清晰和符合逻辑地推理和思维，但所作出的决定都非常低级。科学家因此断定，当大脑的思维部分与情感相分离时，大脑不能正常工作。人类在做出正常举动时，是综合运用了大脑的两个部分，即情感部分和逻辑部分。一个高情商的人综合利用大脑中的各个部位使其发挥作用。

1. 高情商的人的特点

高情商的人有如下特点：尊重所有人的人权和人格尊严；不将自己的价值观强加于人；对自己有清醒的认识，能承受压力；自信而不自满；人际关系良好；善于处理生活中遇到的各方面的问题。

2. 较高情商的人的特点

较高情商的人有如下特点：是负责任的好公民；自尊；有独立人格，但在一些情况下易受别人焦虑情绪的感染；比较自信而不自满；有较好的人际关系；能应对大多数的问题。

3. 较低情商的人的特点

较低情商的人有如下特点：易受他人影响，自己的目标不明确；比低情商者善于原谅，能控制大脑；能应付较轻的焦虑情绪；把自尊建立在他人认同的基础上；缺乏坚定的自我意识；人际关系较差。

4. 低情商的人的特点

低情商的人有如下特点：自我意识差；无确定的目标，也不打算付诸实践；严重依赖他人；处理人际关系能力差；应对焦虑能力差，容易产生情绪反复；生活无序；无责任感，爱抱怨。

管理必读

天气对话折射个人情商的高低

问话	低情商的人回答方式	高情商的人回答方式
这几天天气真是反复无常，昨天那么热，今天又这么冷。	今天冷吗？我感觉还好。可能是你穿少了。	是啊。这鬼天气真是说变就变。
今天中午的风刮得好大呀！	是吗？我没有出办公室，我不知道。	是吗？你出门拜访客户可要多加小心呀！

（续表）

问话	低情商的人回答方式	高情商的人回答方式
武汉真是火炉，夏天真是够热，昨天热得我一夜没睡好。	热了就开空调，花不了多少电费。我家的空调一开就是一夜。	是的。昨天晚上的天气确实很热。那你今晚可要早点睡呀，一定要休息好。
你昨天睡得好吗？	我肯定睡得好呀。	挺好的。谢谢关心。
武汉的冬天冷起来比北京还要冷。	不会吧。南方怎么可能比北方冷呢？	是的。武汉的冬天冷起来干冷、干冷的，屋里屋外一样冷。
武汉冬天室内没有暖气，真是不好过呀！	那你家没有买台空调呀？便宜！就两千多元的事！有空调就不冷了。	是的。家里要是有暖气那该有多好呀。

提升个人情商的关键是切忌争辩非原则的事。事实上，以上问题都不是原则性问题，那么，回答这类话时的第一要求就是让对方感到愉悦，也就是说不要钻牛角尖，不要迂腐作答，不一定要表述自己的实际观点。很显然，第二种回答方式比第一种回答方式要好得多。

（四）成功取决于情商

在生活中，我们常常遇到这样一种现象：一些智商很高的人并不见得一定会成功，而一些情商很高的人则必定会成功。为什么呢？因为智商高的人一般都是专家，而情商高的人却具备一种综合与平衡的能力。一个成功的人应该是一个人情练达的人。

大量研究显示，一个人在校成绩优异并不能保证他一生事业成功，也不能保证他能攀升到领导地位或专业领域的巅峰。虽然我们并不否定在校学习能力的重要性，但在今天这个竞争日益激烈的社会中，这绝不是成功的唯一条件。在现代社会中，情商的重要性绝不亚于智商，值得研究的是如何在理性与情感之间求得平衡。

情商低的人在受到挫折时，会很容易拿别人的错误来惩罚自己；情商高的人明白现实的客观、复杂和精彩。情商决定你对未来的态度和方向的选择。

在美国，流行一句话："智商决定录用，情商决定提升"。事实上，智商和情商都很重要。在今天这个竞争日趋激烈、知识爆炸、人际关系复杂的社会中，情商更显出其重要性，拥有高情商是成功必不可少的重要因素。

（五）管理者如何培养自己的情商

一个情商高的管理者，胸襟广阔，不在乎别人的批评，不怕挫折，不在乎别人泼冷水，不容易被别人激怒，因此能克服各种障碍，始终坚持理想，坚持到底。一个人想要事业成功，就先要培养情商。

1. 了解自己的情绪

知道自己情绪的弱点，掌握情绪不稳的原因，避免受不喜欢的人或事物的影响。对自己要诚实，不断提醒自己是很渺小的，是需要别人帮助的，培养自己的谦卑态度。同时，要客观认识自己和他人，从而客观对待自己的情绪。

2. 控制自己的情绪

一个人了解了自己的情绪后，进而要控制自己的情绪，才能创造未来。每个人都有脾气不好、情绪不稳的时候，小不忍，则乱大谋。控制自己情绪是不容忽视的一件事，要能在感觉快要失去理智时使自己平静下来，做出理智的行动。

控制情绪爆发有很多策略，其中一个方法就是注意你的心律。当你的心跳达到每分钟100次以上时，身体会分泌出比平时多得多的肾上腺素，使我们失去理智。此时调整一下情绪至关重要，方法如下：

（1）深呼吸，直至冷静下来。慢慢地、深深地吸气，让空气充满整个肺部。把一只手放在腹部，确保你的呼吸方法正确。

（2）自言自语。可以对自己说："我正在冷静"、"一切都会过去的"。

（3）水疗法。洗个热水澡，可能会让你的怒气和焦虑消失。

（4）按压法。想着不愉快的事，同时把你的指尖放在眉毛上方的额头上，大拇指按着太阳穴，深吸气。这样做只要几分钟，血液就会重回大脑皮层，你就能更冷静地思考了。

3. 自我激励

在控制情绪之余，也要设法自我激励，自我肯定。如阅读相关的书籍，学习成功的经验，和积极的人在一起，培养一颗快乐积极的心，保持高度的兴奋度。要自我激励，就要停止抱怨，不抱怨会使你感受到巨大的心理压力，迫使你采取行动改变现状。

4. 了解员工的情绪

设身处地了解员工的感受，察觉员工的需要，换位思考，己所不欲，勿施于人。使自己和他人和谐相处，帮助别人。企业管理者不仅要能察觉自己的情绪，规避和处理自己情绪的负面，同时还要善用别人情绪的正面，引导别人的正面，激发别人的正面，并防止别人的负面。

5. 创造和谐的人际关系

人的快乐与痛苦、成功与失败，都离不开人际关系。和谐的人际关系不仅有助于身心健康，还有助于个人的发展和进步。成功的人往往面面俱到，能够眼观四面、耳听八方，自然而然建立起自己的人脉，人际关系和谐，事业成功。

创造和谐的人际关系的前提之一就是学会划定恰当的心理界限。你必须明白什么是别人可以和不可以对你做的。当别人侵犯了你的心理界限，告诉他，以求得改正。如果总是划不清心理界限，那么你就需要提高自己的认知水平。

6. 不断学习

情商可以通过后天的努力与修炼得以提高。阅读相关书刊，与人交流，学习相关课程，向别人学习，都可以提高自己的情商。

一方面，我们可以向身边的出色人物学习，把他作为你的榜样，模仿他做的一些事，但以自己的方式来完成。从他身上看到从来没察觉到的自身潜能。看到别人的优势，在追赶他们的过程中提高自己的情商。

另一方面，我们可以从难以相处的人身上学到东西。我们的周围有很多难以相处的人，这些难以相处的人是我们提高情商的帮手。你可以从多嘴多舌的人身上学会沉默，从脾气暴躁的人身上学会忍耐，从恶人身上学到善良。应付难以相处的人最有效的方式就是灵活。在与之交往的过程中，尽量灵活地采用相应的方式。如果这人喜欢先闲谈再谈正事的话，你应当先放松下来，聊聊家常。另一方面，如果这人直截了当，你也应当闲话少说，直奔主题。这样，在与难以相处的人打交道时会更有效率，你也会学到更多东西，提高自己的情商。

7. 尝试不同的方式，拓宽视野，提高情商

你是一个性格开朗外向的人还是性格内向、只喜欢独处或和几个密友在一起的人呢？你喜欢提前计划好每一天，知道要干些什么事，还是毫无计划呢？人人都有自己的偏爱，如果可以选择的话，每个人都会选择自己偏爱的方式。然而，突破常规，尝试截然相反的行动会更有助于我们的成长。例如如果你总是被动地等待别人和你搭讪，这次不妨主动上前向对方问个好。

知识拓展

今天我要学会控制情绪

潮起潮落，冬去春来，夏末秋至，日出日落，月圆月缺，雁来雁往，花飞花谢，草长瓜熟，万物都在循环往复的变化中。我也不例外，情绪会时好时坏。

今天我要学会控制情绪。这是大自然的玩笑，很少有人窥破天机。

每天我醒来时，不再有旧日的心情。昨日的快乐变成今天的哀愁，今天的悲伤又转为明日的喜悦。

我心中像一只轮子不停地转着，由乐而悲，由悲而喜，由喜而忧。这就好比花儿的变化，今天枯败的花儿蕴藏着明天新生的种子，今天的悲伤也预示着明天的快乐。

今天我要学会控制情绪。

我怎样才能控制情绪，以使每天都卓有成效呢？除非我心平气和，否则迎来的又将是失败的一天。

花草树木，随着气候的变化生长，但是我为自己创造天气。

我要学会用自己的心灵弥补气候的不足。如果我为顾客带来风雨、忧郁、黑暗和悲观，那么他们也会报之以风雨、忧郁、黑暗和悲观，而他们什么也不会买。

相反的，如果我们为顾客献上欢乐、喜悦、光明和笑声，他们也会报之以欢乐、喜悦、光明和笑声，我就能获得销售上的丰收，赚取满仓的金币。

今天我要学会控制情绪。

我怎样才能控制情绪，让每天充满幸福和欢乐？我要学会这个千古秘诀：弱者任思绪控制行为，强者让行为控制思绪。

每天醒来，当我被悲伤、自怜、失败的情绪包围时，我就这样与之对抗：

沮丧时，我引吭高歌。

悲伤时，我开怀大笑。

病痛时，我加倍工作。

恐惧时，我勇往直前。

自卑时，我换上新装。

不安时，我提高嗓音。

穷困潦倒时，我想象未来的富有。

力不从心时，我回想过去的成功。

自轻自贱时，我想想自己的目标。

总之，今天我要学会控制自己的情绪。

从今往后，我明白了，只有低能者才会江郎才尽。我并非低能者，我必须不断对抗那些企图摧垮我的力量。

失望与悲伤一眼就会被识破，而其他许多敌人是不易觉察的。它们往往面带微笑，却随时可能将我们摧垮。对它们，我们永远不能放松警惕。

纵情得意时，我要记得挨饿的日子。

洋洋得意时，我要想想竞争的对手。

沾沾自喜时，不要忘了那忍辱的时刻。

自以为是时，看看自己能否让风驻步。

腰缠万贯时，想想那些食不果腹的人。

骄傲自满时，要想到自己怯懦的时候。

不可一世时，让我抬头，仰望群星。

今天我要学会控制情绪。

有了这项新本领，我也更能体察别人的情绪变化。我宽容怒气冲冲的人，因为他尚未懂得控制自己的情绪，我可以忍受他的指责与辱骂，因为我知道明天他会改变，重新变得随和。

我不再只凭一面之交来判断一个人，也不再因一时的怨恨与人绝交。今天不肯花一分钱购买金篷马车的人，明天也许会用全部家当换取树苗。知道了这个秘密，我可以获得极大的财富。

今天我要学会控制情绪。

我从此领悟了人类情绪变化的奥秘。对于自己千变万化的个性，我不再听之任之。我知道，只有积极主动地控制情绪，才能掌握自己的命运。

我成为自己的主人。

我由此而变得伟大。

任务诊断 在现实社会中你知道哪些职业对情绪调节能力要求较高？你的情商如何？适合做管理者吗？完成本任务后，请你列出培养情商的一些途径和方法。

任务三　正确对待挫折

任务情境 27 岁的张华在某企业从事基层管理工作。他能力出众，待人和蔼，乐于助人。可最近一段时间，他情绪非常低落，还经常向家人和朋友大发脾气，这不符合他的性格。原来在最近的一次企业干部考核中，对自己期望甚高的他没有得到高分，当然也没有得到提升。为此，张华感到非常气愤和委屈。

问题：请运用挫折理论解释张华的反常行为。

任务分析 人生不可能总是一帆风顺，几乎不可能避免挫折。一般情况下，人们遭受挫折后，心理上会产生一些变化，或紧张不安，或生理、心理疾病，或行为反常，或人格分裂，形成消极甚至对抗反应，如不加以及时引导，可能会带来不良后果。面对挫折，有的人敢于挑战，愈挫愈勇，而有的人却精神萎靡，甚者行为失常。总之，挫折的承受能力因人而异。作为管理者，一方面应尽量减少或消除可能导致职工受挫的根源；另一方面，职工受挫时应尽量降低挫折所引起的不良影响。

本任务要回答挫折的含义、产生原因，适应挫折的积极、消极和折中三种方式，管理者在管理中应如何对待受挫者等等问题。

在上述任务情境中，张华遇到挫折后出现了一些消极行为，表现有攻击、退化和妥协。此时，张华采取的应对挫折的正确方法是正确对待挫折、冷静地分析产生挫折的原因，也可改变情境，或进行适当的精神发泄。

知识精讲

一、什么是挫折

挫折通常是指一个人在实现有目的的活动过程受到阻碍，使其需要得不到满足，引起内心剧烈冲突时的情绪状态。在需要的基础上，个人会产生多种愿望：希望实现自己的理想、成就自己的事业，还有说不尽的雄心壮志。但是，天下事不会事事如意，由于自身能力、社会环境、个人机遇等多方面的限制，个人不得不承受"恶者不能避，好者不能取，恨者不能除，爱者不能得"等各种精神压力，这时所引起的情绪状态就叫挫折。

二、挫折的来源

产生挫折的原因是多方面的，总的来说，可分为客观原因、主观原因和组织原因三个方面：

（一）客观原因

客观原因主要是指外界客观环境条件，包括自然环境条件和社会环境条件两类。自然环境条件是指个人能力无法克服的自然因素，如人的生、老、病、死、以及地震、洪水、台风等。社会环境条件是指个体在社会环境中遭受的政治、经济、道德、宗教、风俗习惯等人为因素所引起的。一般而言，由自然环境条件导致的挫折反应较轻，由社会环境条件导致的挫折反应较严重。

（二）主观原因

主观原因是指个人的生理和心理素质，如个人身高、容貌、经济状况、气质、性格、能力、社会地位、疾病以及某些生理缺陷（如口吃、色盲）所造成的限制、心理动机的种种冲突等。动机的冲突比个体生理条件所造成的挫折要更为明显和强烈。我们常常会面对动机冲突，因为我们每个人都有多种的需要和动机，但并非都能得到，尤其是不可能同时得到。因此，就会遇到所谓"鱼与熊掌不可兼得"的双趋冲突；遇事前怕狼后怕虎的双避冲突；以及类似"鸡肋在手，食之无味，弃之可惜"的趋避冲突，等等。一般而言，在动机冲突中，个体的重要动机受到阻碍时，所感受到的挫折就会强烈一些，而较为不重要的动机受到阻碍时，容易被克服或被别的动机满足所取代，只构成一种丧失的心理感受，形成的挫折要小得多。

（三）组织原因

产生挫折的原因除了上述一般因素以外，还有组织特有的原因，如组织的管理方式、管理制度、组织内的人际关系、工作性质和工作环境等。现代企业中引发职工产生挫折的因素有：

1. 工作本身的矛盾。例如，职责不清、任务不明、体制不健全、多头命令使职工无所适从，缺乏完成任务的基本条件又硬要下属承担完不成任务的责任等，都会引发挫折。再如，采用"X理论"进行管理，以生产为中心，无视职工的人格和个人需要，亦会引发挫折。

2. 人际关系矛盾。人际关系中尤其是上下级关系间的矛盾。比如，人际关系不协调，尤其是上下级之间缺少沟通，产生误解，缺乏信赖，相互间不满、怨恨甚至敌视，均会引发挫折。再如，组织内过分强调竞争与个人负责，造成了人际关系中不必要的紧张气氛，亦会引发挫折。

3. 工资制度与人事管理制度上的矛盾。例如，个人贡献较大而工资偏低，有成绩、有能力却得不到晋升机会；相反，由于种种其他原因，那些能力差、贡献小的人却又提工资又晋级。这时，个人很容易引发挫折。又如，职务分配不当，大材者小用，亦会引发挫折感。

三、适应挫折的方式

个体活动受挫，产生挫折体验时，其心情是不愉快的，甚至是痛苦的。为从这种痛苦和紧张不安中解脱，个人均会从自身的经验中学会许多相应的行为方式，这就叫挫折的适应方式。个体由于个性特征、社会阅历、知识水平等不一样，适应的方式也不相同。

挫折的适应方式大致包括消极的适应方式、积极的适应方式和折中的适应方式。

（一）消极的适应方式

1. 发泄

个体受挫时常因愤怒而表现出攻击性行为。这种以攻击性行为把自己的愤怒、怨恨等紧张情绪释放出来以恢复心理平衡的方式，就叫发泄。这是对挫折的一种特殊反应。挥拳动脚、笑脸鄙视、言语刻薄等均是攻击性行为的体现。攻击的对象除了受挫源，有时还会将怨气发泄到非受挫源身上。心理学研究表明：将怨恨的情绪、攻击性冲动强予遏制，对人身心健康是十分不利的。因此，职工说怪话、发牢骚、怨恨领导等行为在这种意义上说是正常的。领导者应让职工学会以社会认可的方式去宣泄自己的紧张情绪，以合理的方法、积极的态度去认真地解决问题，克服受挫心理。

2. 焦虑

焦虑是当人们面临挫折的时候，最为普遍和常见的心理反应之一。焦虑不是真的遇到危险，而是担心可能会遇到某种危险的紧张，惶惶不安的情绪状态。一个人如果一而再、再而三地遭遇挫折，即使是一个过去很坚强、很自信的人，也可能会慢慢失去自信，产生焦虑反应，例如，烦躁不安，判断力降低，耐心消失，怨天尤人，无所事事等。长期处于焦虑状态，不仅损害人的心理健康，还会引发躯体疾患。

3. 退化

退化是指个体在受挫时表现出与自己的年龄、身份、知识、修养等不相称的幼稚行为。有一些人在某些挫折情境中，会表现出孩子似的幼稚行为，例如，受挫时抱头大哭、破口大骂、手抓口咬、就地打滚、一把鼻涕一把泪，还有蒙头大睡、装病不起等等，都是幼稚的退化行为。

4. 冷漠

个体受挫以后，为求得心理的解脱，会厌弃早先的追求，甚至厌弃人生，这就是冷漠的适应方式，从表面上看，当事者似乎是漠不关心、无动于衷，其实其内心的痛苦可能更甚。冷漠常常是绝望的表现。当事者丧失了一切信心与勇气，这是极其可怕的。

5. 幻想

幻想是指受挫后不是面对现实，而是把自己置入一种想象的境界，企图以一种虚构的幻境来解脱自己的适应方式。幻想的常见方式之一是白日梦。白日梦偶尔为之并非失常，亦无大碍，但如完全依赖它来解脱，则会使自己愈陷愈深，最后无法摆脱受挫心理的困扰。

6. 固执

顽固地坚持某种不合理的意见或态度，盲目重复某种无效的动作，不能像正常情况下那样正确合理地做出判断。表现为心胸狭窄、意志薄弱、思想不开朗，这都会直接影响人们对具体事物的判断分析，导致行动失误。"不撞南墙不回头"，最终必将依旧是失败。

7. 投射

投射是指当个人具有某种不为社会认可的坏品质时，总会感受到自责、羞愧等等心理压力，为消除这种压力，有人会有意无意地把这种坏品质加诸众人身上，以此为自己辩解，使自己解脱。例如，考试作弊的学生总说别的同学也作弊，不诚实的人总说世人皆虚伪。投射的目的就是把自己的缺陷加诸他人以维持其心理平衡。这是一种极其不良的适应，发展严重了会成为妄想狂、精神病。

【课堂讨论】 一个人在单位受到上司斥责，回家后冲着妻子大喊大叫，妻子转向儿子大喊大叫，儿子气得只能去踢狗，狗则愤怒地追猫。这是为什么？

（二）积极的适应方式

1. 升华

升华是指把原先的失败引向更崇高的目的，做出对社会有益的贡献以克服早先的受挫心理的适应方式。例如，曹雪芹的《红楼梦》、歌德的《少年维特之烦恼》、奥斯特洛夫斯基的《钢铁是怎样炼成的》等等，都是作者自身经历的成功与失败的升华。所谓"化悲痛为力量"，就是典型的升华适应方式。

2. 补偿

补偿是以另一种活动的成功来弥补早先活动的失败以克服受挫心理的适应方式。人都要肯定自身价值，对于某方面的失败自然会觉得有失脸面，于是就从别的方面加紧努力，取得成功，以挽回其自身价值。例如，盲人的触觉特别灵敏，聋者的视觉特别敏锐，这是一种生理性补偿；一些体育爱好者由于体质、体形的原因，无法做运动员，却使自己成为一个优秀的业余评论员。所谓"失之东隅，收之桑榆"就是这个道理。

（三）折中的适应方式

1. 推诿

推诿是把个人的失败、错误推到别人身上，或找客观原因来担负其罪责，以求得自己的解脱的适应方式。例如，学习成绩低劣者，不怪自己不用功，而埋怨老师评分不公平，或推脱说因考试那天不舒服；上班迟到者，说公共汽车误点；西楚霸王项羽兵败垓下，说"天亡我，非战之罪也"。

2. 自慰

自慰是指当个人的期望无法实现时，常常以某种理由或借口来安慰自己，使自己从挫折心理中解脱出来的适应方式。《伊索寓言》中的两个故事："酸葡萄心理"和"甜柠檬心理"，说的就是这个道理。前者指的是那个吃不到葡萄却说："葡萄味酸，非我所欲"的狐狸；后者指的是那个觅食无着只好以酸柠檬充饥却说："柠檬味甜，正中下怀"的狐狸。在人类中，这种巧辩以自慰者不乏其人，低劣者如阿Q的"权当儿子打老子"，高明者如孔明的"谋事在人，成事在天"。个人在其生活道路上难免会遇到不可挽回的失败，届时假借理由以自我解脱、泰然处之，未始不是一种适应之道。

四、如何对待受挫者

人生不可能总是一帆风顺，几乎不可能避免挫折。从管理的角度看，一方面应尽量减少或消除可能导致职工受挫的根源；另一方面，职工受挫时，应尽量降低挫折所引起的不良影响。对此，企业的管理者应做的工作很多。

（一）及时了解并排除造成挫折的根源

企业的各级管理人员对职工的情绪应有敏锐的观察，应把职工的种种不良适应性行为，如说怪话、发牢骚、吵架等看做是存在问题的信号，及时了解，找出根源，予以解决，防患于未然。企业的领导者还可以借助职工态度调查，及时发现职工心中的挫折。

（二）正确对待受挫者

凡遭受挫折者，哪怕是"自作自受"，都是些不幸的人，管理者均应伸出热情的手给以帮助。

1. 宽容相待

正在遭受挫折折磨的人，是一个需要关心、照顾的心理上的病人。冷淡歧视，以行政手段施加压力，只会使矛盾更加激化，甚至把受挫折者推上绝路。唯有关怀和温暖的开导、劝慰才能帮助他恢复心理平衡。

2. 提高认识，分清是非

宽容的态度并不等于不分是非、一味迁就。正相反，唯有帮助受挫折者提高了认识、分清了是非，才能使其战胜挫折。

3. 改变环境

改变环境是相当有效的方法，其主要的方式有两种：一是调离原来的工作岗位或居住地点；二是改变环境的心理气氛，给受挫者以广泛的同情和温暖。

4. 心理咨询

请心理学家进行"心理咨询"，这在国外是应用十分广泛的办法。在国内，由于心理学工作者太少，难以做到，但有条件时应尽量考虑采用此种方法。

5. 精神宣泄法

这是一种心理治疗的方法，主要是创造一种环境，让受挫者被压抑的情感自由顺畅地表达出来。人在受挫折以后，其心理会失去平衡，常常以紧张的情绪反应代替理智行为。这时唯有让紧张的情绪发泄出来，才能恢复理智状态，达到心理平衡。从这个意义上讲，管理者应该倾听职工的抱怨、牢骚、怪话，让他们有气发泄出来、有话说出来，待不满的情绪发泄出来以后，自会心平气和。

6. 心理辅导

克服受挫心理的关键在于提高职工的心理健康水平。因此，管理者应该向广大职工普及心理学知识，帮助职工学会维护自身的心理健康。

管理必读

逆商（AQ）

逆商就是指逆境商数。AQ 就是当面对逆境或挫折时，不同的人对待逆境或挫折产生的不同反应，这种反应能力，就叫逆境商数。它主要包括控制力、责任感、影响度及持续性四项要素。

1. 控制力。一个人的控制力越高，就越能扭转逆境。控制力包含两种能力：改变情况的能力；控制自己对事情反应的能力。

2. 责任感。成员的责任感越强，团队就能共渡难关。在高 AQ 的团队中，每个成员都会把全队的成败视为自己的责任，而不只是完成自己分内的事。就像一个登山队，当一个队员受了伤，无论他受伤的原因是不是出于疏忽或错误，团队成员都必须背着他继续行动，互相指责无法让团队抵达目的地。

3. 影响度。越能减少问题产生的影响，挫折的影响力便越低。高 AQ 的人不会让某个挫折影响到不相关的工作或私生活，而低 AQ 的人则视逆境为野火燎原，根本不觉得自己可以控制情况。

4. 持续性。一个人对挫折所造成的冲击是否挥之不去，会影响他对问题的处理，高 AQ，也不担心未来，他们只把注意力放在现在能采取的行动上。

俗话说，人生不如意十有八九。没有任何一个人一生中可以不经历挫折和失败。成功学告诉我们，在成功的天平上，逆商的砝码，远比智商和情商更重。

李嘉诚、霍英东、盖茨、韦尔奇、松下等中外成功人士都经历过无数的挫折与逆境，但是他们永远都在勇往直前。从成功人士身上我们可以看出，光有情商、智商只能成才，只有具备逆商才能成大事。

正如美国成功学宗师拿破仑希尔所说："幸运之神要赠给你成功的冠冕之前，往往会用逆境严峻地考验你，看看你的耐力与勇气是否足够。"

任务诊断　有人说，失败是取得成功的"学费"，没有失败过的人，恐怕也未曾成功过。你觉得有道理吗？本任务完成后，你觉得应该怎样对待现实社会中所遭受的挫折呢？

任务四　个性分析

任务情境　四种人去看电影。电影已经放映了，门卫不让迟到的人进去。

第一种人匆匆赶来之后，对门卫十分热情，又是问好又是感谢，急中生智想出许多令人同情的理由。如果门卫坚持不让他进门，他也会笑哈哈地离开。

第二种人赶来之后，对于自己的迟到带着怒气，想要进去看电影的心情十分迫切，向门卫解释迟到的原因时，让人感到有些生硬。如果门卫坚持不让他进门，便和门卫大声吵闹，而且不顾阻拦往里闯。

第三种人来了之后，犹犹豫豫地想进去又怕门卫不让进，微笑而又平静地向门卫解释迟到的原因，好像不在乎这电影早看一会儿或晚看一会儿。如果门卫不让他进去的话，就很平静地走开。

第四种人来到的时候，首先可能看一看迟到的人能不能进去，如果看到别人能够进去，也就跟着进去。如果门卫不让他进，也不愿意解释迟到的原因，默默地走开，最多只是责怪自己为什么不早点来。

任务分析　认识、情绪情感、意志是心理过程，每个人都通过这些心理活动认识着外界事物，反映着这些事物和个体的关系，体验着各种情感，支配着个体的活动。但是，个体在进行这些活动的时候，都表现出了差异性。有人思维敏捷，有人迟钝；有人脾气大，有人温和；有人意志坚强，有人意志薄弱；有人大公无私，有人自私自利。凡此种种，不一而足，说明每个人都有自己的心理特点，这些独特的特点构成了这个人不同于别人的心理面貌。

本任务要回答个体之间的差异是怎么形成的，表现在哪些方面，有哪些种类，是什么因素影响了个性的形成，有没有办法对个性进行测评等等问题。

在上述任务情境中，同样是迟到的行为，不同个性的人对迟到的反应是不一样的。因此，管理者要了解员工的个性，对不同员工采用不同的管理方法。

知识精讲

一、个性理论与应用

（一）个性的含义与特点

1. 个性的含义

对于个性的概念，心理学家有着不同的界定。我们把心理学家对个性概念的界定综合起来看，可以给个性一个粗略的定义：个性就是各种心理特征的总和，是个体在长期生活经历过程中形成的独特个性心理特征的具体体现。在不同的时间和地点，个性影响着一个人的思想、情感和行为，使个体区别于他人的、独特的心理品质。

2. 个性的特点

从个性的定义中我们可以看出，个性有如下一些特点。这些特点既是个性定义中包括的基本属性，也是至今心理学家对个性本质的基本一致的认识。

（1）整体性。

个性是一个统一的整体结构，构成个性的各种心理成分不是相互独立的，也不是机械地联合在一起，而是错综复杂交互联系，组成一个完整的整体，对人的行为进行调节和控制。著名的个性心理学家奥尔波特等人强调了个性的组织性和整合性，指出个性是一种有组织的整合体，在这个整合体内各种成分相互作用、相互影响、相互依存。如果其中一部分发生变化，其他部分也将发生变化。

个性的整体性，首先表现在各种心理成分的一致性，一个正常人总是能够正确地认识自己，评价自己，能及时地调整个性中各种心理成分的矛盾，使人的心理和行为保持一致。如果各成分之间的关系协调，人的行为就正常；如果失调，就会造成个性分裂，产生不正常行为。其次，个性是由各个紧密联系的成分构成的多层次、多水平的统一整体。

（2）稳定性和可塑性。

在个体的生活中那种暂时的偶然表现出来的心理上的特征不是个性特性，只有比较稳定的、在行为中经常表现出来的心理倾向和心理特征才是一个人的个性特征，即个性具有稳定性。正因为个性具有稳定性，才能把一个人和另一个人区别开来，才能预测一个人在特定情境下的行为，才能够了解人和使用人。管理者只有了解下属的个性稳定性，才能采取有针对性的管理措施。

个性具有稳定性，但不是绝对的、一成不变的，它还具有可变性。个性并不是天赋的，主要是在后天环境、教育和实践的影响下形成的，随着环境、教育和实践的改变而发生变化。例如，一个活泼愉快的学生，由于生活中某些重大事件影响，或精神上受到巨大打击，可能会变得闷闷不乐，出现个性变化。

（3）独特性和共同性。

个性具有独特性，即每个人都有不同于他人的个性倾向性和个性心理特征。个性是在许多因素的影响下发展起来的，影响个性发展的因素和这些因素之间的相互关系都不可能是完全相同的，因此，世界上没有两个个性完全相同的人，即使是同卵双生子，他们的个性也不完全相同。正因为如此，每个人都有与他人不一样的气质、性格和能力，都有自己的需要、兴趣、爱好和理想追求。正所谓"人心不同，各如其面"。

然而，人的个性的独特性并不排斥人与人之间在心理上的共同性。虽然每个人都具有不同的个性，但受共同的社会文化、思想、习俗的影响，同一民族、同一国家、同一群体在个性特征方面又表现出一定的共同性。例如，西方国家在情感方面比较外露，外倾的成分较多，不太善于克制自己等。东方国家在情感方面比较含蓄，内倾的成分较多，善于克制自己等。

（4）社会性和生物性。

马克思认为，人的本质并不是单个人所固有的抽象物，实际上，它是一切社会关系的总和。人是一个生物实体，又是一个社会实体，是生物实体和社会实体的统一体。在个性形成和发展中，既要受到生物因素的制约，又要受到社会因素的制约。个体的先天遗传因素为个性的形成和发展提供了前提，但起决定作用的还是一定的社会历史条件和所处社会地位的制约。所以个性具有生物性和社会性的特征。

（5）倾向性。

倾向性是指人们在与客观现实的相互作用中，总是对现实事物持有一定的看法、态度和倾向性。这种倾向性，决定了一个人心理活动的选择、行为和社会价值。

（二）个性的形成与发展

个性的形成受很多因素的影响，形成的原因也不尽相同。心理学家研究表明，在某些人身上，有些个性特征是先天具有的，而另一些个性特征又是后天形成的；但在一个人身上，更多的个性特征却是在先天和后天这两种因素的共同影响下形成的，只是后天的影响更显著罢了。

1. 遗传因素是个性形成和发展的物质基础

遗传因素是个性形成的生理基础。遗传决定了人的体型、性别、相貌、神经系统特征等生理构造。在日常生活中，人们会发现，子女与父母之间往往不只是容貌、体形相似，而且性格、智力、兴趣也有某些相似之处。离开了这些遗传因素，人的个性根本就不会形成。

2. 社会因素是个性形成和发展的决定性因素

社会因素主要指家庭、学校、社会实践、文化和社会对个性形成的影响。

（1）家庭。在人的个性形成过程中，家庭环境的影响是巨大的。这种影响会伴随人的一生。家庭因素的影响主要来自于家庭父母的个性。家庭父母的行为方式、思想观念、生活习惯等都会对孩子产生影响。这种影响是潜移默化的。俗话说："父母是孩子的第一任老师"、"有其父必有其子"，就形象地说明了家庭因素对人的个性的影响。

（2）学校。人的青少年时期都是在学校度过的，学校的文化知识、思想品质、行为规范的教育对学生良好个性的形成与发展都有至关重要的影响。这些影响主要来自课堂教学、课外活动、班集体的风貌、师生关系与同学关系等。因此，个体行为在青少年时期逐渐成熟，道德标准和为人处世的态度也逐渐形成，个性已基本定型。

（3）文化背景。每个民族都有属于自己的文化背景（如历史渊源、历史传统、宗教影响等），每个人的个性都不可避免地会受到其影响。在文化的组成中，包括对一些重大问题的价值观念，对人生、对人与人的关系、对自然界的看法，也包括这个传统一贯的解决问题的方法和行为模式。这些文化传统影响着需求和满足需求的途径，影响着解决冲突的方式。

3. 社会实践是个性形成和发展的重要条件

社会实践对个性形成和发展的作用也不容忽视，而且可以说是最终决定个性的形成。当一个人从家庭、学校到最终走上社会从事某种职业后，为了适应日益扩大的生活领域和人际交往，在反复学习担当各种新角色、新工作应有的行为方式和对事物的态度的同时，也会形成和改变着人的个性。

4. 群体和组织是个性形成和发展的重要场所

任何人都在一定的群体和组织中生活，每个群体和组织的成员不可避免地要受到他所在群体和组织的行为准则、价值取向、思维方式的影响。在社会生活中，一个人特有的个人经历、他的所见所闻、被群体和组织重视或忽视的程度、情感的被接受或受挫等等，都会对个性的形成起着明显的作用。

除了上述这些因素以外，年龄也会对一个人的个性产生影响，不同的年龄阶段，个性都会有明显的区别，这与人的思想发展、知识面扩大、经验的丰富有关。总之，一个人的个性是在各种内外因素的影响下形成和发展变化的。

（三）个性在组织管理中的应用

学习与掌握个性的概念与理论，对管理人员来说是十分重要的。

第一，区分人的个性，是管理人员工作的出发点。要管好人，首先要了解人，只有了解人的个性类型，才能有的放矢、因人而异地做好管理与教育工作。

第二，通过管理活动，形成与发展人的积极的个性。作为社会实践活动的管理，一方面为社会创造物质财富,另一方面,在每一个个体所具有的一定生理素质与相适应的社会环境条件下,通过催化作用促使人们形成与发展为社会所需要的个性特征。

第三,了解人的个性有利于人际关系的和谐,减少矛盾与冲突。管理者与被管理者都要善于了解自己的个性,也要善于分析他人的个性。只有这样,才能很好地与人相处,使人际冲突与矛盾减少。

第四,个性研究是人员选择、配备的重要依据。人员选择、职业分配应该考虑到人的个性类型。领导班子成员的选拔,也要依据个性类型最佳匹配的方案,才能取得工作班子的最佳整体效能。

【课堂讨论】 知识分子阶层出身的人,举止比较文雅、有修养,待人礼貌,但爱幻想,不大喜欢深交,遇事缺乏果断性;农民阶层出身的人,作风朴素,不怕苦和累,憨厚老实,但有时有自卑感,有点倔强固执;工人阶层出身的人,集体主义强、守纪律,情感较强烈直爽,讲究实际。上述材料反映了什么现象?试分析其原因。

二、能力差异与管理

(一)能力概述

1. 能力的内涵

哲学中能力是指人的内在素质的外化力量。心理学认为,能力是指人能够顺利地完成某种活动并直接影响活动效率所必须具备的个性心理特征,是人的综合素质在现实行动中表现出来的正确驾驭某种活动的实际本领和能量。能力主要包括潜能、体力、智力、情感力、意志力、精神力量和实践能力等。

能力总是与活动联系在一起,只有在活动中才能得到体现。表现在:(1)能力在活动中发展并表现在活动之中。如一个人有无销售能力,只有通过销售活动才能表现出来;一个人有无音乐鉴赏能力,只有通过音乐活动才能表现出来;一个管理者有无管理能力,也要通过管理活动的实践表现出来。(2)能力是从事活动必要的前提。人的实践活动是复杂多样的,成功地完成任何一种活动,都需要多种能力的综合。如一个画家需要形象记忆力、色彩鉴别力、视觉想象力等多种能力的综合。作为一个现代管理者同样需要多种能力的综合,如计划能力、决策能力、领导能力、组织能力、控制能力等。(3)能力的高低可以通过实践活动加以比较。两个人的能力高低主要通过实际活动来做评价。在客观条件完全相同的情况下,两个厂长的能力大小,主要看其工厂的实际结果就可加以比较。(4)人的能力有着极大的个体差异。有的人具备迅速、创造性地完成某种活动所需的各种能力,有的人则完全缺乏这种能力。

2. 能力与知识、技能

(1)能力与知识、技能的区别。

能力与知识、技能的概念是不同的,不能混淆。知识是人类有关自然与社会知识的总结；技能是指个体习得的习惯化了的行为方式；而能力是顺利完成活动而在个体身上经常、稳定地表现出来的心理特征；三者不能等同。知识多不一定能力强。如工厂里的工程技术人员具有专业知识与技能，但这并不等于他们已具备管理人员的能力。

（2）能力与知识、技能的联系。

知识、技能是能力形成的基础，并能促进能力的发展。显然，能力的发展是在掌握和运用知识、技能的过程中完成的，离开学习和训练，什么事情都不做的人，他的能力是得不到发展的。如管理人员通过学习管理知识与理论，并在实践中加以应用，这样他们的管理能力就会得到提高与发展。

知识、技能的掌握是以一定的能力为前提的。能力在一定程度上决定着知识、技能获得的速度和质量。一般说来，掌握知识、技能的难易和速度依赖能力本身的发展。例如，管理能力水平较高的人，能迅速地、顺利地掌握管理的知识和技能。

3. 能力、才能和天才

多种能力的完美结合，称为"才能"。能力的高度发展称为天才，是能力的独特结合。天才离不开社会历史发展的要求，离不开个人勤奋和努力。

4. 能力和智力

能力包含各种认知能力、操作能力、组织管理能力等，是个体完成当前活动速度与质量的综合表现。智力是能力的重要组成部分。智力较差，必然会影响能力发展水平和完成活动的速度与质量。

【课堂讨论】 人的学历越高，掌握的知识就越多，他的能力就越强。这句话对吗？

（二）能力的结构与类型

1. 能力的结构

能力的结构是指能力包括些什么因素。能力结构的理论很多，主要有以下几种：

（1）独立因素结构说。

教育心理学创始人桑代克指出，智力由许多独立成分（或因素）组合而成，各成分或因素之间无任何内在联系，是独立自主的。换言之，智力仅是诸多成分（或因素）机械组合而成的心理特征。

（2）二因素结构说。

英国心理学家斯皮尔曼（在 20 世纪初期用因素分析的方法，提出能力的二因素结构说。这种学说认为，能力是由一般因素（G 因素）和特殊因素（S 因素）构成的。一般因素在相当程度上是遗传的，是人完成各项实践活动所必需的首要因素，是基本的心理潜能，决定一个人的能力高低。特殊因素仅是完成特定活动所需的智力因素。完成任何一种作业都是由一般和特殊两种因素决定的。他认为，在智力结构中，一般因素是第一位的。

（3）群因素结构说。

美国心理学家瑟斯顿也用因素分析方法提出了群因素结构说。他认为，能力是由许多彼此无关的原始能力所构成。他总结出大多数能力可以分解为七种原始的因素，即计算、言语流畅、词语理解、记忆、推理、空间知觉和知觉速度。各因素之间互相联系，相互组合构成独特的智力结构。

（4）智慧结构说。

美国心理学家吉尔福特提出了一种新的能力结构设想，称为"智慧结构"学说。他认为智慧因素是由操作、材料内容和产品三个维度所构成的。第一个维度是操作，即智力活动的过程，它包括认知（理解、再认）、记忆、发散思维、聚合思维、评价五种智力类型。第二个维度是材料内容，即智力活动的材料和内容，它包括听觉、视觉、符号、语义和行为五种类别。第三个维度是产品，即智力活动的结果，它包括单元、分类、关系、转换、系统、应用六个方面。

（5）两态结构说。

心理学家卡特尔认为，智力由液态智力和晶态智力两种成分组成。前者体现在信息加工和问题解决过程中，取决于个体原先禀赋，较少依赖文化与知识；后者来自后天学习，是日常经验的结晶。

（6）智力三元论。

斯腾伯格认为，大多数智力理论是不完全的，只是从某个特定的角度解释智力，而完备的智力理论包括智力的内在成分、智力成分与经验的关系和智力成分的外部作用三个方面。这三个方面构成了智力成分亚理论、智力情境亚理论和智力经验亚理论。

（7）智力多元论。

美国心理学家加德纳认为，智力内涵是多元的，由言语智力、逻辑数理智力、空间智力、音乐智力、身体运动智力、交往智力、自知自省智力、自然智力8种相对独立智力成分构成。每种智力都是一个单独的功能系统。可以相互作用，产生外显的智力行为。

2. 能力的类型

（1）一般能力和特殊能力。

这是以能力所表现的活动领域的不同来划分的。一般能力是指在进行各种活动中必须具备的基本能力。主要包括观察力、记忆力、想象力、思维能力、注意力等五种基本能力，其中思维能力是核心，这五种能力的有机结合也称智力。这五种能力相互联系、相互渗透，制约着能力发展的水平。

特殊能力又称专门能力，是顺利完成某种专门活动所必备的能力，如音乐能力、绘画能力、数学能力、运动能力、计算机操作能力等。特殊能力的有机结合称为专业才能，是人们从事某种专业活动所必备的能力。

（2）模仿能力和创造能力。

这是按活动中能力的创造性的大小进行划分的。模仿能力是指在活动中顺利地掌握前人所积累的知识、技能，并按现成的模式进行活动的能力，又叫再造能力。人们在学习活动中的认知、记忆、操作与熟练能力多属于再造能力。创造能力是指在活动中创造出独特的、新颖的、有社会价值的思想、产品的能力。它具有独特性、变通性、创新性的特点，是成功完成某种创造性活动所必需的条件。

（3）认知能力、操作能力和社交能力。

这是按活动的认知的对象划分的。认知能力是指接收、加工、储存和应用信息的能力，它表现在人对客观世界的认识活动之中，如感觉能力、记忆能力、想象能力、思维能力、注意能力等；操作能力是指操纵、制作和运动的能力，如劳动能力、体育运动能力、实验能力等；社交能力是指人们在社会活动中表现出来的处理各种社会关系的能力，如组织能力、应变能力和语言能力等。

（4）现实能力和潜在能力。

这是按活动的能力具备程度划分的。现实能力是当前所具有可以从事某种工作的能力，它是由以前的学习、经验积累而成的。而潜在能力是可以发展从而在未来从事某种工作的能力。兴趣、性格、气质都可以为未来从事某种工作提供基础。

（三）能力的个体差异

个体之间的能力差异是客观存在的，这是由先天因素和后天环境的影响决定的，其中最主要的是后天环境（社会环境、教育、实践活动）决定的。具体表现在以下四个方面：

1. 能力表现早晚的差异

能力表现早晚的差异是指不同的个体在同种能力的发展上表现出的时间早晚的差别。例如，有的人"大器晚成"，有的人则"早慧早熟"。身体健康且经常参加体力劳动和脑力劳动的人，直到晚年时智力仍不会明显下降，而懒惰和体弱的人则会未老先衰。

2. 能力的性别差异

美国心理学家桑代克通过研究表明，女性在语言表达、记忆方面优于男性，而男性在分析、思维、创造方面则优于女性。在诸多的方面都表现出男女性别的差异。

3. 能力的类型差异

能力的类型差异，主要是指人的能力在类别上，即人与人之间具有不同的优势能力。例如，有的人认知能力较强，而操作能力较弱；有的人专业能力较强，而社交能力较弱；有的人社交能力较强，而专业能力较弱。

4. 能力发展水平的差异

能力发展水平的差异是指不同的个体在同种能力的发展水平上表现出的高低的差别。该种差异表现为：有的人能力超常，有的人能力低下，有的人则能力平庸。例如，从小在一起练习打乒乓球，有的人成绩好，进了国家队，成为世界冠军，而有的人成绩平平，成为普通人；儿时的伙伴，成年后，有的人成为知名企业的高层管理者，而有的人成为一般的工人。

（四）能力与管理

1. 管理者的能力

管理者的能力是指管理者把各种管理理论与业务知识应用于实践、进行具体管理、解决实际问题的本领。管理者应具备哪些基本能力，也有许多观点。管理学家卡特兹认为，管理者应具备三种基本的管理技能：技术技能、人际技能、概念技能。

（1）技术技能。

技术技能是执行某项特定的任务所必需的那些能力。技术技能与一个人所从事的工作有关。对于管理者来说，就是要掌握和运用各种管理技术，并普遍熟悉和了解本部门及其他组织有关部门所从事的技术项目。管理技术主要有预测技术、决策技术、计划技术、诊断技术、组织设计技术、评价技术等。

（2）人际技能。

人际技能是指与人共事、激励或指导组织中的各类员工或群体的能力，即处理人际关系的能力。一个管理者的大部分时间都在与人打交道，对外要与有关的组织和人员进行联系、接触；对内要联系和了解上级、同级、下级，协调各级之间的关系，要指导下属的工作，激励员工的积极性。所有这些活动都要求管理人员必须具备处理人际关系的能力。研究表明，人际关系技能是管理者必须具备的最重要的一种技能。这种能力对各层次的管理人员都具有同等重要的意义。

（3）概念技能。

概念技能又称思维技能，指的是综观全局，对影响组织的生存与发展的重大因素做出正确判断，并在此基础上做出正确决策、引导组织发展方向的能力。作为一名管理者，需要快速敏捷地从混乱而复杂的环境中辨清各种因素之间的相互关系，抓住问题的实质。概念技能是最重要的也是最难培养的。概念技能显然是一种通常所说的抽象思维的能力，这种抽象思维的能力主要是对组织的战略性问题的分析、判断和决策的能力。

卡特兹同时指出，成功的管理者应具备较高的技术、人际、概念技能，但由于各个层次的管理者所承担的主要职责不同，因此对于不同层次的管理者而言，这3种技能的重要程度也是不同的。一般来说，对于高层管理者，最重要的是概念技能，因为要由高层管理者负责的计划、政策、决策都需要有理解各种事物间相互关系的能力；而对于基层管理者来说，由于他是最接近现场作业，所以技术技能特别重要。又由于管理者的工作对象主要是人，因此人际技能对各个层次的管理者来说都是重要的。

【课堂讨论】 "给猴子一棵树，给老虎一座山"的含义是什么？

2. 管理者能力的培养与提高

管理能力是一个管理者有效地从事管理工作的必备条件。管理者的管理能力不是先天就有的，而是靠后天的学习培养逐渐提高的。管理者能力的培养与提高的基本途径是通过教育和实践锻炼而获得的。

（1）通过教育获得管理知识和技能。

许多成功的管理者的经历都证明，一个管理者要获得管理上的成功，接受正规的管理教育是极为必要的。这种正规教育可分为两种情况：一是就业前的学历教育，如大专院校管理专业的专、本科生及研究生学习；一是就业以后的再教育，也称继续教育，如在职人员利用业余时间参加各种形式的管理专业培训班的学习。目前，各种形式的继续教育极为普遍，也越来越受到人们的重视。

国内外目前对管理人员的培训内容主要有：①核心课程，即管理的基本原理、基本原则和方法等。②针对某个现实问题进行全面的模拟研究。③以解决组织管理为主，重点培养处理组织内外各种关系的技能。④管理能力与管理艺术的训练。⑤进行特定项目的具体管理，通过管理的实践提高能力。⑥以组织与社会衔接问题为主，训练如何良好地衔接与相容。⑦实行"实例教育"，即通过实际的案例分析，提高管理能力。

通过正规的教育，可以使受教育者集中精力，提高学习效率，能够尽快地了解和掌握管理方面的最新研究成果和各种不同的管理理论。许多有实践经验的管理者通过系统的理论学习和再教育，开阔了眼界，丰富了知识，管理的能力和水平有了进一步的提高。

（2）通过实践提高管理能力。

通过正规的教育，可以使学员学到很多的理论知识，但很难学到具体的管理技能。要想获得较全面、较具体的管理技能，除了正规学习与教育外，更主要的是从实践中提高，实践是提高管理技能的最有效的方法。管理是一门实践性极强的科学，如果脱离实践，掌握再多的理论知识也不可能成为一名成功的管理者。要想成为一个成功的管理者就必须通过实践，只有在实践过程中才有可能遇到和处理各种类型的问题，体验到压力和各种严峻的考验，从而进一步深化书本知识，促使管理者对管理问题作深入的探索，使管理能力得到不断的提高。

通过实践来培养管理者管理能力主要有如下一些方法：

一是管理工作扩大化，即从横向扩大管理者的工作范围，进行职务轮换。通过这种方法，可使管理者全面地提高管理能力。因为不同的职位有不同的能力要求和特点，通过职务轮换，可使管理者全面了解本组织各有关职务的管理知识，全面提高管理能力。

二是管理工作丰富化，即从纵向扩大管理者的工作范围，通过职务的升降来扩大工作范围，提高管理者的管理能力。在一个组织中，不同层次的管理工作内容和特点是很不相同的，通过职务的升降，上级管理者可更好地体察下属的困难和要求，以提高领导的针对性和有效性。下属可理解上级的要求，从而加深上下级之间的沟通和理解，提高管理者的沟通和协调能力。

三是设立副职或助理。通过设立副职或助理人员，一方面，主要管理者可充分发挥"传、帮、带"的作用，用实际行动去影响和训练副手，使之对管理工作有亲身的感受。另一方面，主要管理者可通过授权和委派任务的方式考察下属是否具有相应的管理能力。这种方法是培养年轻的管理者的有效方法。

四是案例讨论会与管理研讨会。这种方法在国外十分流行。具体做法是：若干人组成一个研讨小组，在阅读各种有关管理的背景资料后，充分进行自由讨论，讨论之后也不作任何结论，不提供任何答案，其目的是启发与会者的思路，锻炼思考问题、分析问题和解决问题的能力。

五是敏感性训练。敏感性训练一度是国外训练管理者的重要方法，主要用于培养管理者自我认识和与人相处的能力。其要点是在一个人际关系实验室里由参与训练的管理人员通过巧妙的安排获得如何管理下属的知识。具体做法是：由 1—2 位主训人员与 1—15 名受训人员组成一个无结构的群体，由于小群体的无目的性，受训人员就会出现紧张、茫然不知所措等情绪反应，并会主动地、自然地去体察他人的态度与情绪，而主训人员则及时加以指导，从而培养受训者体察他人的能力。

3. 能力在管理中的应用

管理职能的各个方面都与人的因素有关，特别是与人的能力有关，因此，管理者不仅要了解自己的能力，还要了解下属的能力差异，根据工作需要和员工能力进行人事安排。

（1）让员工的能力与工作相匹配。

有什么样能力的人，做什么样的工作。这样才能做到人与工作的最佳匹配，使人的能力得到最大的发挥，使工作取得最佳的绩效。实际上，一个人所具有的能力高于实际工作所要求的水平，这个人也会表现出"大材小用"、工作乏味、效果不佳的后果。反之，一个人所具有的能力低于实际工作所要求的水平，这个人会表现出"力不从心"，其后果是给工作带来了极大的损失，若压力过大还影响其心理健康。

（2）职业培训要注意提高员工的能力。

提高员工的能力既包括一般能力的提高，也包括特殊能力的提高。每个人的一般能力发展与特殊能力的提高，存在着互相依存、互相联系、互相促进的辩证关系。职工所形成的特殊能力是建立在他的一般能力基础上的，同时，职工的特殊能力的发展，也提高了一般能力的水平。

（3）注重能力，合理招聘人才。

在招聘时，既要考虑到招聘人员的知识、技能，也要考虑到招聘人员的潜在能力。目前，招聘时往往把文化考核与技术操作考核的成绩作为是否录用的惟一标准，这显然是不全面的。文化或技术操作的考核，只代表了一个人已经掌握的部分知识或技能的水平，但并不等于一个人所具有的能力，更不等于一个人所蕴藏的内部潜力。克服这种片面性的办法，就是要对人的能力有一个全面的了解。在录用人员时，既要看"文凭"，也要看其解决实际问题的能力。

【课堂讨论】 俗话说"没有无能的士兵，只有无能的将军"，应怎样理解？

三、气质差异与管理

（一）气质的含义与特点

气质是人的个性心理特征之一，是表现在心理过程的强度、速度、稳定性、倾向性等方面的动力特征，即我们日常所说的"脾气"、"秉性"或"性情"。它使人的全部心理活动都染上独特的个人色彩。如，"娇"黛玉、"莽"李逵、"灵"燕青、"稳"林冲，这些心理差异就是气质差异。

气质具有以下两个方面的特点：

1. 气质是心理活动的动力特征

心理活动的动力特征是指心理活动发生的速度、强度和指向性。心理活动发生的速度是指知觉的速度、思维的敏捷性、注意力集中时间的长短和情绪发生的快慢等心理过程的速度；心理活动的强度是指情绪的强弱、意志努力的程度等心理过程的程度；心理活动的指向性是指心理活动是指向外部还是指向自己的内心世界。气质作为人的心理活动的动力特征，它与人的心理活动的内容、动机无关。

气质使人在各种不同的活动中都有着近似的表现，使人的心理活动都染上特定的色彩，形成独特的风貌。也就是说，只有那些不论时间、地点、场合，不论活动内容、兴趣、动机，都稳定地表现出来的心理活动的动力特征才叫气质。

2. 气质具有稳定的心理特征

气质是个体与生俱来的、稳定的心理特征，它是高级神经活动类型的外在表现，因此，在人出生的最初阶段就可以观察到某些气质特点。例如，有的婴儿活泼好动，不怕生，对外界刺激反应灵敏；有的婴儿安详文静，胆小怕生，对外界刺激反应迟缓。不仅如此，气质的稳定性还表现在它难以改变上。俗话说："江山易改，禀性难移"。这里所说的"秉性"就是指气质。

当然，就其外部表现而言，在环境和教育的影响下，随着自身修养的增强，特别是随着性格的成熟，气质也会有一定程度的改变，但这仅仅是外部表现的改变，而使其内部产生质的改变是很难的。同时，性格对于气质也会具有一定的制约和控制作用。因此，气质的稳定性与可塑性是统一的。

【课堂讨论】　在生活中，人们常说，"某某人的气质很好"。这里的"气质"和心理学中讨论的气质一样吗？俗语"江山易改，禀性难移"。这里的"秉性"是指什么？

（二）气质类型学说

气质是个古老的概念。心理学家对气质这一心理特征进行了多方面的研究，相继产生了各种气质学说，其中具有代表性的是体液学说、体形学说、血型学说、激素学说、高级神经活动类型学说等。

1. 体液学说

气质作为一种个性的特征，公元前 5 世纪，古希腊医生希波克拉底（Hippocrates）根据自己的临床医学实践，提出了"体液理论"，这是最早的有关气质的学说。他认为人体内有四种体液，即黄胆汁（产生于肝脏）、血液（产生于心脏）、黏液（产生于脑）和黑胆汁（产生于胃），根据人体内这四种体液的混合比例，哪一种占优势，就属于哪一种气质类型。在体液的混合比例中，若黄胆汁占优势则属于胆汁质；若血液占优势则属于多血质；若黏液占优势则属于黏液质；若黑胆汁占优势则属于抑郁质（见表 2-1 所示）。

希波克拉底的体液学说，带有朴素的唯物主义性质，但缺乏科学性。然而这四种类型又符合人的现实表现，所以一直沿用至今。

表 2-1　气质与体液的关系

气质类型	体内占优势的体液
胆汁质	黄胆汁
多血质	血液
黏液质	黏液
抑郁质	黑胆汁

2. 体形学说

德国心理学家克瑞奇米尔（Kretschmer）根据对精神病患者的临床观察，提出按体型划分人的气质类型的理论。他把人的体型分成三类：肥胖型、瘦长型和筋骨型。认为体型决定人的气质特点，肥胖型易产生躁狂气质，其行动倾向为善交际、表情活泼、热情、平易近人等；瘦长型易产生分裂气质，其行动倾向为不善交际、孤僻、神经质、多思虑等；筋骨型易产生黏着气质，其行动倾向为迷恋、认真、理解缓慢、行为较冲动等。

他还认为三种体型与不同精神病的发病率有关，肥胖型的人较多出现躁狂症，瘦长型的人较多出现精神分裂症，筋骨型的人较多出现癫痫症。

3. 激素学说

激素学说是美国生理学家柏尔曼（Berman）提出的。他认为，人的气质特点与内分泌腺的活动有密切关系。此理论根据人体内哪种内分泌腺的活动占优势，把人分成甲状腺型、脑下垂体型、肾上腺分泌活动型等。甲状腺型的人表现为体格健壮，感知灵敏，意志坚强，任性主观，自信心过强；脑下垂体型的人表现为性情温柔，细致忍耐，自制力强。

现代生理学研究证明，从神经——体液调节来看，内分泌腺活动对气质影响是不可忽视的。但激素学说过分强调了激素的重要性，从而忽视了神经系统特别是高级神经系统活动特性对气质的重要影响，有片面倾向。

4. 血型学说

血型学说是日本学者古川竹二等人的观点。他们认为气质是由不同血型决定的，血型有 A 型、B 型、AB 型、O 型，与之相对应气质也可分为 A 型、B 型、AB 型与 O 型四种。A 型气质的特点是温和、老实稳妥、多疑、顺从、依赖他人、感情易冲动；B 型气质的特点是感觉灵敏、镇静、不怕羞、喜社交、好管闲事；AB 型气质特点是上述两者的混合；O 型气质特点是意志坚强、好胜、霸道、喜欢指挥别人、有胆识、不愿吃亏。这种观点也是缺乏科学根据的。

5. 高级神经活动类型学说

20 世纪 20 年代末，前苏联著名生理学家巴甫洛夫（Pavlov）通过动物实验研究提出的高级神经活动学说，对气质作了科学的阐述，使气质理论建立在了科学的基础之上。他把气质分为：（1）兴奋型（强而不平衡）：这类人的神经素质反应较强，但不平衡，容易兴奋难以抑制，遇到很强的刺激，容易产生精神分裂。（2）活泼型（强而平衡灵活性高）：这类人的神经素质反应较强，而且平衡，既容易形成条件反射，又容易改变条件反射。行动迅速活泼，一旦缺乏刺激很快就无精打采。（3）安静型（强而平衡灵活性低）：这类人的神经素质反应迟钝，但较平衡，容易形成条件反射，但难以改变。行动迟缓，有惰性。（4）抑制型（弱而平衡灵活性低）：这类人的神经素质反应较弱，但较为平衡，产生兴奋的速度较慢，容易形成条件反射，但难以改变。行动迟缓，有惰性。

巴甫洛夫指出，高级神经活动类型和体液学说气质类型两者是一一对应关系：兴奋型相当于胆汁质，活泼型相当于多血质，安静型相当于黏液质，抑制型相当于抑郁质（见表 2-2 所示）。

表 2-2　高级神经活动类型与气质的关系

高级神经活动类型	气质类型
兴奋型（强而不平衡）	胆汁质
活泼型（强而平衡灵活性高）	多血质
安静型（强而平衡灵活性低）	黏液质
抑制型（弱而平衡灵活性低）	抑郁质

（三）气质类型特征

1. 胆汁质类型的特征

胆汁质属于兴奋而热烈的类型。这种气质类型的人，反应速度快，具有较高的反应性与主动性。这类人情感和行为动作产生得迅速而且强烈，有极明显的外部表现；性情开朗、热情，坦率，但脾气暴躁，好争论；情感易于冲动但不持久；精力旺盛，经常以极大的热情从事工作，但有时缺乏耐心；思维具有一定的灵活性，但对问题的理解具有粗枝大叶、不求甚解的倾向；意志坚强、果断勇敢，注意稳定而集中但难于转移；行动利落而又敏捷，说话速度快且声音洪亮等。其显著特点是兴奋性强、不平衡、外倾。

这种类型的男性更多地表现为敏捷、热情、坚毅，情绪反应强烈而难以自制；女性则更多地表现为热情肯干、积极主动、思维敏捷、精力充沛，但易感情用事，对困难估计不足。在正确教育下，他们可能具备坚强的毅力，主动而热情，有独创精神；在不良环境影响下，他们可能出现缺乏自制、粗暴、爱生气、易冲动等不良品质。

2. 多血质类型的特征

多血质属于敏捷好动的类型。这种气质类型的人，行动具有很高的反应性。这类人情感和行为动作发生得很快，变化得也快，但较为温和；易于产生情感，但体验不深，善于结交朋友，容易适应新的环境；语言具有表达力和感染力，姿态活泼，表情生动，有明显的外倾性特点；机智灵敏，思维灵活，但常表现出对问题不求甚解；注意与兴趣易于转移，不稳定；在意志力方面缺乏忍耐性，毅力不强等。其显著特点是灵活性强、外倾明显。

这种类型的男性尤为敏捷好动，适应能力强，工作效率高，但易表现轻率，不愿从事耐心细致和平凡的工作；女性的突出表现是热情活泼、富有朝气，但情绪不稳定，容易感情用事且感情不深刻，兴趣多变，从事细心的工作难以坚持到底，显得任性。在正确的教育下，他们对学习、劳动、社会生活会持积极主动的态度；在不良教育下，他们会表现轻率、疏忽大意、散漫、自我评价过高等不良行为和态度。

3. 黏液质类型的特征

黏液质属缄默而沉静的类型。这种气质类型的人，反应性低。情感和行为动作进行得迟缓、稳定、缺乏灵活性；这类人情绪不易发生，也不易外露，很少产生激情，遇到不愉快的事也不动声色；注意稳定、持久，但难于转移；思维灵活性较差，但比较细致，喜欢沉思；在意志力方面具有耐性，对自己的行为有较大的自制力；态度持重，好沉默寡言，办事谨慎细致，从不鲁莽，但对新的工作较难适应，行为和情绪都表现出内倾性，可塑性差。其显著特点是安静、内倾。

这种类型的男性更多表现为沉着坚定、态度持重、善于忍耐、恪守纪律、行为刻板、有惰性；女性则表现为冷静稳健、善于克制、埋头苦干、执拗、冷淡、因循守旧。在正确教育下，他们容易形成勤勉、实事求是、坚毅等品质；在不良的影响下，可能发展为萎靡、迟钝、消极、怠惰以及对人对事漠不关心、冷淡顽固等不良品质。

4. 抑郁质类型的特征

抑郁质属呆板而羞涩的类型。这种气质类型的人有较高的感受性。这类人情感和行为动作进行得都相当缓慢、柔弱；情感容易产生，而且体验相当深刻，隐晦而不外露，多愁善感；往往富于想象，聪明且观察力敏锐，善于观察他人观察不到的细微事物，敏感性高，思维深刻；在意志方面常表现出胆小怕事、优柔寡断，受到挫折后常心神不安，但对力所能及的工作表现出坚忍的精神；不善交往，较为孤僻，具有明显的内倾性。其显著特点是敏感、孤僻、缺乏自信心、内倾。

这种类型的男性更多孤僻、迟缓，处事谨慎，情绪深刻持久，态度平稳坚定，遇到问题则易惊慌失措；女性更多迟疑、怯懦、柔弱，忸怩腼腆，多愁善感，情绪体验细腻，耐受力差。在顺利的环境中，他们可以表现出温顺、委婉、细致、敏感、坚定，能克服困难，富有同情心等优良品质；在不利条件下，会表现出伤感、沮丧、忧郁、神经过敏、深沉悲观、怯懦、孤僻、优柔寡断等不良品质。他们常常会病态地体验到各种委屈情绪。

需要说明的是，虽然在心理学中尝试对人的气质进行分类，但这种分类只是相对的。很少有人是绝对的某种气质类型。现实中绝大多数人都是介于两种甚至多种类型之间的。其实这种混合型使人们更容易适应多种环境的要求。因此，在看待人的气质时，不要作绝对化的类型判断。

（四）气质类型测试

指导语：下面 60 道题可以帮助你大致确定自己的气质类型。在回答这些问题时，你认为：符合自己的情况记 2 分；比较符合的记 1 分；介与符合与不符合之间的记 0 分；比较不符合的记 -1 分；完全不符合的记 -2 分。

1. 做事力求稳妥，不做无把握的事。
2. 遇到可气的事就怒不可遏，想把心里话全说出来才痛快。
3. 宁肯一个人干事，不愿很多人在一起。
4. 到一个新环境很快就能适应。
5. 厌恶那些强烈的刺激，如尖叫、噪音、危险镜头等。
6. 和人争吵时，总是先发制人、喜欢挑衅。
7. 喜欢安静的环境。
8. 善于和人交往。
9. 羡慕那种善于克制自己感情的人。
10. 生活有规律，很少违反作息制度。
11. 在多数情况下情绪是乐观的。
12. 碰到陌生人觉得很拘束。
13. 碰到令人气愤的事，能很好地自觉克制。
14. 做事总是有旺盛的精力。
15. 遇到问题常常举棋不定，优柔寡断。
16. 在人群中从不觉得拘束。
17. 情绪高昂时，觉得干什么都有趣；情绪低落时，又觉得什么都没有意思。
18. 当注意力集中时，别的事物很难使我分心。
19. 理解问题总比别人快。
20. 碰到危险情景时，常有一种极度恐怖感。
21. 对学习、工作、事业怀有很高的热情。

22. 能够长时间做枯燥、单调的工作。

23. 符合兴趣的事情，干起来劲头十足，否则就不想干。

24. 一点小事就能引起情绪波动。

25. 讨厌做那种需要耐心、细致的工作。

26. 与人交往不卑不亢。

27. 喜欢参加热烈的活动。

28. 爱看感情细腻，描写人物内心活动的文学作品。

29. 工作学习时间长了，常感到厌倦。

30. 不喜欢长时间谈论一个问题，愿意实际动手干。

31. 宁愿侃侃而谈，不愿窃窃私语。

32. 别人说我总是闷闷不乐。

33. 理解问题常比别人慢些。

34. 疲倦时只要短暂的休息就能精神抖擞，重新投入工作。

35. 心里有话，宁愿自己想，不愿说出来。

36. 认准一个目标就希望尽快实现，不达目的，誓不罢休。

37. 同样和别人学习、工作一段时间后，常比别人更疲倦。

38. 做事有些莽撞，常常不考虑后果。

39. 老师或师傅讲授新知识、技术时，总希望他讲慢些，多重复几遍。

40. 能够很快的忘记那些不愉快的事。

41. 做作业或完成一件工作总比别人花的时间多。

42. 喜欢运动量大的剧烈体育运动，或参加各种文艺活动。

43. 不能很快地把注意力从一件事转移到另一件事上去。

44. 接受一个任务后，就希望把它迅速解决。

45. 认为墨守成规比冒风险强些。

46. 能够同时注意几件事物。

47. 当我烦闷的时候，别人很难使我高兴起来。

48. 爱看情节起伏跌宕、激动人心的小说。

49. 对工作抱认真严谨，始终一贯的态度。

50. 和周围人们的关系总是处不好。

51. 喜欢复习学过的知识，重复做已经掌握的工作。

52. 希望做变化大、花样多的工作。

53. 小时候会背的诗歌，我似乎比别人记得清楚。

54. 别人说我"出语伤人"，可我并不觉得这样。

55. 在体育活动中，常因反应慢而落后。

56. 反应敏捷，头脑机智。

57. 喜欢有条理而不甚麻烦的工作。

58. 兴奋的事常常使我失眠。

59. 老师讲新概念，常常听不懂，但是弄懂以后很难忘记。

60. 假如工作枯燥无味，马上就会情绪低落。

确定步骤：

（1）回答上面 60 道问题。

（2）四种气质类型的相应题目如下，把每题得分加起来，总分为此气质类型的得分。

胆汁质题号：2、6、9、14、17、21、27、31、36、38、42、48、50、54、58；总得分为_____。

多血质题号：4、8、11、16、19、23、25、29、34、40、44、46、52、56、60；总得分为_____。

黏液质题号：1、7、10、13、18、22、26、30、33、39、43、45、49、55、57；总得分为_____。

抑郁质题号：3、5、12、15、20、24、28、32、35、37、41、47、51、53、59；总得分为_____。

（3）气质类型的确定

如果某一类气质得分明显高出其他三种，平均高出 4 分以上，则可定为此类气质；如果该型气质得分超过 20 分，则为典型型；该型得分若在 10 分至 20 分之间，则为一般型。

两种气质类型得分接近，其差异低于 3 分，而且又明显高于其他两种（高出 4 分以上），则可定为这两种气质的混合型。

三种气质得分均高于第四种，而且接近，则为三种气质混合型。

（五）管理者的气质

气质在人的实践活动中不起决定作用，但是对活动的效率有一定的影响。为了提高工作效率，对管理人员的气质特性就要提出特定的要求，否则是不能适应这些特殊工作的。

西方管理心理学家将管理人员的气质分为三种类型：躁郁质型、分裂质型和黏着质型。

1. 躁郁质型

这种类型的管理人员的行为有如下的表现：适应环境能力较强；有与别人共同生活、共事之倾向；行动善于应变；事前没有一定的设想与计划；不经思考就行动；容易亲近，有同情心；能与人相近，很会交际；待人和蔼，有竞争力；有干劲，但没有持久力；很容易发怒骂人，但马上就忘记了。

2. 分裂质型

这种类型的管理者的行为有如下的表现：先思考后行动；思考多，行动少；能经常提出新规则、新设想，肯向别人学习，办法多；不做傻事；按自己的标准做事；会利用微妙的感情；认为生产只是浪费精力。

3. 黏着质型

这种类型的管理者的行为有如下的表现：现实而稳定；正确，诚实，无懈可击；在生活中能尽义务，有道德观念，有礼貌；坚守一定的规则，脑筋很死；行动缓慢，但有耐心。现实生活中单纯属于一种类型的人较少，混合型的管理者较多。

比较三种气质类型管理者的优劣，应该说是相对的。

躁郁质型，适应环境的能力较强，上级领导可以无所顾忌地、坦率地从正面给予指示。其缺点是计划性差、脾气急躁。

分裂质型，是多元性的人，无法在规定范围内行动，上级领导对这些人要表示热情或关心，不能对其施加大大的压力。这些人的缺点是讲得多、做得少。

黏着质型，优点是比较稳重，缺点是变革精神较差，上级领导者对这些人要讲道理，不要正面批评他们。

应该说，现代化社会需要的是躁郁质型的管理者。他们适宜于打开局面，能适应环境的变化，热情，敢于改革，这是主流。当然，这些人急躁、好发脾气，但这种缺点是支流问题。为此，如果一个工作群体要选择能开创新局面的管理者，具有这种气质的人比较合适。

分裂质型的人不太符合现代社会的需要。他们崇尚高谈阔论，不注重实践，这种人一般不适宜当管理者。

黏着质型的人，虽然不适宜担当开拓型的管理者，但是，作为管理者群体中的成员还是适宜的，因为我们也需要有耐心、细致、稳重地处理一些事务的管理者。

（六）气质在企业管理中的应用

1. 正确认识气质对人们行为的影响

气质类型无好坏之分，气质类型不是人品的标签。任何一种气质类型，都有其优点和缺点，而且其优点和缺点几乎是相伴而生的，因此不能说这种气质是好的，那种气质是坏的。例如，多血质类型的人感情丰富，工作能力较强，容易适应新的工作环境，但注意力不稳定，兴趣容易转换；而抑郁质类型的人工作中耐受力差，容易感到疲劳，但感情比较细腻，做事审慎小心，观察力敏锐，善于体察到别人不易发觉的细小事物。在管理实践中，不能简单地评价一个人的气质类型，关键是充分认识其气质类型固有的优缺点，以扬长避短。

气质不决定一个人的社会价值和成就的高低。气质能使人的心理活动染上某些独特色彩，但不能决定一个人性格的倾向性和能力的发展水平，因而也不能决定一个人的成就高低。在气质和社会价值、成就之间，同样没有对应关系。同样气质类型的人，对社会贡献差别可能很大，而不同气质的人也可能在成就上相差无几。中国著名心理学家曹日昌说："气质只是属于人的各种心理品质的动力方面，它使人的心理活动染上某些独特的色彩，却并不决定一个人性格的倾向性和能力的发展水平。"

气质可以影响人的活动效率。在实践活动中，气质虽然对人的社会价值和成就不起决定作用，但它可能影响人的活动效率。例如，要求反应迅速且灵活的工作，多血质和胆汁质类型的人较为适合，而黏液质和抑郁质类型的人较难适应；反之，要求持久、细致的工作，黏液质和抑郁质类型的人较为适合，而多血质和胆汁质类型的人则较难适应。

2. 根据人的气质特征合理安排工作，调动人的积极性

不同特性的工作或职业对人的心理品质有不同的要求，这决定了不同气质可能适合于不同的工作。气质和工作性质相匹配，职工的劳动和工作效率就可以大大提高。

有一些职业要求职工倾向于多血质、胆汁质，如演员、营业员、运动员、电话员、采购员等等，他们适应于喧闹、嘈杂的工作环境，而对于需要长期安坐、细心检查的工

作则难以胜任；有一些职业要求职工偏向于黏液质、抑郁质，如精细手工业工人、资料员、护理员、保养员等等，他们对变化、需要灵活的工作感到有压力。

虽然一些职业要求人们具有相应的气质特征，但是这种要求并不严格。因为在工作中，一个人气质的各种特征之间可以起到互相补偿的作用。因此，在普通职业中，不必苛求职业对气质的要求。但是，一些特殊的工种，如飞机驾驶员、宇航员、电站集中控制室的调度员、高空带电作业人员等，这些人员的工作要经受住高度的身心紧张，因而要求他们具有灵敏快速的反应能力和冷静、理智、胆大心细、临危不惧的心理品质。特殊工种对人的气质特性提出了特殊的要求，必须注意气质要求的绝对性。为此，是否具有特殊工种所要求的特殊气质特性，应成为职业选择、培训、淘汰的重要根据之一。气质不合格者，应予以淘汰。

3. 根据人的气质特征调整组织结构，增强团队的战斗力

在一般的工作安排和人员优化组合时，必须注意气质要求的互补性。人的气质特征有积极的一面，也有消极的一面，合理调整不同气质的人员，组成一个团体，形成气质"互补"的组合，就可以发挥气质的积极作用，克服气质的消极影响。

4. 根据人的气质特征做好思想工作

不同气质的人，对挫折、压力、批评、惩罚的忍受能力、接受程度是不同的，所以，管理人员在做思想工作、分配任务时就要有所不同。例如，黏液质的人，沉着、坚毅、冷静，情绪反应较慢，对待他们要耐心说服开导，多用事实说话，向他们提出要求时，应让他有时间考虑；抑郁质的人，情感深刻、脆弱、孤僻、冷淡，对待他们不要在公开场合批评、训斥，而应该多给予关心和鼓励；与胆汁质者打交道应避免发生冲突等。此外，在采用新的操作规程与重新编班组时，多血质的工人很易适应新环境、新制度，管理者无须对他们特别关心；但是，对于黏液质、抑郁质的工人则需要给予更多的关怀和照顾，才能使他们尽快地适应新的环境。

【课堂讨论】俄国的四位著名作家中，普希金是明显的胆汁质，赫尔岑是典型的多血质，克雷洛夫属于黏液质，果戈理则是抑郁质。这说明了什么？

典型事例

你从哪儿来？

某甲生性耿直，说话直来直去，无所隐瞒，偏偏碰上了喜欢说话绕弯的某乙。一天清早，乙刚从厕所出来，正遇上甲。

甲就大声问道："从哪儿来？"

乙见有人在场，且有两位女同事，便随手一指："从那儿来。"

甲不明白："那儿是哪儿？"

乙只好含糊地说："W.C。"

"W.C"原意是英文厕所的缩写，甲偏偏不知道，又不甘心，继续大声问："W.C是

什么东西？"

乙见他人都注目两人，便悄悄扯扯甲，小声道："1号。"

甲环顾四周，正好1号房间是某女同事的宿舍，大为惊讶："大清早你上小王屋里干什么？"

乙面红耳赤，无地自容。

四、性格差异与管理

（一）性格的含义与特点

性格同气质一样，也是个性的组成部分，但性格又不同于气质。性格是指人对现实的态度和行为方式中的比较稳定的独特的心理特征的总和。它是一个人的心理面貌本质属性的独特结合，是区别个性的主要标志。在人的个性中起核心作用。

性格具有稳定性。性格并不是偶然出现在一个人身上的心理特征，一个人的性格在一定的教育和环境的影响下，一旦形成，就难以改变。在某种情况下，一个人总是表现出特定的生活情感和态度。

性格具有稳定性，但不是说一个人在行为举止上都是千篇一律的，而是指人的性格基本结构是不变的，在不同情境下同一性格是以不同形式表现出来的。实际上，人的性格并不是不能改变的，只是改变起来不太容易罢了。

性格与气质同属于人的个性心理特征，两者在许多方面十分相似，以至于人们常常混淆它们。

1. 性格与气质的区别

首先，二者形成的客观基础不同。气质的形成与高级神经活动类型密切联系，具有自然的性质；而性格的形成虽受遗传因素的影响，但主要是受社会环境、家庭、学校教育等后天因素的影响。其次，二者的稳定性的时间长度不同。气质具有先天性，主要受遗传因素的影响，后天影响极为缓慢，有很强的稳定性；而性格主要是后天形成的，虽然也具有稳定性特点，但与气质相比，具有较强的可塑性。最后，气质类型无好坏之分，而性格类型有好坏之分。气质反映的是人在情绪和行为活动中的动力特征，它不受活动内容的影响，也不具有社会评价意义；而性格反映的是对客观事物的态度和行为方式，会对他人和社会产生影响，因而有好坏之分。

2. 性格与气质的联系

首先，气质影响性格的状态，使性格带有某种独特的色彩。比较明显地表现在性格的情绪性和速度方面。例如，在勤劳这种性格特征方面，多血质的人表现为情绪饱满、精力充沛；黏液质的人表现为操作精细、踏实肯干等。其次，气质可以影响性格的形成和发展的速度。例如，在自制力这种性格特征方面，黏液质和抑郁质的人比多血质和胆汁质的人更为明显。再次，性格对气质也产生一定影响，在一定程度上掩盖和改造气质的某些特征，使之服从于生活实践的要求。例如，从事科学实验人员应该具有冷静沉着的性格特征，这种要求在职业训练中有可能掩盖或改造他原来具有的容易冲动和不可遏止的胆汁质的气质特征。

（二）五种性格类型

性格类型是指一类人身上共有的性格特征的独特结合。许多心理学家试图划分人的性格类型，由于理论观点不同以及人的性格的复杂性，至今还没有统一的分类标准，下面简要介绍具有代表性的五种性格类型分类：

1. 按人的心理机能划分

按智力、情感和意志在人身上占优势的程度不同可划分为：理智型、情绪型、意志型三种不同性格类型。理智型性格的人智力占优势，易用理智来分析并支配自己的行动；情绪型性格的人情绪占优势，行为举止易受情绪左右；意志型性格的人意志占优势，其行动目标明确，行为主动。以上 3 种只是日常生活中极典型的性格类型，实际上大多数人都属于中间类型。这种类型划分是依机能心理学理论为基础的，它脱离人的心理生活内容和倾向性，把性格只看做心理过程或能力的简单组合。这种类型划分，只能是一种抽象的模式。

2. 按人的心理活动倾向性划分

瑞士心理学家容格认为人生命中的"力比多"的活动是一切行为变化的基础。如果一个人的"力比多"活动倾向于外部环境，则属于外倾性的人；"力比多"的活动倾向于自己，则属于内倾性的人。外倾性的人感情外露、自由奔放、当机立断、不拘小节、性格独立、善交际、活动能力强，但也有轻率的一面；内倾性的人处事谨慎、深思熟虑、顾虑多、缺乏实际行动、交际面狭窄，适应环境比较困难。

这种分类标准已为大家所熟悉，在国外这一理论也被应用于教育、医疗等实践领域，但这种类型的划分并未摆脱气质型的模式。这种分类只有质的区别，没有量的差异，仍过于简单。

3. 按文化、社会学划分

法国心理学家斯普兰格和狄尔泰从文化社会学的观点出发，对性格进行分类。斯普兰格把人的基本生活领域分为 6 个方面，根据人的认识、行为表现，以及认为哪一种生活方式最有价值，把人的性格区分为理论型、经济型、审美型、政治型、社会型和宗教型 6 种类型。狄尔泰则把人分成官能型、英雄型和冥想型 3 种类型。这种类型说是以人类社会意识形态倾向性作为出发点，来划分性格类型的。他们既不考虑作为文化价值的社会矛盾，也不考虑意识形态所具有的阶段因素，更不考虑人的个性倾向性形成所依据的生活经历。他们这样做无非是企图把资产阶级意识形态倾向合理化，把被资产阶级意识浸透了的人，宣传为具有高尚人格的人。

4. 按个体独立性程度划分

按照个体独立性程度划分性格类型，是目前西方比较流行的分类方法。某些心理学家依据科学的理论，把人分成为依存型和独立型两种类型。前者也叫顺从型，后者称做独立型。他们认为这两种类型的人是按照两种对立的信息加工方式进行工作的。独立型的人不易受外来事物的干扰，他们具有坚定的信念，能独立地判断事物，发现问题，解决问题，易于发挥自己的力量；顺从型的人倾向于以外在参照物作为信息加工的依据，他们易受附加物的干扰，常不加批判地接受别人的意见，应激能力差。这种分类虽已为实验所证实，但其局限性还很大，并不能包括所有的性格类型。

5. 按特质不同组合划分

按照性格的多种特质的不同组合，把人的性格分为不同的类型：

卡特尔把性格特质分为"表面特质"和"根源特质"两大类。"表面特质"是指经常发生的，从外部可以观察到的行为，而"根源特质"则是制约"表面特质"的潜在基础。例如，自作主张、自以为是、高傲、指责别人等表面物质，都是支配这个"根源特质"的表现。卡特尔经过多年的实践、研究，积累了大量的人的行为特点的资料，通过因素分析的方法，从众多的行为"表面特质"中抽出 16 种行为的"根源特质"。这 16 个特质是：（1）乐群性；（2）聪慧性；（3）稳定性；（4）特强性；（5）兴奋性；（6）有恒性；（7）敢为性；（8）敏感性；（9）怀疑性；（10）幻想性；（11）世故性；（12）忧虑性；（13）实验性；（14）独立性；（15）自律性；（16）紧张性。卡特尔认为，这 16 个特质是各自独立的，它们普遍地存在于各年龄和社会文化环境不同的人身上。其中有的起源于体质因素，叫做"体质特质"；有的起源于环境因素，叫做"环境形成特质"。正是这两种特质的改变或社会化，决定着一个人性格的形成和发展。而这种改变或社会化，不论是"体质特质"还是"环境形成特质"，都是由一个人的先天素质和后天经验两个方面决定的。

日本心理学家矢田部达朗和美国心理学家吉尔福特共同制定了以他们名字命名的 Y—G 性格测验量表，这个量表由 12 个人格特质及相应的性格指标所构成。12 种性格指标：（1）是否忧郁，容易悲伤；（2）情绪是否容易变化、不稳定；（3）自卑感的大小程度；（4）是否容易担心某种事情或容易烦躁；（5）是否容易空想、过敏而不能入睡；（6）是否信任别人，与社会协调；（7）是否不倾听人家的意见而自行其是，爱发脾气，有攻击性；（8）是否开朗，动作敏捷；（9）慢性还是急性；（10）是否喜欢沉思，愿意反省；（11）是否能当群众运动的领导人；（12）是否关心交际。其中（1）—（4）为性格稳定性程度的指标；（5）—（7）为社会适应性能力的指标；（8）—（12）为倾向性的指标。根据这 12 种特性的不同组合分出 5 种性格类型：A 型性格的人，多具有雄心壮志，但容易急躁，对周围环境适应性较差，人际关系不甚融洽。他们的行为常引起人们的注意或议论，所以又称行为型；B 型性格的人，能力一般，不善交际，但社交适应性较好，遇事丢得下，想得开，不耿耿于怀，又称平衡型；C 型性格的人，情绪稳定，感情内向，反应慢，较孤僻，好幻想，常处于被动状态，又称安定消极型；D 型性格的人，情绪稳定，感情外向，为人活跃开朗，善于交际，同周围人际关系较好，有组织领导能力，又称管理者型；E 型性格的人多有消极情绪，常要逃避现实。

（三）性格的特征

性格是一个十分复杂的心理现象，是一个多维结构，其特征主要表现为性格的理智特征、性格的情绪特征、性格的意志特征，以及对现实态度的性格特征。

1. 性格的态度特征

性格的态度特征是指人对现实的态度所表现出来的个别差异。人对现实的态度主要表现在三个方面：一是对社会、对集体、对他人的态度，如是大公无私还是自私自利、是热情还是冷漠、是诚实还是虚伪等；二是对劳动、对工作、对学习的态度，如是认真还是粗心、是节俭还是奢侈、是勤奋还是懒惰等；三是对自己的态度，如是自信还是自卑、是严于律己还是放任自流等。

2. 性格的意志特征

性格的意志特征是指人为了达成目标，自觉地调节自己的行为，千方百计地克服前进道路上的困难时，所表现出来的意志特征的个别差异。这种特征主要表现在四个方面：一是对自己行为目标的明确程度，如是有计划的还是盲目的；二是在紧张或困难的情况下表现出来的意志特征，如是镇定还是懦弱；三是对自己行为自觉控制水平的性格特征，如是一时冲动还是自制力强；四是对长期工作的意志特征，如有无恒心、耐心等。

3. 性格的情绪特征

性格的情绪特征是指人们在情绪的强度、稳定性、持续性及稳定心境方面所表现出来的个别差异。（1）情绪强度方面。这种特征表现为情绪对人的行为活动的感染程度，以及情绪受意志控制的程度。如有的人情绪高涨、精力旺盛，而有的人则安宁、冷漠。（2）情绪稳定性方面。表现为一个人情绪受外界条件变化而产生起伏和波动的程度。如有的人在重大事件面前，情绪平稳，而有的人则很激动。（3）情绪持续性方面。这表现为情绪活动的持续时间和对身体、工作和生活影响的持久性。如同样遇到悲伤事件，有的人悲伤情绪持续时间长、影响持久，而有的人则相反。（4）主导心境方面。这是指不同主导心境在一个人身上稳定表现的程度。如有的人经常欢乐愉快，有的人则常常抑郁低沉。

4. 性格的理智特征

性格的理智特征是指人们在感知、记忆、想象和思维的认识过程中所表现出来的个别差异。（1）感知方面。有主动观察型和被动感知型，前者不易受环境干扰，能按自己的目的和任务进行观察，后者易受暗示，易受环境干扰。（2）思维方面。有敏捷性、独创性、逻辑性和深刻性等的差异。（3）想象方面。就想象的主动性而言，有主动想象和被动想象的差异。（4）记忆方面。有形象记忆和抽象记忆的差异。

（四）管理者的性格

西方管理心理学根据性格的结构和管理者的行为，可以将管理人员的性格分成三种类型：积极刚勇型、消极怯懦型和折中型。

1. 积极刚勇型

积极刚勇型管理者的行为特点为：活泼，有坚强的信念，有时候甚至过分地信任自己，积极地做正当的事，遇事不顺利也不灰心，有斗争性，由于自己的行为伴随愉快的事，所以行为被强化了。

2. 消极怯懦型

消极怯懦型管理者的行为特点为：缩手缩脚，对社会活动不感兴趣，生活单调；话题少，依赖性强，一切听从别人指挥，使自己的思维和行为停留在狭小的范围内；虽然消极但很敏感，自卑感很强；由于遇到的都是不愉快的事，因而对于采取行动持消极态度。

3. 折中型

折中型管理者的行为特点为：积极与消极的折中型，做事没有条理，有点慌张情绪；令人感到有点任性与不诚实；有时有冒险行动，有时则逃避行动，其行动伴随有愉快的与不愉快的极端变化；做事、办事不干脆。

现代化建设需要的管理人员，应以积极刚勇型为主，但是，这种性格类型的管理者也有弱点，如过于自负，喜欢别人顺着他等。消极型管理者虽然不理想，但可以通过实践活动使之转化，增加其刚勇性的一面，在工作中更有干劲。对于折中型领导者，则要通过多接触来增加与他的亲密程度，最终使其性格向积极刚勇型转化。

知识拓展

各地商人的性格特点

北京商人：务实、爱面子；

上海商人：目的明确、追求经济利益、守规矩；

广东商人：为钱奔波、敢闯敢干、迷信；

天津商人：崇科学、重信誉、讲实干；

东北商人：重感情、爱面子、爱喝酒；

安徽商人：尚文、重官场；

山西商人：勤俭吃苦、诚信、薄利多销；

四川商人：重信誉、不损人利己；

河南商人：精明、耍小聪明；

湖南商人：做事认真、肯吃苦、重质量、薄利多销；

西北商人：懒、做事目标性不强；

山东商人：诚信、仁义、爱喝酒、吃苦、缺乏冒险意识；

浙江商人：爱面子、聪明、善于捕捉商机；

福建商人：敢拼敢赢、会做生意；

河北商人：朴实、平凡；

江苏商人：扬长避短、稳中取胜、薄利多销；

江西商人：知足常乐、注重商业信誉；

湖北商人：不服输、死要面子、很迷信；

云南商人：诚实、坦荡、直率；

海南商人：保守、目光短浅、不吃苦。

（五）性格对企业管理的影响

性格是具有核心意义的个性心理特征，是一个人社会本质的集中体现。在人的个性心理特征中，与能力、气质相比较，只有性格具有直接的社会意义。一个人的能力有大小，对社会的贡献各不相同，但如果有良好的性格特征，就可以更好地服务于社会。不同的气质特点不会影响人对社会所作出的贡献。性格则不同，它贯穿于人的全部行为之中，既表现出一个人对人、对事、对己的态度，又反映出他习惯性的行为方式，是一个人品德和世界观的具体标志，精神面貌的综合反映。人的性格特征直接影响着人际关系、活动效果，具有直接的社会意义，因而可以做出优秀评价。

1. 性格与人际关系

人际关系是影响管理绩效的重要因素。科学研究与管理实践证明，良好的性格特征，如谅解、支持、友谊、团结、诚实、谦虚、热情等是使组织的人际关系和谐、有凝聚力的重要心理品质；相反，对人冷淡、刻薄、嫉妒、高傲，则容易导致人际关系紧张，出现扯皮、拆台、凝聚力差与士气低落的局面。

2. 性格与创造力、竞争力

员工的创造力与竞争力是关系一个组织能否生存、发展，是否有生命力的一个重要心理品质，而人的创造力和竞争力又与人的某些性格特征有密切关系。一般来说，独立性强的人抱负水平较高，适应能力强，有革新开拓精神，有时难免武断；而依赖性强的人自信心弱，易受传统束缚，创造力和竞争性也差。组织管理者要妥善处理好某些职业与性格之间的关系，努力为员工创造良好的环境，鼓励独立性强的人从事具有创新性的工作，让依赖性强的人从事常规性工作，从而提高员工的工作满意度。

3. 性格与效率

性格是影响员工工作效率的一个重要因素。有的人虽然智力水平不高，能力也不强，但却有良好的性格品质，如有事业心、责任心、恒心、勤奋好学，则可以弥补能力的不足，同样能够在学习、工作方面取得成就。相反，如果单凭小聪明，没有形成良好的性格，懒惰、浮躁、对知识不求甚解，那么学习和工作的效率都不会很高。作为企业的管理者在进行人才选拔时，除了考虑智力和能力的因素外，还要更多的考虑员工的性格等非智力因素。

4. 性格与领导类型

在影响企业成功与否的因素中，领导已成为最关键的因素。一个优秀的领导应具备何种性格品质，是管理学家和心理学家一直努力研究的问题。有人对玛格利特·撒切尔、罗纳德·里根、纳尔逊·曼德拉等人的领导风格做了大量研究，将他们的性格特征描述为魄力、热情、勇气等。如撒切尔在执政期间，人们常常这样描述她：自信、铁腕、坚定、雷厉风行等。领导有多种类型，不同类型的领导在管理中所起的作用是不一样的。

5. 性格与工作匹配

由于人的性格各有特点，并与人际关系、工作效率等有着重要关系，因此针对人们在性格特征上的差异进行工作匹配就显得尤为重要。例如，害羞、不善社交的人、不适宜做业务员；性格柔顺、容易服从别人意见的人，不适合做广告设计师。

（六）性格在企业管理中的应用

管理者必须意识到性格问题不简单的是个人问题，一个人的性格品质直接或间接地影响甚至决定他的成功与失败。心理学家通过对众多杰出人物的跟踪研究发现，成功不仅与他们的智力水平有关，而且与他们的性格品质有更大的关系。研究表明，一个人尽管有很高的智商、较强的能力，但缺乏敬业精神，不求上进，做事马虎，独立性差，怕苦怕累，人际关系紧张，那么他也不会对企业发展有多大帮助。因此，要有效的提高员工的工作效率，增强企业内部的凝聚力，必须注意培养员工良好的性格。因此，管理者要注意以下几个问题：

1. 准确把握员工性格特点

对于管理者来说，了解员工的性格，不仅有助于解释和掌握他的行为表现，而且也可以预测他未来的行为趋势，还可以据此创设适宜的工作环境，从而提高生产效率。通常可以通过以下途径了解员工性格：一是通过各种活动不断地了解；二是通过深入调查进行了解；三是借助一些心理测验来了解。

2. 实施有针对性的管理

所谓针对性管理包括"因人施用"和"因材施教"两个方面。"因人施用"是要根据员工性格特点考虑岗位的适用性，选择合适的人担任合适的工作，如选用规章意识强、细心负责的人担任财务工作；"因材施教"是指在对员工进行教育时，要针对员工的性格特点，提出适当的教育要求和适当的教育方法，如对心胸狭窄的员工进行教育时，既要谨慎小心不伤害其自尊心，又要热情开导逐步帮助他形成宽阔的胸怀。

3. 坚持进行职业道德教育，严格行为规范训练

组织中成员的性格特征各异，有好的品质也有不好的品质，要使组织成员统一行动，并形成有利于组织高绩效的良好作风，管理者就必须通过有效措施，制定并严格实行组织统一的行为规范和政策制度，使每个员工在工作岗位中受到严格的性格品质锻炼，从而逐步形成高尚的职业观念和良好的职业作风。靠群体风气和严格管理教育，熏陶改造员工个人性格缺点，同时，依靠每个员工性格的锻炼和品质的提高使群体素质得以提高。

4. 管理者应该注意自身性格修养

一个优秀的管理者不仅要依靠知识的力量和法规的力量进行管理，还要依靠"人格的力量"、"榜样的力量"进行管理。这就需要管理者注意自身的性格修养，限制不利于管理工作的性格特征表现出来，发挥有利于管理工作的性格特点。首先要对自己的性格特点进行全面分析；其次要认清哪些性格特点对管理工作有利或有害，据此提出对自己性格的培养目标；最后对性格的各方面作全面反省。

任务诊断　分析自己的个性，结合所学的知识考虑适合自己的职业，并为自己的职业生涯做一个规划。

知识小结

通过本项目学习，你应该能够理解：心理现象并不神秘，也不是一种不可捉摸和不可理解的东西，它存在于每个人的自身中，它是每个人对所处的社会环境的心理反应。概括起来，心理现象可分为心理过程和个性心理两个方面。心理过程是指人的心理形成及其活动的过程。它包括认识过程、情感过程和意志过程。这三个方面是每个人都有的心理活动，体现了人的心理活动的共性。但由于每个人的心理素质，所受的教育，所处的生活环境以及社会实践的不同，就使人的心理活动带有主体自身的特点，表现出个体的色彩，形成了人的个体差异，即个性。

这里我们特别强调，现代管理离不开心理学，作为企业管理者，你应该了解自己和

每位员工的能力、气质和性格，从而使管理工作因人而异，合理配置，充分调动各类员工的积极性，最大限度地发挥他们的潜能。

知识巩固

一、单项选择

1. 情绪、情感是心理过程中的（　　）。

A. 认识过程　　　　B. 意志过程　　　　C. 情感过程　　　　D. 反映过程

2. 下列不属于管理学家卡特兹认为的管理者应具备三种基本的管理技能的是（　　）。

A. 技术技能　　　　B. 人际技能　　　　C. 概念技能　　　　D. 沟通技能

3. 有人经常处于精神饱满、朝气蓬勃、愉快欢乐之中；有人经常处于精神萎靡、抑郁消沉、闷闷不乐之中。这是性格的（　　）。

A. 意志特征　　　　B. 情绪特征　　　　C. 态度特征　　　　D. 理智特征

4. 我们把个人与神经过程的特性相联系的行为特征称为（　　）。

A. 气质　　　　　　B. 性格　　　　　　C. 能力　　　　　　D. 心理

5. 行为特征表现为直率热情，精力旺盛，情绪易冲动等的气质类型是（　　）。

A. 多血质　　　　　B. 黏液质　　　　　C. 胆汁质　　　　　D. 抑郁质

6. 自我知觉不包括（　　）。

A. 物质自我　　　　B. 社会自我　　　　C. 管理自我　　　　D. 精神自我

7. 下列属于积极适应挫折的方式的是（　　）。

A. 幻想　　　　　　B. 投射　　　　　　C. 推诿　　　　　　D. 升华

8. 下列说法中正确的有（　　）。

A. 人的气质类型没有好坏之分，人的性格类型有好坏之分

B. 人的气质和性格类型都没有好坏之分

C. 气质在人的个性中起核心作用

D. 气质是一个人的心理面貌本质属性的独特结合，是区别个性的主要标志

9. 高情商的人具有的特点是（　　）。

A. 将自己的价值观强加于人　　　　　　B. 自信自满

C. 人际关系良好　　　　　　　　　　　D. 无责任感，爱抱怨

10. （　　）是指个体在加工社会性信息时，依据个人最初的好恶评价，做出对对象其他品质的笼统的、倾向性的总体评价，形成要么一切都好、要么一无是处的印象。

A. 晕轮效应　　　　B. 第一印象　　　　C. 定型效应　　　　D. 首因效应

二、简答题

1. 社会认知包括哪些内容？常见的社会知觉效应有哪些？

2. 什么是情绪？结合实际分析加强情绪管理的重要性。

3. 什么是挫折？产生的原因有哪些？

4. 什么是气质？在管理中应如何应用？

5. 什么是性格？在管理中应如何应用？

案例分析

案例 1：根据火灾选助手

一位老板想提拔值得信任的甲、乙、丙三位助手，让他们分别负责管理财务、推广业务、负责策划的工作。这位老板想了解三位助手的性格特点。根据性格分配适合的工作。

于是，他安排三位助手下班后留在公司与他一起研究问题。在这期间，故意制造了一起假火灾，以便观察三人的性格特点。结果发现，在火灾面前三人的表现完全不同。甲说："我们赶快离开这里再想办法。"乙一言不发，马上跑到墙角拿起灭火器去寻找火源。丙则坐着不动，说："这里很安全，不可能有火警。"

老板通过三位助手各自的行为表现，找到了满意的答案。他认为，甲首先离开危险区，保持不败之地，表现了性格的客观、谨慎、稳重、老练；乙积极向危险挑战，抢先救火，忠于公司，表现了性格的勇敢、大胆、敏捷、果断，也敢于冒险；丙对公司的安全早有全面了解和信心，甚至可能是才智过人，早已看出这是一出"戏"，表现了性格的沉着冷静、深谋远虑、胸有成竹。

老板通过自己的观察，根据他们的性格特征，分别将甲、乙、丙安排在不同的岗位上，发挥他们的性格优势，以做到人尽其才。他认为甲的性格适合管理财务工作，乙的性格适合业务推广工作，丙的性格适合筹划和后勤工作。在选择和安排职业时，如果善于把人的性格特征和职业特点结合起来考虑，就可以更好地发挥人的性格优势和潜能，提高人的主观能动性，从而获得较高业绩和效率。

阅读上述材料，回答下列问题：

1. 案例中甲、乙、丙各属于哪种性格类型？

2. 结合案例分析性格与职业规划有何联系？

案例 2：化劣为优创奇迹

原一平是日本明治保险公司的一名推销员，身高仅 1.45 米，毫无气质和优势可言。在刚刚走上保险岗位的头 7 个月，他连一分钱的业务也没有拉到，自然也就没有一分钱的薪水。

小伙子只好上班不坐电车，中午不吃饭，晚上睡在公司的长凳上。

然而，原一平并不为自己"矮冬瓜"的形象悲观失望。他认为世上不存在完美无缺的人，天生的身材矮小是无法改变的，首先要敢于正视，坦然接纳；然后以情动人，靠勤补拙。他深知，尽管外在的环境对人有制约，但所谓快乐，实在不需要太多外在的理由，完全是一种可以自我做主的内在心态。

于是，原一平精神抖擞，每天早晨 5 点钟就起床，徒步去上班，一路步履轻松，吹着口哨，不时热情地和迎面见到的人打打招呼。

看到他天天快乐的样子，一位绅士忍不住问道："先生，每次见到你，你都是笑容满面，全身充满朝气，日子一定过得很开心吧？走！我请你吃早饭。"

"谢谢！我已经吃过了。"他虽然很饿，但还是委婉地加以拒绝。

在得知原一平是保险公司推销员后，绅士提议说："先生，既然你不肯赏光和我共进早餐，那我就投你的保，怎么样？"

对于小伙子来说，这真是喜从天降。绅士是一家大酒店的老总，不仅自己投保，而且还帮助介绍了不少业务。从掘到这"第一桶金"之后，原一平便开始"时来运转"了。

有一次，原一平到某大公司一位素未谋面的董事长家去承揽保险业务。在他家门口，原一平看见一位模样像看门人的老头在扫地，便上前打听道："先生，请问董事长在家吗？""他刚刚出去。"对方一边扫地一边回答说。每一次去，那位木讷的老人总是用这样或那样的借口将其打发走。

原一平有那么一股子韧劲，虽然拜访了 70 次，扑空了 70 次，但还是不甘心。在第71 次去的时候，原一平讲究策略，不直接上董事长家，而是来到对面的小酒店，下决心"守株待兔"，等对方回家。在与酒店老板闲聊之后，才知道那位扫地的老人就是董事长。苍天不负有心人，原一平后来终于承揽到这笔可观的保险业务。

在业界，原一平的笑容被人们评为"值百万美金的微笑"。原一平连续 15 年占据日本全国寿险业绩之冠，被誉为"推销之神"。快乐不仅可以影响自己，更能够感染别人。说它是一张助人走向事业成功的"通行证"，一点也没有夸大其词。对此，他曾经深有体会地说："假如你下决心使自己快乐，你就能使自己快乐。快乐不需要理由，它本身就是理由。快乐无须回报，它本身就是对自己的回报。"

阅读上述材料，回答下列问题：

1. 案例中原一平是怎样"化劣为优创奇迹"的？
2. 结合案例分析在现实社会中应如何对待挫折？

实训设计

1. 写下你一周来所经历的各样情绪和造成你这些情绪的状况或事情。针对每种负面情绪，确定适当的改变技巧，寻求解决问题的办法。

2. 观看视频余世维的讲座《管理者情商》，以小组为单位讨论情商在管理中的重要性。

项目3

激励理论与实践

知识目标

1. 理解激励的含义、实质和构成要素，了解激励的过程模式；
2. 理解激励的方式和手段，并能灵活运用这些激励的方式和手段；
3. 熟知内容型激励理论、过程型激励理论和行为改造型激励理论的基本内容以及这些理论在企业管理中的应用；
4. 明确激励的原则，了解常见的激励误区，掌握一些走出激励误区的举措。

能力目标

1. 能区分双因素理论中的保健因素与激励因素；
2. 用学过的激励理论探讨如何有效地完善激励机制，并能根据这些理论解决一些企业难题。

尊敬的读者：我们所处的时代是一个经济全球化的时代，一个知识经济的时代。现代企业的竞争达到了白热化的程度。在这场没有硝烟的战争中，许多有头脑的企业家愈来愈重视利用自己最大的财富——员工。他们清醒地意识到：企业的生存和发展依靠的就是员工的智慧。如何最大限度地开发企业的人力资源，挖掘每位员工的最大潜力，已经成为企业管理者的首要任务。激励是企业管理的重点，它对于调动员工的潜力，努力实现组织目标具有十分重要的作用。然而，激励往往被认为是属于管理艺术和领导艺术的范畴，是一种令人敬而远之、望而生畏的工作。

20 世纪初，美国心理学家之父威廉·詹姆斯提出行为动机要从本能和无意识的角度来探讨之后，现代心理学家随即提出动机激发循环的概念，即把需要、内驱力和目标三个相互影响、相互依存的要素连接起来，构成了动机激发的过程。从此，一些激励理论逐渐被提出来。有代表性的激励理论不下 10 余种，这些理论从不同的侧面研究了人的行为动因，但每一种理论都具有其局限性。各种理论可以相互补充，得以完善。这些激励理论主要分为三大类：内容型激励理论、过程型激励理论和行为改造型激励理论。

任务一 分析激励过程

任务情境 某鸭厂有个著名的厨师,他的拿手好菜是烤鸭,厂里的人都喜欢这个厨师,尤其是厂长,更是倍加赏识。不过,这位厂长从来没有给过这位厨师任何鼓励,使得厨师整天闷闷不乐。有一天,厂长有客人从远方来,在家设宴招待客人,点了数道菜,其中一道菜是厂长最喜爱吃的烤鸭,厨师奉命行事。然而,当厂长挟了一只鸭腿给客人时,却找不到另一只鸭腿,他便问身后的厨师:"另一只腿哪里去了?"厨师说:"厂长,我们府里养的鸭子只有一条腿!"厂长感到诧异,但碍于客人在场,不便问个究竟。饭后,厂长便跟着厨师到鸭笼去看个究竟。时值夜晚,鸭子正在睡觉。每只鸭子都只露出一条腿。厨师指着鸭子说:"厂长您看,我们厂里的鸭子不全都是一条腿吗?"厂长听后,便大声拍掌,鸭子当场被惊醒,都站了起来。厂长说:"鸭子不全是两条腿吗?"厨师说:"对!对!对!不过只有鼓掌拍手,他们才会有两只腿呀!"

问题:为什么说只有鼓掌拍手,鸭子才会有两只腿?

任务分析 企业要想真正获得员工的心,管理者首先要了解员工的所思所想和他们内心的需要。从某种程度上讲,员工的心是"驿动的心",员工的需要也是随着自身条件和人力资源市场情况的涨落在不断变化的。所以企业管理者在探求员工的内心需要时,切忌采用静态的观点和不变的手段,必须采用一种动态的观念,以熟悉和理解员工的内在心理动力系统的内容和特性为基础,采取积极的、有针对性的措施激发其潜能和工作热情,并将其行为目标与组织目标进行协调的过程,这就是激励机制。激励机制就是管理者激励员工产生内在动力,向所期望的目标前进的一套理性化的制度。如何运用激励机制调动员工的积极性,做好各项工作,这对一个组织的兴衰与发展至关重要。

本任务要回答个体之间的差异是怎么形成,表现在哪些方面,有哪些种类,什么因素影响了个性的形成,有没有办法对个性进行测评等等问题。

在上述任务情境中,厂长要想调动厨师的工作的热情,首先要了解厨师的所思所想和他的需要。从某种程度上讲,员工的心是"驿动的心",员工的需要也是随着自身条件和人力资源市场情况的涨落在不断变化。聪明的厨师为了得到厂长的赞赏,巧妙地借鸭子之腿表达了自己的愿望。

知识精讲

一、什么是激励

激励,即激发、鼓励,从心理学角度分析,就是利用某种外部诱因调动人的积极性和创造性，使人有一股内在的动力，朝向所期望的目标前进的心理过程；从管理角度分析，是指管理者运用各种管理手段，刺激被管理者的需要，激发其动机，使其朝向所期望的目标努力的心理过程。激励对组织的管理和发展来说，是一种灵丹妙药，具有无比神奇的作用，主要表现在以下四个方面：

(1) 有助于组织激发和调动员工的积极性；

(2) 有助于组织吸引和留住人才；

(3) 有助于组织增强企业的凝聚力和向心力；

(4) 有助于组织造就良性的竞争环境。

二、激励的神奇作用

激励对企业的管理和发展来说，是一种灵丹妙药，具有无比神奇作用，主要表现在以下四个方面：

(一) 有助于激发和调动员工的积极性

美国哈佛大学心理学家威廉·詹姆斯的研究表明，积极性可以使员工智力和体力能量得到释放，从而提高工作效率，超额完成任务。未受激励的员工，其工作积极性只发挥 10% 至 20% 左右，而受到激励的员工，积极性的发挥程度可以达到 80% 至 90% 或更高，并在工作中始终保持高昂的热情和士气。这是激励的核心作用。

(二) 有助于企业吸引和留住人才

在当今时代，人才尤其优秀人才正日益成为企业竞争中的决定因素。企业只有在日常工作中真正贯彻"以人为本"的经营理念，推行完善的管理系统和激励机制，满足员工基本需要，员工才会为企业创造价值，企业才能吸引人才、留住人才，激活人才的内在动力和积极性。

(三) 有助于增强企业的凝聚力和向心力

企业是由若干个员工个体、团队组成的有机结构，为了保证企业整体像机器一样正常运行，就需要管理者运用人性化管理的模式与员工交朋友，进行心灵沟通，使员工感到平等与被尊重，满足员工受尊重和社交等方面的心理需要，鼓舞员工士气，协调人际关系，进而增强企业的凝聚力和向心力。

(四) 有助于造就良性的竞争环境

科学的激励制度包含着一种竞争精神，它的运行能够创造出一种良性的竞争环境，进而形成良性的竞争机制。在具有竞争性的环境中，企业员工就会受到环境的压力，这种压力将转变为员工努力工作的动力。

三、激励的要素与过程模式

（一）激励的要素

1. 需要

需要是激励的起点与基础，是人们积极性的源泉和实质。人的需要很复杂。一方面，人的需要分为基本的需要和第二位的需要。基本需要主要是如水、空气、食物、睡眠、安全等生理需要；第二位的需要主要是自尊心、地位、归属、情感、礼尚往来、成就和自信等。这些需要也因时、因人而异。另一方面，人的需要会受环境的影响，如闻到食物香味可以使人产生饥饿感；看到某商品的广告可激发人的购买欲望等。

2. 动机

动机是以需要为基础的，是推动人从事某种行为的心理动力。激励的核心要素就是动机。不论你是否意识到需要的存在，动机都是因需要而产生的。关于动机，许多人有一种错误的认识，即动机是人的一种个性特质，有些人有而有些人没有。因此在实践中，会认为如果某一员工没有动机，而无法对他产生激励。

3. 外部刺激

这是激励的条件，是指在激励的过程中，人们所处的外部环境中各种影响需要的条件与因素。主要指各种管理手段及相应形成的管理环境。

4. 行为

行为的产生是由动机所驱使的。在任何一个企业中，管理者所需要的是人的行为，这是激励的目的。每个人的行为的产生都是由动机所驱使。所有人的所有行为都有动机，只是每个人的行为动机有所差别，而且每个人的动机还可能因时、因地而有差别，这样就产生了动机与环境的关系，动机受环境的影响和制约。

（二）激励的过程模式

从心理学角度讲，激励过程是需要决定动机，动机产生行为的过程。可是作为一个具体的激励过程来说要复杂得多。当然，需要始终是激励过程的原动力。当需要未被满足时，会产生紧张，紧张进而激发个人的内在驱动力，驱动力又驱使人们去寻找能满足需要的行为，结果需要得以满足，紧张感随即消失。从管理学角度讲，激励过程是在外界刺激变量（各种管理手段与环境因素）的作用下，使内在变量（需要、动机）产生持续不断的兴奋，从而引起被管理者积极的行为反应（实现目标的努力）（如图3-1所示）。

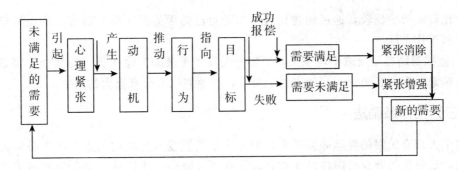

图 3-1 激励过程模式

在激励过程中，可能会发现，有些需要很容易得到满足，而有些需要满足起来很困难，所以激励的过程有时间长短之分。有些需要可能根本无法满足，尽管付出了巨大的努力也无法满足，这时可能出现两种结果：一种是产生更强烈的需要，付出更大的努力，直至实现需要，达到目的，这是积极的结果；另一种是在需要无法满足时，该需要消失，可能产生其他需要，这是消极的结果。一种需要得到满足后，新的需要便产生，新的激励过程又开始了，如此往复。

企业对员工的激励，要密切注视并研究激励的过程。有时员工的需要可能不是组织的需要，员工的目标也可能不符合组织的目标，其结果是员工的行为与组织需要的行为不一致。例如，员工需要工作轻松自在，因而不努力工作，所以他努力的目标是少工作，这种努力对组织没有任何价值。所以组织必须积极引导员工的需要，尽量与组织的目标相一致，最终达到良好的激励效果。

四、实施激励的方法

激励是一个复杂的过程，使用有效的激励措施，可以从正面调动员工的工作积极性和创造性，用不同的激励机制从精神上和物质上激励员工，使他们产生爱岗敬业、热爱企业的信念。

（一）金钱激励法

经济人假设认为，人们基本上是受经济性刺激物激励的，金钱及个人奖酬是使人们努力工作最重要的激励，公司要想提高员工的工作积极性，唯一的方法是用经济性报酬。虽然在知识经济时代的今天，人们生活水平已经显著提高，金钱与激励之间的关系渐呈弱化趋势，然而，物质需要始终是人类的第一需要，是人们从事一切社会活动的基本动因。所以，物质激励仍是激励的主要形式。但是，要使金钱能够成为一种激励因素，企业管理者必须认识到：

1. 金钱的价值不一。相同的金钱，对不同收入的员工有不同的价值；同时对于某些人来说，金钱总是极端重要的，而另外一些人就不那么看重。

2. 金钱激励必须公正。一个人对他所得的报酬是否满意不是只看其绝对值，而要进行社会比较或历史比较，通过相对比较，判断自己是否受到了公平对待，从而影响自己的情绪和工作态度。

3. 金钱激励必须反对平均主义，平均分配等于无激励。除非员工的奖金主要是根据个人业绩来分配，否则公司尽管支付了奖金，对他们也不会有很大的激励。

（二）工作激励法

每个人都有无限的潜能等待开发，但是由于我们受到环境的约束，员工必须按照公司规定，重复地做着自己岗位的工作，日子久了，就会产生厌倦，如果能对员工工作进行设计，使其工作内容丰富化和扩大化，就能较好的激发员工敬业爱岗的精神。

工作本身具有激励力量。为了更好地发挥员工工作积极性，我们要考虑如何才能使工作本身更有内在意义和挑战性，给员工一种自我实现感。为此，我们要对员工的工作进行"设计"，使工作内容丰富化和扩大化，并创造良好的工作环境。还可通过员工与岗位的双向选择，使职工对自己的工作有一定的选择权。

（三）目标激励法

目标激励，就是确定适当的目标，诱发人的动机和行为，达到调动人的积极性的目的。例如，企业要让员工确切知道自己要做的是些什么？自己所追寻的目标到底是什么？公司中层的职责就是要帮助员工制订一个详细的计划，帮助他们找出实现目标的方法，并且要告诉他们，如何做才能保证计划的成效，如何克服困难等。因此，目标作为一种诱引，具有引发、导向和激励的作用。一个人只有不断启发对高目标的追求，也才能启发其奋而向上的内在动力。

（四）尊重激励法

管理从根本上说是做好人的工作。而要做好人的工作，首先要以人为本、尊重人，这是现代企业管理的重要基础，也是公司管理观念上的一场革命。

我们常听到"公司的成绩是全体员工努力的结果"之类的话，表面看起来管理者非常尊重员工，但当员工的利益以个体方式出现时，管理者会以公司全体员工整体利益加以拒绝，他们会说"我们不可能仅顾及你的利益"或者"你不想干就走，我们不愁找不到人"。显然，这样的管理者不重视员工感受，不尊重员工，员工的积极性就会大大受到打击，他们的工作仅仅为了获取报酬，因此，现实中懒惰和不负责任等情况会随之发生。

因此，尊重是加速员工自信力爆发的催化剂，尊重激励是一种基本激励方式。上下级之间的相互尊重是一种强大的精神力量，它有助于公司员工之间的和谐，有助于企业团队精神和凝聚力的形成。

（五）参与激励法

毕业于哈佛大学泰的伦斯·莱温爵士说过，要想激发员工的主人翁责任感，就得尽量让每一个人充分了解自己的任务，无论好、坏消息都让他知晓；这样才能使属下觉得受到公司的信任，因而更热诚地投入工作；而且，当他了解工作机密之后，他会小心地保守机密。

现代人力资源管理的实践经验和研究表明，现代的员工都有参与管理的要求和愿望，创造和提供一切机会让员工参与管理是调动他们积极性的有效方法。因此，让员工恰当地参与管理，既能激励员工，又能为企业的成功获得有价值的知识。通过参与，形成员工对公司归属感、认同感，可以进一步满足自尊和自我实现的需要。

(六) 培训激励法

培训是给员工最好的激励，培训能增强员工的信心，培训是给员工最大的财富。培训激励可以促进公司在激烈的市场竞争中保持强劲的优势。

随着知识经济的扑面而来，当今世界日趋信息化、数字化、网络化。知识更新速度的不断加快，使员工知识结构不合理和知识老化现象日益突出。他们虽然在实践中不断丰富和积累知识，但仍需要为他们提高岗位技能不断再培训。通过这种培训充实他们的知识，培养他们的能力，给他们提供进一步发展的机会，满足他们自我实现的需要。

(七) 荣誉和提升激励法

荣誉是众人或组织对个体或群体的崇高评价，是满足人们自尊需要，激发人们奋力进取的重要手段。从人的动机看，人人都具有自我肯定、光荣、争取荣誉的需要。对于一些工作表现比较突出、具有代表性的先进员工，给予必要的荣誉奖励，是很好的精神激励方法。荣誉激励成本低廉，但效果很好。

另外，提升激励是对表现好、素质高的员工的一种肯定，应将其纳入"能上能下"的动态管理制度。

(八) 负激励法

激励并不全是鼓励，它也包括许多负激励措施，如淘汰、罚款、降职和开除等。心理学告诉我们，一味的正面激励有时容易使人心生骄躁之心。负激励可以让心浮气高的人保持清新的头脑，使整日沉浮幻想的人能看清现实。

【网上冲浪】 上网查询，或通过其他信息渠道，搜集有关运用激励方式和手段较成功的案例。

【任务诊断】 应怎样理解"激励是一种内心体验，管理是一种外在刺激。在合理外刺激下的预期内心体验，必然内驱出预期的效率化行为"？以小组为单位结合实际讨论激励在管理中的重要性。

任务二　内容型激励理论与实践

【任务情境】 在一家 IT 公司，每年中秋节，老板会额外给员工发放一笔 1000 元的奖金。几年下来，老板感到这笔奖金正在丧失它应有的作用，因为员工在领取奖金的时候反应相当平和，每个人都像领取自己的薪水一样自然，并且在随后的工作中也没有人会为这 1000 元奖金表现得特别努力。既然奖金起不到激励作用，老板决定停发，加上行业不景气，这样做也可以减少公司的一部分开支。但停发的结果却大大出乎意料，公司上下几乎每一个人都在抱怨老板的决定，有些员工的情绪明显低落，工作效率也受到不同程度的影响。老板很困惑：为什么有奖金的时候，没有人会为此在工作上表现得积极主动，而取消奖金之后，大家都不约而同地指责、抱怨甚至消极怠工呢？

问题：你认为这是为什么？

任务分析 内容型激励理论又称需要理论或满足理论，注重研究激发人们行为动机的各种因素。由于需要是人类行为的原动力，因此，内容型激励理论实际上是围绕着如何满足人的各种需要来进行研究的。

本任务主要包括马斯洛的需要层次理论、赫茨伯格的双因素理论、阿尔德弗的 ERG 理论和麦克利兰的成就需要理论的主要内容及其内在联系以及这些理论在企业管理中是如何应用的。当今的企业是如何依据这些理论来构建他们的激励机制的等等问题。

在上述任务中，老板给员工发放 1000 元奖金，只是消除了员工在收入上的不满意因素，达到了没有不满意的状态，但这绝不是说，员工对收入已经很满意，并且为了维护这种很满意的状态，每个人都会去非常努力的工作。相反，这笔奖金只是使员工保持了中度的积极性，维持了工作的基本现状而已。如果停发这笔奖金，则走到了"没有不满意"的对立面——不满意，员工普遍感到不满意就不足为奇了。

知识精讲

一、需要层次理论

（一）需要层次理论的主要内容

由于激励对个体行为的影响作用重大，因此，有许多心理学家对激励做了深入的研究。在所有的激励理论中，最早的、也是最受人注目的理论，是由美国著名的人本主义心理学的创始人亚伯拉罕·马斯洛在 1943 年出版的《人的动机理论》中首次提出的需要层次理论。

马斯洛认为，人的需要按重要性程度分为五个层次：生理需要、安全需要、社交需要、尊重需要和自我实现的需要。

1. 生理需要

生理需要是人类最基本的需要，也是人类最低层次的需要，主要是指个体为了生命生存或种族延续而产生对基本生活资料和性的欲求的需要，如衣服、食物、住所、交通工具、性欲、睡眠及其他生理需要。如果这些需要得不到满足，其他需要将不能激励他们。马斯洛说："一个人如果同时缺少食物、安全、爱情及价值时，则其最强烈渴求当推对食物的需求。"在经济欠发达的社会，必须首先研究并满足这方面的需要。

2. 安全需要

当一个人的生理需要得到了一定满足后，他就会有安全的需要。安全需要，是人类的第二层次需要，指个体为了身体免遭痛苦或情感、心理免遭伤害及职业、财产、食物和住所不受丧失威胁的需要。在现代企业中，安全需要表现为渴望一种安全而稳定的职业，如职业保障（避免失业）、工作安全（希望不出工伤事故、免除职业病的危害）、经济安全（经济收入有保障、有医疗保险、养老有保障）等。

3. 社交需要

当一个人的生理需要和安全需要得到满足后，社交需要便占据了主导地位。社交需要又叫做归属需要，是人类的第三层次需要，是指能满足个体与他交往的一切需要，包括友谊、爱情、归属和接纳方面的需要等等。马斯洛认为，人是一种社会动物，人们的工作和生活都不是独立进行的。人们希望在社会生活中得到别人的注意、接纳、关心、友爱和同情，在感情上有所归属，不希望在社会中成为离群的孤鸟。当人们的社交需要得不到满足时，其行为就倾向于与组织的目标相对立，形成抗拒、不和谐的局面，就可能影响到员工的精神健康和心理健康。社交需要与人们的个性、经历、教育、家庭、国家、民族、宗教和文化有关。

4. 尊重需要

当人们的归属需要有了满足感后，就不再满足自己仅仅是群体中普通的一员，从而产生了尊重需要。尊重需要是人类的第四层次需要，指能满足自己对自己认可及他人对自己的认可的一切需要，如名誉、自主、自信、成就感等方面的需要，以及由此而产生的权力、地位、威望等方面的需要。马斯洛认为，尊重包括自尊或受人尊重两个方面。自尊是指自己在工作中取得一定的成功时产生的自豪感和优越感；受人尊重，是指当自己做出贡献时，能得到他人对自己的工作、人品、能力和才干的肯定、认可和赏识。

5. 自我实现需要

自我实现需要是人类最高层次的需要，指人们力求发展并施展自己的能力或潜能，已达到最完美境界的成长需要，如发挥潜能、实现理想、不断的追求事业成功、使技术精益求精等等。主要表现在三个方面：一是胜任感方面，有这种需要的人力图控制事物和环境，而不是等待事物被动的发生和发展；二是成就感方面，对这种需要的人来说，工作的乐趣在于成果和成功，他们需要知道自己工作的结果，成功后的喜悦比其他任何报酬都重要；三是对理想的不断追求，这一层次的需要是无止境的。

其中生理需要、安全需要、社交需要属于人类的低层次的需要，又叫缺乏型需要。只有在满足了这些需要，个体才能感到基本上舒适。尊重需要、自我实现的需要属于人类的高层次的需要，又叫成长型需要，因为它们主要是为了个体的成长与发展。同时，马斯洛认为各层次需要之间有以下一些关系：

（1）一般来说，这五种需要像阶梯一样，从低到高。低一层次的需要获得满足后，就会向高一层次的需要发展，即人们最先表现为生理需要，当生理需要得到满足、消失后，再表现出安全需要，依次递进，最终表现为自我实现的需要（如图 3-2 所示）。

（2）这五种需要不是每个人都能满足的，越是靠近顶部的需要，满足的可能性就越小。

（3）同一时期，个体可能同时存在多种需要，因为人的行为往往是受多种需要支配的。每一个时期总有一种需要占支配地位。

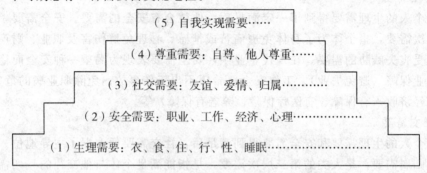

图 3-2　马斯洛的需要层次理论

（二）需要层次理论在企业管理中的应用

马斯洛的需要层次理论是西方国家提出最早、影响最大的激励理论。它简单明了、易于理解、具有内在的逻辑性，得到了实践中管理者的普遍认可。该理论应用在管理方面时，应注意以下几点：

1. 了解需要产生的起因，便于主动地、有目的地开展管理活动

人的需要的产生除了生理因素原因外，还有社会和思想认识方面的原因。管理人员要关注社会发展的动态，积极开展广泛有益的宣传教育活动，来引导和激发员工的需要，尤其注意强化或者改造最高需要，使之与组织的或社会的需要相一致。

2. 了解需要的多层次性，便于准确地满足人们不同层次的需要

需要有高低不等、缓急不同的层次之分，不同的个体和群体都通过一种或几种主导需要反映出来。管理人员要准确地判断、掌握职工的需要及其变化发展规律，根据不同层次的需要，采取相应的组织措施，以引导和控制人的行为。如对处于较高需要层次的员工进行提拔、晋升，而对处于较低需要层次的员工加工资、发奖金、买医疗保险等措施。

3. 帮助员工建立合理的需要结构

一是个人需要应与社会需要协调一致；二是需要能在合法范围内满足；三是处理好物质需要与精神需要的关系，健康的精神需要应占主导地位。

4. 除注意该理论的可借鉴之处外，也要认识到其不足

不足主要表现在五个方面：一是低层次的需要几乎人人都有，而高层次的需要并不是所有人都有。尤其是自我实现的需要，一部分人没有。二是满足需要时不一定先从最低层次开始。有时个体为了满足高层次的需要而牺牲低层次的需要，如民族英雄，他可能在安全需要还没有满足时，而表现为自我实现的需要，以至于为了民族的利益而牺牲生命。三是任何一种需要并不因为满足而消失。高层次需要发展时，低层次需要仍然存在，在许多情景中，各层次的需要相互依赖与重叠。四是人的各种需要之间是守恒的。在同一时期，人对低层次的需要多，则对高层次的需要就少；人对低层次的需要少，则对高层次的需要就多。五是它忽视人的心理、世界观对需要的调节；忽视高级需要对低

级需要的调节。

【课堂讨论】 某企业为了留住一位欲"东南飞"的"孔雀"，连续三次奖励其万元以上，然而，换来的却是不绝于耳的"早晚还得走"，这就伤了那些忠诚于企业、安心于岗位者的心，他们憋不住地说：该奖的不奖，不该奖的大奖，再这样，我们不干了！如何评价该企业的奖励？

管理必读

亚伯拉罕·马斯洛（Abraham Harold Maslow，1908—1970），美国著名的人本主义心理学的创始人和行为科学家。他于 1943 年在美国威斯康星大学获心理学博士学位，并在该校任教五年，然后迁往纽约，在哥伦比亚大学和布鲁克林学院任教；1951年任布兰代斯大学心理系教授兼系主任。马斯洛的著作有《人的动机理论》（1943）、《动机和性格》（1954）、《冲突、挫折和威胁理论》（1943）、《心理安全—不安全的动力学》（1942）、《反常心理学原理》（1941，与米特尔曼合写）等。他在管理学上的主要贡献是进一步发展了亨利·默里在 1938 年把人的需要分为 20 种的分析研究，提出了人类基本需要等级论，即需要层次理论。《人的动机理论》是他这方面的一部代表作。

二、双因素理论

双因素理论包括保健因素、激励因素理论，是美国心理学家弗雷德里克·赫茨伯格于 1959 年提出的。这一理论的研究重点是组织中个人与工作的关系问题，他认为个人对工作的态度在很大程度上决定着任务的成功与失败。

（一）双因素理论的主要内容

赫茨伯格在对马斯洛的需要层次论基础上进行了进一步研究，并在 20 世纪的 50 年代后期，在匹兹堡地区的 11 个工商机构中，对 2000 多名白领工作者进行了调查。在调查中赫茨伯格设计了这样一个问题："什么时候你对工作特别满意？什么时候你对工作特别不满意？满意与否的原因是什么？"他要求人们在具体情境下详细描述他们认为工作中特别满意和特别不满意的方面。通过对调查结果的分析，赫茨伯格发现，员工对各种因素满意与不满意的回答是有区别的（见表 3-1 所示）。

表 3-1　激励因素与保健因素

保健因素	激励因素
公司政策	成就感
行政管理	认可和赞赏
监督	工作本身的挑战性和兴趣
工作条件	责任感
薪酬	晋升
地位	成长
安全感	
与上级主管之间的人际关系	
与下级之间的人际关系	
与同事之间的人际关系	

　　保健因素属于与工作环境或条件相关的因素，包括：公司政策、管理和监督、人际关系、工作条件等。当人们得不到这些方面的满足时，便会产生不满，从而影响工作；但当人们得到这些方面满足时，只是消除了不满，却不会调动人们的工作积极性。

　　激励因素属于和工作本身相关的因素，包括的：工作成就感、工作挑战性、工作中得到的认可与赞美、工作的发展前途、个人成才与晋升的机会等。当人们得到这些方面的满足时，会对工作产生浓厚的兴趣，产生很大的工作积极性。

　　传统的观点认为，"满意"的对立面就是"不满意"。他们应该属于同一类因素，这些因素具备了，员工就"满意"；否则，员工就"不满意"。而赫茨伯格指出，满意的对立面并不是不满意，消除了工作中的不满意也并不一定能使工作令人满意。所以他认为，满意的对立面是没有满意，不满意的对立面是没有不满意（如图 3-3 所示）。

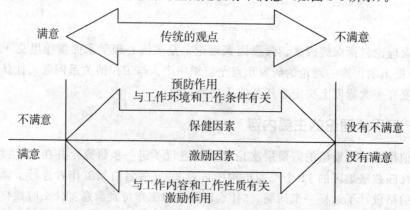

图 3-3　赫茨伯格的观点与传统观点的比较

（二）双因素理论在企业管理中的应用

　　赫兹伯格的双因素理论，强调内在激励，在组织行为学中具有划时代意义，为管理者更好地激发职工工作的动机提供了新思路。

　　1. 在实施激励时，管理者要善于区分保健因素和激励因素，前者的满足可以消除不满，后者的满足可以产生满意。

2. 要重视保健因素的作用，注意创造良好的工作外部环境和条件，以防止员工产生不满意的情绪，保持员工的积极性，这对提高劳动效率和管理效率有重要的作用。

3. 管理者要利用激励因素去激发员工的工作热情。管理者若想持久而高效地激励员工，必须改进职工的工作内容，进行工作任务再设计，否则，仅仅满足员工没有不满意，大家相安无事，还是不能创造一流的工作业绩。

4. 在不同国家、不同地区、不同时期、不同阶层、不同组织，乃至每个人，最敏感的激励因素是各不相同的，应灵活地加以确定。

5. 在具体应用时，不可将激励因素和保健因素做绝对化理解，要善于将保健因素转化为激励因素，如将工资奖金与工作绩效挂钩，就会产生激励作用，变为激励因素。

【课堂讨论】 有这样一个小企业的老板，他视员工如兄弟，强调"有福共享，有难同当"，并把这种思路贯穿于企业的管理工作中。当企业的收入高时，他便多发奖金给大家；一旦企业产品销售状况不好，他就少发甚至不发奖金。一段时间后，却发现大家只是愿意"有福共享"，而不愿有难同当。在有难时甚至还有员工离开公司，或将联系到的业务转给别的企业，自己从中拿提成。这位老板有些不解，你认为这是为什么？

管理必读

弗雷德里克·赫茨伯格（Frederick. Herzberg，1923—2000），美国犹他大学管理学教授，研究激励问题的知名学者。在匹兹堡大学取得心理学博士学位，曾任美国凯斯大学心理系主任。在美国和其他三十多个国家，他多次被评为高级咨询人员和管理教育专家。赫茨伯格在管理学界的巨大影响，一方面是因为他提出了著名的"激励—保健因素理论"即"双因素理论"，另一方面是因为他对"职务丰富化"理论所进行的开拓性研究。赫茨伯格的激励—保健因素理论主要反映在《工作的激励因素》和《工作与人性》两部著作中。1968 年，他又在《哈佛商业评论》发表《再论如何激励职工》一文，再次回顾了激励—保健因素理论出现的背景和该理论的内容，分析比较了在这个问题上各种理论学派的观点及自己的理论所处的地位，由此又引出了职务丰富化的论题，介绍了职务丰富化的原则和实际应用。这篇著名论文在随后若干年里一直被评为《哈佛商业评论》上最受欢迎的文章。赫茨伯格的主要学术著作包括：与莫斯纳和斯奈德曼合著的《工作的激励因素》（1959）、《工作与人性》（1966）、《管理选择：效率还是人性》（1976）等。他还在各种学术刊物上发表了《再论如何激励职工》（1968）等 100 多篇表作。

三、ERG 理论

美国耶鲁大学教授阿尔德弗是马斯洛的学生。奥尔德弗在马斯洛提出的需要层次理论的基础上，进行了更接近实际经验的研究，于 1969 年提出的一种新的人本主义需要理论——ERG 理论。该理论是对马斯洛需要层次论的重要补充、修正和发展。

（一）ERG 理论的主要内容

1. 三种核心的需要

第一种需要是生存的需要（E），是指人全部的生理需要和物质需要，也是最基本的需要，相当于马斯洛的生理和安全需要。

第二种需要是相互关系的需要（R），是指在工作环境中对人与人的相互关系和交往的需要。这种社会和地位的需要的满足是在与其他需要相互作用中达成的，它们与马斯洛的社交需要和尊重需要中的外在部分（受到他人尊重）是相对应的，需通过与其他人的接触与交往得以满足。

第三种需要是成长的需要（G），是指人要求得到提高和发展的内在愿望，相当于马斯洛的尊重需要中的内在部分（自尊）和自我实现的需要，需通过发展个人的潜力和才能得到满足。

2. 受挫—回归思想

ERG 理论还提出了受挫—回归的思想。马斯洛认为当一个人的某一层次需要尚未得到满足时，他可能会停留在这一需要层次上，直到获得满足为止。相反地，ERG 理论则认为，当一个人在某一更高级的需要层次受挫时，那么作为替代，他的某一较低层次的需要可能会有所增加。

3. 某种需要，尤其是关系和成长需要，在得到了基本满足后，其强烈程度不仅不会减弱，往往还会增强

奥尔德弗的 ERG 理论是对马斯洛的需要层次理论的修正，实用性更强，比马斯洛的需要层次理论有所进步，体现在以下四个方面：

（1）将人的需要分为与生俱来（生存需要和关系需要）和后天习得（成长需要），更为科学。而马斯洛的需要层次理论认为人的五种需要都是生来就有的。

（2）三类需要没有严格的界限，在一定时期内也不仅只有一种需要在起作用，比较切合实际。

（3）提出了需要与工作成果关系图（如图 3-4 所示），在管理实践中具有一定的指导意义。

（4）需要的发展观比马斯洛前进了一步，符合人们需要发展的复杂情况。

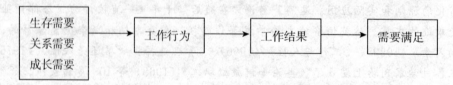

图 3-4 需要与工作结果关系图

（二）ERG 理论在企业管理中的应用

ERG 理论是经过对企业的大量实验研究而形成的，因而对企业管理更具有一定的实用性。我国一些企业在吸引人才时提出了"待遇留人、感情留人和事业留人"，这三留人

分别为生存需要、关系需要和成长需要。

1. 把满足员工的需要作为激发的动力

需要本身就是激发动机的原始驱动力，一个人如果没有什么需要，也就没有什么动力与活力。反之，一个人只要有需要，就表示存在着激励因素。管理者如能充分了解广大员工的需要，便不愁找不到激励员工的途径。

2. 应从调查研究入手，了解和满足下属的需要

人的需要是复杂的、多方面的，人的需要也是产生行为的基础。因此，对下属的生存需要、相互关系需要和成长发展需要问题的解决，乃是激发其行为，调动工作积极性，进而实行有效管理的重要方法和途径。

3. 要"以人为本"，为员工提供一个较为和谐宽松的管理环境

要尊重下属的人格，支持下属自我管理，自我控制。真正授权于下属，使下属实实在在地参与决策和管理过程。同时，在考虑企业自身的财力基础上，尽可能地为员工提供幽雅舒适的生活环境，并切实改善员工工作条件，以利于企业员工的身心健康。待遇、情感和事业三管齐下，使物质激励与精神激励有机地融合为一体，更好地满足员工生存需要和相互关系需要。

4. 应立足于人，加强对员工的职业培训与指导

随着人才时代的到来，许多企业正在努力迎合自主型员工。针对员工频繁跳槽这种情况，要求企业家应将"依靠人、培养人、发展人"的管理理念贯穿于企业成长的始终，必须制定以员工个人发展为核心的人才战略。职业培训的目的在于为员工的成长提供机会，从而满足员工个人的成长发展需要。

四、成就需要理论

20 世纪 50 年代，美国哈佛大学教授麦克利兰，通过心理投射的方法对人的成就动机进行了大量的研究，并在此基础上提出了著名的成就需要理论。

(一) 成就需要理论的主要内容

麦克利兰认为在生存需要基本得到满足的前提下，人在较高层次上还有三种需要。

1. 成就需要

成就需要是指追求优越感的驱动力，或者参照某种标准去追求成就感、寻求成功的欲望。成就需要高的人具有以下几个特点：

(1) 有较强的责任感。他们不仅仅把工作看做是对组织的贡献，而且希望从工作中来实现和体现个人的价值，因此对工作有较高的投入。

(2) 喜欢能够得到及时的反馈，看到自己工作的绩效和评价结果，因为这是产生成就感的重要方式。

(3) 倾向于选择适度的风险。他们既不敢于去做那些过于轻松、简单而无价值的事，也不愿意冒太大的风险去做不太可能做到的事，因为如果失败就无法体验到成就感。

高成就需要者在创造性的活动中更容易获得成功。但是，成就需要强的人并不一定能成为一名优秀的经理，特别是在大的公司中。因为成就需要高的人通常只关注自己的工作业绩，而不关心如何影响他人使其干出优秀的业绩。从实际情况看来，公司里杰出的总经理往往没有很高的成就需要。

2. 权力需要

权力需要是指促使别人顺从自己意志的欲望。权力需要较高的人喜欢支配、影响别人，喜欢对人"发号施令"，十分重视争取地位与影响力。这些人喜欢具有竞争性和能体现较高地位的场合或情境。

研究表明，杰出的经理们往往都有较高的权力欲望，而且一个人在组织中的地位越高，其权力需要也越强，越希望得到更高的职位。高权力需要是高管理效能的一个条件，甚至是必要的条件。如果权力需要强的人获得权力是为了整个组织的好处而去影响他人行为的，他们会成为优秀的管理者。具有这种需要的人如果是通过正常手段获取权力，通过成功的表现被提升到领导岗位，那么他们就能够得到别人的认可。但是，如果其目的仅仅是为了获得个人权力，则难以成为成功的组织领导者。

3. 亲和需要

亲和需要是指寻求与别人建立友善且亲近的人际关系的欲望。亲和需要强的人往往重视被别人接受、喜欢，追求友谊、合作。这样的人在组织中容易与他人形成良好的人际关系，易被别人影响，因而往往在组织中充当被管理的角色。

许多出色的经理的亲和需求相对较弱，因为亲和需要强的管理者虽然可以建立合作的工作环境，能与员工真诚、愉快地工作，但是在管理上过分强调良好关系的维持通常会干扰正常的工作程序。

在对员工实施激励时需要考虑这三种需要的强烈程度，以便提供能够满足这些需要的激励措施。例如成就动机强的个人更希望工作能够提供个人的责任感、承担适度的风险以及及时得到工作情况的反馈。

（二）成就需要理论在企业管理中的应用

麦克利兰的成就需要理论在企业管理中很有应用价值。

第一，在人员的选拔和安置上，通过测量和评价一个人动机体系的特征对于如何分派工作和安排职位有重要的意义。

第二，由于具有不同需要的人需要不同的激励方式，了解员工的需要与动机有利于合理建立激励机制。

第三，麦克利兰认为动机是可以训练和激发的，因此可以训练和提高员工的成就动机，以提高生产率。

第四，成就需要理论对于我们把握管理人员的高层次需要具有积极的参考意义。但是，在不同国家、不同文化背景下，成就需要的特征和表现也就不尽相同，对此，麦克利兰未做充分表述。

管理故事

猎人和猎狗的故事

有一天，猎人带着一只猎狗到森林中打猎。猎狗将一只兔子赶出了窝，追了很久也没有追到。后来兔子一拐弯，不知道跑到哪儿去了。牧羊犬见了，讥笑猎狗说："你真没用。竟跑不过一只小小的兔子。"猎狗解释说："你有所不知，不是我无能，只因为我们两个跑的目的完全不同，我仅仅是为了一顿饭而跑，而它却是为了性命啊。"

这话传到了猎人的耳朵里。猎人想，猎狗说得对呀，我要想得到更多的兔子，就得想个办法，消灭"大锅饭"，让猎狗也为自己的生存而奔跑。猎人思前想后，决定对猎狗实行论功行赏。

于是猎人召开猎狗大会，宣布：在打猎中每抓到一只兔子，就可以得到一根骨头的奖励，抓不到兔子的就没有。

这一招果然有用，猎狗们抓兔子的积极性大大提高了，每天捉到兔子的数量大大增加了，因为谁也不愿看着别人吃骨头，自己干看着。

可是，一段时间过后，一个新的问题出现了：猎人发现猎狗们虽然每天都能捉到很多兔子，但兔子的个头却越来越小。

猎人疑惑不解，于是，他便去问猎狗："最近你们抓的兔子怎么越来越小了？"

猎狗们说："大的兔子跑得快，小的兔子跑得慢，所以小兔子比大兔子好抓多了。反正，按您的规定，大的小的奖励都一样，我们又何必费那么大的力气去抓大兔子呢？"

猎人明白了，原来是奖励的办法不科学啊。于是，他宣布，奖励骨头的多少不再与捉到兔子的只数挂钩，而是与捉到兔子的重量挂钩。

此招一出，猎狗们的积极性再一次高涨，捉到兔子的数量和重量都远远超过了以往，猎人很开心。

遗憾的是，好景不长。一段时间过后，新的问题又出现了。猎人发现，猎狗们捉兔子的积极性在逐渐下降，而且越是有经验的猎狗下降得越厉害。

这又是咋回事呢？于是猎人又去问猎狗。猎狗们对猎人说："主人啊，我们把最宝贵的青春都奉献给您了，等以后我们老了，抓不到兔子了，您还会给我们骨头吃吗？"

猎人一听，明白了，原来猎狗们需要养老保险，于是，他进一步完善激励机制，规定，每只猎狗每月捉到的兔子达到一个规定的量以后，剩余部分可以转化为骨头的贮存，将来老了，捉不到兔子了，就可以享用这些贮存。

这个决定宣布之后。猎狗们群情激昂，抓兔子的积极性空前高涨。猎人也无比欣慰，觉得从此可以万事无忧了。就这样，过了一段时间之后，一件意想不到的事情发生了：一些优秀的猎狗开始离开猎人，自己捉兔子去了。

面对这一情况，一开始猎人以为是思想政治工作没做好，便连续举办了一系列"狗力资源与风险高层猎狗研修班"，培训主题为：缺乏统一指挥所造成的狗力资源浪费，强调猎人的规划对猎狗捕猎的重要性，并有意夸大了缺乏统一指挥的负面影响。这一招对稳定猎狗队伍起到了一定的积极作用，但优秀猎狗流失的状况并未得到有效控制。

猎人有些着急了。他想,难道是奖励的力度不够?于是,他将优秀猎狗的奖励标准提高了一倍。这一招收到了比较明显的效果,优秀猎狗流失的问题得到了暂时缓解,但却没有从根本上得到遏制。一段时间之后,离开猎人自己去捉兔子的猎狗又开始逐渐多了起来,而且基本上都是最优秀的。

聪明的猎人这下可犯愁了,他百思不得其解。万般无奈之下,他决定直接去向离开的猎狗们咨询。他用 10 根骨头的代价把 5 只猎狗请到一起,他十分动情地对它们说:"猎狗兄弟们,我实在不知道我做了什么对不起你们的事,你们为什么一定要离开我呢?"猎狗们对猎人说:"主人啊,您是天下最好的主人,我们有任何愿望,您都尽力给予满足,没有任何对不起我们的地方。我们离开您,自己去捉兔子,也不仅仅是为了多得几根骨头,更重要的是我们有一个梦想,我们希望有一天我们也能像您一样,成为老板。"

猎人听后,恍然大悟,原来他们是想实现自我价值!

怎么解决这一问题呢?

聪明的猎人经过较长一段时间的潜心研究,终于找到了解决方法。于是,他成立了一个猎狗股份有限公司,出台了 3 条新政策:第一条,实行优者有股。优秀的猎狗可以将贮存的骨头转化为公司的股份,并根据贡献率每年奖励一定数量的股份期权,使优秀的猎狗有机会在公司发财;第二条,实行贤者终身。连续 3 年或累计 5 年被评为优秀猎狗者,可成为终身猎狗,享受一系列诱人的优厚待遇;第三条,实行强者孵化。优秀的猎狗可以随着业绩的增长,逐步成为团队经理、业务总监、总经理、董事长,实现做老板的梦想。

这一招十分灵验。从此以后,不仅该公司优秀的猎狗对猎人忠心耿耿,而且其他地方的优秀猎狗也纷纷慕名加盟。猎人的公司越办越火,长盛不衰。

任务诊断 戴尔·卡耐基说:"我能令你做任何事情的唯一途径是:把你想要的东西提供给你。"结合本任务知识分析管理者满足员工需求有何重要性?

任务三 过程型激励理论与实践

任务情境 A 大学刚毕业到一家企业工作,单位给她月薪 4000 元,她感到很满意,并且努力为组织工作。但是,一两个月之后,A 发现,和她同时毕业,与她的年龄、学历都相当的同学 B 月薪却是 4500 元时,A 感到非常失望。虽然对于一个刚毕业的大学生来说,4000 元的薪水已经很高了(A 自己也知道这一点)。但 A 工作热情没有以前高了。

问题:你认为是什么原因导致 A 工作热情下降了?

任务分析 内容型激励理论侧重于人的需要,研究人的哪些需要可以转化为工作动机,以及如何使这些需要激活成为工作动机。与内容性激励理论不同,过程型激励理论着重研究从动机的产生到采取具体行动的心理过程,它主要说明人们在各种因素的影响下对自己行为的选择过程,即说明行为怎样产生、怎样向一定方向发展、怎样保持下去以及如何结束的整个过程,它主要是从激励过程的各个环节去探讨如何调动人的积极性。

本任务主要包括弗鲁姆的期望理论和亚当斯的公平理论的主要内容及其内在联系以及这些理论在企业管理中是如何应用的。

在上述任务中，虽然对于一个刚毕业的大学生来说，4000 元的薪水已经很高了（A自己也知道这一点），但问题的关键在于相对的收入和 A 本人的公平观念。大量事实表明，员工经常将自己的付出与所得和他人的付出与所得进行比较，由此产生的不公平感将影响到以后付出的努力。

知识精讲

一、期望理论

（一）期望理论的基本内容

期望理论是由美国心理学家维克托·弗鲁姆在 1964 年出版的《工作与激励》一书中提出的。期望理论认为，当人们预期到某一行为能给个人带来既定的结果，且这种结果对个人具有吸引力时，才会被激励起来去做某些事情以达到组织设置的目标。人们从事某项工作并达到组织目标，是因为他们相信这些工作和组织目标会帮助他们达到自己的目标，满足自己某方面的需要，因此，人们从事任何工作的激励程度将取决于经其努力后取得的成果的价值与对他实现目标的可能性的估计的程度。

期望理论包括以下三项变量或三种关系：

1. 努力——绩效的关系

努力——绩效的关系是指个体感觉到通过一定程度的努力而达到工作绩效的可能性，即我必须付出多大的努力才能实现工作绩效水平。员工积极性的高低取决于这一关系。这一关系不仅受主体自身工作能力估计的影响，更受到客观工作条件的影响。在此，管理者需要做到以下两个方面：

（1）要保证员工有能力完成工作任务。因此要根据人的能力特长来分配工作；通过指导和培训来提高员工的能力。

（2）制定工作目标必须切实可行，并尽量排除那些可能会干扰员工完成任务的不利因素。

2. 绩效——奖赏的关系

做好工作不是员工的终极目标，他总是期望在取得良好成绩后，获得适当的奖励或报酬。即当我达到该绩效水平后能否得到奖赏。如果绩效和奖励之间没有关联，只求贡献而没有相对应的奖酬，那他的工作干劲是很难保持下去的。而决定关联度的关键是组织的工资和奖励制度。在此，管理者应发挥两方面作用：

（1）制定出按劳分配的工资和奖励制度，使员工能够多劳多得。

（2）贯彻这种制度，信守诺言，保持制度的稳定性。

3. 奖励——个人需要的关系，即吸引力

组织奖励满足个人需要的程度以及这些潜在的奖励对个人的吸引力。即该奖赏是否有员工期望的那么高？该奖赏能否满足员工的个人需要？员工总是期望通过努力使所得到的奖酬能满足自己的需要。如果员工所获得的奖酬不是他们所需要的，那这样的奖励就不会起到很好的激励作用。由于人与人之间在年龄、资历、社会地位、经济条件等方面存在差别，反映在需要上也有明显的个体差异。同一形式的奖励，对不同的员工所体验的效价不同，激发力量也不同。因此奖励要因人而异，内容丰富，形式多样，奖人所需。只有这样，才能真正发挥奖励的作用。

以上三种关系形成了期望理论的简化模式（如图 3-5 所示）。

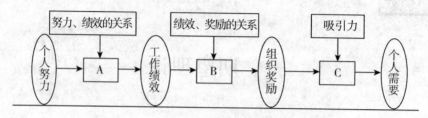

图 3-5　简化的期望理论模式

弗鲁姆在分析了期望理论的简单模式后，进一步建立了激励模型。在模型中引入了 3 个参数：激发力量（M）、效价（V）和期望值（E）。弗鲁姆对 3 个参数的解释是：激发力量（Motivation）是指一个人所受到激励的强度；效价（Value）是指一个人对组织设立的奖励或成果的偏好程度，是个人对某一预期成果或目标的重视程度和评价高低的主观估计；期望值（Expectancy）则是个人通过特定的努力达到预期成果的可能性或概率，也是个人的一种主观估计。用公式可表示为：

激发力量（M）＝效价（V）×期望值（E）

期望理论说明，激励实质上是个选择过程，促使人们去做某件事的激励力将依赖于效价和期望值两个因素，并且只有效价和期望值都较高的情况下，对员工的激励才会大；否则，效价很大而期望值很小，或效价很小而期望值很大，人被激发的动力也不会很大。

（二）期望理论在企业管理中的应用

激励理论在动态过程中揭示了两种结果及其关系，提出了目标融合的问题，因此，理论界认为该理论是激励理论中最有价值的理论，是激励理论的精华。实践应用时应注意：

1. 设置工作目标难度要适宜。设置工作目标，既不是越高越好，也不是越低越好，关键要适当。目标太高，通过努力也不会有很好的绩效时，员工会产生挫折，失去内在的驱动力，导致工作消极；目标太低，员工也不会产生较大的动力。因此，管理人员在确定工作目标时，一定要让员工感到有实现的可能性，而又不能轻易实现，从而激发起员工的工作力量。

2. 员工完成工作目标应及时得到公平合理的报偿，且报偿应与其个人需要相结合。

3. 适当加大组织期望行为和非期望行为之间的效价差值。如只奖不罚与奖罚分明，其激励效果大不一样。

维克托·弗鲁姆（Vroom）：期望理论的奠基人，国际管理学界最具影响力的科学家之一，著名心理学家和行为科学家。国际著名管理大师，早年于加拿大麦吉尔大学先后获得学士及硕士学位，后于美国密歇根大学获博士学位。他曾在宾州大学和卡内基—梅隆大学执教，并长期担任耶鲁大学管理学院"约翰塞尔"讲座教授兼心理学教授。曾任美国管理学会（AOM）主席，美国工业与组织心理学会（STOP）会长。弗鲁姆教授1998年获美国工业与组织心理学会卓越科学贡献奖，2004年获美国管理学会卓越科学贡献奖，是国际管理学界最具影响力的科学家之一。弗鲁姆教授曾为大多数全球500强公司做过管理咨询，其中包括GE集团、联邦快递、贝尔实验室、微软等跨国巨头。弗鲁姆对管理思想发展的贡献主要在两个方面：一是深入研究组织中个人的激励和动机，率先提出了形态比较完备的期望理论模式。弗鲁姆认为人之所以能够从事某项工作并达成组织目标，是因为这些工作和组织目标会帮助他们达成自己的目标，满足自己某方面的需要。某一活动对某人的激励力量取决于他所能得到结果的全部预期价值乘以他认为达成该结果的期望概率。其主要之概念包括：期望（expectancy）、价值（valence）、结果（outcome）、工具（instrumentality）、选择（choice）。二是从分析领导者与下属分享决策权的角度出发，将决策方式或领导风格划分为三类五种，设计出了根据主客观条件特别是环境因素，按照一系列基本法则，经过7个层次来确定应当采用何种决策方式的树状结构判断选择模型（领导规范模型）。

二、公平理论

（一）公平理论的基本内容

公平理论是美国心理学家斯达西·亚当斯在1965年首先提出来的，也称为社会比较理论。该理论主要研究工资报酬分配的合理性、公平性对员工工作积极性的影响；这种理论的基础在于，员工不是在真空环境中工作，他们总是在进行比较，比较的结果影响他们工作的努力程度。

公平理论认为：

1. 人们对收入是否满意是个社会比较过程，满意的程度不仅取决于绝对收入，更取决于相对收入。

$$相对报酬 = \frac{Q}{I} = \frac{收入（工资、奖金、津贴、晋升、表扬等）}{付出（知识、经验、技能、资历、努力等）}$$

2. 员工评价公平对待的依据，是将自己的所得-付出比与他人的所得-付出比。

如果员工感觉到自己的比率与他人相等，则会产生公平感。如果员工感到二者比率不相同（高或低），则会产生不公平感。自己的报酬与贡献的比率比别人低，会感到极度不公平；自己的报酬与贡献的比率比别人高，实际上这也是一种不公平，只不过自己乐于接受（当然对方很难接受）。

3. 不公平感会造成人们心理紧张和不平衡感，会导致产生消除紧张的行为。

4. 公平感是一种主观的心理感受，是人们的公平需要得到满足的一种直接心理体验。影响公平感的因素主要有三个方面：一是分配制度是否公平；二是执行过程是否公开；三是人的公平标准。前两个方面属于客观是否公平；后一个方面属于主观感受是否公平。

人的公平观主要有三种类型：

一是贡献率。持这一种观点的人认为公平就是论功行赏，奖酬与贡献成正比率，即按劳分配才是公平的。这种公平观有利于使企业的劳动生产率得到整体提高。

二是平均率。持这一种观点的人认为不管人的贡献大小或其他条件如何，大家一律获得相同数量的报酬才是公平的，即人人均等才是公平的。这种公平观有利于使群体保持和谐的人际关系，但不利于提高企业的劳动生产率。

三是需要率。持这一种观点的人认为公平就是谁需要的多，就分配的多，而不考虑贡献的大小，也不是简单的人人均等。这种公平观有利于照顾人们的基本福利与权利，符合人道主义的原则。

公平观的不同决定了人们对同一种分配制度所持的看法是不同的，而在实际工作中，个人往往会过高地估计自己的付出和他人的所得，而过低地估计自己的所得和他人的付出，从而主观地认为自己的相对报酬低于他人的相对报酬，因此，极易导致员工对组织或管理人员的不满。

（二）公平比较的对象（参照对象）的选择方式

公平比较分纵向和横向二种方式：

1. 纵向比较

纵向比较是把自己目前的投入与所获得报酬的比值，同自己过去的投入与所获得报酬的比值进行比较。二者只有相等时，他才会认为公平；否则就会形成不满情绪，影响工作的积极性。纵向比较包括两种形式：

（1）自我—内部，员工自己在同一组织内不同职位上的经验，比如今年和去年的比较。

（2）自我—外部，自己若不在同一个组织中工作可得到的收益，比如不在此公司，而在其他公司中可能得到的报酬，也就是劳动力市场上的市场价格。

2. 横向比较

横向比较是把自己的投入与所获得报酬的比值，同组织中其他人的投入与所获得报酬的比值进行比较。若相等时，他才会认为公平；若比值小于其他人，他会产生不公平的感觉，或要求增加自己的收入，或减少自己的投入，以便使比值趋于相等；若比值大于其他人，为减少自己不平衡的感觉，开始会主动多做些工作，但久而久之，觉得它确实应当得到那么高的待遇，工作的积极性会恢复到以前的样子。纵向比较也包括两种形式：

（1）别人—内部，与自己在同一组织中的其他同事进行比较。

（2）别人—外部，比较对象是不在同一组织中工作的朋友、亲友、同学等。

（三）员工感到不公平时采取的行为

当员工感到不公平时，通常会采取的行为如下（见表 3-2 所示）。

表 3-2　员工感到不公平时采取的行为

觉察到的比率比较	员工的评价	员工的行为
$\dfrac{所得 A}{付出 A} < \dfrac{所得 B}{付出 B}$	不公平感（委屈感）	增加结果或减少投入
$\dfrac{所得 A}{付出 A} = \dfrac{所得 B}{付出 B}$	公平感	行为不变
$\dfrac{所得 A}{付出 A} > \dfrac{所得 B}{付出 B}$	不公平感	减少结果或增加投入

注：A 代表员工，B 代表参照对象

如果比较的结果是第一种不公平感，则当事人 A 可能采取以下行为：

1. 通过减少自己的付出或增加自己的所得来改变自己的相对报酬。

2. 通过增加他人的付出或减少他人的所得来改变他人的相对报酬。

3. 更换参照对象，通过"比上不足，比下有余"，获得主观上的公平感。

4. 改变自我、他人的认知或自我解释、自我安慰。

5. 发牢骚，泄怨气，造成人际关系矛盾。

6. 离开现有工作岗位，另谋职业。

如果比较的结果是第二种不公平感，则当事人 A 可能采取以下行为：

（1）增加自己的付出来改变自己的相对报酬。

（2）设法让他人增加自己的所得来改变自己相对报酬。

实际上，一个人能做的主要是改变自己的付出，而其他都不属于自己可控的因素。

（四）公平理论在企业管理中的应用

公平理论可以广泛应用于现实生活中。人生活在社会中，人的天性就是相互攀比，所以公平对待每一位员工对一个企业十分重要。

1. 建立按劳分配的报酬体系

企业要建立和完善效率优先、兼顾公平、按劳分配、多劳多得、奖勤罚懒的规章制度，努力消除有功者不奖、无功者受禄和"平均主义"等现象，彻底杜绝徇私舞弊的行为。奖酬分配制度不仅要公平合理，执行过程还要公开透明，以确保奖酬分配的客观公正。

2. 重视员工的公平心理，让员工体会到企业的真正公平

要求公平是任何社会普遍存在的一种社会现象，是人的天性。管理人员应该理解下属对报酬做出公平比较，应了解下属对各种报酬的主观感受，且尽可能公平无私地对待每一位员工，要一视同仁，特别是在工资、奖金、职称和住房等敏感问题上要尽量做到

公平合理。

3. 加强管理，建立平等竞争机制

人的工作动机不仅受绝对报酬的影响，而且更重要的是受相对报酬的影响。人们在主观上感到公平合理时，心情就会舒畅，人的潜力就会充分发挥出来，从而使组织充满生机和活力。这就启示我们管理者必须坚持"各尽所能，按劳分配"的原则，把职工所作的贡献与他应得的报酬紧密挂钩，避免分配模式上搞"一刀切"。

4. 对员工进行"公平观"教育

教育职工正确选择比较对象和认识不公平现象。公平理论表明公平与否都源于个人感受，个人判断报酬与付出的标准往往都会偏向于自己有利的一方，从而使职工产生不公平感，这对组织是不利的。因此，管理者要以敏锐的目光察觉个人认识上可能存在的偏差，适时做好引导工作，确保个人工作积极性的发挥，多与下属进行沟通，以实现主观公平。

【课堂讨论】 甲、乙两人一同大学毕业后进了同一家企业并同在一间科室工作，两人的工资也被定在同一档次：每月 1000 元。一年试用期过后，甲的工资被定为每月 1200 元，而乙的工资被定为每月 1500 元。甲拿到 1200 元工资后很高兴，因为比原来工资增加了 200 元，但当他得知乙的月工资是 1500 元后，则十分气愤，工作积极性明显下降。试通过公平理论分析甲的心理以及管理者的对策。

管理必读

斯塔西·亚当斯（J. Stacy Adams）是美国管理心理学家、行为科学家，公平理论的创始人。美国北卡罗来纳大学著名的行为学教授，他通过社会比较来探讨个人所作的贡献与所得奖酬之间的平衡观，1963 年亚当斯发表了《工人关于工资公司的内心冲突同其生产率的关系》（与罗森鲍姆合写）、《工资不公平对工作质量的影响》（与雅各布森合写）、《社会交换中的不公平》等著作中，从而提出了公平理论的观点。亚当斯的公平理论就是从微观上分析了公平分配问题。公平理论集中研究了个人与组织之间贡献与奖励的交换，也就是产生了收入与报酬的关系，其研究揭示了工资、报酬、分配的合理性、公平性及职工产生积极性的关系，着重研究工资报酬分配的合理性、公正性及其对员工士气的影响。

任务诊断 在当今的管理实践中，管理者应如何正确应用期望理论和公平理论调动员工的积极性？

任务四　行为改造型激励理论与实践

任务情境　台湾一家公司，在公司的大厅里，装置了一个大铜锣，只要业绩突破新台币 100 万元的人，就可以去敲一响，突破 200 万元则敲两响，依此类推。该公司的办公室就紧临着大厅，所以只要这个铜锣被敲，它的声音马上会传入办公室内，也等于是告知全办公室的人，有人的业绩突破了百万大关了。当这位敲锣的同仁步入办公室时，所有的人都会起立鼓掌，给予他英雄式的欢呼。据该公司管理部门有关人员表示，这种被大家鼓掌欢呼的场面，是多么有面子的一件事，当然，谁都希望自己是下一个敲锣者，也接受大家的欢呼，不过，想要敲响它，首先是要达成业绩。

问题：该公司通过敲锣要达到的目的是什么？

任务分析　从激励的过程来看，人的行为是心理的外部表现，一切有意识的行为的产生和发展，都离不开人的心理活动。因此，研究激励问题应该将心理活动和行为表现有机地结合起来。内容型激励理论和过程型激励理论都是研究如何激发动机，而行为改造型激励理论是从行为的角度来研究激励，主要包括斯金纳的强化理论、海德的归因理论和挫折理论。

本任务主要包括弗鲁姆的强化理论和亚当斯的归因理论的主要内容及其内在联系以及这些理论在企业管理中是如何应用的。

在上述任务中，虽然对于一个刚毕业的大学生来说，4000 元的薪水已经很高了（A自己也知道这一点），但问题的关键在于相对的收入和 A 本人的公平观念。大量事实表明，员工经常将自己的付出与所得和他人的付出与所得进行比较，由此产生的不公平感将影响到以后付出的努力。

知识精讲

一、强化理论

（一）强化理论的主要内容

强化理论是美国的心理学家和行为科学家斯金纳在其《有机体的行为》、《科学和人类行为》等书中提出了操作性条件反射学说，并且指出，该学说不仅可以用在动物身上，也可以用在人身上来调整人的行为。

斯金纳提出了强化型激励理论。该理论认为人或动物为了达到某种目的，会采取一定的行为作用于环境。当这种行为的后果对他有利时，这种行为就会在以后重复出现；不利时，这种行为就减弱或消失。人们可以用这种正强化或负强化的办法来影响行为的后果，从而修正其行为，这就是强化理论，也叫做行为修正理论。该理论是以学习的强化原则为基础的关于理解和修正人的行为的一种学说。根据强化的性质和目的可把强化分为正强化和负强化。

斯金纳的强化理论和弗鲁姆的期望理论都强调行为同其后果之间关系的重要性，但期望理论较多地涉及主观判断等内部心理过程，而强化理论只讨论刺激和行为的关系。

（二）强化的类型及功能

1. 强化手段的类型

强化从其最基本的形式来讲，指的是对一种行为的肯定或否定的后果（报酬或惩罚），它至少在一定程度上会决定这种行为在今后是否会重复发生，包括正强化、负强化、自然消退和惩罚四种类型（见表3-3所示）。

表3-3 强化类型一览表

	令人愉快或所希望的事	令人不快或不希望的事
事件的出现	正强化（行为变得更加可能发生）	惩罚（行为变得更不可能发生）
事件的取消	消退	负强化

（1）正强化。

正强化，又称积极强化，是指当人们采取某种行为时，能从他人那里得到某种令其感到愉快的结果，这种结果反过来又成为推进人们增强或重复此种行为的力量。例如，企业用某种具有吸引力的结果（如奖金、休假、晋级、认可、表扬等），以表示对职工努力进行安全生产的行为的肯定，从而增强职工进一步遵守安全规程进行安全生产的行为。正强化的方法包括奖金、对成绩的认可、表扬、改善工作条件和人际关系、提升、安排担任挑战性的工作、给予学习和成长的机会等。正强化与奖励不完全一致；奖励不一定带来正强化。

（2）负强化。

负强化，又称消极强化，是指通过某种不符合要求的行为所引起的不愉快的后果，对该行为予以否定。若职工能按所要求的方式行动，就可减少或消除令人不愉快的处境，从而也增大了职工符合要求的行为重复出现的可能性。例如，企业安全管理人员告知工人如果不遵守安全规程，就要受到批评，甚至得不到安全奖励，于是工人为了避免此种不期望的结果，而认真按操作规程进行安全作业。负强化的方法包括批评、处分、降级等，有时不给予奖励或少给奖励也是一种负强化。

（3）自然消退。

自然消退，又称衰减，是指对原先可接受的某种行为强化的撤销。由于在一定时间内不予强化，此行为将自然下降并逐渐消退。例如，企业曾对职工加班加点完成生产定额给予奖酬，后经研究认为这样不利于职工的身体健康和企业的长远利益，因此不再发给奖酬，从而使加班加点的职工逐渐减少。

（4）惩罚。

惩罚是指在消极行为发生后，以某种带有强制性、威慑性的手段（如批评、行政处分、经济处罚等）给人带来不愉快的结果，或者取消现有的令人愉快和满意的条件，以表示对某种不符合要求的行为的否定。惩罚是负强化的一种典型方式。

正强化是用于加强所期望的个人行为；负强化、自然消退和惩罚的目的是为了减少和消除不期望发生的行为。这四种类型的强化相互联系、相互补充，构成了强化的体系，并成为一种制约或影响人的行为的特殊环境因素。

2. 强化的主要功能

强化的主要功能就是按照人的心理过程和行为的规律，对人的行为予以导向，并加以规范、修正、限制和改造。它对人的行为的影响，是通过行为的后果反馈给行为主体这种间接方式来实现的。人们可根据反馈的信息，主动适应环境刺激，不断地调整自己的行为。

3. 强化的原则

强化理论具体应用的行为原则有：

（1）经过强化的行为趋向于重复发生。

所谓强化因素就是会使某种行为在将来重复发生的可能性增加的任何一种"后果"。例如，当某种行为的后果是受人称赞时，就增加了这种行为重复发生的可能性。

（2）按照强化对象的不同采用不同的强化措施。

人们的年龄、性别、职业、学历、经历不同，需要就不同，强化方式也应不一样。如有的人更重视物质奖励，有的人更重视精神奖励，就应区分情况，采用不同的强化措施。

（3）小步子前进，分阶段设立目标，并对目标予以明确规定和表述。

对于人的激励，首先要设立一个明确的、鼓舞人心而又切实可行的目标，只有目标明确而具体时，才能进行衡量和采取适当的强化措施。同时，还要将目标进行分解，分成许多小目标，完成每个小目标都及时给予强化，这样不仅有利于目标的实现，而且通过不断地激励可以增强信心。如果目标一次定得太高，会使人感到不易达到，或者说能够达到的希望很小，这就很难充分调动人们为达到目标而做出努力的积极性。

（4）及时反馈。

所谓及时反馈就是通过某种形式和途径，及时将工作结果告诉行动者。要取得最好的激励效果，就应该在行为发生以后尽快采取适当的强化方法。一个人在实施了某种行为以后，即使是领导者表示"已注意到这种行为"这样简单的反馈，也能起到正强化的作用。如果领导者对这种行为不予注意，这种行为重复发生的可能性就会减小以至消失。所以，必须利用及时反馈作为一种强化手段。强化理论并不是对职工进行操纵，而是使职工有一个最好的机会在各种明确规定的备择方案中进行选择。因而，强化理论已被广泛地应用在激励和人的行为的改造上。

（5）正强化比负强化更有效。

在强化手段的运用上，应以正强化为主；同时，必要时也要对坏的行为给以惩罚，做到奖惩结合。

（三）强化理论在企业管理中的应用

对强化理论的应用，要考虑强化的模式，并采用一整套的强化体制。强化模式主要由"前因"、"行为"和"后果"三个部分组成。"前因"是指在行为产生之前确定一个具有刺激作用的客观目标，并指明哪些行为将得到强化，如企业规定车间安全生产中每月的安全操作无事故定额。"行为"是指为了达到目标的工作行为。"后果"是指当行为达到了目标时，则给予肯定和奖励；当行为未达到目标时，则不给予肯定和奖励，甚至给予否定或惩罚，以求控制职工的安全行为。

在企业安全管理中，应用强化理论来指导安全工作，对保障安全生产的正常进行可起到积极作用。在实际应用中，关键在于如何使强化机制协调运转并产生整体效应，为此，应注意以下五个方面：

1. 以正强化方式为主

在企业中设置鼓舞人心的安全生产目标，是一种正强化方法，但要注意将企业的整体目标和职工个人目标、最终目标和阶段目标等相结合，并对在完成个人目标或阶段目标中做出明显绩效或贡献者，给予及时的物质和精神奖励（强化物），以求充分发挥强化作用。

2. 采用负强化（尤其是惩罚）手段要慎重

负强化应用得当会促进安全生产，应用不当则会带来一些消极影响，可能使人由于不愉快的感受而出现悲观、恐惧等心理反应，甚至发生对抗性消极行为。因此，在运用负强化时，应尊重事实，讲究方式方法，处罚依据准确公正，这样可尽量消除其副作用。将负强化与正强化结合应用一般能取得更好的效果。

3. 强化的时效性

采用强化的时间对于强化的效果有较大的影响。一般而论，强化应及时，及时强化可提高安全行为的强化反应程度，但须注意及时强化并不意味着随时都要进行强化。不定期的非预料的间断性强化，往往可取得更好的效果。

4. 因人制宜，采用不同的强化方式

由于人的个性特征及其需要层次不尽相同，不同的强化机制和强化物所产生的效应会因人而异。因此，在运用强化手段时，应采用有效的强化方式，并随着对象和环境的变化而相应调整。

5. 信息反馈增强强化的效果

信息反馈是强化人的行为的一种重要手段，尤其是在应用安全目标进行强化时，定期反馈可使职工了解自己参加安全生产活动的绩效及其结果，既可使职工得到鼓励，增强信心，又有利于及时发现问题，分析原因，修正所为。

管理必读

斯金纳（Burrhus Frederic Skinner）生于1904年，他于1931年获得哈佛大学的心理学博士学位，1945年出任印第安纳大学心理学系主任，1948年重返哈佛大学，担任心理学终生教授，直到1975年退休。1968年曾获得美国全国科学奖章，是第二个获得该奖章的心理学家。1990年8月18日卒于波士顿。其一生中主要著作有《有机体的行为》（1938）、《科学和人类行为》（1953）、《言语行为》（1957）、《强化程序》（1957）、《教学技术》(1968)、《关于行为主义》(1974)、《超越自由和尊严》(1971)。

斯金纳把处于饥饿状态的小白鼠放进一个箱子里，箱子里有一个杠杆，只要小白鼠踏到杠杆上，就有一粒食物滚进箱子里。小白鼠在箱子里起初是乱跳乱窜，偶尔踏到杠杆上，就有一粒食物滚了进来。经过几次这样的经历，小白鼠就很快学会了"踏杠杆"的行为。斯金纳认为，小白鼠之所以能够学会踏杠杆，是因为满足需要的食物强化了小白鼠的行为。由此，斯金纳提出了操作性条件反射学说，并且指出，该学说不仅可以用在动物身上，也可以用在人身上，来调整人的行为。

起初，斯金纳也只将强化理论用于训练动物，如训练军犬和马戏团的动物。以后，斯金纳又将强化理论进一步发展，并用于人的学习上，发明了程序教学法和教学机。他强调在学习中应遵循小步子和及时反馈的原则，将大问题分成许多小问题，循序渐进；他还将编好的教学程序放在机器里对人进行教学，收到了很好的效果。在第二次世界大战期间曾参与美军秘密作战计划，采用操作性条件反射的方法训练鸽子，用以控制飞弹与鱼雷。

知识拓展

奖励与惩罚

1. 奖励。奖惩是修正人行为的重要手段，巧妙运用奖惩方法，可以达到意想不到的激励效果。奖励的艺术有：首先要把握奖励的运时艺术，即把握奖励时机。一是根据人们对时间的不同感受掌握时机。人们对时间的感觉随着年龄的增长会逐渐变快，对青年人、不成熟员工的良好表现应及时奖励，对中年人、成熟员工的良好表现可延时奖励。二是根据考核的不同内容掌握时机。劳动竞赛、技术比武等活动应及时奖励；阶段性竞赛活动可在活动结束时延时奖励；规律性活动应定期奖励。其次，要掌握奖励的语言技术。一是注意文字语言艺术，奖励的书面文字要实事求是，生动活泼，注意字体与纸张颜色的搭配；二是注意口头语言艺术，口头表扬时语言要以情动人，真挚感人；三是注意身体语言艺术，表扬时目光应目视对方眼睛，面部表情要自然、高兴，还可以配以握手、拍肩等身体动作以示赞许。再次，要注意奖励的环境艺术，主要是认真布置好隆重而热烈的授奖场地、表扬栏等宣传橱窗应选好位置并注意色彩搭配。最后，注意奖励方法和方式的选择，做到物质奖励与精神奖励相结合、奖励个人与奖励集体相结合。

2. 惩罚。惩罚的艺术。惩罚应注意方法的选择、公平合理、严中有情等。惩罚应运用"火炉效应"。运用批评时应注意：首先，要晓之以理，批评时应让对方畅所欲言，然后有针对性的根据事实讲道理，最终要以理服人，而不是以权压人。其次，要动之以情，批评时应充满人情味，应从关心对方的角度，通过沟通让对方认识到自己的不足并愿意改正。要以情感人就要尊重人、关心人、理解人、信任人。再次，要把握时机，对原则性问题所犯错误以及年轻人犯错误应采用即时式批评。对问题较复杂、牵扯面较广的情况以及中老年人犯错误可采用延时式批评。最后要留有余地。留有余地不会使人难堪，不致使人难以接受，能使批评者与被批评者心照不宣，达成共识，以促使问题的解决。

二、归因理论

归因理论是一种解释人的行为成功与失败原因的动机理论，由美国心理学家海德在其 1958 年出版的《人际关系心理学》中首次提出的，但直到 60 年代中期才引起心理学界的重视并成为一个热门研究领域。

（一）归因理论的主要内容

海德认为，事件的原因无外乎有两种：一是内因，是指个体自身所具有的、导致其行为表现的品质和特征，包括个体的人格、情绪、心境、动机、欲求、能力、努力等；二是外因，是指个体自身以外的、导致其行为表现的条件和影响，包括环境条件、情境特征、他人的影响等。后来，韦纳、凯利等人根据海德的理论，又丰富了归因理论。当前对实践应用有较大借鉴意义的是韦纳的观点。韦纳认为，能力、努力、任务难度和运气是人们在解释成功或失败时知觉到的四种主要原因，其中，能力和努力属于内因，任务难度和运气属于外因。韦纳通过一系列的研究，得出一些归因的最基本的结论：

1. 个人将成功归因于能力和努力等内部因素时，他会感到骄傲、满意、信心十足，而将成功归因于任务容易和运气好等外部原因时，产生的满意感则较少。相反，如果一个人将失败归因于缺乏能力或努力，则会产生羞愧和内疚，而将失败归因于任务太难或运气不好时，产生的羞愧则较少。而归因于努力比归因于能力，无论对成功或失败均会产生更强烈的情绪体验。努力而成功，体会到愉快；不努力而失败，体验到羞愧；努力而失败也应受到鼓励。这种看法与我国传统的看法一致。

2. 在付出同样努力时，能力低的应得到更多的奖励。

3. 能力低而努力的人受到最高评价，能力高而不努力的人受到最低评价。

凯利还研究了归因中的错误或偏见。比如，尽管我们在评价他人的行为时有充分的证据支持，我们总是倾向于低估外部因素的影响而高估内部或个人因素的影响。比如，当销售人员的业绩不佳时，销售经理倾向于将其归因于下属的懒惰，而不是客观外界条件的影响；个体还有一种倾向于把自己的成功归因于内部因素如能力或努力，而把失败归因于外部因素如运气。由此表明，对员工的绩效评估可能会受到归因偏见的影响。

（二）归因理论在企业管理中的应用

归因理论提出了个人在对他人的行为进行判断和解释过程中所遵循的一些规律，在管理过程中，管理者和员工对行为的归因也不可避免地受到这些规律的影响。管理者要认识到员工是根据他们对事物的主观知觉而不仅仅是客观现实做出反应的。员工对于薪水、上级的评价、工作满意度、自己在组织中的位置和成就等方面的知觉与归因正确与否，对于其潜力的发挥和组织的良好运作是有重要影响的；同时，管理者在对员工的行为进行判断和解释时也应该尽量避免归因中的偏见和误差。

【网上冲浪】 上网查询，或通过其他信息渠道，搜集有关运用激励理论较成功的案例。

任务诊断 有人说，激励是行为的钥匙，又是行为的键钮，按动什么样的键钮，就会产生什么样的行为。以小组为单位讨论行为改造型激励理论在企业管理中的具体应用。

任务五　走出激励误区

任务情境 在现实生活中，管理者常有这样的困惑：企业采用了大量的激励政策，但为什么员工总不能按管理者所希望的、要求的、渴望的方式行事？希望员工都能主动承担工作、提高工作率，但实际上许多人都不愿意承担责任，工作效率不高，组织里充满着一群似乎非常忙碌的"敬业者"；成天高喊团队精神，可组织里的"窝里斗"怎么也不能消失；几经周折制定出来的激励政策对人们的影响微乎其微，甚至完全不起作用，但一句不经意的表扬却激起了无数层浪花。

问题：你认为问题究竟出在哪里？

任务分析 激励是管理工作中必不可少的一项职能。但在现实生活中，管理者经常有一些困惑——尽管采用了大量的激励政策，为什么员工总不能按我们所希望的、要求的、渴望的方式行事？希望员工都能主动承担工作、提高工作效率，但实际上许多人都不愿意承担责任，工作效率不高，组织里充满着一群似乎非常忙碌的"敬业者"；成天高喊团队精神，可组织里的"窝里斗"怎么也不能消失；几经周折制定出来的激励政策对人们的影响微乎其微，甚至完全不起作用，但一句不经意的表扬却激起了无数层浪花。问题究竟出在哪里？

本任务主要包括激励的误区、进行有效激励的原则与步骤以及结合实例讨论几个激励的典型问题。

在上述任务中，不难发现，员工之所以不愿意承担责任、不能提高工作效率，组织里充满着一群似乎非常忙碌的"敬业者"，是因为那些工作效率高的人总是要比效率低的人承担更多的工作，因此还反而会受到更多的责备或惩罚，而那些最会抱怨且光说不做的人和那些看起来最忙碌、工作得最久的人，却总是因为失误少和"没有功劳也有苦劳"的原因能冠以"敬业"的名义而得到更多的奖励。之所以组织里的"窝里斗"不能消失，是因为得到奖励的总是团队中的某一个优秀成员而不是整个团队，那些善于人际交往的人总是能较快地得到提拔，而心地善良、工作扎实但不善交往的人却被认为是不合群的人……现在看来，误区在于管理者和员工并不知道对方的真正需要，以至于正确的行为被忽视或被惩罚，而错误的行为却被奖励。

一、对激励认识上的误区

建立合理有效的激励制度，是企业管理的重要问题之一。虽然近年来国内企业越来越重视管理激励，并尝试着进行了激励机制改革，也取得了一定的成效，但在对激励的认识上还存在着一些误区。

（一）激励就是奖励

目前，国内很多企业简单地认为激励就是奖励，因此在设计激励机制时，往往只片面地考虑正面的奖励措施，而轻视或不考虑约束和惩罚措施。有些虽然也制定了一些约束和惩罚措施，但碍于各种原因，没有坚决地执行而流于形式，结果难以达到预期目的。

企业的一项奖励措施可能会引发员工的各种行为方式，但其中的部分行为并不是企业所希望的。因此必须辅以约束措施和惩罚措施，将员工行为引导到特定的方向上。对希望出现的行为，公司应用奖励进行强化；对不希望出现的行为，要利用处罚措施进行约束。

（二）同样的激励可以适用于任何人

许多企业在实施激励措施时，并没有对员工的需求进行认真的分析，"一刀切"地对所有人采用同样的激励手段，结果适得其反。在管理实践中，如何对企业中个人实施有效的激励，首先是以对人的认识为基础的。从一般意义上说，凡是能够促进人们工作或调动人们工作积极性的因素，都可称为激励因素。通过对不同类型人的分析，找到他们的激励因素，并有针对性地进行激励，这样激励措施才能最有效。同时要注意控制激励的成本，必须分析激励的支出收益比，追求最大限度的利益。

采取两种甚至几种截然不同的激励措施是有其道理的。从低层次的个人需求来讲，采用物质激励会更有效。从公司利益考虑，从事简单劳动的打工者，创造的价值较低，人力市场供应充足，对于他们采用物质激励是适用的和经济的。相反，高层次的技术人员和管理人员，来自于内在精神方面对成就的需要更多些，而且他们是企业价值的重要创造者，公司希望将他们留住。因此公司除尽量提供优厚的物质待遇外，还应注重精神激励（如优秀员工奖）和工作激励（如晋升、授予更重要的工作），创造宽松的工作环境，提供有挑战性的工作来满足这些人的需要。

（三）只要建立起激励机制就能达到激励效果

一些企业发现，在建立起激励制度后，员工不但没有受到激励，努力水平反而下降了。例如，某公司推出"年终奖"计划，本意是希望调动员工的积极性，但却因为没有辅之以系统科学的评估标准，最终导致实施中的平均主义，打击了员工的积极性。

一套科学有效的激励机制不是孤立的，应当与企业的一系列相关体制相配合才能发挥作用。其中，评估体系是激励的基础。有了准确的评估才能有针对性地进行激励，才能更有效。

二、进行有效激励的原则

（一）激励要因人而异

在制定和实施激励政策时，首先要调查清楚每个员工真正需要的是什么。将这些需要整理、归类，然后来制定相应的激励政策帮助员工满足这些需求。为员工安排的职务必须与其性格相匹配。

（二）奖励适度

奖励和惩罚不适度都会影响激励效果，同时增加激励成本。奖励过重会使员工产生骄傲和满足的情绪，失去进一步提高自己的欲望；奖励过轻会起不到激励效果，或者使员工产生不被重视的感觉。惩罚过重会让员工感到不公，或者失去对公司的认同，甚至产生怠工或破坏的情绪；惩罚过轻会让员工轻视错误的严重性，从而可能还会犯同样的错误。

（三）激励要把握时机

需在目标任务下达前激励的，要提前激励；员工遇到困难，有强烈要求愿望时，给予关怀，及时激励。

（四）激励要有足够力度

对有突出贡献的予以重奖；对造成巨大损失的予以重罚。如果奖罚不适当，还不如不做。同时要记住，罚的目的不是要钱，而是一种激励措施。通过各种有效的激励技巧，达到以小博大的激励效果。

（五）激励要公平准确、奖罚分明

健全、完善绩效考核制度，做到考核尺度相宜、公平合理；克服有亲有疏的人情风；在提薪、晋级、评奖、评优等涉及员工切身利益热点问题上务求做到公平。

（六）物质奖励与精神奖励相结合

奖励与惩罚相结合，特别是要做渠道增加员工的"心理报酬"。提倡拇指教育，摈弃食指教育。

三、进行有效激励的步骤

在当今激烈的市场竞争中，很多企业都因走进激励误区导致人才外流，留不住人才已经成为制约企业发展的重要因素之一。所以，走出激励误区是当前许多企业需要深入探讨的问题。

（一）客观分析管理者和下属的需要

要想让被管理者发自内心地去做某件事，就必须刺激他的需要，而激励的最终目的不仅仅是满足被管理者的需要，还要满足管理者的需要，即被管理者按照组织所希望的行为来实现组织的目标。也就是说，管理者需要的是被管理者有利于实现组织目标或任务的行为，而被管理者需要的是在完成组织目标或任务之后自己的需要能得到满足。所以，要进行激励，首先就要知道管理者的需要即组织的需要以及被管理者的需要。

一般来讲，组织所需要的行为可归结为：彻底解决问题的、并能确保组织长期目标实现的行为；承担风险、善用创造力和果断的、并能增强组织创业精神的行为；多动脑筋、简化、沉默而有效率和有质量的、并能改善生产力的行为；忠诚和团队合作并有利于培养团队精神的行为。

需要注意的是，必须从组织利益而不是管理者个人的利益出发来确定组织所需要的行为。因为管理者的利益并不总是与组织的利益相一致。而且，明确了组织的这些需要之后，管理者唯一要做的就是将这些需要明白无误地公布于众，而且要让每一位员工都清楚地知道这些行为或要求的具体内涵，做到公开、明确，让每一个人都知道组织需要什么样的行为，也就是他们应该有的行为，以避免将来出现"不知道、不清楚、不执行"的情况发生。

相对于组织的需要来讲，员工的需要则显得复杂多了。同一组织内不同的员工有不同的需要，同一员工在不同的时期也会有不同的需要。所以，分析下属的需要应从下属的实际出发，确切了解下属不管是当前的还是长远的需要都应该是真实的需要。

（二）用下属的需要激发下属的动机并引发满足组织需要的行为

激励下属的关键在于让下属为了满足自己的需要而努力呈现出组织所需要的行为，即用下属的需要激发下属的动机并引发下属出现组织所需要的行为。

管理者要做的不外乎这几点：一是让下属看到自己的需要就在不远的前方，比如，用制度明确、开大会宣布、谈话等方式让下属知道他做了什么就能得到什么；二是让员工知道如果不能满足组织的要求，那他个人的需要也将得不到满足；三是要采取行动比如培训、教育等方式让下属具备满足组织要求的条件，并指导下属按照组织所希望的行为采取行动。这样，下属就能够产生内驱力并在内驱力的驱使下采取实现目标的一系列动作行为，以满足组织的需要。

（三）进行奖励或惩罚

下属出现了管理者所需要的行为，也就是满足了管理者的需求，但激励过程并没有因此而结束，管理者还必须因为满足了自己的需求而要想方设法去满足下属的需求，即根据下属的行为进行奖励或惩罚。

奖励的目的就在于让下属知道他的行为是组织所需要的。心理学认为，一般来说，人们更易于表现出受到奖励的行为，而抑制受到惩罚的行为，同时也会因为他人行为受到奖励或惩罚而相应地调整自己的行为。因此，在大多数情况下，下属都会去做那些已经受到奖励或是即将受到奖励的事情，员工会把管理者实际所奖励的行为看做是管理者所鼓励、所希望的行为而不断地表现出来。所以，要想让员工做什么，就应该奖励什么，越奖励，员工的积极性就会越高。而且要做到说奖就奖，不管是谁，只要他的行为是组织所需要的，就必须公开、公正地进行奖励。

惩罚的目的就在于让下属知道他的行为不是组织所需要的。因此，对于不是组织所需要的行为，管理者要找出并及时予以制止。至于制止的方式，可以是批评、处罚，也可以是面谈等多种形式。但不管怎样，就是不能不闻不问，因为不闻不问经常被视为默许，被默许的行为总是会不经意地快速扩散。所以，当管理者面对那些不是自己所需要的行为时必须坚决予以制止。如果不予理会的话，这些行为就会像"瘟疫"一样扩散。而且，该制止就制止，不管是谁，只要他的行为不是组织所需要的，就应该及时、明确、直接地予以制止，同时还要引导他们向组织所需要的行为转变。

通过满足那些满足了组织需要的员工的需要，这一轮激励结果宣布以后，接下来则开始新一轮的激励。如果管理者希望下属付出更大的努力，就应该调整自己的激励方式，再次满足下属新的需求和愿望。

四、对激励的思考与应用

【课堂讨论】 如何给员工"送礼"更有效？

讨论1：公司业绩不错，老板想送员工一件价值1000元的礼物。假如你是公司的老板，你打算如何给员工"送礼"？

（1）是送1000元现金，还是送价值1000元的五星级酒店的就餐卡？

（2）如果是发1000元现金，是一次发给员工，还是分两次发给员工？

讨论2：当一家公司准备奖励员工时，公司可以让员工去度假旅游，也可以送他们每人一台高清液晶电视机，并且两者等值。

（1）假如你是老板，是给员工选择的权利好呢？还是不让他们选择好呢？

（2）假如让员工去巴黎度假旅游，是早说好呢？还是晚说好呢？

讨论3：假如员工现在的年薪是5万元。公司是：

（1）每年加薪5000元？

（2）保持工资不变，每年不定期给几次总额为 5000 元的奖金？

讨论 4：假如你的下属刚刚帮你润色完一个讲稿，把讲稿交给你。你看后觉得很满意，那你应该：

A. 马上告诉她"真棒"。

B. 说"好，我看了。"

C. 到第二天再说。

讨论 5：假如你的下属刚刚帮你润色完一个讲稿，把讲稿交给你。你看了以后觉得有很多问题，你应该：

A. 笼统地说"怎么搞的？真差劲！"

B. 首先找到能够让你欣赏的地方，先就这一点赞美他，再具体指出你认为有问题的地方。

C. 如果真的一点可取之处都没有的话，建议你将他辞退。

讨论 6：假如你的助理花了半天的时间给你整理好了你要的资料，你看了以后觉得有一些小的失误，你应该：

A. 称赞他

B. 批评他

企业最大的财富是员工，企业的发展状况取决于对这一财富的关注程度。

任务诊断 结合实际谈谈企业管理者常存在哪些激励误区？针对存在的误区，应采取哪些有效举措？

知识小结

激励是企业管理的重点，它对于调动员工的潜力，努力实现组织目标具有十分重要的作用。通过本情境的学习，你应该深刻体会到：激励是指管理者运用各种管理手段，刺激被管理者的需要，激发其动机，使其朝着管理者所期望的方向前进（实现目标）的心理过程。激励是一种手段，与传统的凭借权威进行指挥的领导方式相比，其最显著的特点是内在驱动性和自觉自愿性。因此，激励的过程不带有权威强制性，而完全是靠被管理者内在动机驱使的、自觉自愿的过程。由此不难看出，激励最主要的作用是通过动机的激发，调动被管理者的工作积极性和创造性，使其自觉自愿地为实现组织目标而努力，即其核心作用是通过调动人的积极性来实现组织的目标。也就是说，激励就是设法让被管理者发自内心地去做组织要求他做的事。有效的激励能够点燃员工的工作热情，并将潜在的巨大能量释放出来，为企业创造价值。但很多人忽略了"有效"这两个字，要知道，并不是所有的激励，都能够激发出员工的工作热情，有时候会适得其反。要想让激励发挥更大的效果，就要了解什么时候应该激励。

这里我们特别强调，一个不懂得激励员工的管理者不是好管理者，但盲目激励员工的管理者，可能比不懂激励的管理者造成的负面影响还要大。很多管理者在带领团队时，将激励看得太过于重要，以至于将解决问题都寄托在激励上面，结果反而造成员工工作时的懈怠心理，最终因怨怼垮掉。因此，在激励过程中，要避免陷入激励中的误区里。

知识巩固

一、单项选择

1. 促使人产生某种行为的最根本原因是（　　　）。

A. 组织的激励　　　　B. 个人动机　　　　C. 外部的刺激　　　　D. 人的内在需要

2. 下述的关于"激励"概念的理解中，哪种是正确的？（　　）

A. 激励就是要对被激励者多鼓励，少批评

B. 激励是指对被激励者的激发和鼓励

C. 通过采取某种有吸引力的手段，如奖励、提拔等，对被激励者的行为加以肯定，使其重复出现

D. 通过使被激励者的需要和欲望得到满足，促使其产生所期望的行为

3. 以下哪种现象不能在需要层次理论中得到合理的解释（　　　）。

A. 一个饥饿的人会冒着生命危险去寻找食物

B. 穷人很少参加排场讲究的社交活动

C. 在陋室中苦攻"哥德巴赫猜想"的陈景润

D. 一个安全需要占主导地位的人可能因为担心失败而拒绝接受富有挑战性的工作

4. 领导常用"不想当元帅的士兵不是好士兵"这句话去激励下属，这是一种（　　　）。

A. 关怀激励　　　　B. 兴趣激励　　　　C. 危机激励　　　　D. 目标激励

5. 根据双因素理论的观点，下列哪个命题是正确的？（　　　）

A. 激励因素导致不满意　　　　　　B. 激励因素导致满意

C. 保健因素导致没有不满意　　　　D. 保健因素会降低努力程度

6. 双因素理论指出，在工作中存在一种与工作本身的特点和工作内容有关，能够促进人们积极进取的因素，叫做（　　　）。

A. 外在因素　　　　B. 内在因素　　　　C. 激励因素　　　　D. 保健因素

7. 对大多数企业主管来说，最令他们困扰的不是如何与竞争对手抢夺市场，而是如何找到、训练和留住优秀的员工，对高技术企业尤其如此。请你为这些主管在下几项中找出最佳的一种方法。（　　　）

A. 提供诱人的薪水和福利　　　　　　B. 提供舒适的工作环境

C. 提供具有挑战性的工作　　　　　　D. 提供自由工作的便利

8. 内容型激励理论是从激励过程的起点，即人的（　　　）出发对激励问题加以研究的理论。

A. 本能　　　　B. 生理　　　　C. 情境　　　　D. 需要

9. 强化可以分为积极强化、消极强化、惩罚和（　　　）。

A. 奖励　　　　B. 倒退　　　　C. 消退　　　　D. 激励

10. 弗鲁姆的期望理论可以用公式表示：激励程度＝期望值×（　　　）。

A. 需要　　　　B. 目标　　　　C. 效价　　　　D. 能力

二、简答题

1. 什么是激励？在管理中它有什么作用？
2. 激励的方式和步骤有哪些？
3. 简述赫茨伯格的双因素理论的主要观点。
4. 马斯洛的需要层次理论与 ERG 理论的联系与区别。
5. 公平理论的内容是什么？如何应用公平理论？

案例分析

案例 1：亨利的困惑

亨利已经在数据系统工作了 5 个年头。在这期间，他从普通编成员升到了资深的程序编制分析员。他对自己所服务的这家公司相当满意，很为工作中的创造性要求所激励。

一个周末的下午，亨利和他的朋友及同事迪安一起打高尔夫球。他了解到他所在的部门新雇了一位刚从大学毕业的程序编制分析员。尽管亨利是个好脾气的人，但当他听说这新来者的起薪仅比他现在的工资少 30 美元时，不禁发火了。亨利迷惑不解，他感到这里一定有问题。

下周一的早上，亨利找到了人事部主任爱德华，问他听说的事是不是真的？爱德华带有歉意地说，确有这么回事。但他试图解释公司的处境："亨利，程序编制分析员的市场相当紧缺。为使公司能吸引合格的人员，我们不得不提供较高的起薪。我们非常需要增加一名编程分析员，因此我只能这么做。"亨利问能否相应的提高他的工资，爱德华说："你的工资按照正常的绩效评估评定后再调。你干得非常不错！我相信老板到时会给你提薪的。"亨利向爱德华道了声"打扰了！"便离开了她的办公室，边走边不停地摇头，很对自己在公司的前途感到忧虑。

阅读以上资料，回答以下问题：

1. 根据本案例，"工作中的创造性"更多地属于（   ）。

A. 激励因素　　　　B. 保健因素　　　　C. 正强化　　　　D. 负强化

2. 关于双因素理论，下列说法中不正确的是（   ）。

A. 激励因素往往同工作本身的内容和性质有关

B. 保健因素往往同工作环境和外部因素有关

C. 如果缺少保健因素，人们就会产生不满情绪

D. 保健因素能够直接起到激励作用

3. 本案例中所出现的问题，主要反映了（   ）。

A. 需要层次理论　　B. 双因素理论　　C. 期望理论　　　D. 公平理论

4. 亨利对新进大学生一事有如此强烈的反应，可用何种理论来解释？（   ）。

A. 期望理论　　　　　　　　　　　B. 公平理论中的横向比较

C. 强化理论　　　　　　　　　　　D. 公平理论中的纵向比较

5. 根据新进大学生一事可以判断，在亨利那里占主导地位的需要是（   ）。

A. 生理的需要　　　　　　　　　　B. 安全的需要

C. 社交的需要　　　　　　　　　　D. 尊重的需要

案例 2：赵副厂长的苦恼

赵林德是某汽车零件制造厂的副厂长，分管生产。一个月前，他为了搞好生产，掌握第一手资料，就到第一车间甲班去蹲点调查。一个星期后，他发现工人劳动积极性不高，主要原因是奖金太低，所以每天产量多的工人生产二十几只零件，少的生产十几只零件。

赵林德和厂长等负责人商量后，决定搞个定额奖励试点，每天每人以生产 20 只零件为标准，超过 20 只零件后，每生产一只零件奖励 0.5 元。这样，全班二十三个人都超额完成任务，最少的每天生产 29 只零件，最多的每天生产 42 只零件，这样一来，工人的奖金额大大超过了工资，使其他班、其他车间的工人十分不满。

之后又修改了奖励标准，每天超过 30 只零件后，每生产一只零件奖励 0.5 元，这样一来，全班平均生产每天只维持在 33 只左右，最多的人不超过 35 只，赵林德观察后发现，工人并没有全力生产，离下班还有一个半小时左右，只要 30 只任务已完成了，他们就开始休息了。他不知道如何进一步来调动工人的积极性。

阅读以上资料，回答以下问题：

1. 在激励员工时有哪些不妥之处，为什么？

2. 假如你是赵副厂长，你应该怎么办？

实训设计

1. 拜访一位自己所熟悉的有成就的企业管理者，分析为调动企业员工工作的积极性，他在企业中运用了哪些激励手段？这些手段起了哪些作用？

2. 自己试着和同学一起交流，以小组为单位设计一个情景，然后在给定的情景中，设计一个与情景中所给工作相适应的奖酬水平，学会运用奖酬这种激励手段。

项目4

群体心理与管理

知识目标

1. 理解群体与非正式群体的含义，充分认识非正式群体在组织中的存在及其作用；

2. 认识群体规范、凝聚力、士气、从众行为的基本规律及其在管理中的应用；

3. 理解群体与团队的区别，掌握团队的形成与建设过程；

4. 了解团队精神和团队品质的铸造和培养途径；

5. 认识团队建设中隐密的危险信号和容易陷入的误区；

6. 掌握团队的角色构成；

7. 掌握沟通的含义和类型，理解并掌握沟通的技巧及艺术。

能力目标

1. 能正确分析非正式群体在组织的影响力；

2. 能把团队建设与管理的理念应用到实际企业管理中。

尊敬的读者： 群体是由个体组成的，是人类活动的基本单位，是社会分工与协作的产物，是人类最普遍的社会现象。人的大多数行为都以某种方式与群体行为相联系。群体可以满足人们的归属需要、人际关系的需要和地位的需要，也使单个人无法完成的工作得以完成。群体是社会的构成单位，也是组织的基本构成单位，它对群体的成员、其他群体乃至整个组织都有极大的影响，在个体与组织间具有重要的沟通与桥梁作用。因此，加强对企业管理中群体心理的研究，是企业管理心理实务的又一重要任务。

21世纪的企事业单位都面临着建设团体、铸造团体精神的重要任务，如何打造一支高效率的团队，这也是企业成功的必经之路。为此，对企业中群体、团队的研究和管理是当前跨世纪的重要研究课题。

任务一 认识群体

任务情境 在马路上一起围观车祸的一群人，自由买票而进入同一电影院观看电影的一群人，一个万人大厂中的成员可能彼此不认识，即使见过一面也没有任何交往，……

问题：这些人是我们组织行为学中要研究的群体吗？

任务分析 组织、群体、个体是不可分割的一个整体，如果组织是人体，群体就是器官和系统，个体就是细胞。现代社会中，个体总是生活在某一个群体中，群体的规范、沟通和人际关系，群体的竞争与合作等，对每个成员及群体的生产效率有很大影响。在生产中要发挥群体和组织的作用，把许多人组合成一个合力，使之产生一种新的力量。如果对一个群体组织管理不当，就会产生涣散之力。对于群体的认识应从以下几个方面：

（1）群体成员彼此相互依赖，在心理上彼此意识到对方；

（2）群体成员间在行为上相互作用、彼此影响；

（3）群体成员有"我们同属于一群"的感受，也就是成员彼此间有共同的目标或需求的联合体。

由此可见，群体不能太大，太大的群体中的成员无法意识到对方的存在，也不可能彼此都有交互作用。

本任务主要回答组成群体的要素、作用、种类以及群体的形成和发展。

在上述任务中，他们虽然彼此感觉到对方的存在，却没有行为的交互作用，更没有"我们是同一群"的感受，因此不能算是群体。

知识精讲

一、组成群体的要素

社会心理学家霍曼斯认为，任何一个群体中，都存在着相互联系的三个组成要素：活动、相互作用和感情。活动，就是指成员为了达到共同的目的或利益所从事的工作；相互作用是指各成员相互依存、相互影响；感情是指成员在群体中处于一定的地位，扮演一定的角色，有一定的权利和义务。

一个组织能够持续存在，必须有种种的活动、相互作用及感情。因为，工作（活动）要靠人们一齐来达成（相互作用），在相互作用中又会产生感情（如图 4-1 所示）。从图中可见，存在于群体中的活动（人们所从事的任务），相互作用（从事这些任务时发生的人与人之间的行为），感情（人与群体间的态度），这三者是相互关联的。

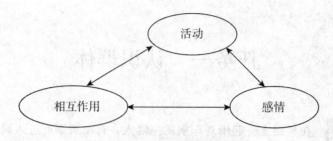

图 4-1 群体的组成要素

1955 年，霍曼斯在《人类群体》一书中，提出了较完整的群体系统模式。在这个模式中，除活动、相互作用、感情外，还列入了群体的规范，统称为群体系统的四要素。群体行为正是这四个要素相互影响和作用的结果。

二、群体的作用

群体是介于个人和组织间的人群结合，因而它的主要作用是承上启下和桥梁性质。总的来说，群体的作用是贯彻执行组织的任务，组织群体生产或社会活动，满足成员合理需求和协调人际关系。

（一）完成组织所赋予的基本任务

一个组织要想有效地达到目标，必须通过分工合作，把任务逐层分配给较小的单位去推进，群体的作用就是承担组织分配下来的职责。通过群体可以完成以下组织功能：

1. 能够在彼此有一定依赖性的部门之间起到关键性的联络与协调作用。例如，由各部门派出代表组成委员会、工作小组，可以减少信息沟通障碍。

2. 使各部门互相依赖，完成内容复杂的任务。例如，驾驶飞机需要若干机组人员，他们执行各自特定而又密切相关的职能。

3. 产生新思想、新办法。例如，当信息分散于个人或成员之间时，需要依靠群体相互激发创造力。

4. 能推动复杂决策的完成。例如，为了完成工厂的搬迁，可设立由工人代表参加的执行小组，这会提高搬迁效率，减少设备损坏，避免人员的抱怨。

（二）满足群体成员的心理需求

群体的成员有许多的需求，有的是可以通过工作来得到满足的，有的则需群体来满足。组织行为学家认为，群体可以满足其成员的下列心理需求：

1. 获得安全感和归属感，满足社交的需要。群体是满足交往、友谊、爱的需要的基本手段。在群体中，大家相互帮助、相互依赖，减少了不安、焦虑和软弱感，并且在交往中产生对群体的喜爱、认同和依恋。

2. 增强自信心，满足自我确认的需要。在群体中，成员可以通过与他人的社会对比来估价自己，并确认在团体中的地位。

3. 获得成就感，满足自我实现的需要。在群体中占有一定的地位，可以赢得别人的尊重，满足自己的自尊心。当完成了对自身具有挑战性的工作，便会有一种成就感和自我实现的满足感，感到自己身价倍增。

管理心理学家认为，一个群体的有效性，可以从两方面来加以衡量：一是该群体的生产性，即它所创造的成果；二是该群体对其成员心理需求满足的程度。

群体在满足生产任务的完成和心理需求二个方面不可偏废，二者相互制约，相互促进。只有承担和完成上级组织所赋予的基本任务，促进生产，取得经济效益，群体成员的心理需求才能得到满足，而群体成员的心理需求的满足又推动生产的发展。

（三）协调人与人之间的关系

由于人们长期在一起生活和工作，不可避免地会产生这样或那样的矛盾。产生矛盾的原因是多方面的，有认识上的分歧，如不同成员对同一事物往往由于种种因素使认识不一致而产生矛盾；也有需要上的得失，如不同成员追求相同需要，但由于客观条件有限，只有彼得此失，因而引起某种利益冲突；此外，尊重上的不足，如成员间态度和语言不检点，引起对方自尊心挫伤也会产生矛盾等等。群体的作用就是要根据产生矛盾的不同原因，有针对性地做工作。一方面要加强思想政治工作，另一方面要注意有些人确有实际困难，这时就要在条件允许下合理解决实际困难，使矛盾得到及时解决，协调各成员之间的关系，促进群体成员团结互助，完成组织目标。

三、群体的种类

按照不同的标准，可以将群体分为很多类：

（一）假设群体和实际群体

根据群体是否存在进行划分。假设群体又称统计群体，是指实际上并不存在，只是为了研究和分析问题的需要，人为划分的群体；实际群体是指实际存在的群体，其成员之间有着实际的直接或间接的联系。

（二）大群体和小群体

从群体规模大小可划分为大型群体和小型群体两种。大群体是指构成社会一部分的人们群体，它是由有共同的目的和服从这个社会目的的共同活动相近的动机的人们结合在一起的。小群体是指成员间有直接的、个人间的、面对面的接触和联系的群体。

组织行为学的研究重点是小群体，又称为一级生产群体，如班、组、工段、流水作业线、生产线、科室、实验室等。人数可以从 5—6 人到 50—100 人不等。

（三）松散群体、联合群体和集体

苏联心理学家彼得罗夫斯基提出，依据群体发展的水平和群体成员之间关系的紧密程度，可将群体划分为松散群体、联合群体和集体。

松散群体是指人们只在空间和时间上结成群体，但成员之间并没有共同活动的内容、目的和意义。例如，住在同一病房的病人，同一车厢的乘客。

联合群体是指人们有共同的活动，但这种共同活动又往往只有个人意义。群体活动的成败与个人利益有密切关系。这种群体处于群体发展水平的中间层次。例如，学术团体、体育运动队都属于此类群体。

集体是指人们结合在一起共同活动，不仅对每个成员有个人意义，而且有广泛的社会意义。这是群体发展的高级阶段。彼得罗夫斯基认为，只有在社会主义国家才有真正的集体，而且只有集体的多数成员具有集体主义精神时，才能称为真正的集体。

将群体划分为不同层次，有利于引导群体不断地向更高阶段发展，这是有利于群体建设的。

（四）正式群体与非正式群体

依据群体产生的性质及在组织中的地位可划分为正式群体和非正式群体。

正式群体是为了完成组织所规定的特定目的与特定工作而产生的正式的官方组织结构。正式群体在企业中是占主导地位的，它是在有关管理机关的领导和规定下，按一定的指示、命令和决定所建立的。例如，工矿企业中的工段、车间、班组等。正式群体中的工作人员按职务联系，形成一系列的职务等级，如厂长、车间主任、工段长、班组长、职工等。他们中的一些人是领导者，另一些人是被领导者，他们每个人按其职务都有一定的义务和权利。总之，在正式群体中，人们应当从事由组织目标所规定的行动，并使自己的行动指向于这个组织目标。

非正式群体是由霍桑试验所发现的，指不是经官方规定，而是自然形成的一种无形组织，它是一种非正式的联合体。由于非正式群体在企业中不是由官方公开的组织，所以不占主导地位，也不为人们轻易察觉。现在非正式群体同正式群体一起构成了劳动群体中人际关系的总和，它们共同决定着人们相互之间的社会心理气氛，以及对事业的态度。所以，领导人必须正视非正式群体存在这一客观事实。为此，要深入研究这一现象的客观规律性，正确引导其为改善人际关系并为提高生产效率服务。

四、群体的形成和发展

从 20 世纪 60 年代中期起，许多管理心理学家都认为，群体的形成和发展要经过一定的阶段后才能成熟起来。

（一）定向阶段

在群体形成的最初阶段，突出的问题是要解决群体内部的权力和权威的关系，随后解决人际关系的问题。这是群体发展的初期所面临的两大障碍。群体刚形成时，成员们往往会提出大量的疑问，诸如谁负责，群体的目标如何等等，这一阶段称为定向阶段。

（二）冲突和挑战阶段

随着群体从定向阶段过渡到冲突和挑战阶段，成员们日渐摆脱对领导的依赖，经常考验与质问领导，甚至当场抵制。此时，群体中的权力与地位的分配变化不定，人们将大量的时间和精力都用在这些问题上。一般群体都无法逾越这一阶段。

（三）凝聚力阶段

一旦越过这一阶段，就会进入形成凝聚力的阶段。当凝聚力日增时，成员们会找到他们自己的位置，内在的结构和程序都会建立起来。由于成员们解决了权力与权威的不确定性，他们把自己看成是一个群体，因此，凝聚力开始增强。

（四）迷惑阶段

在这个阶段里，成员们以为群体的所有问题都解决了，因而努力保持和谐的感情，并掩盖差异，成员间的相互作用达到高水平。但是，这样做并没有使群体充分地运转起来，维护表面一致耗费了大量的时间与精力，于是派系与小群体开始再现。

（五）醒悟阶段

紧接着成员们从对群体不现实的期待中醒悟过来，从而进入了醒悟阶段。在这一阶段群体凝聚力遭到削弱。为了解决人际关系问题，人们必须理解群体的实质以及每个成员。于是群体更大的灵活性出现了，群体也有了调节情境的可能性。

（六）接受阶段

在这个阶段，个人与小群体依靠各自的技能和能力，都有了自己的地位，接受个别差异的阶段就此来到，群体也成熟起来。

在群体成熟之后，群体还要进一步发展，经历相互接受，沟通与决策，激励和提高效率，控制与组织等步骤才能获得真正的发展（如图 4-2 所示）。

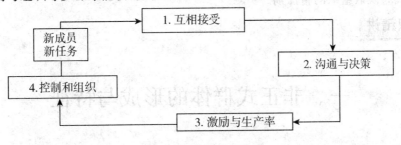

图 4-2 群体发展的步骤

毛萧德与格列芬于 1995 年提出了一个群体发展生命周期模型图（如图 4-3 所示）。群体的发展经历了由形成、发展、成熟、衰老、死亡五个阶段。

第一阶段为区分群体的类型和形成群体。

第二阶段为群体按步骤发展，同时群体的发展受到了群体规模、规范和凝聚力程度的影响。

第三阶段为群体成熟阶段，这一阶段的群体与其成员有明显的特点，并能形成群体决策，并与其他群体相互作用。

第四阶段为衰老阶段，并有明显消极特征。

第五阶段为死亡阶段，由于群体成员的目标差异从而破坏了共同的规范，从而使群体解体。

任务诊断　群体是怎样形成和发展的？在企业管理中起何作用？

任务二　倾听非正式群体

任务情境　在组织中，存在许多"友谊小群体"。他们三个一伙，五人一群，有的是共同的兴趣爱好，有的是气味相投，有的是邻居邻座，几乎每一个组织成员都有自己的"小圈子"。

问题：这种"友谊小群体"，组织上称之为什么？

任务分析　非正式群体是美国哈佛大学心理学教授梅奥由霍桑试验所发现的。非正式群体的存在是一种客观现象，是自然形成的一种无形组织，是一种非正式的联合体。非正式群体的存在是基于人们社会交往的特殊需要，依照好恶感，心理相容与不相容等情感性关系出现的。由于非正式群体在企业中不是由官方公开的组织，所以不占主导地位，也不为人们轻易察觉。

本任务主要回答非正式群体的形成、特征和作用，常见的非正式群体有哪些类型，当今的企业管理者如何正确对待组织中的非正式群体等等问题。

在上述任务中的"友谊小群体"，就是一个典型的非正式群体。组织管理者对非正式群体要善于抓住时机，正确引导，就会成为组织上进的阶梯；反之，无视存在，放任自流，就会成为涣散组织的腐蚀剂。

知识精讲

一、非正式群体的形成与特征

组织中出现非正式群体并不是一种偶然现象，它是出于为满足生产以外的某种心理需要而产生的。由于人的需要是多层次、多方面的，而正式群体是以解决生产任务而建立的，因而它不能满足人们生产以外的各种需要，如寻友结伴的需要，参加各种体育运动的需要，培养诸如种花、下棋、集邮等业余爱好的兴趣的需要等。为此，人们只能通过形成非正式群体的途径来满足这些需要，于是各种各样公开的或不公开的小组、结伴等现象相继产生。

（一）非正式群体的形成

非正式群体是人们在工作和生活中自然形成的一种人群集合体。其形成原因主要有以下四种：

1. 共同的价值观念和共同的利益与风险

个体在交往中，如果价值观一致，会使双方的心理距离迅速缩短；如果价值观不一致，心理距离便越拉越长。即所谓的"酒逢知己千杯少，话不投机半句多"。企业中的员工虽然都有各自的利益，但往往部分员工的利益会趋于一致。这些利益一致的员工容易形成非正式群体。

2. 共同的兴趣爱好

人有各种兴趣爱好。正当的兴趣爱好，有助于陶冶情操，丰富业余生活，增长知识，促进身心平衡，提高休息质量。兴趣爱好的一致，会促进一些员工经常聚在一起，形成非正式群体。

3. 共同的经济与社会背景

这里的背景主要是指以往的学历、当前的处境、出身、家庭、年龄、性别、职业、生活地域等等，特别是当前的处境尤为明显。一般而言，背景相似的人相互之间的共同语言较多，相互沟通比较容易，较容易形成非正式群体。

4. 时间与空间上的接近

时间和空间上的接近会使个体之间有更多的接触和交往的机会，从而加深彼此之间的了解，较容易形成非正式群体。

（二）非正式群体的特征

非正式群体具有这样一些特征：

1. 以某种共同利益、观点和爱好为基础，以感情为纽带；

2. 有较强的内聚力和行为一致性；

3. 在非正式群体里，同样会推选出在群体中最有威信的人当首领，他对其他成员拥有精神上的支配权力，有一套见效快的不成文的奖惩制度与手段；

4. 成员间有一条比较灵敏的信息传递渠道；

5. 有较强的自卫性和排外性。

非正式群体的存在是一种客观现象，它是劳动群体中人际关系的一个重要方面，本身无好坏良莠之分。所以组织管理者不应视之为某种邪恶的、与官方组织相对抗的群体，而应视为理所当然的正常事情。对领导者而言，关键的问题是要时时考虑到这一群体的存在，正确理解它存在的作用，并妥善地加以引导和利用。

二、非正式群体的作用

群体有两项基本功能，即工作性功能和维持性功能。任何组织都有自己的工作目标和特定任务，要实现目标、完成任务，必须通过群体动员，组织其成员积极努力工作，这种组织生产工作，并取得成果的活动，称为群体的工作性功能。对于非正式群体来说，它的工作性功能不是很强，但它在满足个人心理需要的维持性功能方面，却有独特的作用。

每个人都有自己的个性和需要结构，人的需要是多种多样的，有物质的，也有精神的；有社会的，也有心理的。有些需要可以通过工作性的活动得以满足，例如，通过工作取得成绩，获得报酬，可以满足人的某些物质需要、成就需要以及自我表现的需要等。但是人的有些需要，如社会交往、尊重、亲和等需要，则是通过群体内人际之间的相互作用、相互交流得以满足的。这种需要的满足可以维持群体的存在和正常运转。群体满足人们的合理需要、协调人际关系、维持自身团结和健康发展的活动，称为群体的维持性功能。

群体的维持性功能是通过满足人的心理性和社会性需要得以实现的。研究证明，群体可以满足个人的下列需要：

（一）安全需要

求得安全是人的基本需要之一，一个人参加并属于某一群体时，就能避免孤独恐惧感，从而获得心理上的安全感。

（二）合群的需要

广交朋友，建立友谊，获得他人对自己的支持、帮助，这是人的社会交往的需要。谁都需要朋友和友谊。在群体中可以保持与他人之间的联系，获得择友的机会，满足人的社会交往的需要。

（三）尊重的需要

自尊是每个人都有的基本心理需要。谁都希望别人尊重自己、承认自己，并在群体中占有一定的地位，包括职务上的地位和心理上的地位。受到别人的尊重和赞许，可以满足人尊重的需要。

（四）增强自信心

在群体中，对某些问题可以通过讨论，充分交换意见，得出一致的结论，使个人不明确、拿不准的看法获得支持或订正，从而增强个人的自信心。

（五）增强力量感

群体可作为个人的后盾和一种可依靠的力量，使其成员不会感到孤单，并增加力量感。

（六）自我确认的需要

个人参加并属于某一群体，不但使个人体味到自己是社会的一分子，而且能认识个人在社会中的地位。

（七）其他需要

如遇到困难时得到帮助，苦恼时得到安慰，失败时得到鼓励等等。

以上这些非正式群体的作用是正式群体无法代替的。因此，管理者应正确对待非正式群体，使它们充分发挥其应有的作用。这里需要我们注意的是，组织中非正式群体的作用是受下列条件制约的：

一是当非正式群体的组织结构与正式群体相一致时，它能促进正式群体，使之能更好地发挥预定的劳动生产功能。理想的情况是，每一个正式群体中的小组成员同时也是非正式群体的成员，而领导者也正好是他们非正式群体中最受尊敬的和最有威信的人。

二是当非正式群体的价值定向与生产群体的整个社会目标相一致时，它也起着促进的作用。

三是当非正式群体的组织结构和正式群体不相一致时，尤其是当正式群体的领导人失去在非正式群体成员中的威信时，那就会引起两种群体之间的冲突。一旦非正式群体拥有足够的力量，它可能会明显地阻碍正式群体的正常工作，严重影响生产劳动。

非正式群体的极端情况是派别主义，它是与正式群体的目标相冲突的。派别主义在组织里起着严重的破坏作用。

总之，非正式群体形成之后，对职工的心理倾向与行为具有重要影响。它们与正式群体有时互相补充，有时互相矛盾。组织管理人员必须重视这类组织的作用，力争创造条件，使之与正式群体配合。如果企业管理人员处理得当，就可使这类群体起到支持正式组织机构的作用；处理不好就会产生对立情绪，造成对抗局面。

【课堂讨论】 非正式群体与日常生活中派别主义有什么区别？

三、非正式群体的类型

（一）冷淡型、乖僻型、策略型和保守型

美国管理心理学家塞利士按照非正式群体与组织的关系将非正式群体分为四种类型：

冷淡型、乖僻型、策略型和保守型。

冷淡型是指其成员有某些共同的难处，因而常表露出极端抑制的不满和很不平衡的心态和情绪，对组织的行为漠不关心。

乖僻型是指此类群体的行为前后不能协调一致，有时与管理者保持良好的合作关系，有时却突然爆发反叛行为。

策略型群体是指其行为有好的计划性。大多数成员从事判断性工作，而且是单独操作。他们的待遇比前两类优厚。他们经常对管理者施加连续而持久的压力，且行为一致，故容易达成他们所期望的目标。这类非正式群体具有较高的向心力，其领袖由成员有极具影响力的核心成员担任。

保守型群体是指其成员大多知识渊博、技术高超，处于重要的学术或技术岗位，生活无忧无虑。他们有很强的自信心和稳定性。

（二）垂直型、水平型和随意型

管理心理学家道尔顿（M. Dalton）按照非正式群体成员间的关系将非正式群体分为三类：垂直型、水平型和随意型。

垂直型是指其成员具有上下级关系，如学校领导和普通教师、学生形成的非正式群体。

水平型是指其成员的社会地位大体是同一层次的。如领导层或职工层的非正式群体。这类群体中又可细分为防卫型和进取型两种类型。防卫型是指其成员因面临共同的危机或威胁而走到一起的，往往会采取消极的、抵制的手段达到目的。进取型的成员主要靠才华与能力、团结精神等，去努力打破不合理与不公平的特权现象争取自己的合法权益。

随意型是指成员来自组织的各个部门或单位，彼此亲密交往，互相排忧解难，主要满足友情的需要。这种非正式群体通常没有明确的目标，不会对组织提出什么要求。

（三）友谊群体、嗜好群体、工作群体、自卫群体和互利群体

管理心理学家里维斯按照非正式群体间连接的原因将非正式群体分为五类：友谊群体、嗜好群体、工作群体、自卫群体和互利群体。

友谊群体是指其成员大多有共同的兴趣与利益，尤其有情感上的联系与共鸣。这类群体主要满足人们的交往、情谊等需要，是人们一生中参与最早、联系最多的非正式群体之一。

嗜好群体是指其成员有共同的追求或嗜好，如围棋、象棋对手、桥牌搭档等形成的群体。

工作群体是指其成员因工作关系走到一起，如共同研究某一课题，共同编著书籍等的科研与教学工作者。当然这里指的工作并非领导与组织指定的，而是自愿组织的业余工作。

自卫群体是指成员主要因不满管理者强硬固执的态度而联合起来，共同抵制管理者的专断，阻挠组织目标之达成。

互利群体是指其成员坚持互惠互利原则，彼此提供便利，帮助解决工作与生活中的困难。

四、正确对待组织中的非正式群体

非正式群体是任何组织中不以人们的意志为转移而客观存在的，组织领导应该正确对待该群体。对非正式群体的应对策略与管理方法有：

（一）要正视非正式群体的存在，对不同类别的非正式群体采取不同的策略

非正式群体的存在是客观的，不能漠视、回避它的存在，也不能一刀切简单地将其禁止、取缔，而要根据实际情况对不同类别的非正式群体采取不同的策略。

1. 对于消极型的群体，要找出有影响力的成员，谋求与他们的合作。管理者应对非正式群体中的领袖的影响应给予高度重视，积极谋求与他们在各个层面上进行有效沟通，使其理解和接受组织的目标。

2. 对于兴趣型群体，应理解其存在及立场，对其提供支持和帮助，为其成员提供自我表现和发展的机会，使他们在组织中也能得到需求的满足，引导其群体的目标和价值观与组织的一致性，使他们慢慢向积极型群体转化。

3. 对于破坏型群体，当教育、引导不能使其向有益于组织的方向发展的时候，对群体中极具破坏性的人物要坚决清除，使其接受应有的惩罚。

4. 对于积极型的群体，应有意识地对其进行方向性的引导，使群体内部的凝聚力与组织文化接轨、群体目标与组织目标保持高度的一致。

（二）在企业管理中，管理者要树立人本管理的理念，注意加强自身的组织建设

1. 提高组织的凝聚力，保证组织成员之间能有有效的沟通。防止不必要的误解和信息扭曲，使成员确信组织在运行上保持公正和宽松的民主氛围。

2. 引导和建立非正式沟通机制，从而使组织内部上下级之间，同级之间，有更多的机会了解、沟通，缓解工作压力，增进人际关系。

3. 企业领导人应加入到非正式群体中主动与员工接触，尽可能地参与非正式群体的活动，使得组织的领导者同时又是非正式群体的领袖，使非正式群体的行为和利益与组织目标保持一致。

4. 企业管理人员应该懂得：如果每一个职工在正式群体里感到非常温暖，那么另行组织或参加非正式群体的可能性就大为削弱。为此，领导在组织正式群体时，要努力使每个成员在正式群体里获得"心理平衡状态"。

（三）管理者要用一分为二的观点认识非正式群体的存在和作用，发挥非正式群体的积极作用，做到为我所用

1. 树立一分为二的观点

非正式群体的出现，有它的必然性。人是有感情的，当正式群体和组织不能完全满

足个人的需要时，必然有非正式群体的出现。不能把非正式群体和我们日常所说的小集团、小圈子、小宗派等同起来，更不要和非法组织混为一谈。对非正式群体的作用要一分为二，它有消极作用，但也有积极作用。关键是如何引导以及怎样处理领导与非正式群体的关系。引导得法它将是正式群体的必要补充和支持。因此对非正式群体不宜采取消极限制的态度。

2. 遵守无害支持的原则

非正式群体只要不是非法组织、流氓集团、派别主义，不要采取取缔或限制的办法。疏导胜于防堵，防堵可能引起反抗或不满。只要不妨碍组织目标，不仅允许存在，而且一般不要伤害非正式群体的利益。总的原则是无害支持。

3. 为我所用的原则

对非正式群体要加以疏导利用，使其行为符合组织规范。要团结非正式群体的领袖发挥其作用、采纳非正式群体的合理意见，允许参与，以便促使非正式群体改变态度。对个别不利于组织目标的非正式群体，在说服引导无效后应采取措施拆散。

4. 把正式群体的利益尽量与非正式群体的利益相结合

领导的主要精力应放在正式群体上，但要使正式群体的利益尽量和非正式群体的利益结合起来。正式群体越能满足个人的需要，非正式群体就越少。但正式群体难以满足职工多种多样的需要，在这方面非正式群体可以互补。领导者可以根据群众的需要，有意识地组织各种非正式群体，如球队、登山队、集邮协会、美术小组、书法协会、下棋协会等。

（四）对非正式群体的情况要进行经常性的了解和阶段性的评估

为发挥非正式群体的正面作用，管理人员首先应多接触群众，了解各种非正式群体的存在情况。非正式群体是在企业中普遍存在的，一旦形成，只能去接受它的存在，不大可能拆散这个小团体，强硬的改变只能适得其反。当然，这种接纳不是无原则的附和，也不仅是对"非正式"群体存在的客观现实的接纳，还应是对"非正式"群体成员对组织管理者和管理过程不满和抱怨的容忍与接纳。"非正式群体"是组织成员敞开胸怀、抒发意志与情感的场所，因此倾听人们在这种场所发出的心声，对"非正式群体"管理的改善具有非同寻常的意义。

任务诊断 调查你所在的班级，看是否存在非正式群体，其形成的原因是什么，在班级管理中起了什么作用。

任务三 探析群体互动规律

任务情境 2008 年 6 月 28 日下午，贵州省瓮安县部分群众因对一名女学生死因鉴定结果不满，聚集到县政府和县公安局。在县政府有关负责人接待过程中，一些人煽动不明真相的群众冲击县公安局、县政府和县委大楼,"少数不法分子"趁机打、砸、烧,致使多间办公室和一些车辆被损坏。事件引起中央的高度重视,在武警的处置下瓮安县城秩序恢复正常,瓮安县党政主要负责人和公安部门负责人因此被查处。

贵州瓮安事件与 2004 年的重庆万州事件、2005 年的安徽池州事件、2006 年的浙江瑞安事件、2007 年的四川大竹事件,在起因、过程、后果等方面具有高度的结构相似性。我把这些事件统称为"社会泄愤事件"。

问题:从社会学的视角来看,社会泄愤事件是一种什么行为?

任务分析 群体动力学是著名心理学家勒温所提出的。物理学的场论使勒温认为,个人的心理活动是在一种心理场或"生活空间"发生的。生活空间包括可能影响个人的过去、现在和将来的一切事件,生活中的这三方面的每一方面都能决定任何一个情境下的行为。另一方面人的行为是由个体需要决定的,而这些需要是和他的心理环境相互作用着的。于是,勒温认为,为了预测特定个体的行为,就必须了解个体在其中完成这种行为的个体需要与全部情境。勒温的群体动力学观点,就是应用了关于个体行为和群体行为的概念。这一理论认为,正像个体和他的环境形成心理场一样,群体和它的环境则形成社会场。社会行为来自现存的社会实体,也发生于现存的社会实体中。为此,群体行为决定于待定时间内现存的整个场的情景。

本任务主要回答群体对个体能产生巨大的影响,个人在群体中会产生不同于处在单独环境中的行为反应。这些反应什么呢?有什么规律可循?探析这些群体互动规律会给我们的企业管理提供哪些有价值的参考资料等等问题。

在上述任务中,从社会学的视角来看,社会泄愤事件是一种群体行为。这种群体行动,与学术界所使用的集群行为或集合行为并无根本性的区别,主要是指"那些在相对自发的、无组织的和不稳定的群体情境中,由成员之间的相互暗示、激发和促进而发生的社会行为"。事件过程中存在着明显的借机发泄、逆反、盲从、法不责众等心理。根据群体动力学的研究结果,认为人们结成的群体,不是静止不变的,而是处于不断相互作用,相互适应的过程中。群体不是个体的简单总和,而是超越了总和。

知识精讲

一、群体规范

(一)群体规范的内涵

群体规范是指群体所确定的,每个成员必须遵守的行为准则。不同社会有不同的行为准则。在社会生活中,人们都分别属于某个群体,每一个群体都有它自己特有的行为准则。这种准则,有的成文,有的不成文,但都有约束和指导成员行为的效力。例如,企业中的班组基础管理是一项重要工作,为了做好这项工作,就需要制定成文的准则,以此来约束班组中的每一个成员。

群体成员的态度和行为，如果符合这种规范，群体就会加以肯定；当成员偏离或破坏这种规范时，群体就会运用各种方法加以纠正，使其回到规范的轨道上来。个体在群体规范的影响下所表现出的服从可以是自愿的，也可以是被迫的。

（二）群体规范的改革

群体规范不是一成不变的，随着形势的变化，原来是起积极作用的，在新形势下就可能成了消极性的东西，这时就要求改革。

在改革旧的规范时，我们主要是对事不对人，我们要求群体成员自始至终参与改革旧规范，维护新规则。具体实行时可参考心理学家尔尼克所提出的"规范分析法"。这一方法是改革群体行为的工具，其步骤与方法分为三个阶段：

第一阶段：明确现有规范内容。可以选择一个群体，了解该群体已形成的规范模式，其中哪些是消极的，需要变革，并提出改革的新建议。

第二阶段：制定规范剖面图。将规范分为10类，即组织荣誉、业务成绩、利润、合作、计划性、工作督导、训练、创造发明、用户关系、城市与安全，确定每类理想情况与实际情况的差异，从中找出当前关键性的改革项目，拟订出改进措施。

第三阶段：进行规范改革。在执行群体行为改革时，先要确定优先改革的规范项目，应该从最上层的群体开始逐级往下，主要是考虑与企业经济绩效有关的规范内容。现阶段，凡是不利于生产力发展的旧规范均列为优先改革的项目，要制订系统改革的方案，逐项对不适应新形势的旧规范进行改革。最后，要对行为改革的各项措施持续进行评价，并作必要的调整。

二、群体凝聚力

（一）群体凝聚力的内涵

群体凝聚力是指群体成员彼此吸引以及他们分担群体目标的程度。群体成员间相互吸引力越强，个性目标与群体目标越一致，群体凝聚力也越大。一般说来，一个高效率正式群体，主要有以下特征：

1. 群体成员间意见沟通畅通，信息传递快，上下左右互相了解，而不是各自为政，老死不相往来。

2. 群体气氛民主，生动活泼，人们能"知无不言，言无不尽"，没有压抑感。

3. 群体成员的归属感强，安心在本群体工作，并以此为自豪，而不是"能人思飞"、跳槽现象屡屡不断。

4. 群体成员有较强的事业心、责任感。愿意参加群体的各项活动，主动寻求责任，出勤率高。

5. 群体的各个成员都喜欢其他成员，愿同他们一起工作，关系和谐。

6. 群体可以帮助个体达到个人独自达不到的目标，为个人发展创造良好条件。

7. 群体成员都关心群体，维护群体的利益和荣誉。

（二）群体凝聚力与生产率的关系

组织行为学家的研究结果表明，高凝聚力的群体比低凝聚力的群体更有效。但是，凝聚力与生产效率的关系，在实际工作中却是相当复杂的。凝聚力与生产率之间的关系依赖于群体态度和组织目标的一致性（如图 4-3 所示）。

1. 如果群体态度是起促进作用的（高产量、高质量地工作），且群众目标与组织目标相一致，则凝聚力高的群体将比凝聚力低的群体生产率高。

2. 如果群体态度对目标是支持的，且群体的目标与组织的目标相一致，这时群体的凝聚力虽然低，也能提高生产率。

3. 如果群体目标与组织目标不一致，且群体的态度不支持组织目标，则群体凝聚力高时，生产率将下降。

4. 如果群体凝聚力低，且其态度又不支持目标，则凝聚力对生产率不会产生明显的影响。

由此可见，并不是任何凝聚力都是有利于提高生产率的。只有在群体的目标与组织的目标相一致的基础上，增强凝聚力才有利于提高生产率。反之，如果群体的目标与组织的目标背道而驰，则高凝聚力反而使生产率下降。

【课堂讨论】 一企业有两个生产同类产品的车间，A 车间的凝聚力明显弱于 B 车间，但 A 车间的生产效率又明显高于 B 车间。为什么？

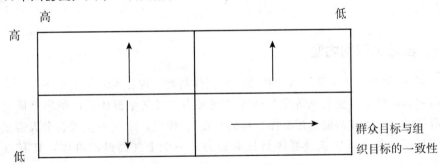

图 4-3 凝聚力与生产率的关系

（三）增强群体凝聚力的途径

群体的凝聚力是群体素质的重要组成部分。凝聚力强的群体，其素质好；凝聚力弱的群体，其素质差。群体的凝聚力是保证群体生存、竞争、吸引人才的基本条件。随着改革的深入，群体有一定的自主权，群体的命运由自己决定。为此，只有高凝聚力的群体，才能在激烈的竞争中生存、发展，吸引各类人才；反之，没有吸引力的低凝聚力群体，在激烈的竞争中会被淘汰。增强群体凝聚力的途径有：

1. 群体成员的共同性。这主要是指成员间要有共同利益和目标，这是增强凝聚力的关键因素。如组织群体承包后，彼此间有着明显的利害关系，因此，此类群体凝聚力比不承包的群体高；

2. 群体规模的大小。通常情况下，群体的大小与凝聚力成反比，即群体规模越大，则不易凝聚；反之，群体规模小，则容易凝聚；

3. 群体与外部的关系。群体存在外来威胁会增强群体成员相互间合作的需要。如改革开放中引进"竞争"机制，组织在外部竞争对手的面前，只有加强内部团结，增强凝聚力，才能战胜对方；

4. 成员对群体的依赖。在现阶段，最能满足成员物质与精神需要的群体，最有吸引力，因而凝聚力最强；

5. 群体的地位。在社会上，有不同等级地位的群体，等级地位越高的群体，其凝集力越强。如全国优秀班组"马恒昌小组"比一般的群体凝聚力强；

6. 目标的达成。一般说来，达到目标会增强凝聚力，增加自豪感；反之，达不到目标，会丧失成就感，进而减弱群体凝聚力；

7. 信息的沟通。凝聚力高的群体，其成员间的信息较畅通；反之，信息不能及时沟通的群体，其凝聚力会降低；

8. 领导的要求与压力。当前，党和政府的各项改革规定与措施，都要求组织群体增加凝聚力，以适应商品经济的新形势。凝聚力不强的群体只能在改革的新形势下解体。一个组织因凝聚力不高可以破产，一个群体凝聚力不强，也可以随时被改组重建。

三、群体士气

（一）群体士气的内涵

"士气"一词原用于军队，表示作战时的集体精神，现在也应用于组织中，表示群体的工作精神。心理学家史密斯等把群体士气定义为"对某个群体或组织感到满足，乐意成为该群体的一员，并协助达成群体目标的态度"。因此，士气不仅代表个人需要满足的状态，而且还包含愿意为实现群体目标而努力。一个士气高昂的群体，具有以下七种特征：

1. 团结的群体来自内部的凝聚力，而非起因于外部的压力；

2. 群体内的成员没有分裂为互相敌对的小群体的倾向；

3. 群体本身具有适应外部变化的能力，有处理内部冲突的能力；

4. 成员与成员之间有强烈的认同感和归属感；

5. 每个群体成员都能明确地掌握群体的目标；

6. 成员对群体的目标及领导者，抱以肯定和支持的态度；

7. 成员承认群体的存在价值，并具有维护群体继续存在的意向。

研究结果表明，高昂的士气虽不一定能保证提高组织的生产效率，但是，要提高组织的生产效率，它却是必不可少的条件。因此，在一个组织中，管理人员要注意了解士气，了解职工对工作、对组织、对上级、对同事、对工作环境的态度，并为人事管理提供重要资料，这是组织进行有效管理的有力手段。

（二）影响群体士气的因素

1. 对组织目标的赞同

士气是群体中成员的群体意识，它代表一种个人成败与群体成就休戚相关的心理。这种心理必须是在个人的目标与群体的目标协调一致时才可能产生。这时，个体对组织有强烈的认同感，愿意为达成组织目标而努力。

2. 合理的经济报酬

金钱不是人们所追求的唯一目标，但金钱可以满足个人的许多需求，有时它还代表一个人在组织中的成就和贡献。合理的薪资制度，如同工同酬，以工计酬，公平合理，就能提高员工的工作积极性。反之，会引起不满而降低士气。

3. 对工作的满足感

一个人对所从事的工作感到合乎他的兴趣、适合他的能力时，就会感到它具有挑战性，能施展他的抱负。在这种满足感的情况下士气必然会提高。因此，安排工作时要尽可能符合职工的智力、兴趣、教育程度和特殊专长，这样做就能施展其长处，鼓励士气。

4. 良好的意见沟通

上、下级之间如果沟通受阻，则可能引起职工的不满而影响士气。单向沟通只是上级命令下级，而没有给职工反映意见的机会，日久易产生抗拒心理，降低士气。多让职工有参与决策或群体讨论的机会，这种双向沟通，有利于提高职工的积极性。

5. 奖励方式得当

采取个体奖励制度，容易造成竞争式群体，影响群体的凝聚力；如果采取群体奖励制度，以群体成绩计酬分享，那么有利于提高全体成员的士气。

6. 良好的工作心理环境

在充满自信、自尊的关系中工作，心理挫折就少，焦虑也少，有利于提高职工的士气。

四、从众行为

（一）从众行为的内涵

从众行为是指群体成员企求自己的行为跟从群体的倾向，是群体压力的结果。群体压力是指群体中多数人的意见和行为对个体在心理上产生的某种约束力，即个体在群体中与多数人的意见、行为不相一致时所感受到的一种心理负担。这种负担不像行政命令那样对个体具有强制作用，而是通过多数人的意见，使个体在群体中自觉或不自觉地接受"群体压力"的影响，而在意见、判断和行为上与多数人保持一致的一种行为倾向。

（二）从众行为产生的原因

产生从众行为的因素是多方面的，一般有以下三种情况：

1. 群体压力因素

从众的产生是群体压力造成的。一般情况下会有三方面的压力：一是把多数人的错误判断看成是正确的，思想和行为上随大流；二是相信自己的判断是正确的，但不愿标新立异，怕"枪打出头鸟"；三是对自己的判断缺乏自信，跟从大伙。

个体迫于这些压力，被迫和群体保持一致，遵守群体规范。一致时，个体心理是平衡的安全的，反之，则会感到心理压力、焦虑、苦恼和孤独。

2. 情景制约因素

个体感到在群体中多数成员的威信、能力、知识水平都高于自己时，通常产生从众行为，放弃自己的意见。比如，刚刚进入群体的成员，为了取得其他成员的好感，并得到容纳多采取从众态度，按群体意志行事。又如刚调入单位的同志，由于问题复杂，情况不明，判断缺乏标准时，多采取从众态度。管理者在处理员工间的纠纷时亦大多如此。群体认同的行为，个体多服从，一般能满足个体需求的群体，个体成员的行为是一致的。群体的凝聚力强，成员目标一致、关系融洽，则群体吸引力强，成员一般从众。反之，群体不认同的行为，则个体的从众行为少（多顺从于"小团伙"），哪怕压力再大，也不在乎，这种情况，不利于团队建设，群体多数成员对不轻易放弃自己意见的人采取不容纳态度，个体由于承受的心理压力大，则形式上表现为众行为。

3. 个体特征制约因素

个体特征是指个人的智力、情绪、气质、性格、意志等心理品质上的差异。例如，孤陋寡闻，自信心不足，自尊心弱的人易从众；对压力承受力低的同志易从众；有的人多愁善感，总担心会有什么事对自己不利，为减轻心理负担，一般采取人云亦云的态度，与大家保持一致意见；性格上墨守成规，息事宁人者多从众；有求于别人者，因此而服从于别人；有的人需要其他人的"保护"，而与这些"保护人"在意见、行动上保持一致；有较高荣誉要求，重视群体评价的人常被迫从众。

（三）从众行为的作用

从众行为在客观上会产生积极的或消极的两种相反的作用：

1. 积极作用

从众行为的实质是通过群体压力来改变个体的观念，统一个体的认识，从而付诸行动的。因此，与群体利益一致的从众行为是积极的，它可以增强个体的安全感和归属感，使之在精神上得到群体的支持，从而增强团结，提高群体活动效果。所以在管理工作中，在保证群体压力正确的前提下，要创造条件，使单位成员产生从众行为，这种从众行为一旦产生，要及时给予肯定，使之强化巩固。比如，单位工作中有时让爱缺勤的同志作考勤记录，使其不良行为在大家的监督下得以改正；把工作懒散拖拉的同志，安排同一些优秀的同志一道工作等等。

2. 消极作用

从众行为的消极作用表现在以下几个方面：（1）由于群体压力下产生的从众行为有很大的盲从性，这样就容易使正确意见受到压制，易限制个体创造力的发挥，使个体产生受强制和被迫的心理感受。（2）管理者在作决策时或作决定时，要警惕在表面一致的情况下做出不正确的结论。不要被这种"表面一致"所迷惑，要细心观察，采取谨慎的态度。(3)管理者在作决策的过程中，也要善于听取和分析反面的意见，提高自己运用反面意见的能力。

（四）正确对待群体中的从众行为

1. 与群体目标一致的意见行为要充分地给予鼓励、表扬。一方面使个体的这种行为得到巩固强化，继续发扬；另一方面，使其他成员对集体目标产生心理趋向，意见行为向集体目标靠拢。同时，还要注意其他成员对个体的冷嘲热讽，解除个体怕"枪打出头鸟"的思想困惑，以增强个体意见行为的安全感，使大家充分认识到集体的力量、温暖，产生归属感。对于不同意见要在听取和分析的基础上去作出判断，不能简单地否定，对个体来说，应允许其保留意见，以待实践检验，使之心服口服。有时，真理是掌握在少数人手中的，对这种正确的个体意见，领导要鼓励支持，增强个体的自信心，使之畅所欲言地充分表现，并通过领导对其他成员的说服工作，使之得到集体的接纳。

2. 与组织目标不相一致的乃至有碍组织目标实现的意见行为，要对个体进行正面教育疏导，必要时可采取强制手段。如因怕惹事端，怕遭非议而盲从错误意见的，因学习、工作和生活上要依赖别人而被迫服从别人的，出于某种不良动机要拉拢一些人而不得不服从他人的等等现象。领导就要对他们做耐心细致的教育疏导工作。一方面，要增强他们的自我意识，另一方面要让他们认识到只有靠组织才能真正解决问题。有的从安全感出发依赖"保护人"，这种"保护人"有的是组织的同事，有的是组织外能办事、"靠得住"的人，好为别人"打抱不平"，这种现象发展的恶果，会出现有损于团结有害于社会的"团伙"组织。领导应引起高度的重视和警觉。一方面要营造一种团结互助、凝聚力强的风气，将这种现象消灭在萌芽状态。另一方面一旦发现有"团伙"产生的现象，必须采取措施，予以分化遣散。

总之，从众行为是群体中普遍存在的一种心理现象，它具有积极的和消极的两种相反的作用。作为对企业负责任，不能对这种现象采取简单的肯定或否定的态度，应具体问题具体分析，具体对待，使个体的优点和长处得到肯定，错误得到纠正，从而增强群体凝聚力，使组织目标得以顺利实现。

典型事例

小张是某重点大学学习行政管理专业的学生，在校期间品学兼优，多次获得奖学金、"三好"学生、优秀团员，并光荣加入中国共产党。2002年，小张参加了某市公务员考试，顺利通过，并被该市政府法制办录用。进入了公务员系统，小张认为从此有了稳定的收入，而且自己的所学又能派上用场，感到很高兴，并且暗自下定决心：要好好的做出一番事业。于是，每天小张早早地来到办公室，扫地打水，上班期间更是积极主动承担各种工作任务，回家还钻研办公室业务。

法制办公室是一个有五个人的大科室，包括主任甲，副主任乙，三位年纪较长的办事员A、B、C。几位老同志听说办公室要来这么一个年轻人，顾虑重重，他们认为现在的大学生从小娇惯，自命甚高，很难相处，而且业务又不熟，还需要他们手把手地教，来了他无异于来了一个累赘。令他们没有想到的是，这个年轻人热情开朗，待人谦虚，很容易相处。更重要的是，小张有行政学专业背景，再加上聪明好学，很快就熟悉了业务，成为法制办工作的一把好手。而且小张很勤快，承担了办公室大量工作，让几位老同志一下子减轻了许多压力。几位老同志渐渐喜欢上了这个年轻人，主任，副主任也经常在办公室会议上表扬小张。

可是聪明的小张发现，随着科长表扬的次数增多，几位老同志对自己越来越冷淡。有一次，忙着赶材料，B居然冷冷地对他说："就你积极！"小张一时间丈二和尚摸不着头脑。

一年很快就过去了，小张顺利转正。

市政府办公室年终考核的时候认为，法制办工作能按量优质提前完成，被评为"优秀科室"。并且在制定下一年度（2004年）计划时，又增加了法制办的工作量。法制办的几位老同志本来因为小张的到来轻松了许多，这下子又忙起来。而且他们发现，虽然繁忙依旧，但是"名"却给夺走了，每次得到表扬的总是小张。小张更加被排斥了。随着2004年小张被评为法制办第一季度先进个人，A、B、C对小张的反感达到了顶点。从此，几位老同志再也不邀请小张参加任何一次集体活动，还在背后称小张是"工作狂"、"神经病"、"都这么大了还不谈恋爱，是不是身体有毛病"。话传到小张耳朵里，小张很伤心，"我这么拼命干不也是为办公室吗？要不是我，去年办公室能评上先进科室？怎么招来这么多怨恨？"他一直都不能理解。有一次，小张把自己的遭遇同另外一个部门的老王讲了。老王叹了口气，"枪打出头鸟，你还年轻，要学的还很多啊！"小张恍然大悟，正是自己的积极破坏了办公室原有的某些东西，让几位老同志倍感压力，才招来如今的境遇。

从此，小张学"乖"了，主任不布置的任务，再也不过问了；一天能干完的事情至少要拖上两天甚至三天。办公室又恢复了平静与和谐，先进个人大家开始轮流坐庄，几位老同志见到小张的时候又客气起来了，集体活动也乐意邀请上他。小张觉得，这样很轻闲，与大家的关系也好多了，心理压力骤减，生活也重新有了快乐。

任务诊断 结合案例分析群体互动有哪些规律？组织管理中为什么要探析这些规律？

任务四　有效沟通

任务情境 有一个秀才去买柴，他对卖柴的人说："荷薪者过来！"卖柴的人听不懂"荷薪者"（担柴的人）三个字，但是听得懂"过来"两个字，于是把柴担到秀才前面。秀才问他："其价如何？"卖柴的人听不太懂这句话，但是听得懂"价"这个字，于是就告诉秀才价钱。秀才接着说："外实而内虚，烟多而焰少，请损之。"（你的木材外表是干的，里头却是湿的，燃烧起来，会浓烟多而火焰小，请减些价钱吧。）卖柴的人因为听不懂秀才的话，于是担着柴就走了。

问题：卖柴人为什么不把木柴卖给秀才？如果你是秀才，你会怎样做？为什么？

任务分析 随着企业间竞争的不断加剧和商务交往的日益频繁，沟通能力已经在现代社会中变得越来越重要。市场经济的到来，那种君子敏于行而讷于言的时代已一去不复返了。未来每一个不想被淘汰的人，都要学会高效的沟通和表达。卡耐基说过：一个人的成功 15％靠专业知识，85％靠人际沟通与公众演讲能力。

本任务主要回答沟通的内涵和类型、沟通模型和过程以及如何实现有效沟通，对实现有效沟通的障碍进行分析，找到克服沟通障碍的方法以及在沟通过程中如何处理冲突、实现高效沟通的技巧等等问题。

在上述任务中，秀才最好用简单的语言、易懂的言辞来传达讯息，而且对于说话的对象、时机要有所掌握，有时过分的修饰反而达不到想要达到的目的。

知识精讲

一、沟通的内涵

在管理学中，沟通是指为了一个设定的目标，把信息、思想和情感在两人或两人以上的人群中的传递或交换，并且达成共同协议的过程。由此可见，沟通有三大要素：一是要有一个明确的目标；二是达成共同的协议；三是沟通信息、思想和情感。

一般来说，沟通在组织管理中具有以下几个方面的重要意义：

1. 沟通是协调各个体、各要素，使组织成为一个整体的凝聚剂

每个组织都由数人、数十人、甚至成千上万人组成，组织每天的活动也由许许多多具体的工作所构成，由于各个体的地位、利益和能力的不同，他们对企业目标的理解、所掌握的信息也不同，这就使得各个体的目标有可能偏离组织的总体目标，甚至完全背道而驰。如何保证上下一心，不折不扣地完成组织的总目标呢？这就需要互相交流意见，统一思想认识，自觉地协调各个体的工作活动，以保证组织目标的实现。

2. 沟通是领导者激励下属，实现领导职能的基本途径

一个领导者不管他有多么高超的领导艺术水平，有多么灵验的管理方法，他都必须将自己的意图和想法告诉下属，并且了解下属的想法。

3. 沟通也是组织与外部环境建立联系的桥梁

组织必然要和顾客、政府、公众和竞争者等发生各种各样的关系，它必须按照顾客的要求调整产品结构，遵守政府的法规法令，担负自己应尽的社会责任，获得适用且廉价的原材料，并且在激烈的竞争中取得一席之地，这使得组织不得不和外部环境进行有效的沟通。而且，由于外部环境永远处于变化之中，组织为了生存就必须适应这种变化，这就要求组织不断地与外界保持持久的沟通，以便把握住成功的机会，避免失败的可能。

二、沟通的模型与沟通过程

简单地说，沟通就是信息传递的过程。在这个过程中，至少存在着一个信息发送者和一个信息接受者，即发出信息的一方和接受信息的一方。信息在两者之间传递的过程（如图 4-4 所示）。

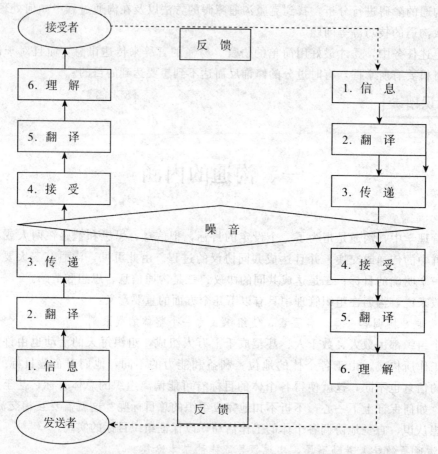

图 4-4　沟通的过程

1. 发送者需要向接受者传送信息或需要接受者提供（反馈）信息。这里所说的信息包括很广，诸如想法、观点、资料等。

2. 发送者将这些信息译成接受者能够理解的一系列符号。为了有效地进行沟通，这些符号必须能符合适当的媒体。例如，如果媒体是书面报告，符号的形式应选择文字、图表或者照片等；如果媒体是讲座，应选择文字、投影胶片和板书等。

3. 将上述符号传递给接受者。由于选择的符号种类不同，传递的方式也不同。传递的方式可以是书面的（信、备忘录等），也可以是口头的（交谈、演讲、电话等），甚至还可以通过身体动作来进行（手势、面部表情、姿态等）。

4. 接受者接受这些符号。接受者根据这些符号传递的方式，选择相对应的接受方式。例如，这些符号是口头传递的，接受者就必须仔细地听，否则符号将会丢失。

5. 接受者将这些符号译为具有特定含义的信息。由于发送者翻译和传递能力的差异，以及接受者接受和翻译水平的不同，信息的内容经常被曲解。

6. 接受者理解信息的内容。

7. 发送者通过反馈来了解他想传递的信息是否被对方准确无误地接受。一般说来，由于沟通过程中存在着许多干扰和扭曲信息传递的因素（通常将这些因素称为噪音），使得沟通的效率大为降低。因此，发送者了解信息被理解的程度是十分必要的。反馈构成了信息的双向流动。

三、沟通的类型

（一）按沟通的功能和目的分类

按沟通的功能和目的划分，可以分为工具沟通和满足需要的沟通。

工具沟通的主要目的是传递信息，同时也将发送者自己的知识、经验、意见和要求等告诉接受者，以影响接受者的知觉、思想和态度体系，进而改变其行为。

满足需要的沟通目的为表达情绪状态，解除紧张心理，征得对方的同情、支持和谅解等，从而满足个体心理上的需要，改善人际关系。

（二）按沟通信息的流动方向分类

按沟通信息的流动方向划分，可以分为上行沟通、下行沟通和平行沟通。

上行沟通是指自下而上的沟通，即下级向上级汇报情况，反映问题。这种沟通既可以是书面的，也可以是口头的。为了做出正确的决策，领导者应该采取措施，如开座谈会、设立意见箱和接待日制度等鼓励下属尽可能多地进行上行沟通。

下行沟通是指自上而下的沟通，即领导者以命令或文件的方式向下级发布指示、传达政策、安排和布置计划工作等。下行沟通是传统组织内最主要的一种沟通方式。

平行沟通主要是指同层次、不同业务部门之间以及同级人员之间的沟通。平行沟通符合过程管理学派创始人法约尔提出的"跳板原则"，它能协调组织横向之间的联系，在沟通体系中是不可缺少的一环。

（三）按沟通的方式分类

按沟通的方式划分，可以分为口头沟通和书面沟通、语言沟通和非语言沟通。

所谓口头沟通，就是运用口头表达的方式来进行信息的传递和交流。这种沟通通常见于会议、会谈、对话、演说、报告、电话联系、市场访问、街头宣传等。

书面沟通指的是用书面形式进行的信息传递和交流。例如简报、文件、通信、刊物、调查报告、书面通知等。

语言沟通是借助于语言符号系统而进行的沟通。其中包括口头语言、文字语言和图表等。在面对面的直接交往中，通常所用的是口头语言。是由"说"和"听"构成语言交流情境的，因而双方心理上的交互作用表现得格外明显。

非语言沟通指的是用语言以外的即非语言符号系统进行信息沟通。如声、光信号（红绿灯、警铃、旗语、服饰标志）、体态（手势、肢体动作、表情）、语调等。

美国心理学家戴尔通过比较研究，认为兼用口头与书面沟通的沟通方式效果最好，其次是口头沟通，再次是书面沟通。语言沟通与非语言沟通通常是交织在一起的，这两个方面配合得越好，沟通的效果也就越好。

（四）按沟通的信息接受者与发送者的地位分类

按沟通的信息接受者与发送者的地位划分，可以分为单向沟通和双向沟通。

单向沟通是指信息的发送者和接受者的位置不变的沟通方式，如作报告、演讲、上课，一方只发送信息，另一方只接受信息。这种沟通方式的优点是，信息传递速度快，并易保持传出信息的权威性，但准确性较差，并且较难把握沟通的实际效果，有时还容易使受讯者产生抗拒心理。当工作任务急需布置，工作性质简单，以及从事例行的工作时，多采用此种沟通方式。

双向沟通是指信息的发送者和接受者的位置不断变换的沟通方式，如讨论、协商、会谈、交谈等均属此类沟通。信息发送者发出信息后，还要及时听取反馈意见，直到双方对信息有共同的了解。双向沟通的优点是，信息的传递有反馈，准确性较高。由于受讯者有反馈意见的机会，使其有参与感，易保持良好的气氛和人际关系，有助于意见沟通和建立双方的感情。但是，由于信息的发送者随时可能遭到受讯者的质询、批评或挑剔，因而对发讯者的心理压力较大，要求也较高；同时，这种沟通方式比较费时，信息传递速度也较慢。

（五）按沟通的组织系统分类

按沟通的组织系统划分，可以分为正式沟通和非正式沟通。

正式沟通指的是通过组织明文规定的渠道进行信息的传递和交流。如组织与组织之间的公函来往。在组织中，上级的命令、指示按系统逐级向下传送；下级的情况逐级向上报告，以及组织内部规定的会议、汇报、请示、报告制度等。正式沟通的优点是：沟通效果较好，有较强的约束力，易于保密，一般重要的信息通常都采用这种沟通方式。缺点是：因为依靠组织系统层层传递，因而沟通速度比较慢，而且显得刻板。

非正式沟通指的是正式沟通渠道之外进行的信息传递和交流。如员工之间私下交换意见，背后议论别人，小道消息，马路新闻的传播等，均属于非正式沟通。其优点是：沟通方便，内容广泛，方式灵活，沟通速度快，可用以传播一些不便正式沟通的信息。而且由于在这种沟通中比较容易把真实的思想、情绪、动机表露出来，因而能提供一些正式沟通中难以获得的信息。因此，管理者要善于利用它。但是，一般说来，这种非正式沟通比较难以控制，传递的信息往往不确切，易于失真、曲解，容易传播流言蜚语而混淆视听，应予重视，注意防止和克服其消极的方面。

四、实现有效沟通

（一）实现有效沟通的障碍

在日常的沟通行为中，常常因为一些"意外"而使沟通无法实现，更要命的是会出现相反的效果。这些情况都表明，沟通出现了障碍，有一些因素影响了信息的有效传递。

实现有效沟通的障碍主要有个人原因、人际原因和结构原因。

1. 个人原因

个人原因有以下几种情况：一是人们对人对事的态度、观点和信念不同造成沟通的障碍。知觉选择的偏差是指人们有选择地接受，例如，人们在接受信息时，符合自己利益需要又与自己切身利益有关的内容很容易接受，而对自己不利或可能损害自己利益的则不容易接受。二是个人的个性特征差异引起沟通的障碍。在企业内部的信息沟通中，个人的性格、气质、态度、情绪、兴趣等差别，都可能引起信息沟通的障碍。三是语言表达、交流和理解造成沟通的障碍。同样的词汇对不同的人来说含义是不一样的。在一个组织中，员工常常来自于不同的背景，有着不同的说话方式和风格，对同样的事物有着不一样的理解，这些都造成了沟通的障碍。

2. 人际原因

人际原因主要包括沟通双方的相互信任程度和相似程度。沟通是发送者与接受者之间"给"与"受"的过程。信息传递不是单方面，而是双方的事情，因此，沟通双方的诚意和相互信任至关重要。在组织沟通中，当面对来源不同的同一信息时，员工最可能相信他们认为的最值得信任的那个来源的信息。上下级之间的猜疑只会增加抵触情绪，减少坦率交谈的机会，也就不可能进行有效的沟通。沟通的准确性与沟通双方间的相似性也有着直接的关系。沟通双方的特征，包括性别、年龄、智力、种族、社会地位、兴趣、价值观、能力等相似性越大，沟通的效果也会越好。

3. 结构原因

结构原因是指信息传递者在组织中的地位、信息传递链、团体规模等结构因素也都影响了有效的沟通。许多研究表明，地位的高低对沟通的方向和频率有很大的影响。例如，人们一般愿意与地位较高的人沟通。地位悬殊越大，信息趋向于从地位高的流向地位低的。信息传递层次越多，它到达目的地的时间也越长，信息失真率则越大，越不利于沟通。另外，组织机构庞大，层次太多，也影响信息沟通的及时性和真实性。

一般说来，信息通过的等级越多，它到达目的地的时间也越长，信息失真率则越大。这种信息连续地从一个等级到另一个等级所发生的变化，称为信息传递链现象。一项研究表明，企业董事会的决定通过五个等级后，信息损失平均达80%。其中，副总裁这一级的保真率为63%，部门主管为56%，工厂经理为40%，第一线工长为30%，职工为20%。

当工作团体规模较大时，人与人之间的沟通也相应地变得较为困难。这一方面是由于可能的沟通渠道的增长大大超过人数的增长。例如，5 个人的团体，有 n（n−1）/2 即 10 条渠道；10 人有 45 条渠道；20 人有 190 条渠道。另一方面是由于随着团体规模的扩大，沟通的形式将非常复杂。

组织中的工作常常要求工人只能在某一特定的地点进行操作。这种空间约束的影响往往在工人单独干某位置工作或在数台机器之间往返运动时尤为突出。空间约束不仅不利于工人间的交往，而且也限制了他们的沟通。一般说来，两人间的距离越短，他们交往的频率也越高。

（二）克服沟通障碍的方法

1. 明了沟通的重要性，正确对待沟通

管理人员十分重视计划、组织、领导和控制，对沟通常有疏忽，认为信息的上传下达有了组织系统就可以了，对非正式沟通中的"小道消息"常常采取压制的态度。上述种种现象都表明沟通没有得到应有的重视，重新确立沟通的地位是刻不容缓的事情。

2. 要学会"听"

对管理者来说，"听"绝不是件轻而易举的事情。"听"不进去一般有下列三种表现：(1) 根本不"听"；(2) 只"听"一部分；(3) 不正确地"听"。作为一个有效的管理者，应当学会如何"听"，首先要注意"听"的态度：第一，要拿出真诚；第二，谦和而平等；第三，要耐心专注。其次要注意"听"的过程：第一，不要急于表达自己，要礼貌地请对方先发表意见。第二，暂时放弃自己的价值观和立场，尽量放空自己，才能听到别人。第三，在倾听后不要急于否定对方，不要匆忙下任何结论，要给予自己时间去思考和判断。

3. 创造一个相互信任，有利于沟通的环境

经理人员不仅要获得下属的信任，而且要得到上级和同僚们的信任。

4. 缩短信息传递链，拓宽沟通渠道，保证信息的畅通无阻和完整性

信息传递链过长，减慢了流通速度并造成信息失真，这是人所共知的事实。减少组织机构重叠、层次过多，确实是必须要做的事情。此外，在利用正式沟通渠道的同时，可开辟高级管理人员至低级管理人员的非正式的直通渠道，以便于信息的传递。

5. 建立特别委员会，定期加强上下级的沟通

特别委员会由管理人员和第一线的工人组成，定期讨论各种问题。国外的特别委员会通常每年碰头两至六次，并且会前有正式的会议议题，会后公开讨论结果。

6. 有效利用职工代表大会

每年一度的职工代表大会为厂长汇报工作提供了良机。厂长就企业过去一年取得的成绩、存在的问题以及未来的发展等重大问题通报全体员工，而职工也可以就自己所关心的问题与厂长进行面对面的沟通和交流。

7. 设立非管理工作组

当企业发生重大问题，引起上下关注时，管理人员可以授命组成非管理工作组。该工作组由一部分管理人员和一部分职工自愿参加，利用一定的工作时间，调查企业的问题，并向最高主管部门汇报。最高管理阶层也要定期公布他们的报告，就某些重大问题

或"热点"问题在全企业范围内进行沟通。

8. 加强平行沟通，促进横向交流

一般说来，企业内部的沟通以与命令链相符的垂直沟通居多，部门之间、工作小组之间的横向交流较少，而平行沟通却能加强横向的合作。具体说来，可以定期举行由各部门负责人参加的工作会议，其主题是允许他们相互汇报本部门的工作、对其他部门的要求等等，以便强化横向合作。

（三）沟通过程中的艺术

1. 高效沟通的技巧

交流沟通是人类行为的基础。但是，你的交流沟通是否能准确传达出你的愿望或对某事不予赞同的态度？沟通成功与否，与其说在于交流沟通的内容，不如说在于交流沟通的方式。要成为一名成功的交流者，取决于交流的对方认为你所解释的信息是否可靠而且适合。交流沟通涉及各式各样的活动：交流、劝说、教授以及谈判等。管理者要在这些活动中游刃有余，就要培养高效沟通所需的技巧。

（1）拥有自信的态度。一般经营事业相当成功的人士，他们不随波逐流或唯唯诺诺，他们有自己的想法与作风，但却很少对别人吼叫、谩骂，甚至连争辩都极为罕见。他们对自己了解得相当清楚，并且肯定自己，他们的共同点是自信，有自信的人常常是最会沟通的人。

（2）体谅他人的行为。这其中包含"体谅对方"与"表达自我"两方面。所谓体谅，是指设身处地为别人着想，并且体会对方的感受与需要。在经营"人"的事业过程中，当我们想对他人表示体谅与关心，唯有我们自己设身处地为对方着想。由于我们的了解与尊重，对方也相对体谅你的立场与好意，因而做出积极而合适的回应。

（3）适当地提示对方。产生矛盾与误会的原因，如果出自于对方的健忘，我们的提示正可使对方信守承诺；反之若是对方有意食言，提示就代表我们并未忘记事情，并且希望对方信守诺言。

（4）有效地直接告诉对方。一位知名的谈判专家在谈到他成功的谈判经验时说道："我在各个国际商谈场合中，时常会以'我觉得'（说出自己的感受）、'我希望'（说出自己的要求或期望）为开端，结果常会令人极为满意。"其实，这种行为就是直言不讳地告诉对方我们的要求与感受，若能有效地直接告诉你所想要表达的对象，将会有效帮助我们建立良好的人际网络。但要切记"三不谈"：时间不恰当不谈；气氛不恰当不谈；对象不恰当不谈。

（5）善用询问与倾听。询问与倾听的行为，是用来控制自己，让自己不要为了维护权力而侵犯他人。尤其是在对方行为退缩，默不作声或欲言又止的时候，可用询问行为引出对方真正的想法，了解对方的立场以及对方的需求、愿望、意见与感受，并且运用积极倾听的方式，来诱导对方发表意见，进而对自己产生好感。一位优秀的沟通好手，绝对善于询问以及积极倾听他人的意见与感受。

一个人的成功，20%靠专业知识，40%靠人际关系，另外40%需要观察力的帮助，因此，为了提升我们个人的竞争力，获得成功，就必须不断地运用有效的沟通方式和技巧，随时有效地与"人"接触沟通，只有这样，才有可能使你事业成功。

2. 冲突处理与谈判技巧

（1）冲突处理。

冲突是指由于某种差异而引起的抵触、争执或争斗的对立状态。

传统观点往往只看到冲突的消极影响，把冲突当做组织内部矛盾、斗争、不团结的征兆。因而管理者总是极力消除、回避或掩饰冲突。事实上，由于沟通差异、结构差异和个体差异的客观存在，冲突不可避免地存在于一切组织之中。我们不仅应当承认冲突是正当现象，而且要看到冲突的积极作用。任何一个组织如果没有冲突或很少有冲突，任何事情都意见一致，这个企业必将非常冷漠、对环境变化反应迟钝、缺乏创新。当然冲突过多过激也会造成混乱、涣散、分裂和无政府状态。

所以，企业应保持适度的冲突，养成批评与自我批评、不断创新、努力进取的风气，企业就会出现人人心情舒畅、奋发向上的局面，企业就有旺盛的生命力。这就是管理者冲突处理的使命。当企业缺乏冲突时，管理者应细心地寻找原因，问问自己是否过于看重决策的"意见一致"？是否过分强调"团结、友谊和支持比什么都重要"？是否处理问题过于"中庸"？为了促进冲突，管理者除改变自身的思想观念和工作作风外，还要有意识地鼓励、支持、任用和晋升持不同意见的人。有时为了引起冲突听到不同意见，可有意散布一点"小道消息"作为探测气球、问路之石，也可通过引进外人、调整机构等方法改变企业的现状。缺乏冲突时，希望有冲突，真有冲突时，又有可能害怕冲突，"叶公好龙"是许多管理者的通病。处理冲突实际上是一种艺术：

一是谨慎地选择你想处理的冲突。管理者可能面临许多冲突。其中，有些冲突非常琐碎，不值得花很多时间去处理；有些冲突虽很重要但不是自己力所能及的，不宜插手。有些冲突难度很大，要花很多时间和精力，未必有好的回报，不要轻易介入。管理者应当选择处理那些群众关心、影响面大、对推进工作、打开局面、增强凝聚力、建设组织文化有意义、有价值的冲突。其他冲突均可尽量回避，事事时时都冲到第一线的人并不是真正的优秀管理者。

二是仔细研究冲突双方的代表人物。是哪些人卷入了冲突？冲突双方的观点是什么？差异在哪里？双方真正感兴趣的是什么？代表人物的人格特点、价值观、经历和资源因素如何？

三是深入了解冲突的根源。不仅了解公开的表层的冲突原因，还要深入了解深层的、没有说出来的原因。冲突可能是多种原因共同作用的结果，如果是这样，还要进一步分析各种原因作用的强度。

四是妥善地选择处理办法。通常的处理办法有五种：回避、迁就、强制、妥协、合作。当冲突无关紧要时，或当冲突双方情绪极为激动，需要时间恢复平静时，可采用回避策略；当维持和谐关系十分重要时，可采用迁就策略；当必须对重大事件或紧急事件进行迅速处理时，可采用强制策略，用行政命令方式牺牲某一方利益处理后，再慢慢做安抚工作。当冲突双方势均力敌、争执不下需采取权宜之计时，只好双方都作出一些让步，实现妥协；当事件重大，双方不可能妥协，经过开诚布公的谈判，走向对双方均有利的合作。

（2）谈判技巧。

谈判是双方或多方为实现某种目标就有关条件达成协议的过程。这种目标可能是为了实现某种商品或服务的交易，也可能是为了实现某种战略或策略的合作；可能是为了弥合相互的分歧而走向联合，也可能是为了明确各自的权益而走向独立。市场经济本身就是一种契约经济，一切有目的的经济活动，一切有意义的经济关系都要通过谈判来建立。管理者总是面对无数的谈判对手。

优秀的管理者通常是这样进行重要的谈判的：

一是理性分析谈判的事件。抛弃历史和感情上的纠葛，理性地判别信息、依据的真伪，分析事件的是非曲直，分析双方未来的得失。

二是了解你的谈判对手。他的制约因素是什么？他的真实意图是什么？他的战略是什么？他的兴奋点和抑制点在哪里？

三是抱着诚意开始谈判。态度不卑不亢，条件合情合理，提法易于接受，必要时可以主动作出让步（也许只是一个小小的让步）。尽可能寻找双赢的解决方案。

四是坚定与灵活相结合。对自己目标的基本要求要坚持，对双方最初的意见（如报价）不必太在意，那多半只是一种试探，有极大的伸缩余地。当陷入僵局时，应采取暂停、冷处理后再谈，或争取第三方调停，尽可能避免破裂。

任务诊断 沟通的重要性是什么？如何进行有效沟通？

任务五　团队建设与管理

任务情境 800万只蚂蚁要穿越亚马逊河，蚂蚁们用自己的前爪攀附着同伴的后爪，而自己的后爪又被另一个同伴用前爪勾连在一起，大家你攀着我我抓着你，编织成一个巨大的"漂流筏"，任水流拍打，始终以一个牢不可破的集体，相互偎依，紧紧攀附在一起，随波逐流，它们借助"蚁群智慧"与协作的力量来战胜险境，……最终集体顺利上岸，从而完成了它们这次气势恢宏壮观惊险的旅行。

问题：蚂蚁个子小、力量单薄，简直到了微不足道的地步，但为什么能穿越亚马逊河？

任务分析 群体是两个以上相互作用又相互依赖的个体，为了实现某些特定目标而结合在一起，注重个体管理和绩效。我们常说的"部门"或"组"，就接近于群体，但非真正的团队。很多群体负责人都会毫不犹豫地回答：我们是一个团结的、友爱的、高效的团队！其实不然，群体未必是团队。

团队概念的提出最早是在1960年，IBM为了研发一个360度系统而成立了专门团队。在这个团队里，每个人都做出了贡献，形成整体的绩效。当时，丰田、沃尔沃等公司将团队引入生产过程中时，曾轰动一时。很多媒体追踪报道这些团队的工作过程和事迹。今天，世界500强企业中都采用团队形式。团队的作用不言而喻。在很短的时间里，团队已经如此普及，渗透到各个优秀企业、各个部门，甚至政府部门都将领导团队作为不可忽略的环节进行建设。团队建设成为流行的趋势已经成为不争的事实。

本任务主要揭示当今一些知名企业始终保持高效和活力的奥秘，即团队为何物？具体说是团队的含义、团队和群体的区别与联系、团队的类型和特征、团队品质的养成、团队精神的培养、团队建设的意义、团队建设的一般过程，同时也对团队建设中发出了危险信号、容易陷入的误区以及一支结构合理的团队应该由哪些人组成等等问题。

在上述任务中，蚂蚁可以称得上是最具协作精神和奉献精神的种群。虽然它们个子小、力量单薄，简直到了微不足道的地步，但它们却能发挥出无比惊人的力量，做出令人感叹不已的事。因为"团队协作"，3000只小蚂蚁能翻越10米高的城墙的，800万只小蚂蚁能穿越亚马逊河。

知识精讲

一、团队和群体

（一）团队的含义

团队是由员工和管理层组成的一个共同体，该共同体合理利用每一个成员的知识和技能协同工作，解决问题，达到共同的目标。一般来说，一个团队的构成基本上必须具备五个条件，简称5P，即目标（Purpose）、人（People）、团队的定位（Place）、权限（Power）和计划（Plan）。

（二）团队和群体的区别

有些人经常把团队和群体混为一谈，实际上团队和群体之间有根本性的区别。具体而言，团队和群体的区别主要体现在以下六个方面：

1. 领导方面。作为群体应该有明确的领导人；团队可能就不一样，尤其团队发展到成熟阶段，成员共享决策权；

2. 目标方面。群体的目标必须跟组织保持一致；但团队中除了这一点之外，还可以产生自己的目标；

3. 协作方面。协作性是群体和团队最根本的差异。群体的协作性可能是中等程度的，有时成员还有些消极，有些对立；但团队中是一种齐心协力的气氛；

4. 责任方面。群体的领导者要负很大责任；而团队中除了领导者要负责之外，每一个团队的成员也要负责，甚至要一起相互作用，共同负责；

5. 技能方面。群体成员的技能可能是不同的，也可能是相同的；而团队成员的技能是相互补充的，把不同知识、技能和经验的人综合在一起，形成角色互补，从而达到整个团队的有效组合；

6. 结果方面。群体的绩效是每一个个体的绩效相加之和；团队的结果或绩效是由大家共同合作完成的产品。

（三）团队和群体的联系

群体和团队也不是没有任何联系。它们的联系性主要表现在，群体在条件成熟的情况下可以向团队转化。当然从群体发展到真正的团队需要一个过程，需要一定的时间磨炼。这个过程分为以下几个阶段：

第一阶段，由群体发展到所谓的伪团队，也就是我们所说的假团队；

第二阶段，由假团队发展到潜在的团队，这时已经具备了团队的雏形；

第三阶段，由潜在的团队发展为一个真正的团队，它具备了团队的一些基本特征。真正的团队距离高绩效的团队还比较遥远；

第四阶段，由真正的团队发展成为高效团队。

【课堂讨论】 在现实中我们经常会碰到龙舟队、旅行团、足球队和候机旅客这四种类型。了解了群体和团队的差异之后，我们可以断定，谁是团队？谁是群体？

二、团队的类型和特征

在许多公司和组织中，团队是完成工作的基本单位。团队的种类有很多种。从不同的角度对团队进行划分，可以有不同类型。根据团队存在的目的和拥有自主权的大小，可将团队分成三种类型：问题解决型团队、自我管理型团队、多功能型团队。

问题解决型团队的核心点是提高生产质量、提高生产效率、改善组织工作环境等。在这样的团队中成员就如何改变工作程序和工作方法相互交流，提出一些建议。成员几乎没有什么实际权利来根据建议采取行动。

问题解决型团队对提高企业的质量行之有效，但团队成员在参与决策方面的积极性显得不够，组织总是希望能建立独立自主、自我管理的团队——自我管理型团队。

多功能型团队是由来自同一种等级不同领域的员工组成，成员之间交换信息，激发新的观点，解决所面临的一些问题。

三、团队建设

（一）团队品质的养成

团队建设的一个重要目标和任务是养成团队优良品质，确立团队优势。养成团队品质的基本任务是：

1. 培养团队精神

团队精神的基础是尊重个人的兴趣和成就。核心是协同合作，最高境界是全体成员的向心力、凝聚力,反映的是个体利益和整体利益的统一,并进而保证组织的高效率运转。

2. 发展团队能力

以下四个步骤有助于发展团队的能力:(1)分享所有相关的商务信息(而且要保证团队成员完全明白这些信息);(2)强化团队处理问题的能力(将训练和工作直接同团队的实际问题结合起来进行);(3)提高团队的决策能力;(4)界定团队界限。界定团队界限有助于团队聚焦于它能做什么,防止它做出向消费者提供产品或服务格格不入的决议。

3. 发展团队规范

团队发展的第三个阶段是设立规范,即为团队成员们的工作建立规范和标准,以使每个人都确切地知道他或她的职责范围和业绩标准。所有成员都要了解他们各自的目标,以及其业绩将如何被衡量。他们还应知道自己的责任和义务,不仅是对于各自负责的工作,还包括成员相互之间的责任和义务。作为领导者,推动设立规范的能力对于团队的成功至关重要。

4. 发展团队信任气氛

信任,作为高素质团队的起点,能制约和推动团队的发展。团队能不能飞跃,首先看在团队中能不能建立起相互的信任。从个人关系中不难知道,信任是脆弱的,它需要很长时间才能建立起来,却又极容易被破坏,破坏之后要恢复又非常困难。更重要的是,信任模式是一个两极循环模式。因为信任会带来信任,不信任会带来不信任,要维持一种信任关系就需要团队成员的精心呵护。

在信任的构建过程中,信任的五个要素:正直、能力、惯性、忠诚和开放是非常重要的。牢记这五个信任要素并真正落实到团队的行动中,团队信任的气氛将会很容易就建立起来并不断得到巩固。实践中可以用一些培训方法来培养员工之间的信任感,如拓展训练,短途旅行等。人力资源部门在新员工入职培训中一般都会安排拓展练习,在练习过程中,员工可以切身领悟到团队合作,相互信任的重要性。员工之间的认同感在短时间内得到极大的提升。据估计,在员工拓展训练期间提升的员工之间的认同感是传统方式(工作中自然建立)的10倍。我们可以看出拓展训练是一种增强团队成员相互信任的有效工具。那么作为领导者,每隔一段时间让团队成员在一起做一些管理类的游戏,组织一些有趣的活动,不仅可以增进团队成员的信任还可以缓解团队的压力。

(二)团队精神的培养

团队精神是指团队的成员为了实现团队的利益和目标而相互协作、尽心尽力的意愿和作风,它包括团队的凝聚力、合作意识和士气。团队精神强调的是团队成员的紧密合作。要培育这种精神,领导人首先,要以身作则,做一个团队精神极强的楷模;其次,在团队培训中加强团队精神的理念教育;最后,要将这种理念落实到团队工作的实践中去。一个没有团队精神的人难以成为真正的领导人,一个没有团队精神的队伍是经不起考验的队伍,团队精神是优秀团队的灵魂、成功团队的特质。

1. 团队精神的作用

(1)目标导向功能。团队精神的培养,使员工齐心协力,拧成一股绳,朝着一个目标努力,对某个员工来说,团队要达到的目标即是自己所努力的方向,团队整体的目标顺势分解成各个小目标，在每个员工身上得到落实。

（2）凝聚功能。任何组织群体都需要一种凝聚力，传统的管理方法是通过组织系统自上而下的行政指令，淡化了个人感情和社会心理等方面的需求，而团队精神则通过对团队意识的培养，通过员工在长期的实践中形成的习惯、信仰、动机、兴趣等文化心理，来沟通人们的思想，引导人们产生共同的使命感、归属感和认同感，反过来逐渐强化团队精神，产生一种强大的凝聚力。

（3）激励功能。团队精神要靠员工自觉地要求进步，力争与团队中最优秀的员工看齐。通过员工之间正常的竞争可以实现激励功能，而且这种激励不是单纯停留在物质的基础上，还能得到团队的认可，获得团队中其他员工的尊敬。

（4）控制功能。团队精神所产生的控制功能，是通过团队内部所形成的一种观念的力量、氛围的影响，去约束规范、控制员工的个体行为。这种控制不是自上而下的硬性强制力量，而是由硬性控制转向软性内化控制；由控制员工行为，转向控制员工的意识；由控制员工的短期行为，转向对其价值观和长期目标的控制。因此，这种控制更为持久有意义，而且容易深入人心。

2. 打造团队精神的方法

（1）营造相互信任的组织氛围。有一家知名银行，其管理者特别放权给自己的中层雇员，一个月尽管去花钱营销。有人担心那些人会乱花钱，可事实上，员工并没有乱花钱，反而维护了许多客户，其业绩成为业内的一面旗帜。相比之下，有些管理者，把钱看得很严，生怕别人乱花钱，自己却大手大脚，结果员工在暗中也想尽一切办法谋一己私利。还有一家经营环保材料的合资企业，总经理的办公室跟普通员工的一样，都在一个开放的大厅中，每个普通雇员站起来都能看见总经理在做什么。员工出去购买日常办公用品时，除了正常报销之外，公司还额外付给一些辛苦费，这个举措杜绝了员工弄虚作假的心思。在这两个案例中，我们可以体会到相互信任的组织氛围对于组织中每个成员的影响。而从情感上相互信任，是一个组织最坚实的合作基础，能给员工一种安全感，员工才可能真正认同组织，把组织当成自己的，并以之作为个人发展的舞台。

（2）态度并不能决定一切。刘备是个非常注重态度的人，三顾茅庐请孔明，与关羽和张飞桃园结义，但最后却是一个失败者。曹操不管态度，唯人是举，成就大业。因为赢得利润不仅仅靠态度，更要依靠才能。那些重视态度的管理者一般都是权威感非常重的人，一旦有人挑战自己的权威，内心就不太舒服。所以，认为态度决定一切的管理者，首先要反思一下自己的用人态度，在评估一个人的能力时，是不是仅仅考虑了自己的情感需要而没有顾及雇员的情感？是不是觉得自己的权威受到了人才的挑战不能接受？

（3）在组织内慎用惩罚。从心理学的角度，如果要改变一个人的行为，有两种手段：惩罚和奖励。惩罚导致行为退缩，是消极的、被动的，法律的内在机制就是惩罚。奖励是积极的、主动的，能持续提高效率。适度的惩罚有积极意义，过度惩罚是无效的，滥用惩罚的组织肯定不能长久。惩罚是对员工的否定，一个经常被否定的员工，有多少工作热情也会荡然无存。奖励和肯定有利于增加员工对组织的正面认同，而组织对于员工的频繁否定会让员工觉得自己对组织没有用，进而员工也会否定组织。

（4）建立有效的沟通机制。理解与信任不是一句空话，往往一个小误会反而给管理带来无尽的麻烦。有一个员工要辞职，雇主说："你不能走啊，你非常出色，之前的做法都是为了锻炼你,我就要提拔你了,我还要奖励你!"可是,员工却认为是一句鬼话,他废寝忘食地工作,反而没马屁精的收入高,让他如何平衡!一个想重用人才,一个想为组织发挥自己的才能,仅仅因为沟通方式不畅,都受到伤害。

3. 锻造团队型领导风格

团队领导人的领导风格有三种类型:监督型领导、参与型领导及团队型领导。

(1) 监督型领导。监督型领导是传统型领导。这种领导者的风格特点为:指挥员工,解说决策,训练个人,独揽大权,容忍冲突,反抗变革。监督型领导大权独揽,成员一般不参与决策,成员间缺乏合作精神。此类领导注重对成员的控制,而不是充分授权,处理冲突采取压制或容忍态度。在对待改革的问题上持保守态度,因而这种领导难以适应快速多变的时代环境。

(2) 参与型领导。参与型领导的领导风格相对而言要民主得多。此类领导者的风格特点是让员工参与;征求意见做决策;发挥个人能力;协调群体合作;解决冲突;推动变革。在领导风格发展至参与型领导时,员工尝到了自主的味道,领导者在决策前会积极提供自己的看法,与员工进行彼此间的沟通。领导者依然肩负重任,需要发布重要的命令,处理最棘手的问题,从事大部分的规则工作,在事情发生偏差时采取纠正行为。

(3) 团队型领导。团队型领导风格的特点为建立信任并激发团队合作;辅导并支持团队做决策;开拓团队才能;建立团队认同感;充分利用成员差异,预知并影响变革。

团队型领导有两种类型:一种领导与整个团队分担决策,拟定计划,解决问题,协调与其他团队的关系等责任,常把时间用于会影响团队表现的组织问题上;另一种领导虽然还会对整个团队的表现负责,但很少参与日常的团队决策和工作,他们通常把时间分成两部分:一是从事策略性工作,二是参加必要的团队会议。

团队型领导在团队建设中身兼教练和球员双重角色。他们主要是促进团队健康成长,为成员创造表现机会。当成员需要帮助和支持时会全力帮助。在向团队型领导发展时也会遇到一些来自领导者本身与外部环境、团队成员等方面的障碍。如领导者会担心团队建设会削弱其地位,减少手中的权力,因而会有意无意地拒绝放弃控制,拒绝改变角色,这是一种认知上的障碍。其实,随着团队的日益成熟,领导者可以集中精力做原来不能做或没时间做的更高层次的工作,更重要的是,领导者的地位也随团队的进步而水涨船高。团队成员对改变领导风格的真诚度也存有怀疑,他们会采取观望等待,不合作,态度消极等表现,对此,领导者要做出积极肯定的承诺,然后是自始至终地身体力行。

(三) 团队建设的一般过程

团队建设一般要经过形成期、激荡期、规范期、执行期和解散期五个阶段。在不同阶段,管理者面临的任务也是不一样的。

1. 形成期

团队成员由不同动机、需求与特性的人组成,此阶段缺乏共同的目标,彼此之间的关系也尚未建立起来,人与人的了解与信任不足,彼此之间充满着谨慎和礼貌。整个团队还没有建立起规范,或者对于规范还没有形成共同的看法,这时的矛盾很多,内耗很多,一致性很少,花很大的力气,也产生不了相应的效果。此时,管理者的主要任务是以下两个方面:

（1）初步构成团队的内部框架。

在团队成立伊始，组织管理者应该对团队的各个要素十分明确，包括团队的目标，定位，权限，人员和计划。其团队内成员的角色应如何分配，工作人员如何取得，都是在团队的组建期设定的。

（2）建立团队与外界的初步联系。

主要包括：建立起团队与组织其他工作集体及职能部门的信息联系及相互关系；确立团队的权限，如自由处置的权限，须向上级报告请示的事项，资源使用权，信息接触的权限等；建立对团队的绩效进行激励与约束的制度体系；争取对团队的技术（如信息系统）支持，高层领导的支持，专家指导及物资，经费，精神方面的支持；建立团队与组织外部的联系与协调的关系，如建立与企业顾客，企业协作者的联系，努力与社会制度和文化取得协调等。同时，管理者必须立即掌握团队，快速让成员进入状态，降低不稳定的风险，确保事情的进行。

此阶段团队的关系方面要强调互相支持，互相帮助，此时期人与人之间关系尚未稳定，不能太过坦诚，因为可能对方无法一致接受。此阶段的领导风格要采取控制型，不能放任，大致目标由领导者自己确立（但是要合理和经过大多数成员的认同），清晰直接的告知队员想法和目的，不能让队员自己想象和猜测，否则容易走样。此时也要尽快建立必要的规范，不需要完美，但是需要能尽快让团队进入轨道。

2. 激荡期

团队经过组建阶段以后，隐藏的问题逐渐暴露，就会进入激荡期。成员们争权夺利，为获得对控制权的职位而钩心斗角。对于小组的适当发展方向也纷纷争论不休，外面的压力也渗透到小组内部，在各人维护自己权益的同时，增加了组织内部的紧张气氛。

激荡期包括成员与成员之间，成员和环境之间，新旧观念与行为之间三方面的激荡：

（1）成员和成员之间的激荡。

团队进入激荡期后，会产生成员之间的激荡。这时，有关工作行为，任务目标，工作指导等方面的问题都暂时被搁置在一边，成员之间由于立场、观念、方法、行为等方面的差异而产生各种冲突，人际关系陷入紧张局面，甚至出现强烈的敌视情绪及向领导者挑战的情况，一些人可能暂时回避这种紧张的气氛，甚至有人准备退出这一新生团队。作为面对如此情势的团队的领导者和成员，一方面要认识到激荡期是团队成长所必须经历的阶段，产生冲突并不一定是坏事，相反，它促成了潜在问题的暴露，为团队成长而好尽早进入规范期创造了条件，而且冲突和激荡还是成员之间互相提高，团队有效决策和绩效提升的重要手段；另一方面，领导和成员都应积极促成冲突的解决，并且要清楚地认识到协调个人的差异和安定大家的情绪是需要时间的，绝不能采取压制的手段，而应稳妥地引导大家一致对待这一局面，讲明"冲突不如合作"的道理，在冲突与合作中寻求理想的平衡。在这里，许多有关解决冲突，促进沟通，改善人际关系的方法和技巧都可得到广泛深入的运用。

（2）成员与环境之间的激荡。

团队会产生成员与环境之间的激荡，这种激荡主要包括：

成员与组织技术系统之间的激荡。例如，团队成员可能对团队采用的信息技术系统或新的制作技术不熟悉，经常出差错。这时最紧迫的是进行技能培训，使成员迅速掌握团队采用的技术。

成员与组织制度系统之间的激荡。一方面，在团队建设中，组织会在其内部建立起尽量与团队运作相适应的制度系统，如人事制度，考评制度，奖惩制度等。这些制度极可能是不完善的，也极有可能不为已经习惯于传统体制的人员相适应。这时要做的工作，一是使成员尽快适应新的体制，二是不断完善和推广新的体制，使之适应成员的实际情况、环境的客观变化及团队建设计划的执行步伐。另一方面，新的制度体系通常是与传统体制并存的，不仅新旧体制会有矛盾，而且处于新旧体制之下的团队成员也会常常感到无所适从。这时要做的工作，一是尽量消除新旧体制之间的矛盾；二是表示推行新体制的决心，消除团队成员狐疑观望的态度，使之尽快全身心地投入团队建设之中；三是团队成员和整个团队与组织其他部门之间的关系磨合。团队在成长过程中，与组织其他部门要发生各种各样的关系，也会产生各种各样的矛盾冲突，需要进行很好的协调。

新旧观念与行为的激荡。团队在激荡期会产生新旧观念、行为之间的激荡。在传统组织中进行团队建设将面临着一系列行为方式的激荡与改变。在这一过程中，团队建设可能会碰到很多的阻力。在新旧激荡交替中，成员可能会因为害怕责任，害怕未知，害怕改变等而拒绝新的团队行为方式；领导可能会因为可能的权力变小而拒绝放弃严厉的控制。这时需要运用一系列手段来促进团队的成长，如采用新的行为方式的培训，舆论宣传，纪律处分，强制手段，奖励措施等。在这一阶段，成员将经历一系列的压力，挫折，学习，强化，行为校正等过程。

3. 规范期

经过一段时间的激荡，团队将逐渐走向规范。组织成员开始以一种合作方式组合在一起，并且在各派竞争力量之间形成了一种试探性的平衡。经过努力，团队成员逐渐了解了领导者的想法与组织的目标，建立了共同的愿景，互相之间也产生了默契，对于组织的规范有了了解，违规的事情减少，这使日常工作能够顺利进行。但是组织对领导者的依赖还很强，还不能形成自治团队。

在这一阶段，最重要的是形成有力的团队文化。形成有力的团队文化，促成共同价值观的形成，调动个人的活力和热忱，增强团队的凝聚力，培养成员对团队的认同感，归属感，集体感，营造成员间互相合作，互相帮助，互敬互爱，关心集体，努力奉献的氛围，将成为团队建设的重要内容。团队能否顺利度过凝聚期以及团队形成的规范是否真正高效有力，将直接影响团队建设的成败与最终的绩效。

此时，还应该建立更广泛的授权与更清晰的权责划分。在成员能接受的范围内，提出善意的建议，如果有新进的人员，必须让其尽快融入团队之中，部分规范成员可以参与决策。在授权的同时，要维持控制，不能一下子给得太多，否则回收时会导致士气受挫，配合培训是此时很重要的事情。

4. 执行期

团队经过组建、激荡和规范后，开始变得成熟，懂得应付复杂的挑战，能执行其功能角色，并且可以根据需要自由交换，任务得以高效地完成。管理者考虑的是应该如何运用团队的问题了。此时期，团队成员成为一体，愿意为团队奉献，智慧与创意源源不断。

在收获期，团队成员的注意力已经集中到了如何提高团队效率和效益上来，他们把全部精力用来对付各种的挑战，这是一个出成果的阶段。此时，团队成员的角色都很明确，并深刻领悟到完成团队的工作需要大家的配合和支持，同时已学会以建设性的方式提出异议，大家高度互信，彼此尊重，也呈现出接受群体外部新方法和自我创新的学习性状态。整个团队已熟练掌握如何处理内部冲突的技巧，也学会了团队决策和团队会议的各种方法，并能通过团队会议来集中大家的智慧作出高效决策，通过大家的共同努力去追求团队的成功。在执行任务过程中，团队成员加深了解，增进了友谊，同时整个团队在摸爬滚打中更加成熟，工作也更加富有成效。

这时，领导者必须创造参与的环境，以身作则，使得工作更有成效。此阶段，自治团队已经成功。组织爆发前所未有的潜能，创造出非凡的成果，并且能以合理的成本，高度满足客户的需要。

5. 解散期

对于经过以上各阶段的努力未能建成真正的高效团队的，在收获期表现的差强人意的团队，进入解散期时，可能会被勒令整顿，即通过努力消除一些假团队的特质，经过"回炉处理"，希望锤炼成真正的团队。于是出现新一轮的团队建设。对团队实行整顿的一个重要内容是优化团队规范。这时可用到美国心理学家皮尔尼克（S. Pilnick）提出的"规范分析法"。首先是明确团队已经形成的规范，尤其是那些起消极作用的规范，如强人领导而非共同领导，分别负责任而非联合责任，彼此攻击而非互相支持等假团队的特质。其次是制定规范剖面图得到规范差距曲线。再次是听取各方面的对这些规范进行改革的意见，经过充分的民主讨论，制订系统的改革方案，包括责任，信息交流，反馈，奖励和招收新的员工等。最后是对改革措施实现跟踪评价，并作出必要的调整。

此时管理者更需要运用系统的思考，通观全局，并保持危机意识，持续学习，持续成长。

上述五个阶段反映的是团队建设的一般性过程，但是实践中的团队建设过程常常有所偏差。团队建设过程会出现跳跃现象；或是会出现各个阶段的融合。例如，在团队发展的前期和后期既可能产生激荡，在前期出现激荡的原因可能是团队成员定位之前的混乱思想，而后期出现的激荡可能是奖酬分配过程中出现了"不公平"的现象导致的。

总的来说，如果团队建设过程顺利，通常会表现出如下特征：

（1）团队行为与组织目标所规定的方向日趋一致；

（2）团队绩效逐渐提高；

（3）团队的自我管理，自我调节和自我完善能力不断增强；

（4）团队越来越能兼顾组织、团队和个人的利益，并把三者有机地结合起来；

（5）团队能持续学习提高。

（四）团队建设的意义

团队建设的意义可概括为以下几点：

1. 集思广益，提高效率

团队由一组人组成，其知识、经验与判断能力都会比其中任何一个人要高。由于助长作用，许多人在一起共同工作，可以促进个人活动的效率，出现增量或增质的现象。通过集体讨论、集体判断可以避免由于个人知识、经验、能力的局限所引起的失误。通常团队能以有效的富于创造的方法解决问题，决策质量会得到提高。

2. 增强组织间的协调

在组织中，由于部门的划分，可能会产生"职权分裂"，即对某一问题，一个部门没有完全的决策权，只有通过几个相关部门的职权结合，才能形成完整的决策。解决这类问题当然可以通过上一级主管人员解决，但采用跨部门的团队就可以减轻上层主管的负担，又有利于促进部门间的合作，还有助于减少时延，提高效率；除了增强部门间的协调之外，通过团队，其成员间也能更好地协调工作。在目标和价值观一致的情况下，团队内的协调就更加自觉和高效。

3. 加强沟通及信息的传递和共享

在团队中面对面的接触，可以更清楚更方便地弄清问题，这是一种非常有效的沟通方式。此外，受共同问题影响的各方都能同时获取信息，都有同等的机会了解决策，为此可以节约信息传递的时间，减少信息的失真。

4. 有利于分权和授权，避免权力过于集中

通过团队可以更有效地分权和授权。在决策中，成员之间也起到了权力制衡作用，可以避免个人独断专行，以权谋私等弊端。另外，各成员常代表不同的利益集团，从而可以使团队的决策和行为能更广泛地反映各个利益集团的利益，获得更广泛的支持。

5. 激励职工

团队通过分享工作与责任，提升自我价值，使员工受到激励，士气高昂。员工不仅积极地参与决策与计划的制订，还会以更大的热情去接受和执行这些决策与计划。团队工作与团队中每个成员的责任感是一致的，每个成员努力担负起自己应负的责任，团队的任务才能得以高效地完成。

6. 有利于员工的成长

通过团队，各成员能了解到整个组织的情况，并能有机会向其他人员学习，从而有助于增长员工的技能。团队还能使组织的工作分类更少，更单纯，能够适应新一代员工的价值观，并增加对高新技术迅速变化的反应速度。

典型事例

团队建设

1. 团队建设的历史

20世纪40年代，英国塔维斯托克研究院研究了工人组成团队时对生产力的影响。

50年代，通用食品的托皮卡厂，以自主管理的团队做试验，实验很成功，但传统组织不欣赏这种方式。

60年代，通用汽车公司发现，以团队为基础的装配线能提高产品品质及员工工作满意度，而且制造出一辆汽车的时间仍维持不变。

70年代，由日本传来的品质控制在美国大行其道，成为改善品质、削减成本的重要方式。丰田和通用合资的新联汽车制造公司的团队，在品质和生产力方面都表现卓越。

瑞典的绅宝和富豪汽车厂都建立了装配线工作小组。

80 年代，团队建设在西方进一步推广，并取得了显著成效。汉伟公司指定所有的工厂都以团队方式运作。施乐公司鼓励团队每天开两次讨论会，集体解决问题。富豪汽车公司把传统装配线改为 7 至 10 个员工组成的自主管理，同时在其卡尔玛分厂中创新团队，把产品不良率降低了 90%。西屋家具系统的团队在 3 年内使生产力提升了 74%。山那多人寿保险公司的人员需求降低，工作量却增加了 33%。

90 年代，佛罗里达电力公司成立了 1900 个品质小组。施乐公司有 7000 多个品质改善小组。公民瓦斯及煤炭公司的团队一年的提案超过过去 34 年的总和。工业周刊的调查表明，北美 25% 的组织都在试行自我督导团队。康宁新型赛酪珞瓷器工厂的团队把不良品从每百万件 1800 个减少到只有 9 个。通用面粉厂的团队将生产力提高了 40%。丹纳公司的活赛工厂依靠团队，把顾客下单到工厂交货的时间从 6 个月锐减到 6 个星期。

2. 松下的"横轴"团队

松下电器公司是日本十大财团之一。松下的奇迹依赖于它的创造者松下幸之助。他把儒家文化与西方管理科学完美地结合在一起，高举"以人为本"的管理旗帜，把松下公司建设成为具有强大凝聚力的一流团队，被对手称为"可怕的用人机器"。

松下的团队思想源自他著名的"横轴观念"。松下认为，思想的坐标轴分为横轴和纵轴。纵轴是"从自然世界中探寻真理"，横轴则是"集中众人的智慧"。松下说："即使再伟大的人其个人智慧也是有限的，以其有限的智慧看事物，思考问题，则常以出现错误的结果而告终。"松下本人运用这一思想在后台指挥松下公司这一团队。松下还认为，世上没有完满的事情，只要公司能雇佣到 70% 的中等人才，说不定就是公司的福气，因为成功说到底要依靠大家的力量和智慧。

为加速"横轴团队"的开发建设，还提出了"公开式经营法"，即财务、经营方针、经营状况三公开，公司内的透明度高，公司的团队精神越强，共同经营、共同承担风险、共同享受成果的决心越大。

创业之初就提出"松下七精神"宣言：产业报国，光明正大，和睦一致，力争向上，感谢报恩，顺应同化，礼仪谦让。以此要求每一员工必须牢记、遵守。

3. 丰田的"接力团队"

丰田是世界上最大的汽车公司之一。丰田大规模助生产方式决定了集体协作成为公司管理的重要内容，这也使得团队精神在丰田拥有绝对的地位。公司领导人认为，员工开展劳动协作正如进行一场接力运动，只有传好接力棒，才能保证全队跑出好成绩。接力赛式的工作方式要求员工之间，员工与公司之间开展积极的"互助运动"。

为使"互助运动"顺利开展，丰田公司加强了对新员工的管理制度，在东京丰田销售中心建立了帮扶制度，B 是兄弟，S 是姐妹，要求在同一工作岗位，已参加工作一、二年的员工要同新参加工作的员工结成一对"兄弟"或"姐妹"，在工作、生活两方面为新员工提供帮助，时间为一年。

该公司认识到，职工不单纯是提供劳动的人，集体协助精神不仅仅是工作。人的合作，更深层次的意义应为文化生活、心灵生活的沟通。为此，丰田推出旨在培养"生活智慧"、增强员工思想、情感交流的"社团活动"，主要内容为：公司内的团体活动，丰田俱乐部活动，建立快乐的宿舍运动等。总之，要让职工感到公司就是自己的新家。

4. 微软公司的"团队即学习"

比尔·盖茨和他的微软公司从创业开始就敏锐地把握到电脑行业的发展命脉，并持续不断地推陈出新。为使创新成为公司生存发展的内在动因和活力，必须首先解决学习组织的问题。盖茨认为，越是拥有大量聪明人的公司，越容易退化成一个由傲慢的、极端独立的个人和小组组成的混乱集体。为此，团队必须学习，团队应该成为一个学习组织，所以进行不断学习和交流是非常必要的，并且学习是创新的基础，一个学习的团队才能是创新的团队。

微软创建的学习型组织遵循三大理念："自我批评"，"信息反馈"，"交流共享"。同时微软较大力提倡在非正式场合下的学习，如相同职能部门的经理层人员把每日的午餐会作为学习交流的场所。微软员工还利用电子邮件进行频繁交流，一本新书，一篇好文章，一种灵感创意，都是员工们通过电子邮件交流的内容，这种形式被他们形象地称为"东走西瞧"。

学习即财富，学习即成功，正是学习的成功保证了微软的成功。勤于学习的微软一跃成为了新的电脑霸主。这一事实说明，进入 90 年代，最成功的企业必定是学习型企业。

5. 施乐的"团队即胜利"

美国影印机市场的超级巨人——施乐公司崛起于 60 年代，70 年代中期经营陷入低谷。80 年代开始采用"全面质量管理"、"塑造团队精神"两大法宝全面改造公司，至 1989 年终于扭亏为盈，并开始"重霸天下"。

施乐团队建设的一条重要原则是鼓励员工之间互管"闲事"，对同僚业务方面的困难，不但不能等闲视之，而且应该予以全力支持。施乐有三句口号专为这种"管闲事"精神所设：把每个人之间的墙推倒；让互相帮助成为一件悠扬自然的事情；合作从管"闲事"开始。

施乐非常强调经验的互相交流与分享。施乐的团队建设并不排除竞争，但强调竞争必须不伤和气，不但要公平而且要讲究艺术。

施乐的团队建设卓有成效，讲述施乐团队制胜的《抱团打天下》一书中的名句"独行侠难成大事，胜利来自团队"一时成为当年美国企业家的口头禅。

6. 宝钢的构建"超级团队"

上海宝山钢铁厂的成功，其中团队精神的引进、确立、调整及完整正是宝钢现代化管理模式的重要内容之一。

宝钢的团队管理思想有三个来源：一是传统文化重视群体主义的积淀；二是老钢厂（鞍钢、武钢等）建设者带来的集体主义观念；三是日本新日铁管理制度，这是宝钢建设的最主要来源。

宝钢的"团队管理"有以下特点：

（1）重视基层管理、重心下移，实行作业长制。作业长是自己管辖范围内的绝对权威，是厂长派驻各基层的"封疆大臣"，是厂长权力的延伸和细化，人称小厂长。

（2）实行"工序服从"和"专业搭接"。工序服从原则即上道工序服务于下道工序，也服从于下道工序，实现了不同作业长之间的横向指挥；专业搭接制度是指各部门之间要树立"主动协作、工作渗透、业务搭接"三大原则，并专门制定了系统考虑前后左右协作关系的专业搭接制，既杜绝了扯皮推诿现象，又加强了不同部门之间的横向联系与协作。

（3）加大教育培训力度，不断提高团队素质。蓬勃开展群众性自主管理活动。该厂将自主管理活动与全面质量管理小组活动、创文明班组建设活动一起纳入群众性管理轨道。

（4）新型贸易公司的"团队建设"。宝钢的一批新型贸易公司自觉运用团队理论来武装、壮大自己。上海宝钢商贸有限公司提出，只有员工满意的公司才能使顾客满意。公司极力提倡平等精神，提出"人人都做贡献，想法属于大家"的会议准则。该公司既强调个人的突进，又强调团体的携手共济，二者相得益彰。

7. 联想的"撒土，夯实，再撒土"团队

中科院计算所员工建立的联想公司，宣布将与世界一流电脑厂商进行正面竞争。联想的成功应归功于它的团队建设，其团队管理要旨为："撒上一层新土，夯实，再撒一层新土"。这是说，团队建设就像筑路一样，先培养一支骨干队伍，然后吸纳一批新人，消化以后再吸纳，如此循环，直至最终建成一个坚不可摧的强大团队！

四、团队管理

（一）团队建设的危险信号

1. 精神离职

这是在组织团队中普遍存在的问题，其特征为：工作不在状态，对本职工作不够深入，团队内部不愿意协作，个人能力在工作中发挥不到30％，行动较为迟缓，工作期间无所事事，基本上在无工作状态下结束一天的工作。但是也有积极的一面，上、下班非常准时，几乎没有迟到、事假、病假，团队领导指派任务通常是迅速而有效地完成。

精神离职产生的原因大多是个人目标与团队愿景不一致产生的，也有工作压力、情绪等方面原因，国内几大保险公司普遍运用的是团队精神激励来降低团队精神离职率。

针对精神离职者有效的方法是：专业沟通，用团队精神与团队愿景来提升工作状态，用激励手段提升工作热情。具体做法可以是安排假期，让精神离职者冷静思考，调整状态，下一步就是要根据实际情况考虑团队中是否会重新接纳的问题。

2. 超级业务员

团队需要的是整体的行动力、销售力、目标完成率等等。逐个的分解就是要求团队的个体之间技能必须具有互补性，个体能力差异较大。正是因为个体差异导致了超级业务员的出现，其表现特征为：个人能力强大，能独当一面，在团队中常常以绝对的销售业绩遥遥领先于团队其他成员，组织纪律散漫，好大喜功，目空一切，自身又经常定位于团队功臣之例。

超级业务员的销售能力是任何团队所需要的。因此面对这种矛盾时，常常令组织的领导者无所适从，经常采用的办法是：听之任之，采用有别于团队其他成员的特殊政策，超级业务员对团队的破坏力是巨大的，长期采用放纵策略其结果会破坏团队的凝聚力，引导团队的组织愿景向非团队发展，迅速地瓦解团队组织。

团队是由工作任务挑战性高而且环境不确定性而建设的组织，成员差异性非常大，个人素质、工作技能常常也有区别，超级业务员的出现，需要组织领导者正确领导、全面沟通，把超级业务员融入团队精神、团队文化中，建立超级业务员正确的榜样，同时要把超级业务员的分力转为团队的合力，用团队的价值观、团队的约束力等方面对超级业务员作出正确的管理。

3. 非正式组织

团队是全体成员认可的正式组织，而非正式组织产生有两种原因，一是团队领导的故意行为；二是团队成员在价值观、性格、经历、互补性产生某种一致时产生非正式的组织。前者是管理者强化自身管理职能的需要，培养亲信，增强管理效力，客观上形成的非正式组织，虽然表面上能够很好地进行日常工作，能够提高团队精神，调和人际关系，实施假想的人性化管理，在团队发展过程中，基本上向有利于团队的方向发展，但长期而言，会降低管理的有效性，团队的精神、工作效率会低下，优秀团队成员流失，这种非正式组织通常是松散型组织。后者则是紧密型非正式组织，其愿景通常与团队愿景不一致，在团队中常常不止一个这样的非正式组织，随着这种组织的产生，团队的瓦解之日就不会远了。这种紧密型非正式组织会偏离团队的价值观，破坏团队文化，阻挠团队的创新精神和开拓精神。通常松散型组织又会向紧密型组织发展，紧密型组织又会和松散型组织对抗。因此团队领导者在团队中建立非正式组织是不可取的，是基于一种管理水平低下同时对团队极不信任的结果。

（二）团队建设的误区

1. 团队利益高于一切

团队首先是个集体。由"集体利益高于一切"这个被普遍认可的价值取向，自然而然地可以衍生出"团队利益高于一切"这个"论断"。但在团队里如果过分推崇和强调"团队利益高于一切"，可能会导致两方面的弊端。

一方面是极易滋生小团体主义。团队利益对其成员而言是整体利益，而对整个企业来说，又是局部利益。过分强调团队利益，处处从维护团队自身利益的角度出发常常会打破企业内部固有的利益均衡，侵害其他团队乃至企业整体的利益，从而造成团队与团队，团队与企业之间的价值目标错位，最终影响到企业战略目标的实现。

另一方面，过分强调团队利益容易导致个体的应得利益被忽视和践踏。如果一味只强调团队利益，就会出现"借维护团队利益之名，行损害个体利益之实"的情况。作为团队的组成部分，如果个体的应得利益长期被漠视甚至侵害，那么他们的积极性和创造性无疑会遭受重创，从而影响到整个团队的竞争力和战斗力的发挥，团队的总体利益也会因此受损。

2. 团队内部不能有竞争

在团队内部引入竞争机制，有利于打破大锅饭。如果一个团队内部没有竞争，在开始的时候，团队成员也许会凭着一股激情努力工作，但时间一长，他会发现无论是干多干少，干好干坏，结果都一样，那么他的热情就会减退，在失望、消沉后最终也会选择

"当一天和尚撞一天钟"的方式来混日子。这其实是一种披上团队外衣的大锅饭。通过引入竞争机制，实行赏勤罚懒，赏优罚劣，打破这种看似平等实为压制的利益格局，团队成员的主动性、创造性才会得到充分的发挥，团队才能长期保持活力。

3. 团队内部皆兄弟

不少组织在团队建设过程中，过于追求团队的亲和力和人情味，认为"团队之内皆兄弟"，而严明的团队纪律是有碍团结的。这就直接导致了管理制度的不完善，或虽有制度但执行不力，形同虚设。

纪律是胜利的保证，只有做到令行禁止，团队才会战无不胜。严明的纪律不仅是维护团队整体利益的需要，在保护团队成员的根本利益方面也有着积极意义。比如说某个成员没能按期保质地完成某项工作或者是违反了某项具体的规定，但他并没有受到相应的处罚，或是处罚根本无关痛痒，这就会使这个成员产生一种"其实也没有什么大不了"的错觉，久而久之，遗患无穷。如果他从一开始就受到严明纪律的约束，及时纠正错误的认识，那么对团队对他个人都是有益的。

4. 牺牲"小我"换"大我"

很多企业认为，培育团队精神，就是要求团队的每个成员都要牺牲小我，换取大我，放弃个性，追求趋同，否则就有违团队精神，就是个人主义在作祟。

诚然，团队精神的核心在于协同合作，强调团队合力，注重整体优势，远离个人英雄主义，但追求趋同的结果必然导致团队成员的个性创造和个性发挥被扭曲和湮没。而没有个性，就意味着没有创造，这样的团队只有简单复制功能，而不具备持续创新能力。

其实，团队不仅仅是人的集合，更是能量的结合。团队精神的实质不是要团队成员牺牲自我去完成一项工作，而是要充分利用和发挥团队所有成员的个体优势去做好这项工作。

团队的综合竞争力来自于对团队成员专长的合理配置。只有营造一种适宜的氛围，不断地鼓励和刺激团队成员充分展现自我，最大限度地发挥个体潜能，团队才会迸发出如原子裂变般的能量。

（三）安排团队角色

在一个团队中，大家都有一个共同的目标，每个人又都有自己的技能与他人的技能相互补充。要顺利完成工作，团队成员就必须充当各种不同的角色。因为传统的任务角色仅从工作描述就能看出来。我们这里要思考的是与团队建设有关的角色，如有创新精神的角色或者喜欢积极进取的角色。不同的人可能习惯于担当不同的角色，需要鼓励团队成员积极承担不同的角色。只有这样，才能在团队中实现各种各样的目标。

一支结构合理的团队应该由八种人组成，这八种团队角色分别为：

1. 实干者

角色描述：实干者非常现实，传统甚至有些保守，他们崇尚努力，计划性强，喜欢用系统的方法解决问题；实干者有很好的自控力和纪律性，对公司的忠诚度高，为公司整体利益着想而较少考虑个人利益。

典型特征：保守；顺从；务实可靠。

积极特性：有组织能力、实践经验；工作勤奋；有自我约束力。

能容忍的弱点：缺乏灵活性；对没有把握的主意不感兴趣。

在团队中的作用：把谈话与建议转换为实际步骤；考虑什么是行得通的，什么是行不通的；整理建议，使之与已经取得一致意见的计划和已有的系统相配合。

2. 协调者

角色描述：协调者能够引导一群不同技能和个性的人向着共同的目标努力。他们代表成熟、自信和信任；办事客观，不带个人偏见；除权威之外，更有一种个性的感召力，在人际交往中能很快发现每个人的优势，并在实现目标的过程中妥善运用，协调者因其开阔的视野而广受尊敬。

典型特征：沉着；自信；有控制局面的能力。

积极特性：对各种有价值的意见不带偏见地兼容并蓄，看问题比较客观。

能容忍的弱点：在智能以及创造力方面并非超常。

在团队中的作用：明确团队的目标和方向；选择需要决策的问题，并明确它们的先后顺序；帮助确定团队中的角色分工、责任和工作界限；总结团队的感受和成就，综合团队的建议。

3. 推进者

角色描述：说干就干，办事效率高，他们自发性强，目的明确，有高度的工作热情和成就感；遇到困难时，他们总能找到解决办法；推进者大都性格外向且干劲十足，喜欢挑战别人，好争辩，而且一心想取胜，缺乏人际间的相互理解，是一个具有竞争性的角色。意志坚定、过分自信的推进者对于任何失望或失败都反应强烈。

典型特征：思维敏捷；开朗；主动探索。

积极特性：有干劲，随时准备向传统、低效率、自满自足挑战。

能容忍的弱点：好激起争端，爱冲动，易急躁。

在团队中的作用：寻找和发现团队讨论中可能的方案；使团队内的任务和目标形成；推动团队达成一致意见，并朝向决策行动。

4. 创新者

角色描述：创新者拥有高度的创造力，思路开阔，观念新颖，富有想象力，是"点子型的人才"；他们爱出主意，是否高明则另当别论，其想法往往十分偏激和缺乏实际感；创新者不受条条框框约束，不拘小节，难守规则；他们大多性格内向，以奇异的方式工作，与人打交道是他们的弱项。

典型特征：有个性；思想深刻；不拘一格。

积极特性：才华横溢；富有想象力；智慧；知识面广。

能容忍的弱点：高高在上；不重细节；不拘礼仪。

在团队中的作用：提供建议；提出批评并有助于引出相反意见；对已经形成的行动方案提出新的看法。

5. 信息者

角色描述：信息者经常表现出高度热情，是一个反应敏捷、性格外向的人；他们的强项是与人交往。信息者是天生的交流家，喜欢聚会与交友，在交往中获取信息并加深友谊；信息者对外界环境十分敏感，最早感受到变化。

典型特征：性格外向；热情；好奇；联系广泛；消息灵通。

积极特性：有广泛联系人的能力；不断探索新的事物；勇于迎接新的挑战。

能容忍的弱点：事过境迁，兴趣马上转移。

在团队中的作用：提出建议，并引入外部信息；接触持有其他观点的个体或群体；参加磋商性质的活动。

6. 监督者

角色描述：监督者是个严肃、谨慎、理智、冷血气质的人，天生就不会过分热情，也不易情绪化，在外人看来监督者都是冷冰冰的、乏味的，甚至是苛刻的，他们与群体保持一定的距离，在团队中最不受欢迎；监督者有很强的批判能力，作决定时思前想后，综合考虑各方面因素谨慎决策，好的监督者几乎从不出错。

典型特征：清醒；理智；谨慎。

积极特性：判断力强；分辨力强；讲求实际。

能容忍的弱点：缺乏鼓动和激发他人的能力；自己也不容易被别人鼓动和激发。

在团队中的作用：分析问题和情景；对繁杂的材料予以简化，并澄清模糊不清的问题；对他人的判断和作用做出评价。

7. 凝聚者

角色描述：凝聚者是团队中最积极的成员。他们温文尔雅，善于与人打交道，善解人意，关心他人，处事灵活；很容易把自己同化到群体中，去适应环境。凝聚者是群体中最听话的人，对任何人都没有威胁，因而也最受欢迎。

典型特征：擅长人际交往；温和；敏感。

积极特性：有适应周围环境以及人的能力；能促进团队的合作。

能容忍的弱点：在危急时刻往往优柔寡断。

在团队中的作用：给予他人支持，并帮助别人；打破讨论中的沉默；采取行动扭转或克服团队中的分歧。

8. 完美者

角色描述：完美者具有持之以恒的毅力，做事注重细节，力求完美；完美者性格内向，工作动力源于内心的渴望，几乎不需要外界的刺激；他们不大可能去做那些没有把握的事情；喜欢事必躬亲，不愿授权；他们无法忍受那些做事随随便便的人。

典型特征：勤奋有序；认真；有紧迫感。

积极特性：理想主义者；追求完美；持之以恒。

能容忍的弱点：常常拘泥于细节；容易焦虑；不洒脱。

在团队中的作用：强调任务的目标要求和活动日程表；在方案中寻找并指出错误、遗漏和被忽视的内容；刺激其他人参加活动，并促使团队成员产生时间紧迫的感觉。

总之，团队里面的每一个成员都有他们的可用之处，都应该互相尊重，互相合作，而不能相互排斥。

管理故事

协作才能赢

一天，在五官大会上，耳目口鼻发布宣言："我们位置最高，何等尊贵。那脚，位置最低。我们要约法三章，不能与他相处太密切，称兄道弟的。"大家都表示没有意见。

脚听了，没有理会他们对自己的蔑视。

几天后，有人要请吃饭，口非常想去，想一饱口福，但脚不肯走。口没有办法，只好暂时拖一下。又过了几天，耳想听听鸟叫，眼想看看风景，而脚也不肯走，耳目也无可奈何。

大家便商量改变原来的决议。但鼻不肯，说："脚虽然能制服你们，可我并不对他有什么要求，它能拿我怎么办呢？"脚听了，便一直走到肮脏的厕所前，长久站着不动。恶臭的气味，直扑鼻孔，令人恶心。肠和胃大声埋怨道："他们在那里闹意见，为什么叫我们遭罪，我们招谁惹谁了！"

任务诊断 团队是21世纪企业的主要组织形式。结合本任务知识分析如何打造一支高效率的团队？

知识小结

组织、群体、个体是不可分割的一个整体，如果组织是人体，群体就是器官和系统，个体就是细胞。现代社会中，个体总是生活在某一个群体中的，群体的规范、沟通和人际关系，群体的竞争与合作等，对每个成员及群体的生产效率有很大影响。在生产中要发挥群体和组织的作用，把许多人组合成一个合力，使之产生一种新的力量。如果对一个群体组织管理不当，就会产生涣散之力。相互摩擦、能量抵消，凝聚力不强，不利于调动人的积极性，甚至损害群体力量的发挥，致使劳动生产率下降。沟通在个体、群体与组织之间有着重要的联系作用，对建立良好的人际关系非常重要，但在信息沟通过程中常会受到各种因素的影响与干扰。因此，必须设法提高组织中沟通的有效性。建立具有团队精神的组织，可以使团队更具凝聚力，有效地完成工作任务。团队的每个成员都应以团队目标为导向，面对企业发展管理工作中不断出现的新问题，以合作的态度来处理这些问题，并商议解决这些问题的途径与方法，从而扮演好各自的角色。

这里我们特别强调，团队是21世纪企业的主要组织形式。一个不懂得团队建设的管理者不是好管理者，但盲目建设团队的管理者，可能比不懂建设的管理者造成的负面影响还要大。团队作为一种先进的组织形态，越来越引起组织的重视，许多组织已经从理念、方法等管理层面进行团队建设。在团队建设中发出了隐秘的危险信号及容易陷入的误区，容易蒙蔽团队管理者的眼睛，如果不引起管理层的重视，团队建设将会前功尽弃。因此，在建设过程中，要避免陷入误区。

知识巩固

一、单项选择

1. 社会心理学家霍曼斯发现，任何一个群体都存在着相互联系的三个要素。下列不属于的是（　　）。

　　A. 感情　　　　　B. 活动　　　　　C. 生活方式　　　　D. 相互作用

2. 由正式文件明文规定，群体成员有固定的编制，有规定的权利和义务，有明确的职责分工的群体是（　　）。

　　A. 实属群体　　　B. 参照群体　　　C. 正式群体　　　　D. 非正式群体

3. 非正式群体形成的原因可分为心理因素与（　　）。

　　A. 文化因素　　　B. 经济因素　　　C. 政治因素　　　　D. 环境因素

4. 个体在群体的压力下，不仅在行为上与其他人保持一致，而且在信仰上也改变原来的观点，放弃原有的意见之现象称为（　　）。

　　A. 模仿　　　　　B. 从众　　　　　C. 暗示　　　　　　D. 顺从

5. 下列情形中，能最大提高生产效率的是（　　）。

　　A. 群体目标与组织目标一致，但群体凝聚力较弱

　　B. 群体目标与组织目标一致，但群体凝聚力较强

　　C. 群体目标与组织目标不一致，但群体凝聚力较强

　　D. 群体目标与组织目标不一致，但群体凝聚力较弱

6. 群体成员共同接受、共同遵守、约定俗成的行为准则是（　　）。

　　A. 群体规范　　　B. 工作制度　　　C. 群体纪律　　　　D. 群体压力

7. 一个人接受多数人的意见，为了实现群体的理想和信念而采取与群体保持一致的措施的做法是（　　）。

　　A. 反从众　　　　B. 独立　　　　　C. 集体主义自决　　D. 顺从

8. （　　）是群体和团队最根本的差异。

　　A. 协作性　　　　B. 目标　　　　　C. 领导　　　　　　D. 技能

9. 下列属于团队建设中发出的危险信号的是（　　）。

　　A. 团队利益高于一切

　　B. 团队内部不能有竞争

　　C. 团队内部皆兄弟

　　D. 精神离职

10. 按沟通信息的流动（　　）划分，可以分为上行沟通、下行沟通和平行沟通。

　　A. 方式　　　　　B. 方向　　　　　C. 功能　　　　　　D. 目的

二、简答题

1. 如何正确认识非正式群体？

2. 怎样增强群体的凝聚力？

3. 影响有效沟通的原因有哪些？

4. 团队建设的一般过程是什么？

5. 常见的团队建设的误区有哪些？

案例分析

案例1：Fs 有限公司的员工集体辞职

Fs 有限公司是一家生产服装的中型企业，一部分产品是自产自销，而绝大部分产品是按照国外订单生产，然后出口到国外。公司一直都保持着稳定的发展。自从公司的前厂长离开自己创业后，整个形势就开始慢慢地变化。老总开始物色具有丰富服装生产和出口经验的管理者，结果前后来了三任厂长都改变不了车间混乱的状况，生产的服装几乎每批都被外贸公司退回返工，产品的质量达不到要求，一方面让公司大幅亏损，另一方面由于公司采取的是计件工资制，也导致员工的工资锐减。一时间公司内部流传着各种消息，如：又要换厂长了；刚做的一单又要返工；这个月的工资老板会压着不发；老板准备放弃这家企业等等。

而这时公司的老总正在和深圳的一家贸易公司谈判，希望能获得一个 100 万元的海外订单，在离开公司之前虽然他也知道公司内部人心不稳，但他认为只要能签到大额的订单就可以稳住员工的心，然后生产也会走向正常。结果，当他给员工发了上个月的工资，回到车间却发现已经有 40％的员工集体在领到工资后就已经辞职。他发现这些一起离开的员工大多是来自同一个省份，或者以前在同一家公司工作过。

阅读以上资料，回答以下问题：

试以非正式群体理论分析上述情况并总结该老总管理中的失误。

案例2：RD 处理有限公司的搬迁

RD 处理有限公司是一家为当地其他公司提供数据处理服务的公司。它从事这项业务至今已有 20 年，拥有 90 多个员工。60 个员工在 BigTower 大楼工作，这座大楼位于一个大城市近郊的商业区，其中有 40 个员工在第 5 层工作。公司在最近 12 年里一直租用这层楼。其他 20 个员工在第 9 层工作，这是公司发展后才附加租用的场所。这两个办公区的成员常在大楼的餐厅里见面，但相互都不熟悉。6 个月前，一家类似的公司 DataHelps 的所有者决定退休，RD 处理公司收购了这家公司。这家公司从事这种业务已经 10 多年了，有 30 个员工，它的办公地点在该市的另一边一个叫 GreenValley 的商业大楼里。

最近，在 BigTower 大厦旁，落成了一座新办公大楼，BigTower。RD 处理公司老板玛丽亚·阿洛玛有意在 BigTower 里租一整层，这样的话，就有足够的空间让 120 个员工集中在一起工作，并且还能给发展扩大留下空间。

玛丽亚从目前的 3 个办公地点各选 1 个人，组成一个 3 人项目团队，对新大楼空间进行分布设计。在第 5 层工作的克里斯蒂娜·林是业务主管，为公司工作 18 年了。在第 9 层工作的杰西卡·塔拉斯科是公司的计算机专家，为公司服务了 5 年。沙伦·内斯比特是在 GreenValley 工作的一个数据处理员，在 DataHelps 公司 10 年前创业时就为它工作了。

这个项目团队在 BigTower 大楼 5 层公司的会议室里举行第一次会议。沙伦迟到了。这是她第二次来 BigTower 大楼，交通状况比她预计的坏得多。克里斯蒂娜首先说道：

"我非常了解我们的工作流程和制约因素，并且已想好了怎样布置我们打算搬进的新办公区。"

"我们确实打算搬进这个新的办公区里吗？"沙伦问道。

克里斯蒂娜回答说："是的。"

杰西卡说："我的邻居跟我说，他的公司进行了同样的合并，他们对所有员工做了调查，询问他们的想法，也许我们可以那么做。"

克里斯蒂娜说道："没必要那样浪费时间，我在这儿已多年了，知道该怎么做。"

杰西卡说："我想你没错。"

克里斯蒂娜接着说："现在开始工作吧。我建议……"

沙伦打断了她的话："合并？你是说合并吗？那不是说我们要进行裁员吗？是这么回事吗？在 RD 处理公司收购 DataHelps 时就听到关于解雇的传言了。"

克里斯蒂娜斥责道："荒谬！"

杰西卡问道："解雇？真的？凭计算机能力，他们绝不会解雇我。他们太需要我了。再说，我能在一分钟内找到另一份工作。"

克里斯蒂娜打断了她说："我们偏离主题了，开始工作吧，要不我们这一整天都要在这儿争论了。"

沙伦又说道："等一下。我们有一些比这愚蠢的办公设计重要得多的问题！我告诉你，GreenValley 大楼里没人愿意搬到那个新楼里。我们喜欢现在的地方，我们可以在午餐时逛商场，员工们的孩子就在附近街上的托儿所里。要是搬过来，每天上、下班需多花半小时。人们在 6 点托儿所关门前也到不了那儿。我认为在办公设计时，首先需要解决许多其他问题。没有其他方法吗？"

杰西卡说："我无所谓。"

克里斯蒂娜叹息一声，有些沮丧。她很实际地说："你们把事情复杂化了。现在，能不能让我们开始进行办公设计？这不是我们要做的事吗？"

阅读以上资料，回答以下问题：

1. 为什么玛丽亚想搬进新的办公楼里？
2. 这个搬迁的有利和不利之处是什么？
3. 克里斯蒂娜、杰西卡和沙伦是一个有效的团队吗？说明原因。
4. 克里斯蒂娜、杰西卡和沙伦本可以怎样做？
5. 提出一些建议，使这个团队能有效地工作。

实训设计

分析你所在的班级、小组或寝室的群体状况（和谐程度、优势与缺点、团体氛围等），并表述群体的目标。每个人制订一份团队建设方案。班级组织交流，每个班推荐 2 名成员作介绍，并对团队建设问题进行研讨。

项目5

领导心理与管理

知识目标

1. 体会领导与管理、领导者与管理者的区别；理解领导者影响力的来源；

2. 掌握经典的领导特质理论、领导行为理论和领导情景理论；

3. 掌握提高领导者素质的途径和方法；

4. 了解时间管理的重要意义，理解第二象限工作的方法；

5. 领会领导者授权的性质与步骤；理解领导者的用人之道。

能力目标

1. 能够运用领导理论初步解决一些企业管理中遇到的实际问题；

2. 有意识培养自身的领导能力与艺术。

　　尊敬的读者：领导是人类社会的重要活动。它是普遍存在的社会现象，也是一种特殊的社会现象，它随着人类社会的产生而产生，伴随着人类社会的发展而发展。我们常说"领导是关键"，企业的发展与建设，一方面是依靠企业员工的积极性，另一方面则取决于企业领导者的正确而有效的领导活动。对领导者在领导过程中的心理活动规律揭示得越清楚，管理工作就会搞得越好，企业的生产效率就会越高。因此，学习领导心理，了解领导者权力的形成机制，理解和运用经典的领导理论，是企业发展与建设的迫切需要。

　　在知识经济时代，如何有效地建设一支高素质的人才队伍，已成为企业的当务之急。面对新的时代挑战，作为现代领导者，如何用慧眼识别人才、挑选人才；如何用制度保证优秀人才脱颖而出并且健康成长；如何用感情赢得人才、留住人才，这些都对现代领导者的"用人之道"提出了新的要求。因此，领导者要卓有成效地工作，不仅需要有科学的领导理论作指导，还要讲究领导艺术。

任务一 认识领导者的影响力

任务情境 于先生受命前往一家多年亏损的企业担任厂长。到任之后，他待人热情，早上早早地站在工厂的门口迎候大家，如果有的员工迟到，他并不是批评和指责，而是询问原因，主动帮助员工解决实际困难。一周下来，大家看到厂长每天都提前到厂，而且又待人热情，原来习惯于迟到的员工也不迟到了。

问题：从案例来看，是什么权力使于厂长产生了如此大的影响力？

任务分析 领导自古就有，只要有人类活动，有联合集体行动，就需要有人进行指挥和协调。领导工作产生于人类的共同劳动，并随着社会的发展而发展，世界需要领导，国家需要领导，企事业单位需要领导，就连任何一个社会单位（包括家庭）都离不开领导。

本任务主要分析领导与管理的区别、领导者与管理者的区别以及领导的实质，分析领导者的影响力与其构成因素以及如何正确使用权力性影响力和非权力性影响力等等问题。

在以上任务中，是于厂长的法定权和亲和权对迟到的员工产生了如此大的影响力。影响力是指一个人在与他人交往中，影响和改变他人的行为的能力。领导者的影响力在引导下属完成工作任务中起决定的作用。反映在日常的工作、生活中，领导者的影响力是通过领导者的行为、举止、言谈，一点一滴中显现出来的，做一名优秀的领导者，就必须在影响力上加强完善和提高。

知识精讲

一、领导和领导者

（一）领导的内涵

领导，就是带领、引导的意思，是领导者通过一定的方式对被领导者施加影响并共同作用于客观对象，以实现组织某一既定目标的行为过程。这个定义包含四个要点：

1. 领导是一种影响力

领导的本质是一种影响力，是对人们施加影响，从而使人们心甘情愿地为实现组织目标而努力的艺术过程，"领导即有效的影响"。正是靠着影响力，领导者在组织中实施领导行为；靠着影响力，领导者把组织中的人吸引到他的周围来；靠着影响力，领导者获取组织成员的信任；也正是靠着影响力，组织成员心甘情愿地追随领导者。因此，拥有个人影响力的人才是一位真正的领导者。

2. 领导是一个行为过程

领导是一个过程，是对人们施加影响的过程。领导过程实际上是由领导者、被领导者和他们所处的环境所组合成的复合函数。用公式表示如下：

领导＝f（领导者，被领导者，环境）

即领导过程的效果既取决于领导者自身的能力与素质、被领导者的能力与素质和环境条件这三个因素，又取决于这三个因素的内在联系。

3. 领导的目的在于实现组织的特定目标

领导的目的是使人们心甘情愿地、热心地为实现组织的目标而努力，是人们心甘情愿地而非无奈地、热情地而非勉强地为实现组织的目标而努力，这体现了领导工作的水平，也是领导者努力追求的目标。

4. 领导的主要功能是激励

组织行为学认为，激励是领导的主要功能。在组织中，虽然大多数人都具有积极工作的愿望和热情，但是这种愿望并不能自然地变为现实的行动，这种热情也很难自动长久地保持下去。这是因为，工作仍是员工谋生的手段，员工需求的满足还会受到种种限制。在现实复杂的社会生活中，怎样使每位员工都保持旺盛的工作热情，最大限度地去调动他们的工作积极性呢？这就需要有通情达理、关心群众的领导者为他们排忧解难、激发和鼓舞他们的斗志，发掘、充实和加强他们积极进取的动力，为组织成员主动创造能力发展和职业发展的空间。因此，我们可以说，一个领导者是否具有这种激励下属的能力，直接关系到领导行为的效能。

由此可见，领导的作用是帮助下属尽其所能以达到目标，领导不是在下属的后面推动或鞭策，而是在下属的前面引导、鼓励下属实现共同的目标。

（二）领导者的内涵

所谓领导者，是指居于某一领导职位、拥有一定领导职权、承担一定领导责任、实施一定领导职能的人。

在职权、责任、职能三者之中，职权是履行职责、行使职能的一种手段和条件，履行职责、行使职能是领导者的实质和核心。但是，领导者要想有效地行使领导职能，仅靠制度化的、法定的权力是远远不够的，必须拥有令人信服和遵从的高度权威，才能对下属产生巨大的号召力、磁石般的吸引力和潜移默化的影响力。

领导者的职务、权力、责任和利益的统一，是领导者实现有效领导的必要条件。职务是领导者身份的标志，并由此产生引导、率领、指挥、协调、监督、教育等基本职能；权力是领导者履行领导职能所需要的法定权力；责任是领导者行使权力所需要承担的后果；利益是领导者因工作好坏获得的报偿和受到的奖惩。领导者职务、权力、责任、利益的统一，突出表现为有职务必须要有相应的权力，有权力必须负起应有的责任，尽职尽责的领导者应当受到一定的奖励。反过来说，有职无权就无法履行领导责任，有权无责就会滥用权力，不尽职尽责应该受到惩罚。

二、领导者的影响力

领导者的影响力大致可以归纳为权力性影响力和非权力性影响力。

（一）权力性影响力

权力性影响力，是指由于领导者在组织中所处的位置由他的上级或上级组织所赋予的，人们往往处于心理的压力或习惯被迫服从。这种权力随职务的变动而变动，在职就有权，离职就无权。

1. 法定权

管理体系中规定的正式权力，因管理职位而产生，即所说的"职权"。领导者占据职位，拥有合法权利。它是领导者职权大小的标志。它具有层次性、固定性、自主性、单向性的特点。

2. 奖赏权

奖赏权指领导者通过精神、感情或物质上的奖赏，使他人自愿服从的一种权力，即领导者拥有给下属物质和精神奖励、被领导者由于追逐利益或名誉而愿意服从的一种权利。例如，企业领导可以根据情况给下属增加工资、提升职位、表扬等。

3. 强制权

强制权指领导者通过精神或物质上的威胁，强制下属服从的一种权力，是惩罚性的，即领导者有对违规者处罚、被领导者由于恐惧而服从的一种权利。例如，企业领导可以给予下属扣发工资、降职等惩罚。

权力性影响力属于强制性影响力，对下属的影响有强迫性，使其心理与行为表现被动、服从，对其激励作用是有限的。

（二）非权力性影响力

非权力性影响力，是来自于个人权力，它不是来自于领导者在组织中所处的位置，而是来自于领导者自身的某些特殊素质。这种权力不会随职务的消失而消失，而且对人的影响是发自内心的、长远的。

1. 专长权

知识就是力量，从某种程度上讲，知识也是权力。领导者掌握了专业知识和技能，就拥有了影响别人的专长权，而被领导者愿意听取他们的忠告、出于敬佩愿意接受他们的影响。例如，许多的专家、学者，虽然没有什么行政职位，但在他们的组织中仍具有很大的影响力，其基础就是他们具有专长权。

2. 表率权

表率权指领导者本人具有超人的素质，例如，思想境界高、大公无私，这些素质被人们所吸引、欣赏，从而激起人们的忠诚和极大的热忱，人们出于尊敬而自愿去追随。一些政治领袖、知名组织的领导者都具有这种魅力。

3. 亲和权

亲和权指领导者由于和下级关系融洽、被领导者出于情感因素而自愿服从的一种权力。例如，多年的老朋友提出要求，请求帮助，无论在工作上有没有关系，人们都会感到难以拒绝，从而接受它的要求。

非权力性影响力属于自然影响力，比较稳定和持久，是潜移默化的作用，使被管理者从心理上信服、尊敬、顺从和依赖，并改变其行为。

三、领导者影响力的构成因素

（一）权力性影响力的构成因素

与权力性影响力有关的因素包括：传统因素、职位因素和资历因素。这些因素都是外在的，先于领导行为而存在。

1. 传统因素

自古以来，人们就认为领导者不同于普通人，他们有权，有才干，因而使人们产生了对领导者的服从感。服从领导作为一种传统观念，从小就影响着每个人的思想，这样，就增强了领导者的影响力。

2. 职位因素

领导者占据职位，有权，可以左右被领导者的行为、处境、得失甚至前途、命运，会使他们产生敬畏感。领导者的职位越高，权力越大，别人对他的敬畏感也越大，他的影响力也越大。比如，厂长比科长的影响力大，车间主任比班组长的影响力大，校长比系主任的影响力大。

3. 资历因素

资历是历史性的东西，它反映一个人过去的情况。一般说来，领导者均有一定的资历，会对人们产生一定的影响力。资历越深，影响力就越大。

总之，由传统、职务、资历所构成的影响力都不是领导者的现实和行为造成的，而是外界赠予的。这种影响力使人们产生服从感、敬畏感、敬重感，其核心是权力。

（二）非权力性影响力的构成因素

与非权力性影响力有关的因素包括：品格因素、知识因素、能力因素、情感因素。这些因素存在于领导者言行之中。

1. 品格因素

这是指领导者自身的品行、人格、作风等高尚完美，能做到"先组织之忧而忧，后组织之乐而乐"。它反映在领导者的一切言行之中，给被领导者带来巨大的吸引力，产生敬爱感，诱使人们模仿。

2. 知识因素

一个领导者如果具有渊博的专业知识和丰富的经验，就很容易使被领导者产生一种信赖感，并且自觉接受他的影响。

3. 能力因素

能力是领导者影响力大小的主要因素。能力不单单是反映在领导者能否胜任自己的工作，更重要的是反映在工作的结果上是否成功。一个有能力的领导者会给组织带来成功，使人们对他产生敬佩感。敬佩感是一种心理的磁力，它会吸引人们自觉地接受其影响。

4. 情感因素

人与人之间建立了良好的情感关系便能产生亲切感，相互之间的吸引就大，彼此的影响力就高。否则，与员工的关系紧张，必然使相互之间的心理距离越来越远，领导者的影响力就会大大削弱。

管理故事

炫耀的乌鸦

乌鸦在百鸟面前，总是夸耀自己的见识最广、学问最好。

有一次，麻雀说："人家总说凤凰是百鸟之王，为什么我们没有见过凤凰呢？"于是，大家就你一言我一语地说起来了。喜鹊说："听说凤凰是非常美丽的，它长着很长很长的尾巴。"鹁鸪说："我也听说凤凰的羽毛是火红色的。"百灵鸟说："我还听说凤凰的声音是非常响亮的。"云雀说："凤凰这样漂亮，它真是我们鸟类之王。可惜我们没有福气见到它！"

乌鸦想在百鸟面前夸耀自己。便神气十足地说："我见过凤凰。"鸟儿们争着问："那么你说凤凰是怎样的呢？"乌鸦昂起头，环视了四周一下，然后说："凤凰吗？它真漂亮极了，它的尾巴是很长的，它的羽毛是红的，它叫的声音响亮极了！"鸟儿们又抢着问："凤凰住在哪儿？""住在东山脚下。"乌鸦说，"我那天遇见它，它正在唱歌，还向我点头打招呼呢！"

这时乌鸦觉得自己真是了不起。鸟儿们都请求乌鸦带它们去见凤凰。乌鸦说："好，你们跟我来吧！"

乌鸦在前面飞，百鸟紧跟在后面。飞到了东山脚下，鸟儿们便问："凤凰在哪儿？"乌鸦悄悄地说："不要吵，你看，凤凰不是正站在那屋子旁边吗？"鸟儿们顺着乌鸦所指的方向看过去，原来那边站着的是只大红公鸡。大家不觉哄笑起来："乌鸦，你连公鸡也不认识，还说自己认识凤凰！"

这时候，乌鸦红了脸，惭愧得没处躲藏。鸟儿们都拍拍翅膀飞走了。

启示：作为领导者，你比属下见多识广一点是很正常的事情，但没有必要时时处处显示自己"高人一等"，显示自己先知先觉。你不是无所不知的"圣人"，有些事情、有些问题应该虚心地向属下求教。须知，个人的智慧是有限的，群众的智慧是无穷的：一个"臭皮匠"无论如何也无法与"诸葛亮"相提并论的，但是"三个臭皮匠"则可以胜过一个"诸葛亮"。

四、正确使用权力性影响力和非权力性影响力

(一)正确使用权力性影响力

在使用强制性影响力时,领导者必须注意以下几点:

第一,要持审慎态度。使用权力性影响力更多地带有执法的性质,使用权力的人,不仅要按照规章制度办事,更要真正做到秉公处事。每一个领导者都必须清楚地意识到,过多地采用权力性手段,即使权力行使是正确的,也会使部属产生驱使感。权力性影响力的最大限度发挥,并不在具体行使的时候,而往往在它行使之前。换言之,利用合法权力作为预见动机、引导动机、改造行为的后盾,这应该是十分有效的。特别是用于惩罚越轨行为时,更应该掌握这样的原则,必须强调惩罚与教育相结合。这样既能教育被处罚的人,更能通过处理典型,教育大众。

第二,要具有无私精神。执法者客观上拥有行使权力的合法地位,但不能炫耀权力、滥用权力,甚至以权谋私、追求个人特权。如果这样做,部属也必然会产生种种对抗力,抵制权力,摆脱权力的反作用,从而削弱权力的效果。所以,执法者必须以身作则,罚不避亲、赏不避仇,这样才能取得运用合法权力的巨大效果。

第三,要善于授权。领导者要善于授权、敢于授权,并在授权中将监督和指导结合起来,形成大权集中、小权分散的局面,这样才能更有效地发挥权力的作用。

第四,进行具体指导。领导者不能一味命令部属"要这样做",更要使部属明确为什么"要这样做",并且指导他们应该有效地去执行命令。

(二)正确使用非权力性影响力

非权力性影响力产生的效果,更能激发人们的自觉性。因为接受非权力性影响力比权力的服从要自然得多。从某种意义上讲,非权力性影响力在领导者影响力构成中占主导地位,起着决定性作用。一个领导者,如果他的非权力性影响较大,那么他的权力性影响也会随之增高。反之,如果他的非权力性影响较小,就会使他应有的权力性影响降低。由此可见,要提高领导者影响力,关键在于努力提高非权力性的影响力。

在正确使用非权力性影响力时要注意主次关系。在组成非权力性影响力的四个因素中,以品格、才能因素为主,知识、感情因素为次。一个领导者如果品格因素出了毛病,成了负值,那么其他因素必然会受到严重的影响,其总和可能是零。而在一个领导者的品格因素及格的情况下,决定他非权力性影响力大小的主要因素在于能力因素。如果一个领导人能力极差,根本不称职,而且品格不好,那么他的非权力性影响力可能成为零,甚至是负数。

任务诊断 领导者权力的来源有哪些?应如何正确使用?

任务二 解读领导特质理论

任务情境 清朝名臣曾国藩在漫天硝烟的戎马倥偬中，每天都坚持写日记、读书、独自思考和反省，这种习惯几十年保持不变。正是依靠这种不断学习，使曾国藩无论在见识上，还是在成事能力上，都远远超越了他那个时代的同僚们，成为晚清少有的历史人物。

问题：曾国藩是如何提高领导素质的？

任务分析 素质是构成事物的基本成分，反映事物的性质和特点。人的素质在心理学上是指人的先天的解剖生理特点，是心理活动发展的自然前提。而领导者的素质，不仅仅是与生理特征相关的心理特征，也包含在此基础上后天社会实践中形成的个性能力、知识能力、作风等的总和。它是领导者从事领导活动所必备的基本条件，是一种潜在的领导能力。当前，人类进入知识经济时代，市场竞争日趋激烈，国际风云变幻莫测。组织目标的实现，在很大程度上取决于各级领导，取决于他们的素质状况。

本任务主要回答西方有关的领导特质理论和国内领导者的素质理论两方面的问题。

在上述任务中，曾国藩不断学习，不断提高自身素质。人非圣贤，不可能一生下来就什么都知道，人的智慧和才能都是经过后天积累而获得的。对于一个组织管理者来讲，要想具备较高的领导素质，就必须要像古人那样，通过不断学习、善于思考、勤于实践，来不断提高自身的智商、尤其是情商水平。

知识精讲

一、西方有关的领导特质理论

西方早期的领导行为研究注重于领导者个人特质的研究，力图寻求领导者个性特征与其工作绩效的关系。把领导者个人品质特征作为描述和预测其领导成效的因素。他们对领导者的研究，着重于探索个人品质的差异。领导特性理论的基本观点是个人品质或特征是决定领导效果的关键因素，以期预测具备什么样的人格特征或品质的人最适合充当领导者。根据这些品质和特征的来源所作的不同解释，可分为传统特性理论和现代特性理论。传统特性理论认为，领导者所具有的特性是天生的，是遗传因素决定的，这种观点现在很少有人赞同。现代特性理论认为，领导者的特性和品质是在实践中形成的，是可以通过教育和训练培养的。

（一）斯托格迪尔的领导特质理论

美国心理学家斯托格迪尔 1948 年发表《与领导有关的个人因素：文献调查》一文，提出与领导有关的先天特性包括：

1. 智力过人；

2. 在学术和体育运动上取得过成就；

3. 感情成熟，干劲十足；

4. 有良好的社交能力；

5. 对于个人身份和社会经济地位的欲望。

（二）包莫尔的领导特质理论

美国普林斯顿大学从满足实际工作需要和胜任领导工作的要求方面研究领导者应具有的能力，他提出了作为一个企业家应具备的十个条件：

1. 合作精神，即愿意与他人一起工作，能赢得人们的合作，对人不是压服，而是感动和说服；

2. 决策能力，即依靠事实而非想象进行决策，具有高瞻远瞩的能力；

3. 组织能力，即能发现和运用部下的才能，善于组织人力、物力和财力；

4. 精于授权，即能大权独揽，小权分散；

5. 善于应变，即机动灵活，善于进取，而又不墨守成规；

6. 敢于求新，即对新事物、新环境和新观念有敏锐的感受能力；

7. 勇于负责，即对上级、下级和产品用户及整个社会抱有高度的责任心；

8. 敢担风险，即敢于承担企业发展不景气的风险，有创造新局面的雄心和信心；

9. 尊重他人，即重视和采纳别人意见，不盛气凌人；

10. 品德高尚，即品德上为社会人士和企业员工所敬仰。

（三）吉赛利的领导特质理论

著名心理学家吉赛利（E. Echiselli）在《管理才能探索》一书中研究探索了八种个性特征和五种激励特征：

1. 八种个性特征

（1）才智：语言与文字方面的才能；

（2）首创精神：开拓创新的愿望和能力；

（3）督察能力：指导和监督别人的能力；

（4）自信心：自我评价高、自我感觉好；

（5）适应性：善于同下属沟通信息，交流感情；

（6）判断能力：决策判断能力较强，处事果断；

（7）性别：男性与女性有一定的区别；

（8）成熟程度：经验、工作阅历较为丰富。

2. 五种激励特征

（1）对工作稳定性的需要；

（2）对物质金钱的需要；

（3）对地位权力的需要；

（4）对自我实现的需要；

（5）对事业成就的需要。

吉赛利对这些特征进行了科学的研究，具体分析了每个特征对领导者的领导行为的影响，并且指出了这些特征的相对重要程度。

吉赛利的研究结果表明，一个有效的领导者，首先是才智和自我实现，以及对事业成功的追求等，这些特征对一个人能否取得事业的成功关系较大，而对物质金钱的追求、工作经验等则关系不大。其次，一个有效的领导者的监察能力和判断能力也是十分重要的，是驾驭事业航程顺利前进所必不可少的。最后，男性与女性的区别与事业成功与否关系不大。

二、国内领导者的素质理论

我国自 20 世纪 80 年代以来，进行了广泛的理论研究。研究者们结合我国的具体实践，提出了作为一个优秀领导者应具备的五个方面的素质。

（一）思想政治素质

过硬的思想政治素质是现代领导者成功的首要条件。思想政治素质不仅决定着领导者自身的发展方向，而且也决定着领导活动的性质，是领导者素质的根本和核心。

1. 坚定正确的政治方向

领导者是社会主义现代化建设的组织者、决策者和指挥者，要执政为民，讲学习、讲政治、讲正气，思想上、政治上、行动上自觉与人民的利益保持高度一致。

2. 全心全意为人民服务的思想境界

领导者的权力来源于人民。领导者要坚持以人民满意不满意，赞成不赞成，拥护不拥护作为自己的行为准则，始终同人民群众保持密切联系，坚持从群众中来，到群众中去，经常深入群众，了解群众，倾听群众的呼声，关心群众的冷暖，把群众视为自己的衣食父母，要少说空话，多干实事，做到权为民所用，情为民所系，利为民所谋。

3. 廉洁奉公的政治道德修养

领导者由于所处职位的重要性和特殊性，其行为直接对党、国家、人民的利益产生重要影响。因此，领导者必须具有高度的政治责任感，要站在党性立场上观察、分析、处理问题，树立正确的权力观、人生观、价值观。任何时候都要保持清醒的头脑，做到自重、自省、自警、自律，树立起廉洁奉公、大公无私、求真务实的思想作风和工作作风，自觉抵制各种诱惑，经受住各种考验，做到一身正气，两袖清风。

4. 为国为民求贤若渴的精神

科教兴国，人才强国是我国现代化建设的基本战略，作为领导干部要坚持以人为本，树立正确的人才观，要善于发现人才，团结人才和使用人才，充当"伯乐"，做到知人善任。

（二）品德素质

品德即道德品质，是一个人在依据一定社会的道德准则去行动时所表现出来的行为特征。它是推动一个人行为的主观力量，决定一个人工作的愿望和热情。尽管不同的社会，不同的时代对品德的标准有不同的理解和要求，但把品德作为选才用人的首要条件却是每一个社会或组织所遵循的共同原则。

1. 有强烈的事业心和责任感

领导者的事业心和责任感主要体现在他的管理意愿上。如果一个人缺乏为他人承担责任、缺乏激励他人取得更大成绩的愿望，那么他就不可能学会管理。所以领导者首先要有强烈的管理意愿。管理意愿是决定一个人能否学会并运用管理基本技术的主要因素。现代管理科学研究认为，缺乏管理欲望的人是不可能敢为的，因此也就不可能在管理上取得成功。只有具有强烈的事业心和高度的责任感，才能勇于克服困难，不折不挠，锐意进取，才会在管理工作岗位上有所作为。

2. 勇于开拓的进取精神

勇于开拓是领导者应具备的最基本的品质。这种品质表现为不断进取的精神，胸怀大志的气质，敢于拼搏的勇气，不怕失败的韧性。管理是一种开拓性的工作，不能开拓的人是无法成为一个好的领导者的，因为即便他有创新意识，也会因缺乏探索勇气而无法付诸行动的。勇于开拓意味着改革创新，也就意味着向风险挑战，不怕失败，善于在失败中探索总结，将失败转化为成功。因此，领导者首先应该是个改革者、开拓者。

3. 正直、诚实、公道的作风

领导者要想管好别人，首先必须管好自己。领导者一定要为人正直、诚实，对人对事的处理要公道正派，坚持原则，不徇私情。这是提高领导者影响力的重要因素。

4. 谦虚谨慎胸怀宽广

领导者要养成虚心听取别人意见的好作风，虚怀若谷，从善如流。要有宽广的胸怀，能容人容物，有拿得起、放得下的大将风范。

5. 勤奋好学的钻研精神

管理科学也和其他科学一样，知识在不断更新，方法和手段在不断发展进步，因此，在管理上更是学无止境。一个领导者一定要有一种勤奋好学、刻苦钻研的精神，且应具备较强的"学习力"，只有这样，才能使自己的素质不断提高，跟上时代的脚步。

（三）知识素质

管理科学是一门综合性科学，融会了众多的学科知识。管理活动是涉及政治、经济、技术、文化等社会各个方面的复杂活动。知识是提高管理水平和管理艺术的基础，领导者对某方面知识的缺乏，都会导致管理上的失误。一个领导者应力求掌握如下知识：

1. 政治、法律方面的知识

领导者对政治、法律、外语、计算机、逻辑知识都要有一定的了解和涉猎，特别是政治学、法学、经济学、行政学等方面的知识，要熟练地掌握，以便更好地科学执政、民主执政、依法执政，以不断完善领导方式、领导方法，使自己工作起来游刃有余，运用自如，才能适应现代领导工作的需要。

2. 社会学、心理学方面的知识

领导者能够运用心理学和社会学的知识做人的思想工作，协调人与人之间的关系，调动员工的积极性。

3. 经济学、管理学方面的知识

领导者要了解当今管理理论的发展趋势，掌握基本的管理理论和现代管理科学、公共管理、公共关系学和领导科学等学科知识，掌握必要的领导方法和领导艺术，这样才能使自己的管理工作规范化、制度化、科学化。

4. 专业领域知识

随着社会的进步，社会分工越来越细，专业特点越来越明显，领导干部也都在不同的岗位从事着不同的工作。拥有良好的行业背景和优秀的从业经验会对下属产生较大的正面影响。广泛的行业知识便于领导者准确把握本行业的市场、竞争、产品、技术状况，对于领导目标决策及其各方面管理的信服力有重要的作用；同时，行业经验还可使领导人拥有良好的人际关系和声望。因此，要使自己的工作有成效，政绩卓著，就应当成为工作的内行和专家型的领导者。

（四）能力素质

能力是一个人的知识智慧在工作中的综合表现，从人才学的角度讲，知识、能力、业绩是构成人才的三要素，能力是本质的要素。

领导者的能力素质是指领导者把各种管理理论与业务知识应用于实践、进行具体管理、解决实际问题的本领。能力与知识是相互联系、相互依赖的，基本理论和专业知识的不断积累与丰富，有助于潜能的开发与实际才能的提高；而实际能力的增长与发展，又能促进领导者对基本理论知识的学习和运用。领导者应具备的能力素质主要包括：

1. 直觉的能力，即对外界事物的观察能力、认知能力，也就是要有较强的悟性；

2. 抽象思维的能力，即透过现象看本质的能力，把握主次的能力，总结实践形成概念的能力，在相互联系中摸索规律的能力；

3. 组织和协调的能力，即善于将有限的人力资源组织起来协调工作的能力，处理工作中的矛盾和冲突的能力，知人和用人的能力，改善人际关系的能力等；

4. 自我发展的能力，即不断学习新知识、掌握新技能的能力，包括自学能力、自我反省能力、吸收新事物的能力；

5. 创新的能力。创新是管理的灵魂。创新能力是现代领导所具备的核心素质。领导者只有具有创新意识、创新精神和创新能力，紧跟市场发展的潮流，把握市场跳动的脉搏，才能把企业的改革和建设事业不断推向前进。单纯的"有知识"、"会管理"，已经不能适应现代经济和社会发展的需要，已经不是有效领导的关键。"有知识"还要会创新，不能创新，知识再多也没有意义；"会管理"也要会创新，只有不断创新，才能实现有效的管理。

（五）身心素质

身体心理素质，也是领导者必备的素质。作为领导干部，在决策、领导、执行、监督、组织、指挥、协调等工作中都需要大量的体力与脑力，因此，现代领导者必须有健康的体魄和良好的心理素质。

1. 要有健康的体魄

身体健康是每位领导者必须具备的条件，领导工作是繁重的，可以说是日不出而做，日落而不归，如果没有健康的体魄，即使有好的思想、科学的思维，恐怕只会觉得力不从心，无法发挥领导才能。所以，领导者需要有科学的时间观念，处理好休息与工作时间上的冲突，加强体育锻炼。

2. 要有成熟的心理素质

领导工作是一项复杂紧张压力极大的活动，没有稳定的情绪、成熟的心理，很难干好领导工作。对于经济大潮的冲击，对自己的付出和效益要有心理平衡感，心理容量要大，在员工面前能自觉地控制行为，办事讲话符合身份。

3. 要有坚强的意志

对领导者而言，坚毅、顽强、果断不仅是其性格特征，更是其领导力的基础。自信和自控是领导者最需要具备的态度，缺乏自信和自控会使问题和局面复杂化，更加难以处理。进取心也是成功领导者的特质之一，他们不愿消极守成，对生活、对未来、尤其是对事业和工作总是充满激情，具有胜不骄、败不馁的坚强意志。

总之，政治、品德、知识、能力、创新和身心是我们现代领导者所应具备的基本素质，但要成为一个成功的领导者，还需要在具体的工作实践中将这些素质转化为实实在在的领导能力、领导方法、技巧和经验。

知识拓展

领导者的 "6P" 特质

究竟领导者具有什么样的特质，才能成为一名合格的领导者呢？《共赢领导力——提升领导力 5 种技术》认为，一名合格的领导者至少要具备六个方面的基本特质，这六个方面的英文单词都是以 P 开头，所以也叫领导的 6P 特质。

1. 领导远见（Purpose）

领导者必须对未来有明确的发展方向，领导者应该向下属展示自己的梦想，并鼓励大家按梦想去前进。一旦下属需要，领导者随时就在身边，就像比德·杜扎克所说："优秀的经营管理和平凡的经营管理有一个不同，那就是优秀的经营管理，能够取得长期和短期的平衡。"也就是说，在制定领导远见的时候，同时必须要有领导的目标来进行配合。优秀的领导者应该是一个方向的制定者。

2. 热情（Passion）

领导者必须对自己所从事的工作和事业拥有特别的热忱，例如，联想集团的领导曾经说过，高层领导者必须要有事业心，中层的领导者必须要有上进心，基层的领导者必须要有责任心。不同层级的人都有这种工作的热情，都愿意努力地去做事情，领导者要有全心全意搞经营的信念和承诺。同时，好的领导者不仅自己的主动性很强，还要能点燃下属的工作热情，一个不能够燃烧下属工作热情的人，或者说不会激励下属的领导者，是没有资格做领导的。领导热情既没有替代物，也很难量化，但它是企业完成目标和任务的一种催化剂。

3. 自我定位（Place）

领导者应该特别清楚自己扮演的角色，面对这个角色应该担负什么样的责任。这些角色包括为人上司，为人下属，为人同事，还包括一个角色，那就是千万不要忘记你自己。你如何让你自己这个角色每一年逐步的提升，怎么样给自己充电，怎么样给自己加压，怎么样去学习新东西，这就是一个自我定位。解决好了这四个角色，你就能继续前进，就会产生好的绩效。

4. 优先顺序（Priority）

优秀领导者的一个特点就是能够明确地判断处理事务的优先顺序。有人说日本人很能干，交代给他的事情，他都能够很快地完成。但是日本人也有一个缺点，那就是工作太热情了，这个也做，那个也做，什么都面面俱到。换句话说，日本人太注重的是效率，而不是最终的效果。领导者要想加强领导绩效，就必须懂得有所取舍，在有限的时间和资源范围之内，就要决定到底先做什么，这就是优先顺序的思维方式。所以领导者既要确定今年做什么，又要确定放弃什么，做这两个决定同等重要。有的时候决定放弃什么，比你决定要做什么可能更难，但是领导者要有这种勇气和智慧。

"二八规则"在企业中普遍适用。20%的目标能够创造80%的绩效；20%的优秀骨干创造了企业整体80%的利润；80%的电视收视率来自于20%的频道；80%的错误决定是由20%的领导做出来的；80%的病假是由20%的员工请出来的。领导者如果遵循这个规则，你就要集中你的精力来管理和服务那些重要的合作伙伴，这就是取舍，这就是优先顺序。

5. 人才经营（People）

领导者应该相信，无论是上司、同事和下属都是企业可以依赖的资源，都是企业的绩效伙伴。人员可能是企业的资产，也可能成为企业的负债。

什么样的人是资产呢？企业真正的人才，发挥作用的人才，是企业的资产。否则一个再能干的人，你把他请进来，每个月给他高薪，但是又没有创造出什么结果，又不给他授权和机会，那么这个人在这家企业就相当于负债。一般来说，在一家企业中有20%的人是领着大家干，有60%的人是跟着大家干，还有20%的人是在捣乱，这就是"262风波原则"。

6. 领导权力（Power）

自古以来，领导和权力是密切相关的。领导能力包含着领导风格的因素，也包含着权力的因素。所谓权力就是一个人影响另外一个人的能力，权力的关键是依赖性，你对他有很强的依赖性，反过来他对你就有很大的权力。

任务诊断 企业没有高素质的管理者，就等于航行在大海中的船由外行掌舵。阅读伟人或企业家传记，总结出优秀的领导者应具备哪些素质？

任务三　解读领导行为理论

任务情境　孔子的学生子贱有一次奉命担任某地方的官吏。当他到任以后，却时常弹琴自娱，不管政事，可是他所管辖的地方却井井有条，民兴业旺。这使那位卸任的官吏百思不得其解，因为他每天即使起早摸黑，从早忙到晚，也没有把地方治好。于是他请教子贱："为什么你能治理得这么好？"子贱回答说："你只靠自己的力量去进行，所以十分辛苦；而我却是借助别人的力量来完成任务。"

问题：子贱带给我们的管理启示是什么？

任务分析　20世纪40年代以来，众多的管理学家把研究的重点转向具体的领导者所表现的行为上，因此，这一领域的研究成果称为领导行为理论。领导行为理论与领导特质理论初看起来似乎是相同的。其实，它们有微妙的而且是很重要的差别。例如，某领导人有羞怯的特点，而且并不真心想和别人沟通。但他知道，和别人对话是他工作的重要组成部分，所以他总是和职工打招呼，至少每天一次。可见，领导者尽管有羞怯的特点，但他的行为却表现出不害羞。这种行为与特质不符的现象往往成为领导行为理论的兴奋点，即领导者是否成功，最重要的不是领导者个人的性格特性，而是领导者采用什么领导方式，形成怎样的领导作风，领导者具体怎么做。

本任务主要回答勒温的领导方式理论、斯多迪尔和沙特尔的四分图理论和布莱克和穆顿的领导方格理论等代表性的领导行为理论。

在上述任务中，子贱正确地利用下属的力量，发挥团队协作精神，不仅能使团队很快成熟起来，同时，也能减轻管理者的负担。如果喜欢把一切事揽在身上，管这管那，整天忙于日常杂务，会使组织管理效率下降，最终失去活力。在组织管理方面，要相信少就是多的道理：你抓得少些，反而收获就多了。

知识精讲

一、领导方式理论

在20世纪30年代，德国心理学家勒温根据领导者在领导过程中表现出来的行为方式划分为专制式、民主式和放任自流式三种基本类型。

（一）专制式领导

所谓专制式领导，是指领导者个人决定一切，布置下属执行，即靠权力和命令让人服从。这种类型的领导者具有以下几个特点：

1. 个人独断专行，不考虑别人的意见，所有的决策都由自己决定；
2. 下级没有任何讨论参与决策的机会，只能奉命行事；
3. 主要靠行政命令、纪律约束、训斥惩罚来维护领导者的权威；
4. 领导者事先安排一切工作的程序和方法，下级只能服从；
5. 领导者很少参加群体的社会活动，与下级保持相当的心理距离。

（二）民主式领导

所谓民主式领导，是指领导者与下属共同讨论，集思广益，然后再进行决策，要求上下融合，合作一致地工作，其特点是：
1. 领导与下属共同讨论制定组织的各种政策；
2. 充分尊重下属的意见，根据下属个人的能力、兴趣和爱好来分配工作任务；
3. 工作安排富有弹性，下属对自己的工作有较大的选择性；
4. 主要运用个人权力和威信，不是职位权力或命令使人服从；
5. 领导者积极参加团体活动，与下级无心理上的距离。

（三）放任式领导

所谓放任式领导，是指领导者放手不管，下属愿意怎样做就怎样做，完全自由。其特点是极少运用权力影响成员，给成员以高度的独立性，组织无规章制度，完全凭借个人的自觉性，权力完全给予个人，个人自由度大。

勒温于1939年对这三种领导类型的群体进行了实验研究，在试验中发现：放任型的领导作风工作效率最低，只达到社交目标，而完不成组织的工作目标。在专制型领导的团体中，各成员攻击性言论很多，专制型领导作风虽然通过严格管理达到了工作目标，但团体成员没有责任感，情绪消极，士气低落，对抗情绪不断增长，人与人之间发生争吵较多。在领导者不在场时，专制型团体工作动机大为降低。民主型领导作风工作效率最高，不但能较好地完成工作目标，而且团体成员之间关系融洽，工作积极主动，成员在工作中具有创造性。

在实际管理中，大多数领导都是界于专制式、民主式和放任式之间的混合式。勒温能够注意到领导者的风格对组织氛围和工作绩效的影响，区分出领导者的不同风格和特性并以实验的方式加以验证，这对实际管理工作和有关研究非常有意义。但是，勒温的理论也存在一定的局限。这一理论仅仅注重了领导者本身的风格，没有充分考虑到领导者实际所处的情境因素，因为领导者的领导行为是否有效，还受到被领导者和周边的环境因素影响。

二、四分图理论

1945年美国俄亥俄州州立大学在斯多迪尔和沙特尔两位教授的领导下，开展了对领导行为的研究，提出了领导行为的基本特征，研究者们收集了大量的有关对领导行为描述的数据资料，开始时列出了 1790 个因素，后来减少到 150 个。通过逐步筛选、归并，最后归纳为两个独立的维度：组织维度和关怀维度。

组织维度指的是领导者更愿意界定和建构自己与下属的角色差异，强调组织的需要，以达成目标。领导者的主要工作就是抓组织，即为职工提供组织结构方面的条件使之做出令人满意的成绩，包括进行组织设计、制订计划和程序、明确职责和关系、建立信息通道、安排并确定工作日程、强调工作的最后期限等。高结构特点的领导者向组织成员分配具体任务，要求员工保持一定的绩效标准。

关怀维度指的是领导者尊重和关心下属的观点与情感，更愿意同下属建立相互信任的工作关系，其工作主要以人际关系为中心，关心人，尊重下级意见，注重职工需要。高关怀维度的领导者帮助下属解决个人问题，友善且平易近人，公平对待每一个下属，关心下属的生活、健康、地位和满意度。

按照这两个维度的内容，研究者们设计了领导行为描述问卷，要求下属说出他们对组织、形势、团体的特点、团体工作成绩的衡量、各种情况下有效的领导行为等问题的看法。最后，他们把领导行为可分为四种类型（如图 5-1 所示）。

（1）高关心组织、低关心人的领导者：重视抓工作组织目标的完成情况，很少关心下属；

（2）低关心组织、低关心人的领导者：既不重视抓工作，也不关怀下属；

（3）低关心组织、高关心人的领导者：重视人际关系，但不采用严格的组织管理；

（4）高关心组织、高关心人的领导者：既高度重视人际关系，又重视抓组织工作。一般来说，这种领导方式，其工作效率和有效性都较高。

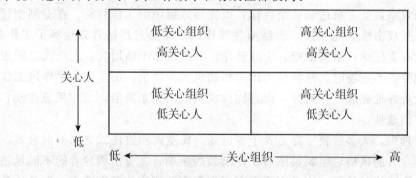

图 5-1　领导行为四方图理论模式图

在上述四种领导行为中，究竟哪种领导行为的效果最好，要视具体情况而定。一般情况下，高关心组织与低关心人往往带来更多的旷工、事故和抱怨。而低关心组织与高关心人虽然能与员工建立起融洽和谐的人际关系，但往往无法完成组织目标。高关心组织与高关心人往往是管理者追求的目标。所以，究竟采取哪种领导行为，要根据组织面临的环境进行具体分析。

三、领导方格理论

1964 年美国管理学家布莱克和穆顿在领导行为四分图的基础上，巧妙地设计出管理方格图。横坐标和纵坐标都划分为 9 个尺度，这样就形成了一个有 81 种领导方式的管理方格图，每一个方格表示一种领导风格，纵坐标表示对人的关心程度，分为 9 级横坐标表示对生产目标的关心程度，也分为 9 级。下图显示了 5 种典型领导风格（如图 5-2 所示）。

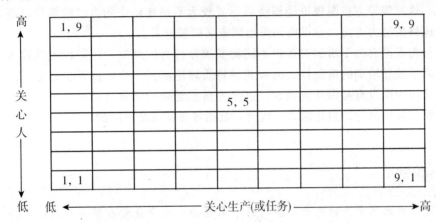

图 5-2 领导方格理论图

图 5-2 说明，人员定向的领导者主要关心人的问题，而任务定向的领导者主要关心工作或生产问题。当然这不是绝对的，因为工作与人是密切联系在一起的。领导者关心人员与关心生产的程度可以由低"1"到高"9"。把人员定向与任务定向统一起来，可以看到其中五种典型的形态：

（1）1，1 型：平庸型领导。这种类型的领导者既不关心生产，又不关心人的情感与福利等，缺乏主见，逃避责任，最低限度地完成任务。

（2）9，1 型：任务型领导。这种类型的领导者非常关心生产，但不大关心人。他们主要借助权力等组织人们完成任务，独断专行，压制不同意见。这种领导者在短期内可能提高生产效率。但由于不关心人，不注意提高职工的士气，因而生产效率不能持久。时间一长，人们会牢骚满腹，生产效率自会下降。

（3）1，9 型：俱乐部型领导。这种类型的领导者只关心人，而不大关心生产。他们高度估价温暖和友好的人际关系，尽量多结友少树敌，以多方面满足人们的需要来换取人们的支持和拥戴。但这种领导行为在竞争激烈的现代社会生活中很难立足。因为他不利于生产效率的提高。

（4）5，5 型：中间型领导。这种领导者推崇"折中"，而不用恰当的方法解决问题。也就是在处理生产与人的需要的矛盾上，不是去寻求对生产和人都有利的优化策略，而是寻找两者可以妥协的地方，如将生产目标降到人们乐于接受的程度。因此，这种领导行为虽然既要求完成必要的任务，又要求保持必要的士气，但工作效率与人们的积极性都有很大的局限性。

（5）9，9型：团队型领导。这种类型的领导者既十分关心生产，又十分关心人的因素。他们总是努力寻找解决问题的优化方法，使关心生产与关心人协调一致，统筹解决。他们的目标是使组织不断得到改善，组织中的人不断发展。这种领导行为是比较有效的，因为关心生产与关心人两个方面会相互影响，相互促进。

除了这五种典型的领导形态外，管理方格图还提供了大量的介于这些形态之间的形态，这里就不详述了。不过就这五种形态而言，也有优劣之分。布莱克与莫顿认为团队型最佳，其次是任务型，再次是中间型、俱乐部型，最差的是平庸型。布莱克和莫顿还指出，哪一种领导风格最有效要看实际工作，最有效的领导风格并非一成不变，而要依情况而定。这种领导方格图理论能够使领导者较为明确地认识到自己的领导风格，找到改进领导风格的努力方向，也可以用来培训未来的领导者。

领导行为理论有助于增加对各种不同类型领导行为的理解，注重行为模式而非领导特质，强调了领导培训的重要性。但和领导特质理论研究一样，都属于静态层面上的研究，只注重行为而没有考虑环境因素，也仅为高度复杂的领导过程提供了一个简单的视野，只考察了领导过程的强化因素，因此，其指导意义也是有限的。

典型事例

谢丁是设在北京中关村电子一条街的一家电脑公司中分管人事工作的副总经理。公司董事会日前作出了"第二次创业"的战略决策，并据此将公司经营业务的重点从组装"杂牌"电脑转到创立自己品牌的方向上来，谢丁必须在这周内作出一项人事决定，挑选一个人担任公司新设业务部门的领导。他有三个候选人，他们都在公司里工作了一段时间，其中一位是李非，这小伙子年纪不大，但领导手下人挺有一套办法，所以谢丁平时就比较注意他。

另一个原因是，李非的领导风格很像谢丁。谢丁是曾在部队从事过通信系统维护工作的退役军人，多年军队生活的训练，使他养成了目前这种因为习惯了而很难改变的领导方式，但谢自己心里也明白，公司新设立的业务部门更需要能激发创造性的人，李非是从外埠某大专院校电子计算机专业的专科毕业生。四年前独自到北京"闯世界"，经过面试来到了本公司工作。他的性格与言行让人感到，他是一个固执己见、说一不二、敢作敢为的人。

秦雯则是另一种性格的人，她通过自学获得了文科学士学位，她为人友善，喜欢听取下属的意见，并通过前一段时间参加工商管理培训班的学习以及自己边实践边总结、提高，形成了一种独特的领导风格。对于第三个候选人彭英，谢丁没有给以多少考虑，因为彭英似乎总是让他的下属做出所有决策，自己从没有勇气说出自己的主张。

任务诊断 领导行为理论主要包括哪些内容？每种领导行为的主要特征是什么？

任务四　解读领导权变理论

任务情境　大李任现职已有五年，其业绩在局里颇有口碑。大李为局长老王一手提拔，两人一向关系密切，但最近却出现了一些不和谐的征兆。大李私下抱怨老王不给自己留面子，在下级面前对自己呼三喊四，对自己的工作也干预太多；老王则觉得大李翅膀硬了，不像过去那样听话了。

问题：根据领导生命周期理论，你认为老王对大李应当采取下列哪种领导方式较为合适？

任务分析　由于领导特质理论和行为理论都没有从根本上解决领导的有效性问题，人们开始重视情境因素对领导活动的影响，并在此基础上逐渐形成了领导权变理论。该理论认为，不存在一成不变，普遍适用的最佳管理理论和方法，组织管理应根据组织所处的内部和外部条件随机应变。权变理论把内部和外部环境等因素看成是自变量，把管理思想、管理方式和管理技术看成是因变量，因变量随自变量的变化而变化。管理者应根据自变量与因变量之间的函数关系来确定一种最有效的管理方式。领导权变理论所关注的是领导者与被领导者的行为与环境的相互影响，尤其关注不同的领导方式与各种环境之间的适应性。领导是一个动态过程，而且领导方式应随着下属的特点和情境的变化而变化，这样才能获得较高的领导绩效。

本任务主要回答菲德勒的领导权变模型、赫塞和布兰查德领导生命周期理论、豪斯的途径—目标理论等代表性的领导权变理论。

在上述任务中，大李任现职已有五年，其业绩在局里颇有口碑，可见，大李已是一位比较成熟的员工。根据领导生命周期理论，老王对大李的任务行为要适当放松，关系行为要加强，采取"低工作、高关系"的领导方式，即参与式。

知识精讲

一、领导权变模型

美国当代著名心理学和管理专家菲德勒经过长达 15 年之久的研究，在 1951 年创出了有效领导的权变理论。他认为不存在一种"普遍适用"的领导方式，任何形态的领导方式都可能有效，其有效性完全取决于领导方式与环境是否适应。换句话说，领导和领导者是某种既定环境的产物。

（一）两种领导风格

菲德勒认为个人的领导风格是一生经历的结晶，因而很难改变。所以，他的权变模型的基本思想是任何个人的领导风格都只在某种具体的情境中有效。因此增强领导有效性的方法是帮助领导者认识自己的领导风格，并使之与情境相适应。为此，菲德勒设计了 LPC 问卷，即最难共事者问卷。这种量表的使用方法是让领导者对"最不喜欢的同事"作"正反两面"的评价。这种评价分数用来测定一个人对其他人的态度。一个领导者如果对自己最不喜欢的同事给予很高或较高的评价，那他会被认为是关心人或宽容性的领导者，又叫关系导向型领导；而那些对其最不喜欢的同事给予很低或较低评价的人，则被认为是以工作为中心的领导者，又叫任务导向型领导。

（二）领导有效性的环境因素

菲德勒认为决定领导有效性的环境因素主要有三个：

一是职位权力。职位权力指的是与领导者职位相关联的正式职权和从上级和整个组织各个方面所得到的支持程度，这一职位权力由领导者对下属所拥有的实有权力所决定。领导者拥有这种明确的职位权力时，则组织成员将会更顺从他的领导，有利于提高工作效率。

二是任务结构。任务结构是指工作任务明确程度和有关人员对工作任务的职责明确程度。当工作任务本身十分明确，组织成员对工作任务的职责明确时，领导者对工作过程易于控制，整个组织完成工作任务的方向就更加明确。

三是上下级关系。上下级关系是指下属对一位领导者的信任爱戴和拥护程度，以及领导者对下属的关心、爱护程度。这一点对履行领导职能是很重要的。因为职位权力和任务结构可以由组织控制，而上下级关系是组织无法控制的。

（三）权变理论模型

假如将上述变量都分成两种情况：上下级关系好与差，任务结构性明确与不明确，职位权力强与弱，则可组合出八种主要的领导形态。菲德勒对 1200 多个团体的领导者进行了调查，结果表明，领导者的行为方式应与环境类型相适应才能获得满意的效果。如果以上三个条件均具备，便是最有利的领导条件。如果三者都不具备，便是最不利的领导条件。根据以上三个因素，将领导所处的环境从最有利到最不利分为八种类型。一般来讲，在组织情况极有利或极不利时，任务导向型是有效的领导形态；在组织情况一般时，人际关系型是有效的领导形态（如图 5-3 所示）。

上下级关系	好				差			
任务结构	明确		不明确		明确		不明确	
职位权力	强	弱	强	弱	强	弱	强	弱
情境类型	1	2	3	4	5	6	7	8
领导者所处的环境	有利				中间状态		不利	
有效的领导方式	任务导向型				关系导向型		任务导向型	

图 5-3 菲德勒的领导权变理论模型

图 5-3 表明在编号 1、2、3 和 8 的条件下，有效的工作成就和领导者的命令式任务型作风相关；在编号 4、5、6、7 条件下的工作成效，同关心人的领导作风相关。这些研究结果表明，某一领导风格，不能简单地区分优劣，因为在不同条件下都可能取得好的领导绩效。换言之，在不同情境下，应采取不同的领导方式。

菲德勒认为，影响领导成功的关键因素之一是领导者的基本领导风格。由于领导行为与领导者的个性是相联系的，所以领导者的风格是稳定不变的。提高领导者有效性的方式仅有两条途径：一是替换领导者以适应新环境，二是改变环境以适应领导者。这一理论对怎样补缺与选择领导人员；怎样进行领导者的轮职与调职；怎样操作领导情势因素（调整主管与下级的关系、调整工作结构、调整职权等）；怎样使领导方式与情势因素有效匹配，提高领导效能等都有重要意义。

二、领导生命周期理论

这一理论由赫塞和布兰查德提出。他们认为，人们在考虑领导行为有效性的时候，应该把"工作行为"、"关系行为"与被领导者的成熟程度结合起来。他们把成熟度定义为：个体对自己的直接行为负责任的能力和意愿，包括工作成熟度和心理成熟度。工作成熟度是下属完成任务时具有的相关技能和技术知识水平，心理成熟度是下属的自信心和自尊心。高成熟度的下属既有能力又有信心做好某项工作（如图 5-4 所示）。

在图 5-4 中，横坐标代表以关心工作为主的工作行为，纵坐标代表以关心人为主的关系行为，第三个坐标是下属的成熟度。卡曼认为每一个人都有一个从不成熟到成熟的发展过程，即不成熟→初步成熟→比较成熟→成熟四个阶段。面对分别处于这四个阶段的员工，领导行为不能一成不变，而应随他们成熟度的变化而变化，这就是领导生命周期理论的精髓。

（1）命令式领导（高工作、低关系）。有效的领导行为要能适应特定环境的变化。当员工的平均成熟度处于不成熟阶段时，领导者应采取"高工作、低关系"的行为，即命令式。命令式的领导者以单向沟通方式向部属规定任务：干什么，怎样干。图中第 I 象限表征的是命令式。

（2）说服式领导（高工作、高关系）。面对处于初步成熟阶段的员工，领导者应采取"高工作、高关系"的行为，即说服式，说服式的领导者与部属通过双向沟通，互通信息，达到彼此支持。图中第 II 象限表征的就是说服式。

（3）参与式领导（低工作、高关系）。当员工进入比较成熟阶段时，领导者的任务行为要适当放松，关系行为要加强，采取"低工作、高关系"的领导方式，即参与式。参与式与说服式有一定相似之处，一方面领导者与部属相互沟通，另一方面领导鼓励部属积极参与管理。图中第 III 象限表征的是参与式。

（4）授权式领导（低工作、低关系）。当员工发展到成熟阶段时，领导者应采取"低工作、低关系"的领导方式，即授权式。授权式的领导者给下属以权力，让他们有一定自主权，"八仙过海，各显神通"，而领导者本人只起检查监督作用。图中第 IV 象限表征的就是授权式。

这种领导方式的情境理论算不上完善，它只针对了下属的特征，没有包括领导行为的其他情景特征，如职位权力、任务结构、上下级关系、组织特征、社会状况、文化影响、心理因素等。但它对于深化领导者和下属之间的研究，具有重要的基础作用。

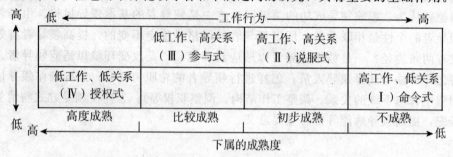

图 5-4　领导生命周期理论图

三、途径—目标理论

继菲德勒的权变论之后，70 年代初，一种新型的领导权变理论颇受重视，这就是加拿大多伦多大学教授豪斯的途径—目标理论。途径—目标理论是以期望概率模式和对工作、对人的关心程度模式为依据，认为领导者的工作效率是以能激励下属达到组织目标并且在工作中得到满足的能力来衡量的。领导者的基本职能在于制定合理的、员工所期待的报酬，同时为下属实现目标扫清道路，创造条件。根据该理论，领导方式可以分为四种：

（1）指示型领导方式。领导者应该对下属提出要求，指明方向，给下属提供他们应该得到的指导和帮助，使下属能够按照工作程序去完成自己的任务，实现自己的目标。

（2）支持型领导方式。领导者对下属友好，平易近人，平等待人，关系融洽，关心下属的生活福利。

（3）参与型领导方式。领导者经常与下属沟通信息，商量工作，虚心听取下属的意见，让下属参与决策，参与管理。

（4）成就指向型领导方式。领导者做的一项重要工作就是树立具有挑战性的组织目标，激励下属想方设法去实现目标，迎接挑战。

途径—目标理论告诉我们，领导者可以而且应该根据不同的环境特点来调整领导方式和作风，当领导者面临一个新的工作环境时，他可以采用指示型领导方式，指导下属建立明确的任务结构和明确每个人的工作任务；接着可以采用支持型领导方式，有利于与下属形成一种协调和谐的工作气氛。当领导者对组织的情况进一步熟悉后，可以采用参与者式领导方式，积极主动地与下属沟通信息，商量工作，让下属参与者决策和管理。在此基础上，就可以采用成就指向型领导方式，领导者与下属一起制定具有挑战性的组织目标，然后为实现组织目标而努力工作，并且运用各种有效的方法激励下属实现目标。

总之，领导的权变理论是当代西方领导理论的一个非常重要的组成部分。它把领导行为与情境因素结合起来考察领导方式，主张根据具体的情况来确定最佳的领导方式的思想，是颇受人们重视的。

【课堂讨论】 甲、乙、丙、丁四人是同一车间的操作工。甲进厂才3天。乙已工作半个多月了，能在师傅指导下进行劳动。丙刚开始独立从事操作。丁则已是老工人了。请选用一个领导有效性理论，谈谈如何对他们进行有效管理？

知识拓展

领导者的七次微笑

劳伦斯·米勒把公司从开始到结束，分为初创、成长、发展、扩张、成熟、衰退、结束七个阶段，而领导者则在每一个阶段扮演着不同的角色。

第一阶段，公司刚刚成立，领导者必须是个"先知"，见人所未见，闻人所未闻，提出有吸引力的愿景，号召众人跟随。直白地说，什么是领导者？就是有人愿意跟随。

到了第二阶段，公司开始运作，领导者必须转变为"野蛮人"，带领群众冲锋陷阵、攻城略地。同时，意志力和判断力都必须强韧准确，坚持到底。"野蛮人"也表现在公司决策上，此时权利必须集中，用独裁争取效率，资源和力量才会集中。小公司没有本钱搞民主。

到了第三阶段，也就是公司打开局面、在市场占有一席之地后，"野蛮人"要转变为"制度建构者"，将原本的游击队改制为正规军。

再往下到第四和第五阶段，分别是建立管理架构和行政体系，此时公司会失去初期的弹性，转靠系统和流程运作。

到了第六阶段，随着弹性越来越小，系统和流程的力量越来越强。领导者也成了"贵族"，把自己和基层员工以及市场上的第一线客户隔开，听取意见的来源是公司高管，而不是基层员工和客户。

进入第七阶段，除非内部来一次大手术，对结构和组织做出调整，回到创业初期的状态，否则公司只能随时间逐渐老去，直至结束。

任务诊断 领导权变理论是不是最完美的一种理论？为什么？

任务五　有效领导

任务情境 美国通用电气公司的总裁杰克·韦尔奇，是20世纪最伟大的CEO之一，被誉为"经理人中的骄傲"、"经理人中的榜样"。

在一次全球500强经理人员大会上，韦尔奇与同行们进行了一次精彩的对话交流。

有人说："请您用一句话说出通用电气公司成功的最重要原因。"

他回答："是用人的成功。"

有人说："请您用一句话来概括高层管理者最重要的职责。"

他回答："是把世界各地最优秀的人才招揽到自己的身边。"

有人说："请您用一句话来概括自己最主要的工作。"

他回答："把50％以上的工作时间花在选人用人上。"

有人说："请您用一句话说出自己最大的兴趣。"

他回答："是发现、使用、爱护和培养人才。"

有人说："请您用一句话说出自己为公司所做的最有价值的一件事。"

他回答："是在退休前选定了自己的接班人——伊梅尔特。"

有人说："请您总结一个重要的用人规律。"

他回答："一般来说，在一个组织中，有20％的人是最好的，70％的人是中间状态的，10％的人是最差的。这是一个动态的曲线。一个善于用人的领导者，必须随时掌握那20％和10％的人的姓名和职位，以便实施准确的奖惩措施，进而带动中间状态的70％。这个用人规律，我称之为'活力曲线'。"

有人说："请您用一句话来概括自己的领导艺术。"

韦尔奇回答："让合适的人做合适的工作。"

问题：为什么韦尔奇说让合适的人做合适的工作是他的领导艺术？

任务分析　领导艺术是指在领导的方式方法上表现出的创造性和有效性。一方面是创造，是真善美在领导活动中的自由创造性。"真"是把握规律，在规律中创造升华，升华到艺术境界；"善"就是要符合政治理念；"美"是指领导使人愉悦、舒畅。另一方面是有效性，领导实践活动是检验领导艺术的唯一标准。戈尔巴乔夫领导苏联解体不能说是成功的领导，霸王别姬也不能说是成功的领导艺术。黑格尔说过："世界上没有完全相同的两片叶子"，同样也没有完全相同的两个人，没有完全相同的领导者和领导模式。有多少个领导者就有多少种领导模式。领导艺术是因人而异的。

本任务主要回答如何实现有效领导问题，即领导的时间管理艺术、授权艺术、用人艺术等等问题。

在上述任务中，让合适的人做合适的工作，真正地把"钢"用在刀刃上，才能达到知人善用、人尽其职的效果，否则就会浪费资源。

知识精讲

一、有效管理时间

"认识你的时间，管理你的时间"，这是每一个领导者必须铭记的至理名言。对于现代领导者来说，没有比树立科学的时间观念更为重要的事情了，因为它体现了领导者高度的事业心和责任感，也是领导工作水平的主要标志之一。时间是宝贵的财富，对工作繁忙的领导者来说有效地利用时间尤为重要。而如何安排时间也有一定的技巧和方法。

19世纪意大利经济学家帕累托说过，在任何特定的群体中，重要的因子通常只占少数（大约20％），而不重要的因子则占多数（大约80％），因此只要能控制具有重要性的少数因子即能控制全局，即20/80原则。根据这一原则，提出了著名的时间管理工具，被称为第二象限工作法，后来，人们把它称为优先顺序法，其步骤是：

（1）合理地将自己的工作依据重要和紧急两个维度。把企业的事情进行如下的排序：重要且紧急、重要不紧急、紧急不重要、不重要不紧急，然后划分到四个象限中去（如图5-5所示）。

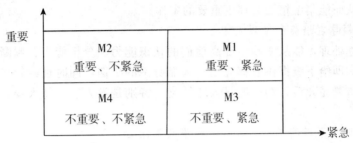

图5-5　第二象限工作法

（2）根据第二象限的工作制订工作计划。

（3）20％的时间做其他象限的工作。许多第一象限的工作，实际上也是由于没有按照第二象限工作法去做而产生的，工作中应注意纠正。

（4）对于第三象限中的一些工作要学会授权。作为组织的高层管理者，要做的是第二象限的工作。很多领导者工作的时间效率之所以上不去，往往是不良的工作习惯造成的，在很多事情重要但不紧急的时候，往往容易拖，拖到最后，就变成了重要而紧急的工作，于是连夜加班，结果漏洞百出。在现实管理实践中，领导者还经常把大量紧急而不重要的工作都揽到自己身边，事必躬亲。

二、有效授权

一个成功的领导者，并不需要事事亲为，而是通过适当的授权，让下级充分发挥积极性和创造力，从而实现自己的目标。授权是员工参与管理的最高形式，是员工实现自我领导的有效途径。领导者要掌握授权的艺术。

（一）授权的含义

所谓授权，就是指上级赋予下级一定的权力和责任，使下属在一定的监督之下，拥有相当的自主权而行动。包括三层含义：

一是单向性，上级授予下级；

二是对等性，授予下级的权力和责任是相等的；

三是明确了双方的权利与责任，授权者对被授权者有指挥、监督权，被授权者对授权者负有汇报情况及完成任务之责。

（二）领导者授权的原因

1. 有利于领导者从日常事务中解脱出来，腾出时间和精力处理重要工作，提高管理效率

每个管理者的时间、精力、阅历、知识水平和工作能力都是有限的，不必也不能对所有工作都亲自过问。授权可以减少领导者的工作负担，使领导者不被细小事务缠绕导致身心疲劳，从而能集中精力处理更重要的工作。

2. 有利于领导者培养和发现人才

让下属独立处理，能从实践中提高他们的认识能力、分析能力、判断能力和单独处理问题的能力，即给下级提供发挥才干、大显身手的机遇，同时也给领导者发现人才提供了机会。在诸葛亮死后，蜀国明显人才缺乏，特别是没人能主持大局，这与诸葛亮不善授权有关。

3. 有利于调动下属的工作积极性，增强其责任心

通过授权，使下属不仅拥有一定的权力和自由，而且也分担了相应的责任，使他们可以参与到组织管理中来，从而可调动其工作积极性和主动性。事无巨细的领导不仅对领导者本人不利，还会让下属感到不被信任，下属创造性未能得到充分发掘。

4. 有利于提高下属的工作安全感

根据美国盖洛普公司对中小企业员工所做调查表明，有52%的员工认为充分授权能提高工作安全感，有45%的员工表示，若公司能将他们的构想付诸实施，将大大提高他们的工作满意度。

5. 有利于团队建设

通过授权，使下级从层层听指令行事的消极状态，变为各自有责的积极主动。各级管理者之间、管理者与员工之间相互沟通，加强协调，团结共事，有利于发挥专长，互补不足，提高组织的整体力量。

6. 有利于提高决策的质量

正确授权有利于避免领导专断，降低错误决策风险，减小错误决策的发生，甚至减小错误决策所造成的损失。

【课堂讨论】 三国诸葛亮在上后主的《自贬疏》中道："街亭违命之阙，箕谷不戒之失，咎皆在臣授任无方。"诸葛亮忠心耿耿辅助阿斗，日理万机，事必躬亲，乃至"自校簿书"，对此其对手司马懿有评价。司马懿一次接见诸葛亮的使者，问："诸葛亮身体好吗？休息得怎么样？"使者对司马懿说："诸葛亮夙兴夜寐，罚二十以上，皆亲览焉；所敢食不至数升。"使者走后，司马懿对人说："孔明食少事烦，其能久乎！"果然不久，诸葛亮病逝军中，蜀军退师。问题：诸葛亮为蜀汉"鞠躬尽瘁，死而后已"，但为什么蜀汉仍最先灭亡？

（三）领导者授权的过程

领导者授权的过程分为四个步骤：

　　第一步：分派任务。指授权者希望受权人去做的工作，它可能是要求受权人写一个报告或计划，也可能是要求其担任某一职务所承担的一系列职责。

　　第二步：授予权力。选择授权的对象及确定权力范围，使受权人具有指挥和监督一定工作的权利。

　　第三步：明确责任。受权人的责任主要表现为向授权者承诺保证完成所分派的任务，是工作责任。

　　第四步：监督与控制。授权者在授权过程中对受权人有监控权，有权对受权人的工作进行情况和权力使用情况进行监督检查，并根据检查结果，调整所授权力或收回权力。

（四）授权过程中存在的问题及解决方法

1. 授权过程中存在的问题

　　（1）职权范围界定不清，任务下达不明确。一个组织中相互之间的职权不清，是引起摩擦及效率低下的最主要原因。缺乏对职权与责任的明确了解，就意味着组织成员对自己在组织中应起的作用不清楚。许多管理者因为事务缠身，对授权过程不加重视，使授权停留于表面，下属并未得到实权。当下属遇到稍大的事情，超越了平时的权力范围，便会不知所措，结果是跟上级想要的结果大相径庭。其实，原因不是下属的能力有问题，而是上级在授权的时候没有将权力的边界界定清楚。一个工作任务和目标都不明确的授权，也就失去了存在的意义。

　　（2）有责无权。下属通常抱怨的是，上级要他们对工作承担责任，但却不授予其完成任务所必须的权力。在本应授权的范围内不授权或只明确责任不授予权力，显然是一个错误。

　　（3）漫不经心地使用参谋机构。设立了助手或参谋机构，但在使用过程中，领导者可能会使自己陷于专家的包围之中，削弱直线管理人员的权力；也有可能根本就无视参谋人员的建议。不管怎样，这都有可能造成直线管理人员和参谋人员之间的相互抱怨。

2. 解决问题的方法

　　（1）将授权制度化，强迫领导者授权。为了防止领导者由于个人原因而不愿授权，组织可采取一些政策，迫使其授权。例如，加大管理幅度，同时对工作提出一个较高的标准，领导者为了确保任务的完成，除了授权，别无他法；也可以规定领导者只有当他们有了能够接替他们的下级人员时才予以提升，使领导者注重培养下属；也可以将职权范围作出明确规定。

　　（2）保持畅通的沟通渠道。领导者和下属人员之间进行充分的交流，畅通沟通渠道。下级要及时反映情况，上级对下级反映的情况要做出及时处理。

　　（3）提高管理人员的素质和管理水平，增强工作的计划性。培养领导者信任下级的心态和允许别人犯错误的心态。领导者可以先列出每天自己所要做的事情，根据"不可替代性"、"重要性"、"可授权性"来区分授权给下属做的事情。

　　（4）建立良好的组织文化，营造相互信任的氛围。授了权就该适度放手，与其紧迫盯人，不如在开始时就交代清楚，然后放手让员工去做，这样管理者既可以省一些精力，员工也可以试一试自己的能力。

领导者有效授权 10 要诀

要诀1：不要只问"懂了吗"。管理者习惯性地会问员工"懂了吗？""我讲的你明白了吗？"在这种情况下，许多对细节还不太懂的员工都会反射性地回答"知道"、"明白"，他们不想当场被主管看扁。

要诀2：明确绩效指标与期限。员工必须了解自己在授权下必须达到哪些具体目标，以及在什么时间内完成，清楚了这些才能有基本的行动方向。授权不是单单把事丢给员工，还要让他明白管理者期盼些什么。

要诀3：授权后也要适时闻问。授权以后不能不闻不问，等着他把成果捧上来。你可以不必紧盯人，但仍要注意员工的状况，适时给予"这儿不错"、"那样可能会比较好"之类的意见。如果任务特别需要"准时"，也可以提醒他注意进度与时间。

要诀4：为下次授权做"检讨"。授权后，管理者应找员工讨论他这次的表现，以便检讨改进。管理者也可以让员工描述自己在这次过程中学到了什么，再配合管理者自己观察到的状况，来为下次的授权的做参考。

要诀5：授权不一定要是大事。即使只是一次再寻常不过的小事，都可以是"授权"，未必一定要是什么大方案、大计划，才叫授权。尤其对于新进员工，从小事授权起，可以训练他们负责任的态度，也建立他们的自信。

要诀6：先列清单再授权。简单来说，主管可以先列出每天自己所要做的事，再根据"不可取代性"以及"重要性"删去"非自己做不可"的事，剩下的就是"可授权事项清单"了。这样会更有系统、有条理。

要诀7：授权的限度要弄明白。有些员工会自作主张，做出一些超出授权的事。因此最好在授权时能特别交代"底限"，一旦触碰了，他们就应该刹车，这可以防止他们擅自跨过界限。

要诀8：找对你打算授权的人。你所指定的人，如果经验多但对于该项任务不擅长或意愿较低，未必会比经验较浅、有心学习而跃跃欲试的人适合。

要诀9：排定支持措施。告知员工，当他们有问题时，可以向谁求助，并且提供他们需要的工具或场所。当主管把自己的工作分配给员工时，确定也把权力一起转交。此外，主管要让员工了解，他们日后还是可以寻求主管的意见和支持。

要诀10：授了权就该适度放手。与其紧迫盯人，不如在开始时就交代清楚，然后放手让员工做。这样管理者既可以省一些精力，员工也可以试一试自己的能力。

刘民与他的两个助手的抱怨

刘民和王东分别是一个公司中两个不同部门的经理，某一天，在同车上班的路上，他们彼此讨论着自己的管理工作。

在交谈中，刘民特别为两个助手伤脑筋。他抱怨说："这两个人在刚进公司时，我一直耐心地告诉他们，在刚开始工作时，凡是涉及报销和订货的事都要事先与我商量一下，并叮嘱他们，在未了解情况之前，不要对下属人员指手画脚。但是，到现在都快一年了，他们还是什么事情都来问我。例如，王大同上星期又拿一笔不到 1000 元的报账单来问我，这完全是他可以自行处理的嘛！两周前，我交给孙文国一项较大的任务，让他召集一些下属人员一起做，而他却一个人闷头做，根本不让下属人员来帮忙。他们老是这样大小事情都来找我，真没办法。"

几乎与此同时，刘民的两位助手也在谈论着自己的工作。王大同说："上周，我找刘民，要他签发一张报账单。他说不用找他，我自己有权决定。但在一个月前，我因找不到他曾自己签发过一张报账单，结果被财务部退了回来，原因是我的签字没有被授权认可。为此，我上个月曾专门写了一个关于授权我签字的报告，但他一直没有批下来，我敢说我给他的报告他恐怕还锁在抽屉里没看呢！"孙文国接着说："你说他的工作毫无章法，我也有同感。两周前，他交给我一项任务，并要我立即做好。为此，我想得到一些人的帮助，去找了一些人，但他们却不肯帮忙。他们说除非得到刘民的同意，否则他们不会来帮我。今天是完成任务的最后日期，我却还没有完成。他又要抓我的辫子了，又要把责任推给我了。我认为，刘民是存心这样的，他怕我们搞得太好抢他的位子……"

三、有效用人

在分工越来越细的现代社会，隔行如隔山的现象越来越突出。一个人，不可能具备各种才能，胜任一切岗位。从经济学的角度来看，"通才"往往是不经济的，某一特定人才总有最适合于他的岗位。这就需要管理者在"知人"的基础上，对人才的使用上给予恰当安排，形成人员配置的最佳组合机构，达成人尽其才、物尽其用的最佳组合，此即领导者的人才管理艺术。也就是说，领导者的用人艺术，可以分为择人艺术和管人艺术两个方面：

（一）领导者的择人艺术

用才必先识才，识才是为了更好地用才，在现今的改革大潮中，有很多技术过硬、能力强、具有管理和开拓精神的人才聚集在我们身边，期待着领导者的赏识、重用。当然，人才也不尽相同。领导者用人，如果只看其实际经验，只看其政绩，不是什么高超的识才艺术，认识没有实践经验的人才才是高超的识才艺术。因此，领导应该慧眼识英才，放开眼界发现人才，坚持以马列主义的认识论和方法论为指导，全面、发展地考察人才，建立科学的人才考察测评机制，从德、能、勤、绩等方面严格考察，正确地识别人、发现人，得到贤能志士。

管理大师韦尔奇对择人艺术也有其独特的见解。他认为，挑选最好的人才是领导者最重要的职责，领导者的工作，就是每天把全世界各地最优秀的人才延揽过来。他说：

"一个组织中，必有20％的人是最好的，70％的人是中间状态的，10％的人是最差的。"这是一个动态的"活力曲线"，即每个部分所包含的具体人一定是不断变化的。一个合格的领导者，必须随时掌握那20％的动向，并制定相应的机制在70％的"中间者"中发掘出有特长的人才，从而使20％的优秀者不断地得以补充与更新。可见，韦尔奇在择人艺术方面更为注重在制度的保证下，从组织内部发现优秀的员工。

（二）领导者的管人艺术

经过"知人"与"择人"，领导者已掌握了一定的人力资源，但并不是领导者就可以高枕无忧了。人才管理艺术是领导者择人艺术的自然过渡，也是人才真正发挥作用的重要保证。那么，领导者如何才能做到"善任"人才，即如何实行有效的人才管理呢？

1. 人尽其才，物尽其用

对于人才管理，领导者首先必须做到"人尽其才，物尽其用"，要对人才有合理分配和调度艺术。面对更复杂化的环境，领导者只有广泛地汇集各方面的人才才是制胜之道。"集合众智，无往不利"，一个人的才干再高，也是有限的，而将众才为我所用，将许多偏才融合为一体，就能组成无所不能的全才，发挥出无限巨大的力量。

领导者如何才能做到"人尽其才"呢？首先，要求领导者不搞集权，敢于知人善任，放手管理，要有博大的胸怀和谋略家的远见卓识。其次，建立科学的人才管理机制，为人才管理提供规范化、制度化的运作保证。再次，作为领导者，要敢于提拔开拓进取的人才，重视胸襟宽广的人才，不拘一格用各种合适的人才。最后，领导者应充分重视人才管理，把管人艺术提升到相当的高度，应认识到人才管理是每天都必须思索的大事。

2. 用人不"疑"与用人也"疑"相结合

俗语说"用人不疑，疑人不用"，当你对一个人的德与才有了相当的了解，认为他适合从事这项工作时，你就应该用而不疑，信任他、支持他，让他大胆地开展工作、充分施展自身才华。但现代企业由于面临着复杂多变的内外部环境，却不得不"用人也疑"了。当然，这并不是对员工人格的怀疑。这里的"疑"是指必要的约束和监督。

（1）用人不疑是相对的。

用人不疑是在国家法律、法规及各种规章制度健全的前提下，被用者德才兼备，具有一种严格的自律精神时的用人方法，舍此条件则不适用。

（2）员工的才能和修养是变化的。

任何事物都是在不断地发展变化的。一个人也会随着时间的推移或环境的变化而发生变化，其才能和道德修养会趋向好或坏，而不可能是一成不变的。所以说，领导者用人也要"疑"。"路遥知马力，日久见人心"说的就是这个道理。

（3）用人不疑不等于放任。

没有约束的权力是非常危险的，所以在信任的前提下进行必要的约束和监督是十分明智的。当然，如何处理好疑与不疑二者之间的关系，这就要看领导者领导水平的高低了，但只要领导者用人是出于公心，从工作和事业出发，就容易处理好。

3. 保持与下属的友好关系

在现实的组织领导实践中，领导者的各项工作目标、决策和意图都是在与人交往的过程中实现的。所以领导者与个人交往，特别是与下属交往的水平将不可避免地影响领导者管理效能的发挥。这很恰当地解释了为什么有的领导者能顺利地实现预定的目标，而有的领导者在实现目标的过程中却遇到来自下属这样或那样的阻力。在与下属的交往中，低水平的交往常常是单纯靠权力、地位和行政命令。这种交往不但不能产生良好的心理气氛，反而会使下属感到不快，甚至产生抵触情绪，这将大大降低信息传递和反馈的效应，对于组织目标的实现必将是有百害而无一利的。而高水平的交往则伴随着情感交流，这种交往使人心情愉快，充满着信任、支持和谅解，因而信息传递和反馈效应也就会大大提高，领导者与下属在融洽的氛围中可以更顺利地达到组织的最终目标。所以，保持友好关系是用人艺术中不可缺少的一环。

4. 善于容才"之长、之过、之仇"

（1）容才之长。人各有长处，在用人中，领导者要敢于使用能力比自己强的人，取人之长，补己之短，相互促进。而在实践中，有些领导为了使手中的权力成为"永不消失的电波"，十分嫉妒别人之长，害怕部下超越自己，对才华出众者总想贬低、诋毁、压制，使才华超群者无职无权，才能平庸者官运亨通，其做法甚是愚蠢，导致误人、误事。

（2）容才之过。"人非圣贤，孰能无过"，这要求领导者能正确对待一个人的缺点和不足，不能求全责备。用人要看主流，用他的一技之长，帮助其改正缺点，使之奋发向上、事业有成。实践证明，凡是有所作为的领导，多数都能容人之过。

（3）容才之仇。这是容才的最高境界，是一种高尚的品德。领导者容才不仅要容才之长、之过，还要能容才之仇，领导者要有海量容纳人、团结人，充分发挥每个人的最大作用，使他们更好地为社会主义现代化建设贡献聪明才智。

5. 善用能人

在实践中，领导者要用能人，首先，就要具备一双"慧眼"识能人。能人是有的，关键是我们能不能发现他。其次，要敢于用能人，用好能人。当前有些领导虽然面对众多有能之士，但由于虚荣心和安全感作祟，只愿意任用比自己稍逊一筹的庸人，而不愿用能人，即使用了，也不委以重任，处处排挤，导致能人效应难以发挥。因此，领导者在用人中不仅要有举才之德、容才之量，更要善于用能人。

6. 敢用年轻人

尽管年轻人经验不足，但他们是最富有创造力的，他们未必比资历深的长者知道的少。特别是当人类跨入知识经济时代之后，知识更新周期越来越短，信息沟通日益宽广方便，这正是年轻人大显身手的好时机。因此，领导者更应注意发现、重用有能力、善学习、有业绩的年轻人，坚持"用养结合"，把人才起用于"黄金时期"，放置于"关键岗位"，在使用中育人、成人。

7. 以人为本

首先，坚持以人为本，为人的潜能的发挥创造良好的社会环境。没有良好的环境，不仅难以发现人才、培养人才，即使有了人才，也无法做到人尽其才、才尽其用，最终留不住人才。其次，应该突出人才为本的思想，形成尊重知识、尊重人才的浓厚氛围；再次，应该为创新型人才撑起"保护伞"，不因人才在创新过程中的挫折和失误而叫"停"，不因创新型人才的某些缺点和个性缺陷而另眼相待，不因闲言闲语而失去对人才的信任和支持；最后，应该优化人才政策环境，用真挚的感情关心人才，用适当的待遇吸引人才，用良好的生活环境留住人才，并为人才解除后顾之忧，使他们能够专心致志地投身到事业之中。

总之，用人之道，是一门复杂精细的领导艺术，需要领导者在实践中不断地探索和总结。择人艺术保证了组织有才可用，而管人艺术则可人尽其才，这两个方面互为前提、互为保证，缺一不可。在社会竞争日益激烈的今天，用人艺术已经成为领导者磨练内功、改善经营、不断增强内部活力和外部竞争力的重要课题。

【课堂讨论】 海尔有个著名的"8号会"，就是在每月8号，海尔都要召开干部考核例会。考评结果全部用分数体现，并在职工餐厅门口公布。一年内，所有的分数加减相抵，如果达到－6分者，该干部将被淘汰。海尔的"8号会"有何启示？

管理故事

兔子的故事

一天，一只兔子在山洞前写文章，一只狼走了过来，问："兔子啊，你在干什么？"答曰："写文章。"问："什么题目？"答曰："《浅谈兔子是怎样吃掉狼的》。"狼哈哈大笑，表示不信，于是兔子把狼领进山洞。过了一会，兔子独自走出山洞，继续写文章。

一只野猪走了过来，问："兔子你在写什么？"答："文章。"问："题目是什么？"答："《浅谈兔子是如何把野猪吃掉的》。"野猪不信，于是同样的事情发生。最后，在山洞里，一只狮子在一堆白骨之间，满意的剔着牙读着兔子交给它的文章，题目："《一只动物，能力大小关键要看你的老板是谁》。"

这只兔子有次不小心告诉了他的一个兔子朋友，这消息逐渐在森林中传播；狮子知道后非常生气，他告诉兔子："如果这个星期没有食物进洞，我就吃你。"于是兔子继续在洞口写文章。

一只小鹿走过来，问："兔子，你在干什么啊？"答曰："写文章。"问："什么题目？"答曰："《浅谈兔子是怎样吃掉狼的》。"小鹿说："哈哈，这个事情全森林都知道啊，你别糊弄我了，我是不会进洞的。"兔子说："我马上要退休了，狮子说要找个人顶替我，难道你不想这篇文章的兔子变成小鹿么？"小鹿想了想，终于忍不住诱惑，跟随兔子走进洞里。过了一会，兔子独自走出山洞，继续写文章。

一只小马走过来，同样的事情发生了。最后，在山洞里，一只狮子在一堆白骨之间，满意的剔着牙读着兔子交给它的文章，题目是：《如何发展下线动物为老板提供食物》。随着时间的推移，狮子越长越大，兔子的食物已远远不能填饱肚子。一日，他告诉兔子："我的食物量要加倍，例如原来4天一只小鹿，现在要2天一只，如果一周之内改变不了局面我就吃你。于是，兔子离开洞口，跑进森林深处，他见到一只狼，问："你相信兔子能轻松吃掉狼吗？"狼哈哈大笑，表示不信，于是兔子把狼领进山洞。过了一会，兔子独自走出山洞，继续进入森林深处，这回他碰到一只野猪，问："你相信兔子能轻松吃掉野猪吗？"野猪不信，于是同样的事情发生了。原来森林深处的动物并不知道兔子和狮子的故事，最后，在山洞里，一只狮子在一堆白骨之间，满意的剔着牙读着兔子交给它的文章，题目是：《如何实现由坐商到行商的转型为老板提供更多的食物》。

时间飞快，转眼之间，兔子在森林里的名气越来越大，因为大家都知道它有一个很厉害的老板。这只小兔开始横行霸道，欺上欺下，没有动物敢惹，它时时想起和乌龟赛跑的羞辱。它找到乌龟说："三天之内，见我老板！"扬长而去。乌龟难过得哭了，这时却碰到了一位猎人，乌龟把这事告诉了他，猎人哈哈大笑，于是森林里发生了一件重大事情。猎人披着狮子皮和乌龟一起在吃兔子火锅，地下丢了半张纸片歪歪扭扭地写着：山外青山楼外楼，强中还有强中手！

在很长一段时间里，森林里恢复了往日的宁静，兔子吃狼的故事似乎快要被大家忘记了，不过一只年轻的老虎在听说了这个故事后，被激发了灵感。于是他抓住了一只羚羊，对羚羊说，如果你可以像以前的兔子那样为我带来食物那我就不吃你。于是，羚羊无奈地答应了老虎，而老虎也悠然自得地进了山洞。可是三天过去了，也没有见羚羊领一只动物进洞。他实在憋不住了，想出来看看情况。羚羊早已不在了，他异常愤怒。正在他暴跳如雷的时候突然发现了羚羊写的一篇文章题目是：《想要做好老板先要懂得怎样留住员工》。

任务诊断 自己试着和同学一起交流，以小组为单位对老板应如何留住员工展开讨论，并以"想要做好老板先要懂得怎样留住员工"为题写一篇文章。

知识小结

领导是管理工作的一项重要职能，领导者的行为对于一个组织或部门管理的好坏，具有决定性的影响。在影响员工积极性的各种因素中，领导者的心理和行为是一个关键性的因素，素质是领导者从事领导活动所必备的基本条件，是一种潜在的领导能力，是实现组织目标的根本保证。领导是一门科学，需要学识，需要胆量，更需要影响力。领导过程是个影响的过程，是领导者影响被领导者完成组织任务的过程，因此，需要提高被领导者完成任务的自觉性、积极性和主动性，这就需要领导者善于掌握和运用领导艺术与技巧。

这里我们特别强调，在正确使用非权力性影响力时要注意主次关系。在组成非权力性影响力的四个因素中，以品格、能力因素为主，知识、感情因素为次。一个领导者如果品格因素出了毛病，那么其他因素必然会受到严重的影响，其总和可能是零。而在一个领导者的品格因素及格的情况下，决定他非强制性影响力大小的主要因素在于能力因素。如果一个领导人能力极差，根本不称职，而且品格不好，那么他的非强制性影响力可能成为零，甚至是负数。

知识巩固

一、单项选择

1. 领导是指（　　）。

A. 对下属进行授权以实现组织既定目标的过程

B. 对所拥有的资源进行计划、组织、指挥、监控以实现组织目标的过程

C. 通过沟通，影响组织成员，使他们追随其所指引的方向，努力实现组织目标的过程

D. 通过行政性职权的运用，指挥组织成员按既定行动方案去实现组织目标的过程

2. 领导者的风格应当适应其下属的风格，领导者的行为应当随着下属"成熟"的程度不同作出相应的调整。这一观点出自于（　　）理论。

A. 领导方式理论　　　　　　　　B. 领导方格理论

C. 途径—目标理论　　　　　　　D. 领导生命周期理论

3. 根据领导生命周期理论，对成熟的下属应采取何种领导方式？（　　）

A. 高工作、高关系　　　　　　　B. 高工作、低关系

C. 低工作、高关系　　　　　　　D. 低工作、低关系

4. 在第二象限工作法中，第二象限的工作属于（　　）。

A. 重要、紧急　　　　　　　　　B. 紧急、不重要

C. 重要、不紧急　　　　　　　　D. 不重要、不紧急

5. 海尔总裁张瑞敏认为：市场在变，你今天强，未必永远强；我用你，同时也怀疑你、监督你，这才是对人才的爱护。这说明领导者用人时要（　　）。

A. 用人不疑　　　　　　　　　　B. 容才之过

C. 用人也疑　　　　　　　　　　D. 善用能人

6. 韦尔奇说过："管理就是合理的授权。然而，领导者仅仅授权10％的工作。"这说明，领导者授权时（　　）。

A. 权责对等　　　　　　　　　　B. 权小于责

C. 有权无责　　　　　　　　　　D. 有责无权

7. 根据领导生命周期理论，领导者的风格应该适应其下属的成熟度而逐渐调整。这里的成熟度主要是指（　　）。

A. 心理成熟　　　　　　　　　　B. 知识成熟

C. 工作成熟　　　　　　　　　　D. 生理成熟

8. 下列属于领导权变理论的有（　　）。

A. 领导特质理论　　　　　　　　B. 四分图理论

C. 生命周期理论　　　　　　　　D. 领导行为理论

9. 下列属于权力性影响力的构成因素是（　　）。

A. 品格因素　　　　　　　　　　B. 资历因素

C. 能力因素　　　　　　　　　　D. 情感因素

10. 对于领导者来说，进行授权的主要原因在于（　　）。

A. 使更多的人参与管理工作　　　B. 充分调动下属的积极性

C. 让领导者有时间做更重要的工作　D. 减少领导者自己的工作负担

二、简答题

1. 什么是领导？领导与管理是怎样的关系？

2. 领导者的影响力由哪些因素组成？

3. 简述领导者应具备的素质。

4. 领导有效性理论主要有哪些？其主要内容是什么？

5. 简述第二象限工作法。

案例分析

案例 1：管理"天才"卡尔森

1978 年，瑞典航空公司出现危机，无力偿还债务，北欧联航即任命卡尔森为该公司的总经理，一年之后，瑞航扭亏为赢，获得了相当丰厚的利润。1980 年，整个北欧联航出现危机，卡尔森放下瑞航走马上任北欧联航总经理，仅仅两年工夫，就使这个庞大的企业集团扭亏为赢，获得生机。

北欧联航董事会的董事们起初并不十分喜欢卡尔森，因为他并不是一个十全十美的人，在他身上，优点和缺点并存，有时缺点还非常突出。就个人作风而言，卡尔森自称是个"有表现癖"的好出风头者，声称"天下三百六十行，行行都在表演亮相"。一些同事对他动辄对报界发表谈话的夸夸其谈的作风大为不满。他曾要求将公司改名为斯堪的纳维亚皇家航空公司，觉得这样更符合这个君主国的国情，结果碰了一鼻子灰。董事会的第一副董事长反唇相讥："你自己是不是也想改名换姓。"尽管如此，由于卡尔森在经营管理方面的出色才能，北欧联航的董事们还是愿意让卡尔森出任总经理，不过也针对他做出了一些监督、约束的规定和措施。

阅读以上材料，回答下列问题：

1. 结合案例分析领导合理用人的艺术主要包括哪些方面？

2. 结合案例分析领导人员应具备哪些素质？

案例 2：一次重大的人事任免

某钢铁公司领导班子会议正在研究一项重大的人事任免案。总经理提议免去公司所属的、有 2000 名职工的主力厂——炼钢一厂厂长姚成的厂长职务，改任公司副总工程师，主抓公司的节能降耗工作；提名炼钢二厂党委书记林征为炼钢一厂厂长。姚、林二人都是公司的老同志了，从年轻时就在厂里工作，大家对他们的情况可以说是了如指掌。

姚成，男，48 岁，中共党员，高级工程师。60 年代从南方某冶金学院毕业后分配到炼钢厂工作，一直从事设备管理和节能技术工作，勤于钻研，曾参与主持了几项较大的节能技术改造，成绩卓著，在公司内引起较大震动。1983 年他晋升为工程师，先被任命为一厂副总工程师，后又任生产副厂长，1986 年起任厂长至今，去年被聘为高级工程师。该同志属技术专家型领导，对炼钢厂的生产情况极为熟悉，上任后对促使炼钢一厂能源消耗指标的降低起了巨大的推动作用。他工作勤勤恳恳，炼钢转炉的每次大修理他都亲临督阵，有时半夜入厂抽查夜班工人的劳动纪律，白天花很多时间到生产现场巡视，看到有工人在工作时间闲聊或乱扔烟头总是当面提出批评，事后通知违纪人所在单位按规定扣发奖金。但群众普遍反映，姚厂长一贯不苟言笑，没听过姚厂长和他们谈过工作以外的任何事情，更不用说和下属开玩笑了。他到哪个科室谈工作，一进办公室大家的神情便都严肃起来，犹如"一鸟入林，百鸟压音"，大家都不愿和他接近。对他自己特别在行的业务，有时甚至不事先征求该厂总工程师的意见，直接找下属布置工作，总工对此已习以为常了。姚厂长手下几位很能干的"大将"却都没有发挥多大的作用。据他们私下说，在姚厂长手下工作，从来没受过什么激励，特别是当他们个人生活有困难需要厂里帮助时，姚厂长一般不予过问。用工人的话说是"缺少人情味"。久而久之，姚厂长手下的骨干都没有什么积极性了，只是推推动动，维持现有局面而已。

林征：男，50岁，中共党员，高中毕业。在基层工作多年，前几天才转为正式干部，任车间党支部书记。该同志脑子灵活，点子多，宣传能力强，具有较突出的工作协调能力。1984年出任钢二厂厂办主任，1986年调任公司行政处副处长，主抓生活服务，局面很快被打开。1988年炼钢二厂党委书记离休，林征又回炼钢二厂任党委书记。林征擅长于做人的工作，善于激励部下，据说对行为科学很有研究。他对下属非常关心，周围的同志遇到什么难处都愿意和他说，只要是厂里该办的，他总是很痛快地给予解决。民主作风好，工作也讲究方式方法，该他做主的事从不推三阻四。由于他会团结人（用他周围同志的说法是"会笼络人"），工作能力强，因此在群众中享有一定的威望。他的不足之处是学历低，工作性质几经变化，没有什么专业技术职称（有人说他是"万金油"），对工程技术理论知之不多，也没有独立指挥生产的经历。

姚、林二人的任免事关炼钢一厂的全局工作，这怎么能不引起公司领导们的关注？公司领导们心里在反复掂量，考虑着对炼钢厂厂长这一重大人事变动提议应如何表态。

阅读以上材料，回答下列问题：

1. 根据姚成的性格特点和技术专长，对他这次任免是否合适？

2. 对厂长的领导素质、领导风格应有什么要求？林征会成为一名合格的厂长吗？

实训设计

1. 通过你的家长或亲友，认识一位企业的领导并与他交流，倾听他的领导经验和体会，了解他在工作中遇到的问题，用你所学的领导理论与他一起探讨解决的办法。

2. 分小组讨论，题目是：如果你是一位企业经理，举例说明你如何在工作中应用路径—目标理论（或其他某一理论）。

项目6

组织心理与管理

尊敬的读者："组织"意指为实现企业"目标"及执行企业"策略"与"方案"所需要的人力资源的调配。我们知道，将3—5个人组织起来比较简单，把多数人组织起来就比较困难了。因为人的家庭、学校和社会背景不同，学习、修养与见解也不同，若使许多人步调一致，同心协力，向着一个目标迈进，就必须先使目标显明而固定，作为管理者要指挥灵活，工作指派肯定而清晰，然后随时纠正偏差，这样，组织才会发挥最大的功能。

管理者是一个组织的核心，因为他需要制定组织的战略方向，需要设计科学、合理、高效的组织结构，需要带领团队，只有一个合格的管理者才能够带出优秀的组织团队。变革是组织所面临的现实。应对变革是每个管理者工作中不可或缺的部分。客观存在的组织文化作为组织心理与行为的深层缘由，应该引起管理者的自觉关注。

任务一　认识组织

任务情境　一个教士和上帝谈论天堂和地狱的问题。教士问上帝："天堂和地狱的区别在哪里？"上帝没有直接回答，而是对这个教士说："来吧，我让你看看什么是地狱。"他们走进一个房间，屋里有一群人围着一大锅肉汤。每个人看起来都营养不良、饥饿又绝望。他们每个人都有一只可以够到锅子的汤匙，但汤匙的柄比他们的手臂要长，自己无法把汤送进嘴里。尽管满锅里都是山珍海味，但他们却只能挨饿。他们看上去是那样悲苦。上帝说："这就是地狱。"上帝说："来吧，我再让你看看什么是天堂。"于是，上帝又把教士带进另一个房间。这里的一切和上一个房间没什么不同。也是一群人围着一口锅就餐，每个人的汤匙也是那么长，但他们却吃得井然有序，乐在其中。原来，他们使用汤匙互相喂着吃。"这就是天堂。"上帝说。"我不懂，"教士说，"为什么一样的待遇与条件，而他们快乐，另一个房里的人们却很悲惨？"上帝微笑着说："很简单，在这儿他们会为别人着想。"

问题：天堂和地狱的区别在哪里？

任务分析　组织是无形的，我们可以看见的组织是诸如一幢高层建筑、一个计算机工作站，或一个友善的员工等这些外在的东西，但是整个组织却是模糊和抽象的，并且可能分布在若干个地方。虽然我们知道组织肯定存在，因为我们每天都接触到它们；但是，确实由于组织是如此的常见，我们常将组织作为想当然的事实，而没有去刻意关注它，认识到它对个人和社会的重要性。

本任务主要回答组织的内涵、作用以及组织对个人和社会的重要性。

在上述任务情境中，助人就是助己，生存就是共存。社会分工越细，每个人对组织的依存度就越高，不会与别人合作，就相当于把自己送进地狱。合则双赢，分则必亡。

知识精讲

一、组织的内涵

管理心理学家巴纳德认为："组织是一个有意识地协调两人以上的活动或力量的合作体系。"另两位管理心理学家孟尼和雷列则认为，组织是为达成共同目的的人所组合的形式。

所谓组织，是指这样一个社会实体，它具有明确的目标导向和精心设计的结构与有意识协调的活动系统，同时又同外部环境保持密切联系（如图6-1所示）。

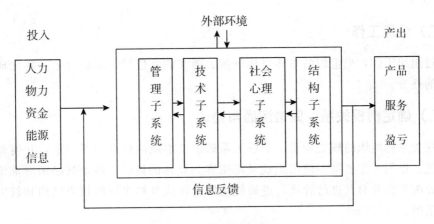

图 6-1 组织系统模型简图

从静态的观点来分析，认为组织就是指社会集团，是指一套人与人、人与工作的关系的系统或模式。

从动态的观点来分析，认为组织是一个动态系统，是组织管理者把分散的、没有内部联系的人、财、物、时间、信息、知识、环境等因素，在一定空间和时间内联系和配置起来而创造的一个有机的整体。

从发展的观点来分析，认为组织是一个有机的"生长体"，它是随着时代环境的演变而不断地加以适应、自动调整的社会团体。

从心理的观点来分析，认为组织也是组织成员根据自己特定的地位、扮演一定的角色，并由此构成的等级体系的人际关系网络。

从以上分析可以看出，组织有三个特点：共同目标、分工合作和权责分配。共同目标是组织存在前提，管理者必须使员工确信共同目标的存在并根据组织的发展不断制定出新的目标；没有分工与合作的群体不是组织，只有分工和协作结合起来才能产生较高的集团效率；组织要有不同层次的权力与责任制度，只有这样，才能保证各项工作的顺利进行，保证目标的实现。总之，组织是人们为了实现共同目标而采用的一种手段或工具。

二、组织的作用

组织作为一项重要的管理职能，其形成和存在的基础在于，由于各种因素的限制，一个人或几个人的独立活动不能实现既定的目标。因此，组织的基本作用可以概括为以下几个方面：

（一）人力汇聚和放大作用

个人的联合和协作是以各种组织的形式完成的，组织把分散的个人汇集成集体，进而借助集体的力量实现组织成员的共同目标，这便是组织的人力汇聚作用。人力汇集起来的力量绝不等于个体力量的算术和，即"整体大于各个部分之和"。通过人力之间的分工和协作，组织可以实现任何个人都无法单独实现的目标，这便是组织的人力放大作用。

（二）分配工作

通过组织工作，把组织的总体目标分解、落实到每位组织成员身上，转化成每位组织成员的任务。

（三）确定责权关系，促进沟通与协调

责权关系是组织的核心要素，责权关系确定了组织的信息沟通渠道，并使领导功能得以体现。组织工作使每一位组织成员都明确其具体的责任，清楚其必须对谁负责，是谁向其分配工作并对其进行管理，进而使组织全体成员对组织的权力结构和权力关系有清楚的了解。

（四）构建分工协作体系，提高效率和工作的质量

通过组织工作，使有助于预定目标实现的各项活动彼此得以相互配合，把不同的任务有机地协调起来，实现人们常说的"协同效应"，即一个有效群体的共同努力往往要大于他们单独努力的效果的总和。

（五）组织能力的培养

组织工作的深层次功能是为了培养出一种能力，一种能够支撑与促进组织成长的能力，这是组织的核心功能所在。

三、组织对个人和社会的重要性

或许，在今天已经难以令人相信，我们现在所认识的"组织"还是人类历史上近期才出现的。即使在19世纪末，也很少有较大规模和重要性的组织——没有工会，没有贸易协会，也很少有大的企业、非盈利性组织或政府部门。但是，从那时开始，就发生了巨大的变化！工业革命和大型组织的发展使全社会发生了翻天覆地的变化。渐渐地，组织变成了人们生活的中心，并且在今天对我们的社会产生巨大的影响。

组织包围着我们，并以多种方式改变着我们的生活。然而，组织为什么这么重要？下列7个方面的原因，说明了组织对个人和社会的重要性（见表6-1所示）。

表6-1 组织的重要性

1	集结资源以达到期望的目标和结果
2	有效地生产产品和服务
3	促进创新
4	使用现代制造技术及以计算机为基础的技术
5	适应并影响变化的环境
6	为所有者、顾客和员工创造价值
7	适应多样化、伦理和员工激励与协调等不断发展中的挑战

（1）组织将资源集合在一起，实现特定的目标。

（2）组织也生产顾客想以竞争价格获得的产品和服务。因此，企业不断寻找新的方式，以便更有效地生产和分销其产品及服务。其中一种方式便是提供电子商务和以计算机为基础的制造技术。

（3）重新设计组织结构和管理实务也能够改进效率。组织创造出新的动力，而不依赖标准的产品和陈旧的做事方式。学习型组织的趋向就反映了在各领域寻求改进的愿望。

（4）计算机辅助设计和制造以及新信息技术也有利于促进创新。

（5）组织适应并影响着迅速变化的环境，有些大公司设有专门的部门负责监视外部环境并找出适应或影响环境的方法。当今，外部环境中的一个最重要的变化就是全球化。

（6）组织为所有者、顾客和员工创造着价值。管理者需要清楚哪些经营活动会创造价值而哪些活动并不创造价值。一家公司只有当其创造的价值超过所耗资源的成本时才是盈利的。

（7）组织还必须应对和适应今天劳动力多样化以及不断增强的对伦理和社会责任的关注等挑战，并要找出有效的办法来激励员工，使他们一起工作，实现组织目标。

不仅组织改变着我们的生活，而且掌握充分信息的管理者也能够改变组织。因此对组织理论的全面理解，有助于促进管理者们设计出更有效运作的组织。

任务诊断　如何正确认识组织的重要性？

任务二　设计组织结构

任务情境　王厂长总结自己多年的管理经验，提出在改革工厂的管理机构中必须贯彻统一指挥原则，主张建立执行参谋系统。他认为，一个人只有一个婆婆，即对全厂的每个人来说，只有一个人对他的命令是有效的，其他的是无效的。如书记有什么事只能找厂长，不能找副厂长。下面的科长只能听一个副厂长的指令，其他副厂长的指令对他是不起作用的……

问题：你对王厂长的做法有何评论？

任务分析　没有统一指挥，就没有统一的组织；没有分权与授权，就没有活力与效率。组织是人类社会最常见、最普遍的现象，组织的建立和发展，是社会化大生产和专业化分工的产物。人们在一起协同劳动，为实现共同的目标一起工作，这就需要组织和管理。组织之所以能够存在，是因为群体活动具有一定的协作效率，能够通过组织活动实现单凭个人力量难以达到的目标。组织是管理活动的载体，管理活动存在于组织活动之中，组织工作是否科学高效，对管理活动的效果有着重要的影响。

组织设计的基本概念于 20 世纪初为管理学家所提出，他们提出了一整套组织设计活动的基本原理。这些原理中的大部分至今仍为我们设计一个既有效率又有效果的组织提供有价值的参考。由于每个组织的性质和目标各不相同，因此，我们设计出的组织结构形式是多种多样的，但作为一个正式组织的组织，其结构设计的内容大体上是相同的。

本项任务主要探讨组织结构设计的原则、要素及组织结构设计类型等等问题。

从任务内容来看，王厂长坚持统一指挥的原则是正确的，有利于组织建立一种良好的秩序，但上级的决定不应过于独裁，如能上下级协商后再作决定会使决策更加科学；另外报忧不报喜，使领导只看到企业存在的不足，对员工只批评不表扬，难以维持员工的工作积极性。同时在例外情况下应允许员工越级汇报工作。

知识精讲

一、组织结构设计原则

组织结构是指依据一定原则，把组织从纵向和横向划分为不同的层次和不同的管理部门，确定岗位和人员分工，规定相应的权利和责任而形成组织系统。组织结构设计是指对一个组织的组织机构进行规划、构造、创新或再造，以便从组织的结构上确保组织目标的有效实现。

在组织结构设计的过程中，应该遵循一些最基本的原则，这些原则都是在长期管理实践中的经验积累的结果，应该为组织设计者所重视。

（一）目标统一原则

目标统一原则是指组织中每个部门或个人的贡献越是有利于实现组织目标，组织结构就越是合理有效。组织结构的目的在于把人们承担的所有任务组成一个体系，然后把组织目标分解到各个层次，以便有利于他们共同为实现组织的目标而工作。

（二）分工协作原则

分工协作原则是指组织结构越能反映为实现组织目标所必要的各项任务和工作分工，以及相互间的协调，组织结构就越精干、高效。分工协作一致原则规定了组织结构中管理层次的分工（即分级管理）、部门的分工（即部门划分）和职权的分工。组织层次一般分上、中、下三层，每一管理层次都有相对应的责权，均有相应才能的人与之适应。管理层次须分明。划分部门是为了把整体任务分散化，是为了有效地完成组织目标。因此，部门划分应该是有利于目标的完成，有利于部门间的协调。

（三）统一指挥原则

这一原则就是要求每位下属应该有一个并且仅有一个上级，要求在上下级之间形成一条清晰的指挥链。如果下属有多个上级，就会因为上级可能存有彼此不同甚至相互冲突的命令而无所适从。虽然有时在例外场合必须打破统一指挥原则，但是，为了避免多头领导和多头指挥，应该对组织的各项活动进行明确的区分，并且应该明确上下级的职权、职责以及沟通联系的具体方式。

(四) 控制幅度原则

控制幅度原则是指一个上级直接领导与指挥下属的人数应该有一定的控制限度，并且应该是有效的。管理幅度不能无限度增加，毕竟每个人的知识水平、能力水平都是有限的。组织中主管人员监督管辖其直接下属的人数越是适当，就越是能够保证组织的有效运行。影响管理幅度的因素很多，主管人员应根据自己的实际情况确定自己的理想幅度。值得注意的是，在信息时代新背景下，运用信息技术处理信息的速度大大加快，每个管理者对知识和信息的掌握以及实际运用的能力都有普遍提高，这使得管理幅度有可能大大地增加，协调上下左右之间关系的能力也有可能大幅度提高。

(五) 权责对等原则

这一原则是指在组织结构设计中，职位的职权和职责越是对等一致，组织结构就越是有效。组织中的每个部门和部门中的每个人员都有责任按照工作目标的要求保质保量地完成工作任务，同时，组织也必须委之以自主完成任务所必需的权力。也就是说，职权与职责要对等。如果有责无权，或者权力范围过于狭小，责任方就有可能因为缺乏主动性、积极性而导致无法履行责任，甚至无法完成任务；如果有权无责，或者权力不明确，权力人就有可能不负责任地滥用权力，甚至助长官僚主义的习气，这势必会影响到整个组织系统的健康运行。

(六) 柔性经济原则

组织的柔性原则是指组织的各个部门、各个人员都可以根据组织内外部环境的变化，进行灵活的调整与变动。组织的结构应当保持一定的柔性，以减小组织变革所造成的冲击和震荡。组织的经济是指必须设计合理组织的管理层次与幅度、人员结构以及部门工作流程，以达到管理的高效率。组织的柔性与经济是相辅相成的，一个柔性的组织必须符合经济的原则，而一个经济的组织又必须使组织保持一定的柔性。这样有利于保证组织机构既精简又高效，避免形式主义和官僚主义作风的滋长和蔓延。

【课堂讨论】假如你是一名机构调整工作的负责人，在机构调整时你将遵循哪些基本的原则？

二、组织结构设计的要素

尽管组织的形式多种多样，每个组织的性质和目标各不相同，但作为一个正式组织的组织，其结构设计的内容大体上是相同的。在设计组织结构时，需要考虑以下几个关键因素：

(一) 工作专业化

早在 18 世纪，经济学家亚当·斯密在他的《国富论》一书中就已提出，劳动应该被分成较小的部分。在工作专业化中，一件工作被分成若干个步骤，每个步骤分别由不同的人完成。基本上，个人是从事工作的某一部分而不是从事整个工作。

工作专业化使不同的员工持有的多样技能得到有效的利用。在大多数组织中，有些任务要求高度熟练的技能，而另一些则可由未经训练的人来完成。如果每个人都要从事制造过程的每一个步骤的活动，他们就必须同时具备从事最容易的工作和最困难的工作所必要的技能。其结果只会是，除了从事需要最高技能的、最复杂的任务之外，员工们大都在低于其技能水平的状态下工作。因为熟练的工人比非熟练的工人要支付更多的工资，其工资水平一般反映其技能的最高水平，雇用高技能的工人做简单的工作，就意味着资源的浪费。但从总体上说，工作专业化思想仍在当今许多组织中具有生命力，且有比较好的效果。我们应该认识到它为某些类型工作所提供的经济性，与此同时也应看到它的不足方面。

（二）指挥链

指挥链又称指挥系统，是与直线职权联系在一起的。从组织的上层到下层的主管人员之间，由于直线职权的存在，便形成一个权力线，这条权力线就被称作指挥链。由于在指挥链中存在着不同管理层次的直线职权，所以，指挥链又可以被称作层次链。早期的管理学者主张，每个下属应当而且只能向一个上级主管负责。一位向两个或更多个老板报告的职员将要处理相互冲突的要求或轻重缓急问题。很少有违反指挥链原则的情况出现，早期管理学者一贯明确地为每个人指派他所应从事的具体工作和所要对其负责的上司。

当组织相对简单时，指挥链概念是合乎逻辑的。它在当今许多情况下仍是一个合理的忠告，而且有许多组织严格地遵循这一原则。但在有些情况下，当严格遵循指挥链原则行事时，会造成某种程度的不适应性，进而妨碍取得良好的绩效。

（三）管理幅度

管理幅度又称管理宽度，是指在一个组织结构中，上级主管能够直接、有效地指挥和领导下属的人数。

1. 管理幅度与组织层级的互动性

任何一个领导者所能管辖的下属人数必定有个限制和限额，因为任何人的知识、经验、能力和精力等都是有限度的。因此，居于权力中心的领导人，绝不可能无限制地直接管理和指挥很多人，而又使他们的活动配合无间。在就一个管理者的管理幅度不可能无限制地扩大方面，绝大多数管理学著作都引用了法国管理学家格兰丘纳斯的论证公式：

$$N=n\ (2n-1+n-1)$$

式中：表示管理者与其下属之间相互交叉作用的最大可能数；n 表示下属人数。我们可以试将具体数值代入式中，其结果便会告诉我们研究管理幅度的必要性。

由于管理幅度的限制，当组织的人员规模达到一定程度时，即当组织的人员规模突破管理幅度的限度时，就需要而且必须划分出不同的管理层次。这样，组织就由有阶层的单位组织构成，即形成了组织的纵向层次结构。组织层级是指从最高管理者到具体执行人员之间的不同管理层次。组织层级受到组织规模和组织幅度的影响，它与组织规模呈正比，组织规模越大，包括的人员越多，组织工作也越复杂，则层级也就越多；在组织规模已确定的条件下，组织层级与组织幅度存在互动性，它与组织幅度呈反比，即上级直接领导的下属越多，组织层级也就越少，反之则越多。

【课堂讨论】 管理幅度与管理层次二者之间是什么关系？

在组织管理过程中，要正确处理好管理幅度与组织层次之间的关系。两者的互动关系决定了两种基本的组织结构形态。有的组织用扩大管理幅度和减少组织层次的方法，构成扁平式组织结构；有的组织则采用缩小管理幅度和增加组织层次的方法，形成垂直式组织结构。这两种组织结构各有优缺点。

扁平式组织结构的优点是：由于管理的层级比较少，信息的沟通和传递速度比较快，因而信息的失真度也比较低，同时，上级主管对下属的控制也不会太呆板，从而有利于发挥下属人员的积极性和创造性。这种组织结构的缺点主要体现在：过大的管理幅度不仅增加了主管对下属的监督和协调控制难度，同时也使下属缺少了更多的提升机会。

垂直式组织结构的优点是：由于管理的层级比较多，管理幅度比较小，每一管理层级上的主管都能对下属进行及时的指导和控制；另外，层级之间的关系也比较紧密，这有利于工作任务的衔接，同时也增加了下属提升的机会。这种组织结构的缺点主要体现在：过多的管理层级往往会影响信息的传递速度，因而信息的失真度可能会比较大，这又会增加高层主管与基层之间的沟通和协调成本，增加管理工作的复杂性。

2. 影响管理幅度设计的因素

（1）管理工作的内容和性质。管理工作内容越多，上下左右之间的联系就越多，需要花费的工作时间也就越多；管理工作越是复杂多变，管理人员需要耗费的时间和精力就越多，组织也就越需要缩小控制幅度。此外，下属人员工作的相似性越大，管理的指挥和监督工作就越容易，扩大管理幅度就越有可能。

（2）管理人员的工作能力情况。如果管理人员和下属的工作能力都比较强，管理人员就能准确而又迅速地把握问题的关键，及时提出指导性的建议和方法，而下属也同样能准确领会上级的命令和意图，从而减少协调和沟通的频率，有效扩大管理幅度。

（3）下属人员的空间分布状况。如果下属人员在空间上的分布比较分散，就会增加上下左右之间协调和沟通的难度。尽管现代通信手段提供了较为便捷的联系渠道，但这多少会影响上级主管增加管理幅度的主动性。

（4）组织变革的速度。每一个组织都必须根据内外部环境的变化进行及时的调整，环境变化越快，组织遇到的问题就越多，组织变革的速度也就越快，主管人员对下属的指导时间和精力耗费也就越多，组织也就越不容易扩大管理幅度。

（5）信息沟通的情况。信息充分、及时是有效管理的前提。如果组织上下级之间的信息交流能够充分快捷，并且具有较高的横向沟通效果，组织就可以适当扩大管理幅度。

对于一个组织来说，选择合适的管理幅度是至关重要的。首先，它会对一个部门的工作关系产生影响，较宽的管理幅度意味着管理者异常繁忙，结果会导致组织成员得到较少的指导和控制；与此相反，过窄的管理幅度意味着中基层管理人员权力有限，而难以充分发挥工作的能动性。其次，它会对组织决策活动产生影响。如果组织层次过多，决策速度将会减缓，在环境瞬息万变的今天，这是一个致命的弱点。

（四）权力与责任

任何一位管理者从事某项管理工作时都应有一定的权力和责任。所谓权力，从领导和指挥角度讲，就是为了实现组织的整体目标或各部门的目标，管理者要求或命令其下属如何行动或停止行动的一种力量和影响力，这是组织中的一种约束力量。所谓责任或职责，就是接受职务的管理者去尽职务的义务。责任的基本含义和内容就是尽义务。上级领导者有权命令和要求下级人员去做某项工作或事情，下级人员则依据组织内部的契约关系和制度去尽义务，去处理或完成某项工作任务，并对其结果负责，以便取得某些报酬和其他利益。

管理者的权力和责任是相辅相成的。也就是说，管理者有管理权力，就应有管理责任，有责任，就应有权力。世上没有无权力的义务，也没有无义务的权力。在安排和处理组织中的权力和义务的关系问题时，应坚持权力与责任的对等或相应原则。如果要求某人对某项工作的结果负责，就应当首先给予他能够确保工作得以完成所应有的权力。职权是发布命令的权力，职责是对结果所负的责任，职权与职责二者应予平衡，不能让一方胜过或低于另一方。

（五）不同形式的职权关系

职权是指组织内部授予的指导下属活动及其行为的决定权，这些决定一旦下达，下属必须服从。职权跟组织层级化设计中的职位紧密相关，跟个人特质无关。职权分为三种形式：直线职权、参谋职权和职能职权。

所谓直线职权，是指管理者直接指导下属工作的职权。这种职权由组织的顶端开始，延伸至最低层，形成所谓的指挥链。在指挥链上，拥有直线职权的管理者有权领导和指挥其下属工作。当组织规模逐渐增大且日渐复杂时，直线主管将发现他们在时间、技术知识、精力、能力和资源等各个方面都不足以圆满完成任务，这就必须创造出参谋职权，以支持和弥补直线主管在能力等方面的缺陷和障碍。

所谓参谋职权，是指管理者拥有某种特定的建议权或审核权。它可以评价直线方面的活动情况，进而提出建议或提供服务。

所谓职能职权，则是一种权益职权，是由直线管理者向自己辖属以外的个人或职能部门授权，允许他们按照一定的程度和制度，在一定的职能范围内行使的某种职权。职能职权的设立，主要是为了能发挥专家的核心作用，减轻直线主管的任务负荷，提高管理工作的效率。

总体看来，直线职权指的是直线的和等级的职权关系，它在上下级直线主管人员之间发生和起作用，是上级主管命令和指挥下一级主管的权力。参谋职权就是参谋人员和参谋部门所拥有的一种权力，它在本质上是一种筹划、咨询和建议性的权力。在组织权力关系中，直线权力是主导的，参谋职权是从属的。因为在组织职务结构中，直线人员是主管人员，参谋人员是从属于主管人员的，他们是主管人员的助手和谋士。另外，纵向职权关系是单轨道的，不是双轨道的。也就是说，上级主管有指挥下一级主管的权力，而上级参谋人员却无权命令下一级主管人员。上述职权关系理论无疑是对的，但也不能将其绝对化。例如，在有些情况下，由于知识、能力等种种原因，上级主管人员将直线组织中的某些专门职能和权力授予参谋人员和部门，由参谋人员来直接领导和组织下级部门去完成某些工作和处理某些事情。这样就发生了部分直线职权的转移问题。转移到参谋人员和部门的直线职权称为职能职权。使用职能职权是必要的，这样可以使工作做得更好或提高工作效率。在使用职能职权时应注意以下三点：第一，职能职权要与参谋人员或部门的业务工作相一致；第二，使用职能职权应限于具体工作方面，不能危及主管人员正常的管理工作；第三，要加强协调工作，不要因此而形成责任不清和工作上的混乱。

（六）职权与权力的不同

职权和权力两个词经常被混淆。职权是一种基于掌握职权的人在组织中所居职位的合法权利。职权是与职务相伴随的。权力则是指一个人影响决策的能力。职权是更广泛的权力概念的一部分。换句话说，来自组织中某一职位的正式权利，只不过是影响决策过程的一种手段而已。

一个人可以不必拥有职权，但却可以拥有权力，权力可来自各个领域。按照法兰西和雷温等人的划分方法，权力可以分为强制权力、奖励权力、合法权力、专家权力和感召权力。

强制权力是一种通过恐吓、威胁等生理上或安全上的压力控制手段对他人施加的一种权力，如肉体上的制裁、精神上的磨难等。

奖励权力是一种通过报酬、晋升、工作表彰、提供满意的工作环境等奖赏手段对他人施加的一种权力。

合法权力是指一个人在正式层级组织中由于占据某一职位所相应得到的一种权力。这种权力具有命令权和指挥权，要比上述两种权力的影响范围广的多。

专家权力是指通过个人专长、特殊技能或知识获取的一种影响力。随着知识经济时代的到来，专家权力越来越成为组织中一种有效权力。当组织中的工作变得更加专门化、知识化、复杂化之后，管理部门越来越需要更多职能专家来实现组织目标。

感召权力是指一个人所拥有的独特智谋或个人品质对他人产生的一种独特影响力，它能够使他人产生一种深刻的倾慕和认同心理。拥有这种权力的人往往被称为具有领袖魅力的人，他们的一举一动都可能会对他人产生很大的影响力，特别是对其上级、同事及下级的工作会产生直接的影响。

上述五种权力存在于正式组织的任何层级之中，权力大小的拥有程度取决于权力拥有者对资源的占有份额以及这些资源对他人的吸引强度。组织在层级化设计中，必须根据任务活动的重要性程度，科学合理地分配组织中的这些稀缺资源，并使这些资源能够产生最大的效用。

（七）集权与分权

集权和分权是组织层级化设计中两种相反的权力分配方式。

集权是指决策指挥权在组织层级系统中较高层次上的集中，也就是说，下级部门和机构只能依据上级的决定、命令和指示办事，一切行动必须服从上级指挥。组织管理的实践告诉我们，组织目标的一致性必然要求组织行动的统一性，所以，组织实行一定程度的集权是十分必要的。

分权是指决策指挥权在组织层级系统中较低管理层次上的分散。组织高层将其一部分决策指挥权分配给下级组织机构和部门的负责人，可以使他们充分行使这些权力，支配组织的某些资源，并在其工作职责范围内自主地解决某些问题。一个组织内部要实行专业化分工，就必须分权。否则，组织便无法运转。

集权和分权不是一个非此即彼的概念，它只是关于程度的概念。这就是说，没有绝对的集权也没有绝对的分权。绝对的集权意味着组织中的全部权力集中在一个主管手中，组织活动的所有决策均由主管作出，主管直接面对所有的命令执行者，中间没有任何管理人员，也没有任何中层管理机构。这在现代社会经济组织中几乎是不可能的，也是做不到的。而绝对的分权则意味着将全部权力分散下放到各个管理部门中去，甚至分散至各个执行、操作层，这时，主管的职位变得多余，一个统一的组织也不复存在。因此，将集权和分权有效地结合起来是组织存在的基本条件，也是组织既保持目标统一性又具有柔性灵活性的基本要求。

影响组织分权程度的主要因素有：

1. 组织规模的大小

组织规模增大，管理的层级和部门数量就会增多，信息的传递速度和准确性就会降低，因此，当组织规模扩大之后，组织需要及时分权，以减缓决策层的工作压力，使其能够集中精力于最重要的事务。

2. 政策的统一性

如果组织内部各个方面的政策是统一的，集权最容易达到管理目标的一致性。然而，一个组织所面临的环境是复杂多变的，为了灵活应对这种局面，组织往往会在不同的阶段、不同的场合采取不同的政策，这虽然会破坏组织政策的统一性，却可能有利于激发下属的工作热情和创新精神。

3. 员工的数量和基本素质

如果员工的数量和基本素质能够保证组织任务的完成，组织就可以更多地分权；组织如果缺乏足够受过良好训练的管理人员，其基本素质不能符合分权式管理的基本要求，分权将会受到很大的限制。

4. 组织的可控性

组织中各个部门的工作性质存在很大差异性，有些关键的职能部门，如财务会计等部门往往需要相对地集权，而有些业务部门，如研发、市场营销等部门，或者是区域性部门，却需要相对地分权。组织需要考虑的是围绕任务目标的实现，如何对分散活动进行有效的控制。

5. 组织所处在的成长阶段

在组织成长的初始阶段，为了有效地管理和控制组织的运行，组织往往采取集权的管理方式。随着组织的成长，管理的复杂性逐渐增强，组织分权的压力也就比较大，管理者对权力的偏好就会减弱。

【课堂讨论】最近一家公司的总裁感叹道："我们对地方分权的长期、坚定和近乎狂热的承诺，造成与产品相关的不同部门为争取客户而彼此竞争。结果造成一股有悖整体的力量，和一种人人为我，却无我为人人的精神。"他还说："表面上把企业分成较小的单位，应该能够鼓励地方的主动性和承担风险，事实上恰巧相反，部门分立与自治产生了更短期导向的管理者，他们比以前更受利润的影响。"分析组织的分权和扁平式组织有何缺点？

（八）划分部门

组织的部门有多种不同的划分方式，依据不同的划分标准，可以形成以下几种不同的部门化形式。其中，职能部门化和流程部门化是按工作的过程标准来划分的，而其余几种则是按工作的结果标准来划分的。

1. 职能部门化

职能部门是一种传统而基本的组织形式（如图 6-2 所示）。职能部门化就是按照生产、财务管理、营销、人事、研发等基本活动相似或技能相似的要求，分类设立专门的管理部门。

职能部门化的优点主要是：能够突出业务活动的重点，确保高层主管的权威性，符合活动专业化的分工要求，能够充分有效地发挥员工的才能，调动员工学习的积极性，同时简化了培训，强化了控制，避免了重叠，最终有利于管理目标的实现。

职能部门化的缺点主要是：由于人、财、物等资源的过分集中，不利于开拓远区市场或按照目标顾客的需求组织分工。同时，这种分法也可能会助长部门主义风气，使得部门之间难以协调配合。部门利益高于组织整体利益的后果可能会影响到组织总目标的实现。另外，由于职权的过分集中，部门主管虽然容易得到锻炼，却不利于高级管理人员的全面培养和提高，也不利于"多面手"式的人才成长。

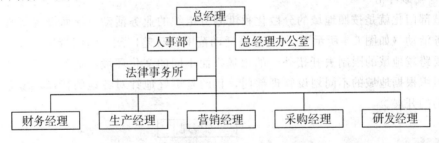

图 6-2 按职能划分的部门化组织图

2. 产品或服务部门化

在品种单一、规模较小的组织，按职能进行组织分工是理想的部门化划分形式。然而，随着组织的进一步成长与发展，组织面临着增加产品线和生产规模以获取规模经济和范围经济的经营压力，管理组织的工作也将变得日益复杂。这时，就有必要按业务活动的结果为标准来重新划分组织的活动。按照产品或服务的要求对组织活动进行分组，即产品或服务部门化，就是一种典型的结果划分法（如图 6-3 所示）。

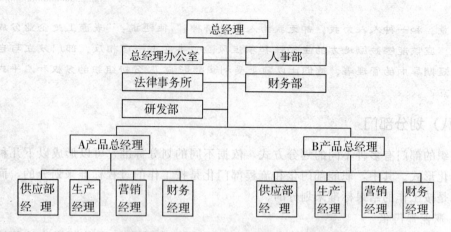

图 6-3　按产品或服务划分的部门化组织图

产品或服务部门化的优点主要是：各部门会专注于产品的经营，并且充分合理地利用专有资产，提高专业化经营的效率水平，这不仅有助于促进不同产品和服务项目间的合理竞争，而且有助于比较不同部门对组织的贡献，有助于决策部门加强对组织产品与服务的指导和调整，另外，这种分工方式也为"多面手"式的管理人才提供了较好的成长条件。

产品或服务部门化的缺点是：组织需要更多的"多面手"式的人才去管理各个产品部门；各个部门同样有可能存在本位主义倾向，这势必会影响到组织总目标的实现；另外，部门中某些职能管理机构的重整会导致管理费用的增加，同时也增加了总部对"多面手"级人才的监督成本。

3. 地域部门化

地域部门化就是按照地域的分散化程度划分组织的业务活动，继而设置管理部门管理其业务活动（如图 6-4 所示）。随着经济活动范围的日趋广阔，组织特别是大型组织愈来愈需要跨越地域的限制去开拓外部的市场。而不同的文化环境，造就出不同的劳动价值观，组织根据地域的不同划设管理部门，目的是更好地针对各地的特殊环境条件组织业务活动的开展。

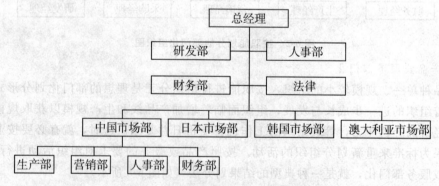

图 6-4　按地域划分的部门化组织图

地域部门化的主要优点是：可以把责权下放到地方，鼓励地方参与决策和经营；地区管理者还可以直接面对本地市场的需求灵活决策；通过在当地招募职能部门人员，既可以缓解当地的就业压力，争取宽松的经营环境，又可以充分利用当地有效的资源进行市场开拓，同时减少了许多外派成本，减小了许多不确定性风险。

地域部门化的主要缺点是：组织所需的能够派赴各个区域的地区主管比较稀缺，且比较难控制。另外，各地区可能会因存在职能机构设置重叠而导致管理成本过高。

4. 顾客部门化

顾客部门化就是根据目标顾客的不同利益需求来划分组织的业务活动（如图 6-5 所示）。在激烈的市场竞争中，顾客的需求导向越来越明显，组织应当在满足市场顾客需求的同时，努力创造顾客的未来需求，顾客部门化顺应了需求发展的这种趋势。

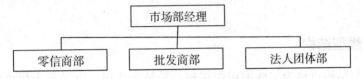

图 6-5　按顾客划分的部门组织图

顾客部门化的优点是：组织可以通过设立不同的部门满足目标顾客各种特殊而广泛的需求，同时能有效获得用户真诚的意见反馈，这有利于组织不断改进自己的工作；另外，组织能够持续有效地发挥自己的核心专长，不断创新顾客的需求，从而在这一领域内建立持久性竞争优势。

顾客部门化的缺点是：可能会增加与顾客需求不匹配而引发的矛盾和冲突，需要更多能妥善协调和处理与顾客关系问题的管理人员和一般人员；另外，顾客需求偏好的转移，可能使组织无法时时刻刻都能明确顾客的需求分类，结果会造成产品或服务结构的不合理，影响对顾客需求的满足。

5. 流程部门化

流程部门化就是按照工作或业务流程来组织业务活动（如图 6-6 所示）。人员、材料、设备比较集中或业务流程比较连续紧密，是流程部门化的实现基础。例如，一家发电厂的生产流程会经过燃煤输送、锅炉燃烧、汽轮机冲动、电力输出、电力配送等几个主要过程。

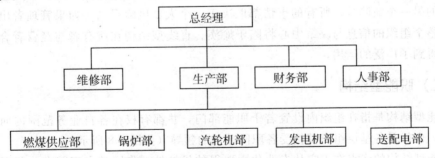

图 6-6　按流程划分的部门化组织图

流程部门化的优点是：组织能够充分发挥人员集中的技术优势，易于协调管理，对市场需求的变动也能够快速敏捷地反应，容易取得较明显的集合优势；另外，也简化了培训，容易在组织内部形成良好的相互学习氛围，会产生较为明显的学习经验曲线效应。

流程部门化的缺点是：部门之间的紧密协作有可能得不到贯彻，也会产生部门间的利益冲突；另外，权责相对集中，不利于培养出"多面手"式的管理人才。

三、组织结构设计的类型

组织结构是组织的"框架"，而"框架"的合理完善，很大程度上决定了组织目标能否顺利进行。常见的组织结构类型有直线型、职能型、直线—职能型、事业部型和矩阵型。

（一）直线型结构

直线型组织结构也称为单线型组织结构，是最早使用、也是最为简单的一种组织结构类型。"直线"是指在这种组织结构中职权从组织上层"流向"组织的基层（如图 6-7 所示）。

图 6-7 直线型结构

在直线型组织结构中，权力关系非常明确，反应迅速，非常灵活，运行成本低，且责任清晰。然而，它仅仅在小型组织中才有效。当组织成长以后它就不适合了，因为这种低度正规化和高度集权的结构会导致最高管理层的信息超载。当规模扩大以后，决策过程将变得缓慢，如果单个管理者仍试图继续由自己做全部的决策，则组织只会停滞不前。如果组织结构再不转变并与其规模相适应，企业将失去发展的势头，并最终倒闭。直线型的另一个缺陷是，所有的事情都取决于一个人，风险很高。如果管理者出现什么意外，整个组织的信息与决策中心将陷于瘫痪。直线型结构在所有者与经营者合一的小企业中得到了广泛的运用，

（二）职能型结构

职能型结构是指在组织内设置若干职能部门，并都有权在各自业务范围内向下级下达命令，也就是各基层组织都接受各职能部门的领导（如图 6-8 所示）。

职能型结构的优点在于它从专业化中取得的优越性。将同类专家归在一起可以产生规模经济，减少人员和设备的重复配置。职能型结构的明显缺点是破坏了统一指挥原则，且组织中常常会因为追求职能目标而看不到全局的最佳利益。没有一项职能对最终结果负全部责任，每一项职能领域的成员们相互隔离，很少了解其他职能领域的人干些什么。

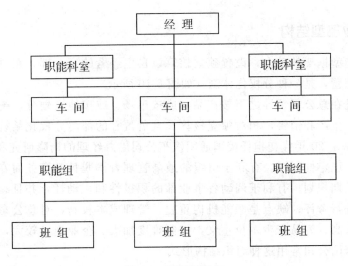

图 6-8　职能型结构

（三）直线—职能型结构

直线—职能型是指在组织内部，既设置纵向的直线指挥系统，又设置横向的职能管理系统，以直线指挥系统为主建立的两维的管理组织（如图 6-9 所示）。

直线—职能型的特点是建立在直线型和职能型基础上的，直线部门担负着实现组织目标的直接责任，并拥有对下属的指挥权；职能部门只是上级直线管理人员的参谋与助手，主要负责提建议、提供信息，对下级机构进行业务指导，但不能对下级之间管理人员发号施令。其优点是既保证组织的统一指挥，又加强了专业化管理；缺点是直线人员与参谋人员关系难协调，易出现"政出多门"的现象。目前绝大多数组织均采用这种组织模式。

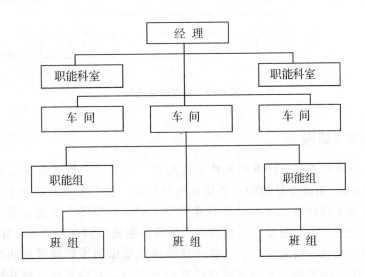

图 6-9　直线—职能型结构

(四) 事业部型结构

在直线职能型框架基础上，设置独立核算，自主经营的事业部，在总公司领导下统一政策，分散经营，是一种分权化体制（如图 6-10 所示）。

事业部型是在总公司领导之下按产品、或按市场、或按地区划分，统一进行产品设计、原料采购、生产和销售，相对独立核算、自负盈亏的部门分权化结构。其结构图是 M 形的，最早是由 20 年代初担任美国通用汽车公司副总经理的斯隆研究和设计出来。其特点是适应性，稳定性较强，有利于组织的最高管理者摆脱日常事务而专心致力于组织的战略决策和长期规划；有利于调动各事业部的积极性和主动性，并且有利于公司对各事业部的绩效进行考评；缺点是职能机构重叠，管理成本较高，对总公司和事业部的管理人员水平要求高，容易产生本位主义，控制难度加大。企业规模较大，产品种类较多的大型企业或跨国公司常用这种组织结构形式。

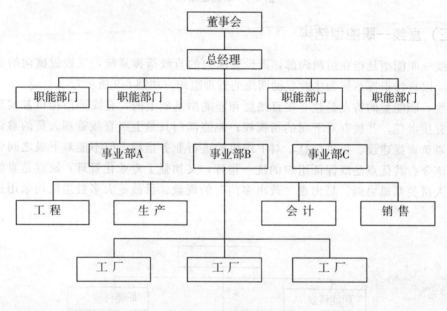

图 6-10　事业部型结构

(五) 矩阵型结构

矩阵型是由按职能划分的纵向指挥系统与按项目组成的横向系统结合而成的组织（如图 6-11 所示）。矩阵型结构的一个独有的特征是：员工至少有两个上司——职能部门经理和产品或项目经理。项目经理对其项目小组中的职能人员拥有领导权，但是职权是由两位经理分享的。通常，项目经理对项目小组成员拥有与项目目标有关的职权，但其他诸如职位提升、薪酬建议、年终评议等决策依旧属于职能经理的职责。为了更有效地工作，项目经理和职能经理应该经常相互沟通，并协调各自对共同员工提出的要求。

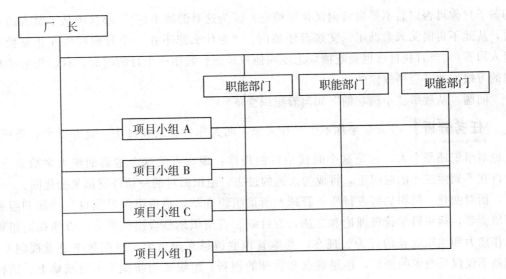

图 6-11 矩阵型结构

矩阵型结构的主要优点在于，在促进多重的、复杂的并需要相互支持的项目合作的同时，仍保留将职能专家聚在一起工作时获得的经济性。矩阵型组织的主要缺陷是破坏了命令统一原则，它带来了混乱，并导致权力斗争。当你按照指挥链原则行事时，将大大增加不确定性，在谁向谁汇报的问题上会出现混乱。这种混乱和不确定将在组织中埋下权力斗争的种子。

【课堂讨论】 如果你知道某个公司是矩阵型结构，你将会更有兴趣在那里工作或对那工作的兴趣不大？解释你的选择。为在矩阵型组织里更有效的工作，你将做哪些准备？

以上介绍的各种组织结构形式，各有利弊，没有哪一种是十全十美的。组织应依据目标和实际情况进行灵活选择，必要时也可将几种形式有机结合起来，以保证组织目标更有效地进行。

任务诊断 你喜欢哪种类型的组织？事业部型与直线职能型在结构形式上很类似，你认为这两者的本质差别是什么？

任务三 组织变革

任务情境 从前有位很喜爱吃糖的男童。但他的父亲很穷，没有能力经常买糖给他吃，而小孩不懂事，经常向父亲要糖。父亲想尽办法去制止他，决定请住在他们附近的一位贤人劝他的孩子停止吃糖。父子二人来到贤人面前表明来意，请贤人劝他的儿子不要吃糖。贤人感到很为难，因为他自己亦很喜欢吃糖，他请这位父亲一个月后再带儿子来见他。当父子二人一个月后再见到贤人时，贤人已经戒掉吃糖。他对小孩说："亲爱的孩子！你可否以后不要常常向父亲要糖吃？因为这对健康不好！"小孩听从了贤人的劝告，从此不再向父亲索糖了。父亲奇怪地问："为什么您不在一个月前叫他停止吃糖？"贤人回答："当时我自己也爱吃糖，怎能叫他戒掉呢？我用一个月的时间，自己先戒掉吃糖的习惯，才有资格教你的儿子。"

问题：从故事"小孩吃糖"如何看组织变革？

任务分析 今天如果你不生活在未来，明天你将生活在过去。这并非危言耸听，无论对组织还是个人，这是这个时代独特的规律：现在有关这个世界的绝大多数观念，也许在不到两三年的时间里，将成为永远的过去。组织面对的一切环境都是变化的。

面对变化，组织如何进行变革管理？所谓组织变革，是指组织根据自身功能和组织环境需要，运用科学管理理论和方法，有计划、有组织地整合组织要素，以期提高组织运作能力和组织效益的行为。现在，变革管理变得越来越重要，组织越来越重视创新。创新不仅仅是技术的创新，还是观念和管理的创新。组织要创新就要进行战略上、结构上和人员上的调整，这一系列的调整都会使组织发生新的变化。组织创新越多，变化就越多，变革管理就越重要。然而，变革是组织所面临的现实，是每个管理者工作中不可或缺的部分，能否抓住时机顺利推进组织变革则成为衡量管理工作有效性的重要标志。

本任务主要分析组织变革的类型和原因、面对变革人们做出的反应以及组织变革受到了哪些障碍和阻力，同时也对组织变革的过程、应对组织变革的举措和变革领导者应具备的素质进行剖析。

在上述任务中，企业家身处贤人的位置，要想带领组织实现变革，必须做到变革思想与变革行动的一致性。老板口口声声要"以人为本"，但墙上却张贴着醒目的标语"今天不努力工作，明天努力找工作"，甚至有的组织在办公室安装了摄像头记录员工的一举一动。对于这样的组织，"以人为本"只能成为空谈，因为它只是一个口号，这个口号与实际行动完全是两码事。

知识精讲

一、两种组织变革类型

（一）激进式变革

激进式变革指的是通常会影响整个组织的变革。一旦成功实施变革，会得到非常显著的效果，组织内外都可明显受到其影响。激进式变革包括下面一些特点：

1. 根本性。激进式变革会对整个组织产生重大影响，并能够改变组织的根本。例如，组织机构重组和组织流程再造都是能够改变组织的产品和服务的根本性改变。

2. 转变性。成功的激进式变革会转变人们的思维方式和行为方式。如果组织进行了重组，说明组织的部门设置必然改变，员工也必须随之建立新的工作关系和新的工作方式。例如，如果组织引进了全面质量管理法，员工就需要转变对同事的看法，团队需要转变对组织内部其他团队的看法，要将其他的员工和团队看做内部的"顾客"和"供应商"。

3. 非连续性。激进式变革常常要求与旧工作方式断然决裂。生产或服务中的陈旧方式总会失去活力，而新的方法必定会取而代之。有时激进式变革发生在危机爆发之时，这时事物已经不能按照旧的方式运行。

4. 自上而下。激进式变革通常是由高级管理层发动的。团队管理者要做的就是贯彻和实施影响到自己团队的那部分变革。当然他们也要对整个组织的变革计划有所了解，以便在整体计划的精神指导下进行改革。

激进式变革应该具备充足正当的理由、目的明确并且以适当的方式进行，否则，整个组织将会陷入危机中。

（二）渐进式变革

渐进式变革是持续进行的变革，不像激进式变革那样剧烈。与其说它是一种变革，不如说是演变更准确。比如，计算机软件的更新、处理消费者投诉方法的改善、电子元件装配顺序的改进等等，这些都是渐进式变革的例子。这些渐进式变革影响着你，但是不会明显地改变整个组织。渐进式变革包括下面一些特点：

1. 细微的。渐进式变革对组织整体的影响很小，常常只对组织的一部分进行影响，比如说某个团队。

2. 递增的、持续的、不间断的。渐进式变革是一个不间断的、持续作用的过程，因而不像激进式变革那样没有连续性。人们能够看到新的行为方式是怎样一步步从旧状态中转变而来的。

实施渐进式变革的组织会积极地鼓励员工不断寻找更好的方法来提供服务或制造产品，这些组织始终处于不断的变革中。能够不断改进的组织被称为"学习型组织"，因为他们全心投入、不断学习。他们通常都有详尽的发展计划。

3. 自然发生、自下而上。渐进式变革通常是由那些做具体工作的人向上级提出的。由于渐进式变革着重对运营和操作过程进行改变，因而它通常比激进式变革更容易进行。作为组织领导者，应该倡导和鼓励组织成员在工作中进行渐进式的变革。

进行渐进式变革时，需要确定每个小变革是否适当，也就是说变革应该：有正当理由；有明确目的；有最佳的改进方法。

二、引发组织变革的原因

引发变革的原因有很多，从利率变动、消费者需求变化、竞争对手的新举措到团队内部成员的新想法，所有的这一切都可能导致变革。一般来说，引起组织变革的原因，既要注意来自组织外部的原因，也要注意来自组织本身即组织内部的原因。

（一）组织外部环境的变化

组织外部环境的变化包括组织的市场、资源、科技和社会等环境的变化，这些因素是管理者自身不能控制的，但如果不重视，也会给组织带来毁灭性后果。以下是一些引发变革的外部因素：

1. 科学技术的进步。通讯和信息技术的进步是引发变革的主要原因之一。例如，互联网的普及为网上购物、电子银行和全球化开辟了市场。

2. 市场环境变化。竞争者采取的新举措会带来变革。比如，竞争对手主动降低价格或改善服务，使他们在市场竞争中占据优势地位，就会促使同样处于竞争地位的企业采取变革措施。一个组织要想立于不败之地就必须率先变革，否则会处于被动地位，丧失市场份额。计算机和移动电话等行业发展迅速，其组织文化的精髓就是不断变革。

3. 消费者。消费者的需求或投诉也会成为引发变革的原因。例如，对绿色水果和绿色蔬菜的需求增加，就会引发相关产业的结构调整。

4. 人口统计学因素。人口年龄结构的变化，如老年人的比例不断增长，会引发相应的需求，因此组织需要为了迎合他们的需求进行变革。

5. 私有企业。越来越多的私有企业出现，对很多产业都有深远影响。

6. 全球化。很多公司开始在全球范围内开展业务，因此，员工需要了解其他国家的文化背景并具有"国际头脑"。

（二）组织内部环境的变化

一些变革是由组织内部因素引起的。这些变革可能来自：

1. 团队外部因素。这些变革源于组织的其他部门，例如，当财务部门更改付款日期时，销售团队需要相应地改变他们的财务体制。团队外部的变革意味着团队领导需要应对这些改变包括目标、时限、成本构成或团队工作的最终期限。这些变化是由外部带来的，所以必须小心应对。

2. 团队内部因素。这包括团队内部主动进行的变革，可能是管理和工作流程上的变革。例如团队如果需要缩短订购流程的时间，即可以使用快递达到此目的。虽然这些变革可能需要寻求高层管理者的赞成和支持，或得到相关部门的同意或合作，但团队领导对这些变革是可以完全掌控的。

三、面对变革的反应

变革的关键是人。无论面对何种变革，要想获得成功都需要得到各方支持，这包括团队内部的合作和组织其他部门的协作，但人心难料——团队领导很难判断一个人对变革的态度。

（一）面对变革的反应

面对变革时，一个人的反应不外乎以下四种：

1. "领导者"——赞同并倾尽全力实施变革的人。团队领导自己要担当起这一角色，同时，团队领导可能还会发现团队中的一两个人也有这种"领导者"的反应，鼓励他们，因为他们是在帮助自己。

2. "伪装者"——同意变革，但不会为此付出努力的人。设法找出这些人不肯尽力的原因，因为团队领导需要得到尽可能多的鼎力相助。

3. "追随者"——并不真正认同但会尽力推动变革的人，因为他们信任变革的领导者。一定要得到追随者的信任，并让他们看到变革的光明前景。

4. "反对者"——抵制变革、消极怠工，甚至私下破坏变革的人。努力找出反对者的抵制原因，并消除他们的疑虑。以下是人们抵制变革的一些理由：

（1）抵制是人们接受变革的一个自然发展阶段；

（2）变革被强加于人；

（3）认为变革毫无作用；

（4）认为变革的理由是错误的；

（5）认为除了此种变革还有更好的选择；

（6）不太尊敬或信任发动变革的人；

（7）没有看到变革的好处；

（8）对于变革缺乏足够的了解；

（9）感到太忙，没时间接受新事物；

（10）感到可能受到威胁，增加工作量；

（11）害怕自己无法应付变革；

（12）理智上同意变革，但在感情上却无法接受丧失控制权、目前的地位、工作等；

（13）觉得变革会破坏自己与老板间制定的未成文的心理契约。

（二）变革的应对周期

无论团队领导对待变革的态度是积极还是消极，在面对变革时都可能要经历以下几个阶段，其中有的阶段会令人感到不适。

1. 拒绝。刚宣布变革时，人们总会在短时期内心存抵制，尤其是对于意想不到的、自上而下的变革。

2. 抵制。随着对变革的逐渐了解，人们开始对自己最初的反应产生疑问，同时拒绝的信心也开始下降，但还是存在抵制情绪。

3. 愤怒和责备。抵制情绪克服后人们仍会有恐惧感，并且变得敏感易怒，还常常责备他人，自信心进一步减弱。

4. 接受。经过很长一段时间后，多数人最终开始接受变革，自信心也随之增强。

5. 探究和融合。这一阶段中，人们开始探究和实施变革。

在现实中，这些阶段的划分只是对现实的简化。一些人在早期阶段就停滞不前了，还有一些人比其他人更快地适应变革。但重要的是认识到人们在接受变革的过程中也经历着一系列的情感心理变化，正是这种变化使得接受变革更加困难。人们需要时间来忘却旧的、舒适的做事方法，适应新事物和新规则。

四、组织变革的障碍和阻力

组织变革不是一帆风顺的，常常会碰到许多障碍和阻力。组织面临的阻力主要表现在两个方面：职工个人方面和组织方面。

（一）职工个人的心理阻力

1. 职业心向对变革的障碍

经常性的工作和长期从事的职业，容易使员工形成心理上的准备状态（即定势），称职业心向。职业心向对常规性的工作起积极作用，可以大大提高工作效率；对变革和变通性的工作来说，职业心向起消极作用，会大大降低生产和工作效率。

在改革过程中，新的工作、新的技术、新的方法、新的组织结构，同组织员工原有的职业心向发生冲突，会产生压力和负担。如果这种压力和负担超过了职工的承受能力，便产生抵触和反对态度，阻碍变革的进行。只有破除旧的职业心向，形成新的职业心向，才会减少这方面的阻力。

2. 保守心理对变革的障碍

保守心理是一种维持现状、害怕变革与改革的思想。具有保守思想的人往往迷恋传统，苟安现状，习惯于原有的秩序和章程，害怕改革。变革思想和保守思想的冲突往往贯穿改革的全过程：

（1）变革的开始阶段，保守势力往往以各种借口维持现状，反对变革；

（2）变革的深入阶段，有的人以调和的方式，抵制改革；

（3）变革受挫时，具有保守思想的人又会秋后算账，指责变革。只有冲破保守阻力，变革才可能顺利进行。

3. 习惯心理对变革的阻碍

习惯是长期养成的心理和行为特点，人们通常按自己的习惯对外部环境的刺激做出反应，从而获得心理上的满足。

4. 嫉妒心理对变革的障碍

具有嫉妒心理的人对改革者取得的成绩心怀不满，甚至有敌意，常用流言飞语攻击变革者，中伤变革者。这种心理和行为不仅给改革者造成心理压力，也给欲变革者造成负担，同时也给工作带来许多麻烦和混乱。

5. 求全责备心理对变革障碍

变革是新生事物，他常常是不完善的，有某些不足之处。变革者也非圣人，有优点也有缺点。有求全责备心理的人，常用机械主义的观点，对改革百般挑剔，横加指责，从而否定改革者，给变革造成障碍。

6. 中庸思想对变革的障碍

变革是一项艰难曲折的事业，需要人们有勇气花费心血和精力，进行拼搏才可能成功。有中庸思想的人常常以反冒尖的观点来抵制变革。

7. 心理承受力对变革的障碍

心理承受力低，对变革担心而形成障碍

上述各种阻力可能形成人们对改革的认知障碍（对改革和改革趋势缺乏正确认识和理解），感情障碍（对变革和变革者抱敌视或抵触情绪），意向障碍（对变革持反对行为，背离改革要求），从而对变革造成较大的危害。

（二）组织对变革的阻力

1. 对权力和地位的危险

不论是人事或技术上的改革，都涉及组织中人的权利和地位的变化。人们不会轻易失去已获得的地位和权力，因而在思想和行动上以各种形式抵制对地位和权力有危险的变革。

2. 组织结构的障碍

任何一种新的想法和对资源的新用法，都会触犯组织的某些权力，所以往往往会受到抵制。典型的等级制组织结构，强调信息从高层流向基层，职工只能按特定渠道来获取信息，只反馈工作的积极信息，对实际存在的问题和应该采取的变革方法避而不谈。这实际是封锁消息抵制变革。

3. 资本（或资金）的限制

许多企业常常由于资金的局限性，而不得不维持现状。如果能够得到可用的资源，则企业是愿意通过变革来渡过难关的。

4. 经济亏损造成处境困难

无论是我国还是外国，无论是缺少资本还是资本雄厚的企业，有时由于亏本而处境艰难，而使变革受挫或不能变革。

5. 社会经济环境问题造成的障碍

良好的社会经济环境是企业改革的动力，不良的经济环境是企业改革的阻力和破坏因素。

五、应对组织变革的举措

（一）排除组织变革阻力的主要措施

1. 组织职工参加组织变革的诊断调研和计划工作

通过参加这些活动，使他们充分认识到变革的必要性和重要性；使他们感受到这种变革是他们自己的事，而不是外面或上面强加的；了解到这种变革可以减少而不会增加他们的负担。这样就可以大大减少变革的阻力，把大部分阻力转化为动力。

2. 大力推行与组织变革相适应的人员培训计划

通过培训，增强职工的现代化管理意识，开阔眼界，自觉地认识到改革是一种必然趋势；通过培训，使职工掌握新的管理方法和业务方法，增强职工的安全感和信心。职工培训，要先从上层管理者做起，逐步推及中、低层的人员，给予职工以普遍培训的机会。经验证明，许多职工经过培训后，成为改革的拥护者。

3. 大胆起用年富力强具有开拓精神的经理人才

主要措施有：（1）实行管理人员特别是领导人员的聘任制、任期制和退休制，把具有开拓精神、支持变革的年轻人员提拔到各级领导岗位上来；（2）采取各种措施，吸收老年的经理人员参加组织变革工作，例如，担任顾问，参加有关的委员会，充当"智囊团"等形式，化阻力为动力。

4. 利用群体动力

利用群体动力来改变个体或群体的因素有：（1）共同的态度、价值观和行为；（2）强烈的归属感；（3）注意群体规范；（4）共同的知觉；（5）群体的威望；（6）个人的威望；（7）沟通和信息分享的重要性。

（二）减少变革阻力的方法

当管理层确定变革的阻力有害时，可以采取以下方法减少变革阻力（见表 6-2 所示）：

1. 教育与沟通

可以通过让员工了解变革努力的合理性来减少变革的阻力。当然，这一方法是假定大部分阻力源自信息失真或者沟通不善。

2. 参与

让那些直接受到变革影响的成员参加决策的制定过程，并允许他们表达自己的感受，以提高决策过程的质量，增加员工对最终决策的责任感。

3. 促进和支持

帮助员工处理因变革而带来的忧虑和焦急，这种帮助包括向员工提供咨询、新技能培训以及短暂的带薪休假。

4. 谈判

通过讨价还价，交换某种有价值的东西达成一种协议以减少变革的阻力，当变革的阻力来自某一权力集团时，这一方法尤为适用。

5. 操纵和合作

指的是努力施加影响，例如，有意扭曲或歪曲事实而使变革显得更具有吸引力。

6. 强制

强制也可用于应付变革的阻力，如对反对者使用直接威胁或暴力。

表 6-2　减少变革阻力的方法

方法	何时使用	优点	缺点
教育和沟通	当阻力源自信息失真时	消除误会	当双方缺乏信任时可能失败
参与	当反对者有技术能为组织作出贡献时	提高参与程度及接受程度	耗费时间，可能采取下下策
促进与支持	当反对者害怕并焦虑不安时	可以促进所需要的调整	花费较大，没有成功的把握
谈判	当阻力来自权力集团时	可以收买人心	潜在成本高，也会面临来自其他人的压力
操纵与合作	当需要一个权力集团的支持时	成本不高，便于得到支持	可能后院起火，会导致变革推动者丧失信誉
强制	当需要一个权力集团的支持时	成本不高，便于得到支持	可能是非法的；可能有损变革推动者的信誉

六、组织变革的过程

无论变革大小，都需要制订全面的计划：从确定变革的目标、制订计划的详细内容到巩固成果，方方面面都要涉及。因为每次变革参与的人不同，所处的环境也不尽相同，所以，变革是没有惯例可以遵循的。变革过程分为六个阶段：

（一）确定变革目标

假如人们已经明确意识到工作中需要变革，其理由无外乎如下几条：整个组织正在进行一次激进式变革，消费者的要求、新的目标、工作中出现问题或其他部门的要求，一旦有了变革的需求，就要清晰地描绘出变革的蓝图，确定变革的目标。组织用这个目标来赢得支持者和捍卫者，因此一定要使之清楚易懂。按照变革规模的大小，可将目标表现为愿景、目的和目标。

1. 愿景

愿景可以表现为一个简短的句子，能迅速地呈现出变革成功后的完美景象。愿景是直接的、鼓舞人心的。对激进式变革有效的愿景应该是：可想象的、令人向往的、可行的、有重点的、弹性的和可交流的。

2. 目的和目标

制定的目的和目标应该有以下特点：具体的、可测量的、可实现的、实际的和有时间限制的。

（二）分析影响变革力量

确定了变革的目的后，就需要找出什么力量将能帮助变革，什么力量会阻止变革的进行。有些力量显而易见，如一些人的热情和其他人的反抗；有些力量则不那么明显，需要花费时间去找。影响变革的力量有两种：

1. 驱动力量

这些力量包括：引发变革的原因充分、人们对变革认可、变革具有明显好处、资源充足、当前遇到了问题等。这些力量是积极、合理、合乎逻辑和能够被意识到的。

2. 阻碍力量

这些力量包括：团队、顾客、同事、管理层及个人的反对、缺乏变革的资源、不欢迎变革的组织文化等。

以上讲述的驱动力量和阻碍力量都是真实存在的，需要认真考虑，同时关系人可能会促进也可能会阻碍变革。分析影响变革的力量时，也要考虑这一因素。对于激进式变革，你需要从组织外部和内部广泛地搜寻各种影响力量。而对于渐进式变革，影响力量大多来自组织内部，特别是所涉及的组织。对于渐进式变革，驱动力量可能会很强。

识别两种力量后，就要想办法影响它们，使之推动变革的进行。也就是说，要加强动力，减弱阻力。但是要注意物极必反，注意不要过分地强化动力，否则可能导致反抗，就像父母执意要求孩子做某件事，反而使他产生逆反情绪。

（三）预见反应

只有首先预见组织成员和关系人的反应，才可以减少反抗并帮助人们顺利渡过应对周期。

（四）赢得支持与参与

只有得到人们的支持，变革才能得以进行。变革中组织领导需要尽量得到关系人和组织成员的支持，以推动变革的发展。在一些变革中团队领导还必须获得强势人物的支持，如经理或主管资源的人。赢得支持与参与的秘诀有：

1. 明确变革目标，展示变革的理由和利益（描绘变革成功后的美好景象和变革所期待的结果）；

2. 预见反应和反抗，准备好应对的方法；

3. 为每个关系人列出利益清单；

4. 关系人从不同的角度看待变革，需要告诉他们变革为其带来的诸多利益；

5. 接受反馈，进行商讨，确定变革的最佳时间；

6. 让团队成员参与到变革的计划过程当中；

7. 让每个人了解计划；

8. 直面反抗；

9. 对变革充满热情。

（五）变革的三个阶段

使变革顺利进展的一个有效方法是将变革分为以下三个阶段（如图 6-12 所示）。

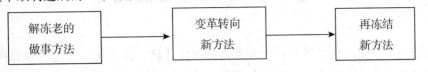

图 6-12　变革的三阶段模型

1. 解冻

第一阶段是要动摇人们的习惯性思维和行为方式，让他们意识到变革的必要性。首先要展示变革的目标和益处，然后与人交流并使其融入变革。这样可以帮助人们改变习惯和放下顾虑。

2. 变革

第二阶段是变革的实施，在此阶段让人们进入理想中的新状态段也称之为转变阶段，因为在这一阶段，人们必须转变他们的思想和态度。这个阶段也包括确定新的工作方式，如制定新的策略、系统和程序。这可能像排一个新的值班表那样简单，也可能像重组组织那样复杂。

3. 再冻结

在这一阶段，需要使组织成员能够坚持新的工作方法，以免人们再回到过去的老习惯中去。但在持续变革的组织中，再冻结这一想法值得商榷，因为下一个变革即将到来。另一种替代再冻结的方法就是对变革进行回顾和总结。

（六）实施、监控和核查

如果分析了影响变革的力量、预见了变革反应、获得了员工支持与参与并准备了现实的计划执行方案，变革就会比较顺利地进行。但是，再好的计划也难免出现意外，因此，在变革的过程中，要不断地修正自己的计划，特别是在大规模的变革中，更需要如此。所以在变革进行时，我们要注意以下几点：

1. 在前进中改进

如果在变革实施过程中遇到困难，组织领导一定要在团队其他成员的帮助下，战胜困难，在变革和改进中前进。

2. 监控变革的进展

团队领导需要设计一种方法来监控变革的进展，即检查变革目标的完成情况。因此要有可测量的变革目标，如消费者投诉率降低了 10%，这是否意味着变革有效呢？一些目标不可避免的模糊了，如目标是增加操作员对新软件的信心，就要想办法核查他们的信心水平。

3. 巩固

为了防止人们恢复旧的工作方式，组织领导需要想好如何巩固变革。如可以进一步强调变革的原因并核查新系统的使用状况。在激进式变革过程中，总是存在自满的危险情绪。

七、变革领导者应具备的素质

要进行变革，团队领导就需要具有更高的领导才能，并有较强的管理资源的能力同时变革领导者也要勇于冒险。虽然有些团队领导已经具备很多领导技能，但还需要进一步增加一些新的领导技巧。

一个变革领导者需要怎样的素质和技能，对此并没有确切的说法。以下的素质和技能是得到大部分专家认可的。

1. 开放的思维和改变自己的愿望。变革领导者需要有开放的思维，能够接受新的想法、不同的观点和可能的解决办法。要让其他人做出变革，先要在很多方面改变自己。(1) 假设——找出其他人真正思考和相信的事；(2) 观察——站在别人的立场看变革的利与弊；(3) 风格——少说多听；(4) 对变革持开放态度。

2. 灵活性。这就是说灵活地对待不断变换的环境、人们的观点和领导别人的方式。

3. 能够激励他人。需要有正义感，热情，乐观，有时还要有激情。

4. 能够影响他人。包括通过树立榜样引导他人、通过倾听他人的想法和互换立场考虑得失以及接受意见等，建立自己与团队成员和关系人之间的信任关系。

5. 毅力。即使在矛盾重重、无路可走得艰难时刻，仍要继续坚持。

6. 给予支持的能力。能够预见人们的不同反应并了解人们应对变革的周期。要帮助人们顺利度过变革。

7. 交流技能。沟通要及早、清晰、时常、真诚。同时需要积极倾听他人观点；提出问题与人们讨论，引出信息并对他们的观点提出质疑；提倡、宣扬团队和关系人对变革的支持。

8. 处理困难局面的能力。在变革过程中，不可避免地会面临并处理冲突和难题。

9. 终身学习。终身学习包括广泛接受新思想、新办法，并愿意进行学习。支持终身学习的习惯有：(1) 冒险——愿意改变自己舒适的现状；(2) 谦虚的自我反省——真实评估自己的成功和失败；(3) 听取意见——从他人处获得信息和想法；(4) 认真倾听；(5) 吸收新的想法——用开放的思想探寻生活。

任务诊断 以小组为单位调查当地一知名企业，在组织变革时遇到了哪些障碍和阻力，作为一名变革领导者，他是如何应对的。

任务四 塑造组织文化

任务情境 华为非常崇尚"狼"，认为狼是组织学习的榜样，要向狼学习"狼性"，狼性永远不会过时。华为总裁任正非说：发展中的组织犹如一只饥饿的野狼。狼有三大特性最显著：一是敏锐的嗅觉，二是不屈不挠、奋不顾身、永不疲倦的进攻精神，三是群体奋斗的意识。同样，一个组织要想扩张，也必须具备狼的这三个特性。

问题：你能用哪几个词来概括华为的"狼性文化"？

任务分析 任何一个组织，作为一个特殊的社会集合体，都有着自己的环境条件和历史传统，从而也会形成自己区别于其他组织的哲学信仰、意识形态、价值取向和行为方式，也即形成自己的组织文化。组织文化，是一种群体文化，是组织或组织成员所共同拥有的总的行为方式、共同的信仰和价值观。它是通过组织长期经营与培育而形成的——种有别于其他组织的、能反映本组织特有经营管理风格的、被组织成员所共同认可和自觉遵守的价值观念与群体行为规范。

本任务主要回答组织文化的内容、层次、特征、功能以及组织文化建设过程等等问题。

在上述任务中，华为的"狼性文化"可以用学习、创新、获益、团结来概括。用狼性文化来说，学习和创新代表敏锐的嗅觉，获益代表进攻精神，而团结就代表着群体奋斗精神。

知识精讲

一、组织文化的内容

组织文化作为组织自身意识所构成的精神文化体系，主要有以下几个方面的内容：

（一）组织文化的核心是共同价值观

著名管理学者托马斯·彼得曾说："一个伟大的组织能够长期生存下来，最主要的条件并非结构、形式和管理技能，而是我们称之为信念的那种精神力量以及信念对组织全体成员所具有的感召力。"这种信念是组织认定的最有价值的对象。一旦这个信念成为能够统一本组织及所有成员的共同价值观；就会形成强劲的组织内聚力和整合力，便可用来统帅、制约、支配组织的宗旨、信念、行为规范和追求目标。

（二）组织文化的中心是以人为主体的人本文化

人本文化也就是以人为中心，为主体，充分重视人的价值，调动人的积极性，发挥人的主观能动性，全员共建组织人文氛围。而为了使组织和成员成为真正的命运共同体和利益共同体，就要塑造依靠人、理解人、培养人、造就人、凝聚人、团结人的人本文化。

（三）组织文化的主要管理方式是软性管理

组织文化是以一种文化的形式出现的现代管理方式，由于其本身的文化特性，即表现为非外化为刚性的制度、层级以及严格的监督、控制，因此采用柔性的文化来引导，有利于帮助组织形成和谐的人际关系，团结奋进的团队精神；也有利于内化为组织成员的共同文化心理机制，使政治的共同目标转化为成员的自觉行动。组织文化以柔性管理方式为主所产生的协同力比组织刚性管理有着更为强烈的控制力和持久力。

（四）组织文化的重要任务是增强群体凝聚力

组织成员组织中的成员来自于五湖四海，在成为组织的一分子之前，都是独立的个性个体，不同的文化背景、工作态度、思维模式、方式方法等都容易导致成员间的矛盾。而组织文化的重要任务就在于通过建立共同的价值观和共同目标，使得组织成员之间的合作、信任和团结得以强化，使之产生认同感、亲近感和归属感，实现文化的认同和交汇，最终实现组织强大的向心力和凝聚力，创造有利于组织目标实现的整体氛围。

二、组织文化的层次和特征

（一）组织文化的层次

1. 组织物质文化

组织物质文化是由组织员工创造的产品和各种物质设施等构成的器物文化，它是一种以物质为形态的表层组织文化，是组织行为文化和组织精神文化的显现和外化结晶。它是组织文化的物质表现，包含以下内容：

组织标志：如组织名称、组织象征物等。

生产或服务：如生产制造出质量可靠、性能价格比高的商品。

工作环境或厂容：如办公环境、经营环境均为整洁、明亮、舒适。

技术装备：如配置先进、适用的机器设备。

后援服务：如为服务对象提供无微不至、主动、便利的服务。

人才资源：如通过全程、终身培训使员工均达到行业社会优秀水平，人尽其才。

福利待遇：如公司员工通过辛勤劳动获得行业和当地领先的工资、福利待遇。

2. 组织制度文化

组织制度文化是由组织的法律形态、组织形态和管理形态构成的外显文化。合理的制度必然会促进正确的组织经营观念和员工价值观念的形成，并使职工形成良好的行为习惯。制度文化是组织文化的中间层次，是精神文化层与物质文化层的中介。

（1）组织目标。组织目标是以组织经营目标形式表达的一种组织观念形态的文化。

（2）制度文化。制度是一种行为规范，是任何一个社会及组织团体正常运转所必不可少的因素之一。它是为了达到某种目的，维护某种秩序而人为制定的程序化、标准化的行为模式和运行方式。组织制度的基本功能包括：具有组织价值观导向的功能，是实现组织目标的保障，是调节组织内人际关系的基本准则，是组织组织生产经营、规范组织行为的基本程序和方法，是组织的基本存在和功能发挥的实际根据。

3. 组织精神文化

组织精神文化是组织在生产经营中形成的一种组织意识和文化观念。它是一种意识形态上的深层组织文化，也是组织文化的核心和主体。

（1）组织哲学的根本问题是组织中人与物、人与经济规律的关系问题。

（2）组织价值观指导组织有意识、有目的的选择某种行为去实现物质产品和精神产品的满足的思想体系。

（3）组织精神是现代意识与组织个性结合的一种群体意识。"现代意识"是现代社会意识、市场意识、质量意识、信念意识、效益意识、文明意识、道德意识等汇集而成的一种综合意识。"组织个性"，包括组织的价值观念、发展目标、服务方针和经营特色等基本性质。

（4）组织道德是调整组织之间、员工之间关系的行为规范的总和。组织道德的一般本质是一种组织意识，而其特殊本质则表现在它区别于其他组织意识的内在特质上。

上述三个层次中，最为重要的是组织精神文化，它是支配组织及其员工行为趋向，决定组织物质文化和制度文化的内核所在。自然，组织物质文化和制度文化的状况也会反作用于组织的精神文化，也即深层文化。组织文化的这三个层面相互依赖、相互连接，构成了具有组织个性的组织文化。

（二）组织文化的特征

组织文化是整个社会文化的重要组成部分，它既具有社会文化的共性；同时，又与社会文化、民族文化相区别。我们研究其特征，关键在于揭示组织文化作为管理理论的范畴，以及作为一种独特的文化同其他文化的根本区别。

1. 实践性

每个组织文化，都不是凭空产生的，它只能是在人们的社会实践过程中通过有目的地培养而成；同时也是组织现实状况的客观反映，对组织实践活动起指导作用。因此，离开了实践过程，企图单靠提几个口号或组织短期的教育来建设组织文化是不可能的。

2. 独特性

每个组织的组织精神都应有自己的特色，因为每个组织都有自己的历史、类型、性质、规模、心理背景、人员素质等因素的不同。也只有这样才能使组织的经营管理和生产活动具有针对性，让组织精神充分发挥它的统帅作用。由内在因素的各不相同而在组织运行和发展过程中形成的具有本组织特色的价值观、行为准则、作风、道德规范、发展目标等这些独特性越明显，其内聚力就越强。因此，在建设组织文化的过程中，一定要形成组织的个性特征。

3. 可塑性

组织文化的形成，一方面受到组织传统因素的影响，另一方面也受到现实的管理环境和管理过程的影响。而且，只要充分发挥能动性、创造性，积极倡导新准则、新精神、新道德和新作风，就能够对传统的精神因素择优汰劣，从而达到组织文化变革的目的。

4. 综合性

组织文化包括了价值观念、行为准则、道德规范、传统作风等精神因素，这些因素经过综合的系统的分析、加工，使其融合成为一个有机的整体，形成整体的文化意识。

三、组织文化的功能

组织文化的功能是指组织系统影响和改变其他系统以及抵抗与承受其他系统的影响和作用的能力，同时也是系统从其他系统中取得物质、能量、信息而发展自己的能力。组织文化作为一种自组织系统，也具有许多独特的功能。

1. 自我内聚功能

组织文化通过培育组织成员的认同感和归属感，建立起成员与组织之间的相互依存关系，使个人的思想、感情、信念、习惯和行为与整个组织有机地统一起来，形成相对稳定的文化氛围，凝聚成一种无形的合力与整体趋向，以此激发出组织成员的主观能动性，为组织的共同目标而努力。正是组织文化这种自我凝聚、自我向心、自我激励的作用，才构成组织生存发展的基础和不断成功的动力。

2. 自我改造功能

组织文化能从根本上改变员工的旧有价值观念，建立起新的价值观念，使之适应组织正常实践活动的需要。一旦形成，就会对组织本身及其成员产生强大的作用力，改变其原有的价值观念，建立新的价值体系，使组织与其成员契合起来，尤其使成员适应组织正常运行所需的观念、模式。尤其对于刚刚进入组织的员工来说，为了减少他们个人带有的在家庭、学校、社会所养成的心理习惯、思维方式、行为方式与整个组织的不和谐或者矛盾冲突，就必须接受组织文化的改造、教化和约束，使他们的行为与组织保持一致。

3. 自我调控功能

组织文化作为团体共同价值观，并不对组织成员具有明文规定的具体硬性要求，而只是一种软性的理智约束，更多的是通过潜移默化的渗透和内化过程，达到使组织自动生成一套自我调控机制，调控、规范和操纵着组织的管理活动和事务活动。组织文化的这种软性约束调控功能，往往比硬性控制更具有控制力和持久力。

4. 自我完善功能

组织在不断的发展过程中所形成的文化积淀，通过无数次的辐射、反馈和强化，会不断地随着实践的发展而更新和优化，推动组织文化从一个高度向另一个高度迈进。而相应的，组织的成长（完善和发展的优质成长）又会极大地促进组织文化的丰富、完善和升华。

5. 自我延续功能

组织文化的形成是一个历史的过程，绝不是朝夕之事。它的形成和塑造必须经过长期的耐心倡导和精心培育，以及不断地实践、总结、提炼、修改、充实、提高和升华，同时又要受到社会的、人文的和自然环境等诸因素的影响。一旦固化成型，不会轻易改变和消失；相反，会在对自我的不断认可、强化和修缮中延续和保持下去。

四、组织文化建设

（一）选择价值标准

由于组织价值观是整个组织文化的核心和灵魂，因此，选择正确的组织价值观是塑造组织文化的首要战略问题。选择组织价值观有两个前提：一是要立足于本组织的具体特点。不同的组织有不同的目的、环境、习惯和组成方式，由此构成千差万别的组织类型，因此必须准确地把握本组织的特点，选择适合自身发展的组织文化模式，否则就不会得到广大员工和社会公众的认同和理解。二是要把握住组织价值观与组织文化各要素之间的相互协调，因为各要素只有经过科学的组合与匹配才能实现系统整体优化。

在此基础上，选择正确的组织价值标准要把握四点：

1. 组织价值标准要正确、明晰、科学，具有鲜明特点；

2. 组织价值观和组织文化要体现组织的宗旨、管理战略和发展方向；

3. 要切实调查本组织员工的认可程度和接纳程度，使之与本组织员工的基本素质相和谐，过高或过低的标准都很难奏效；

4. 要坚持走群众路线，充分发挥群众的创造精神。

（二）强化员工认同感

一旦选择和确立组织价值观和组织文化模式之后，就应该把基本认可的方案通过一定的强化灌输方法使其深入人心，具体做法包括：

1. 充分利用一切宣传工具和手段

大张旗鼓地宣传组织文化的内容和要求，使之家喻户晓，人人皆知，以创造浓厚的环境氛围。

2. 树立英雄人物

典型榜样和英雄人物是组织精神、组织文化的人格化身与形象缩影，能够以其特有的感染力、影响力和号召力为组织成员提供可以仿效的具体榜样；而组织成员也正是从英雄人物和典型榜样的精神风貌、价值追求、工作态度和言行表现之中深刻理解到组织文化的实质和意义；尤其是组织发展的关键时刻，组织成员总是以英雄人物的言行为尺度来决定自己的行为导向。

3. 培训教育

有目的的培训与教育，能够使组织成员系统接受和认同组织所倡导的组织精神和组织文化。但是，培训教育的形式可以多种多样。

（三）提炼定格

吸收有关专家和员工的合理化意见，把经过科学论证和实践检验的组织精神、组织价值观等予以条理化、完善化、格式化，再加以必要的理论加工和文字处理，用精练的语言表述出来。

（四）巩固落实

首先，必须建立一整套必要的规章制度；其次，要有领导的率先垂范；最后，还必须不断丰富、发展已形成的组织文化。

典型事例

华为称员工接连自杀属偶然，专家称企业文化有缺陷

2008年2月26日，华为成都员工李栋兵因个人情感问题从华为研发中心跳楼身亡，不到10天，华为深圳员工张立国从食堂三层跳楼自杀。两年来，华为已经发生6起员工非正常死亡事件。网络上针对华为企业文化的批评声早已如潮。

在众多跟帖网友中，从事IT行业的人占绝大多数，其中还有一部分是华为的在职或离职员工。网友们除了表达对死者的哀思外，也纷纷就华为的用工制度及企业文化提出了自己的看法。一位自称华为离职员工的网友说："回忆起在华为的日子，那的确不是什么快乐的记忆……因为我在华为的感觉就是窒息，就是感觉自己快活不下去了。这不是说工作量、加班这样的问题，而是整个工作氛围营造的。"

不少网友都表示，华为员工的办公桌下大多放着床垫被褥，因为加班太晚的话大多数人都选择在办公室过夜，这就是华为著名的"床垫文化"、"加班文化"。除此之外，华为还奉行"狼性文化"，严厉的绩效考核制度让不少华为员工时刻都感觉到自己有被淘汰出局的可能。曾放弃了华为工作机会的樊枫（化名）告诉记者，他拿到华为录用通知后看了一半就决定放弃了。"我觉得我肯定受不了。上班时间外出，哪怕1分钟都要打报告，通过内部网络申请，要部门总监批准；电脑与外网是隔绝的，没有光驱、没有USB口；完成不了任务就会猛扣钱。"

面对外界关于企业文化的质疑，华为方面的回应显得更是非常谨慎。华为一位行政总裁助理表示，类似事件纯属偶然，与工作压力并无直接联系。

复旦大学教授顾晓鸣一直都在关注华为员工的非正常死亡事件。"自杀和所受的苦难并不成正比，不能说华为员工承受了比别人多的苦难才选择自杀。"顾晓鸣说，无论自杀者为什么自杀，有一个共同原因是企业没有给他们提供一个能够直抒己见、透明、友好的沟通氛围，这跟员工自杀是脱不了干系的。

谈及华为的企业文化，顾晓鸣说华为推崇"床垫文化"、"狼性文化"，在IT业竞争惨烈的背景下是可以理解的。"华为也面临着丛林法则，但他们选择的企业文化并不是最好的。"顾晓鸣说，IT企业都希望最大限度地利用员工脑力资源去激发生产力，但华为采用的模式还是计划经济、小农经济、工业生产的旧模式，在这样的模式下员工缺乏抒发渠道是必然的。"国际上一些走在前列的公司，从开始穿便装上班，到允许员工带宠物上班，以及替员工的水电煤、健身以及孩子上学买单，这也能极大的激发其员工创造力。"

华为已经成为企业文化转型期的一个典型。华为面临的问题，其实是很多企业都存

在的。值得注意的是华为 2006 年取得利润 41.5 亿元，上缴税金 74.4 亿元，列国内电子业之首，远远超过利润排名二、三位的海尔与联想。2007 年收入超 160 亿美元，有望成为通信设备行业全球排名第五且 70％外销（世界前四位年收入均超 200 亿美元）。通过华为事件，类似的企业都应该反思一下自己的企业文化，到底要朝哪个方向发展？在激发员工生产力的前提下，应尽量采用更健康、更人文的管理模式。

任务诊断 组织文化的核心价值观是什么？你认为华为成为舆论焦点的深层次原因是什么？

任务五 分析工作压力

任务情境 王女士是一家大公司的部门经理，她热爱并且出色地完成了自己的本职工作。然而，在过去的一年里，由于被提升到现在的职位，她产生了一种莫名其妙的不适感，她常常感到尽管自己的工作有成效，可还是不能出类拔萃，这种焦虑的情绪深深地侵入她的意识之中。她开始延长工作时间，把工作带回家，甚至经常工作到深夜。她感到筋疲力尽，却仍然在担心第二天的工作。她的同事鼓励她说："你一直是最好的，现在也一样"，而她的上级却认为她工作效率太低，经常旁敲侧击地说："你应该工作的更好才是。"但王女士却明白，自己已经干不好了。

问题：王女士工作压力的来源是什么？对王女士产生了什么样的影响？

任务分析 压力是指人在对付那些自己认为很难对付的情况时，所产生的情绪上和身体上的异常反应。它是人和环境的相互作用的结果，是机体内部状态，是焦虑、强烈的情绪和生理上的唤醒，以及挫折等各种情感和反应。压力在心理上产生的作用就是紧张。压力状态由两方面的因素构成：一个是威胁，也称"紧张刺激物"；另一个是由个体生理上可测量的变化和个体行为组成的反应。管理心理学家的研究成果表明，个人是否能够体验到工作压力，主要取决于知觉、经历、压力与工作绩效关系、人际关系等因素。这是因为每个人所具有这四个因素的情况不同，所以压力的体验完全是因人而异的。压力是无时无刻地存在于我们的周围。每一个人都有压力：青少年时，以学业压力为主；到了成年时，有家庭和工作的压力；老年期，有退休、孤单、面临死亡的压力。角色不同，压力也不一样，企业中当老板和员工的压力是不同的。不难看出，人的健康与压力是有关的。

本任务主要分析造成企业管理者和被管理者身心不健康或亚健康的原因，即工作压力，并对压力的来源、压力的产生的后果深入探究，同时也从心理咨询的层面上对自我调适的途径和方法进行指导。

在上述任务中，王女士由于升职引起的工作责任加大和对自己过高的心理期望，给他带来了较大的压力，从而引起情绪焦虑和身体不适，使是自己处于一种疲劳和沮丧的状态之中。

一、压力的来源

一般来说，压力来源于个人因素、环境因素和组织因素三个方面。

（一）个人因素方面

1. 生活压力

美国著名精神病学家赫姆斯根据对 5000 多人的社会调查，列出了 431，并以生活变化单位（LCU）为指标对每一生活危机事件评分，编制了社会再适应评定量表。赫姆斯指出，如果一年内 LCU 不超过 150 分，来年一般健康无病；如果 LCU 在 150 分至 300 分之间，来年患病的概率为 50%；如果 LCU 超过 300 分，来年患病的概率超过 70%。调查表明，高 LCU 与心脏病猝死、心肌梗死、结核病、白血病、糖尿病等的关系明显。

2. 个体差异

（1）认知水平。

员工对压力的反映是基于他们对情境的认知，而不是基于情境本身。如在实际工作中，同样一件工作，对于富有挑战性的员工来说，是挑战、是机遇，而对于害怕困难的员工来说，则是负担、是压力。同样，如果员工认为此项工作对于自己来说是主动控制的，则就是积极的，如果是被动的，则就是消极的。

（2）态度。

如果员工在生活中总是抱有积极向上的态度，那么在他遇到困难和压力时，就会想办法去解决问题，处理各种压力。正确面对压力或失业。反之，如果是消极的，则会导致压力的增加，甚至产生心理疾病。

（3）意志力。

如果员工具有坚强的意志，那么，在他遇到困难和压力时，就能勇敢面对；反之，会被困难吓倒。

（4）兴趣。

如果员工对所做的工作感兴趣，就会积极主动的工作，就不会感到有很大的压力。反之，就会感到很大的压力。

（5）性格。

研究表明 A 型性格者比 B 型性格者更能承受压力。A 型性格者争强好胜；思维敏捷；时间紧迫感特别强，常同时做或思考两件不同的事情；总是把工作日程安排得越满越好，闲不住；信不过他人，总想亲自动手，看到别人做得慢或不好，恨不得抢过来自己做；工作效率高；易激动，缺乏耐性等。B 型性格者表现为休闲自得，不爱紧张，一般无时间紧迫感；不喜欢争强好胜；有耐性、能容忍等。

（6）工作经验。

如果个体变换工作，来到一个新的环境中，面对新的不确定的因素，个体就会产生很大的压力。经过一段时间，随着经验的增加，对工作的熟练程度增加，这种压力感就会减少，甚至消失。

（7）社会支持。

如果个体在组织中能够与上司、同事很好的相处，关系融洽，就可以很好地减少由于工作的高度紧张带来的压力，反之与上司、同事关系紧张，就会增加工作倦怠感，增加压力感。如果员工不能很好地得到组织中的人的支持，可以更多地依靠家庭、朋友的支持，缓减工作压力。而如果一个人，不能被他生活的群体接受、支持，势必导致个体压力增加、孤僻，甚至导致个体走向自杀等极端现象的发生。

3. 家庭问题

家庭是幸福的主要来源，也是压力的主要来源。良好的家庭氛围，对于一个人的成长至关重要，可以缓解工作中带来的压力。而恋爱，结婚，离婚，搬迁，子女的健康和学业，夫妻工作时间的冲突或者一方成功、一方失意，都会使人感到压力。这些压力会直接影响员工的工作。

（二）人际因素方面

人与人之间存在一定的人际关系。依据群体自身的性质，人际关系可以分为正式关系和非正式关系。正式关系是指正式群体中明文规定的关系，群体成员的职责、权力及相互关系均得到正式群体的认可和维护，形成群体内部的组织结构，其中包括上下级关系，这是指群体成员之间的领导和被领导关系。非正式关系是指非正式群体中自发形成的成员之间的关系，这种关系没有明文规定，不一定要受正式群体的认可和维护，成为与正式群体并列的非正式关系，其中包括：主从关系、亲疏关系。

一个员工与他的领导、同事、亲属、朋友等存在着各种各样的人际关系。良好的人际关系使人心情舒畅，体验到安全与友谊，有助于身心健康。不良的人际关系，特别是长期持续的不良的人际关系，使人心情苦闷，烦恼，降低机体的抵抗力，容易导致疾病。

1. 来自工作关系中的压力

在工作中，压力来自和其他人的合作。个体与上司、与同事、与客户的关系都会对个体产生压力。员工抱怨老板宠爱心腹、办事机械、不理解下属；抱怨同事不诚实、不合作等；抱怨客户经常提出过分要求，自私并且态度强硬，这些都会导致压力的增加。如果不能很好地解决这些压力，就会导致员工工作效率的降低，人际关系的紧张，影响正常的人际交往。

2. 来自家庭关系的压力

来自家庭的压力主要来源于与配偶、父母和子女之间的冲突。与配偶感情的好坏，收入的变化，对待父母和子女的态度都会对个体产生压力。父母的身体状况、不同的价值观念都会影响到个体的心理，产生不同的压力。与子女的冲突包括不爱学习、看电视、夜不归宿、未来的成长规划都会产生各种各样的压力。

3. 缺少人际支持的压力

人与人之间的支持建立在信任的基础上。人际支持把人们亲密的联系在一起，缺少信任会使人际关系走向破裂，诚实是人际关系牢固的基础。支持和信任是一个积极的支持性环境最主要的因素，不论这些支持是来自上司、同事、配偶、家庭成员还是朋友。当人们感到自己被支持和信任时，心情愉悦，愿意为别人提供支持和帮助，工作效率提高。反之，当个体感觉不到别人的支持和信任时，心理压力增加，工作倦怠感增加。一个积极的支持的环境，可以帮助员工更好地进行人际交往，更好的工作。

4. 对他人负有职责所产生的压力

相对于做事而言，一个人对他人的责任越多，心理压力越大，越有可能患上高血压和高胆固醇。当你管理其他人时，你会感到压力。有的人就是因为承担了新的管理任务、职位升迁等原因导致个体的压力增加，看起来比原来衰老的快。这主要是因为你需要参加更多地会议，需要更多地去控制别人，而缺乏了对自己的控制和管理，导致了心理压力的增加。

（三）组织管理因素方面

我国组织的管理水平虽然在改革开放后有了很大的提高，但是仍然与国外先进水平有着较大的差距，以人为本的管理思想还没有为管理者广泛接受。管理方式存在的一些问题，给员工造成了一定的压力。

1. 不好的领导作风

管理者的领导作风对员工心理有着显著的影响，如果领导作风不当，会给员工造成很大的心理压力。我国"官本位"的思想比较严重，有些管理者的人格、性格特征、行为有问题，如经常小题大做，不尊重员工，不兑现承诺，独裁等，会导致组织中人际关系恶化，给员工造成很大的压力。虽然每个管理者的领导风格可以有所不同，但是在强调以人为本和民主平等的当代社会，这种不尊重员工的领导作风，会严重影响员工的情绪和积极性，进而影响到组织的业绩。

管理者运用权力的方式也会影响到员工的压力。那些认为拥有权力，可以命令他人的管理者常常采取要求、威胁或持续的催促的方式运用权力。这种方式会对员工和组织带来许多负面的影响。例如，一项研究证明，攻击性和固执地对待他人的管理者总是对员工不断的否定，造成很低的绩效评价，并导致自己和员工工作压力和紧张感增加。

2. 不当的强化方式

有的管理者不注意运用积极的激励来督促员工工作，而是采用消极的惩罚方式。虽然惩罚是强化的一种，可以收到一定的管理效果，但是会产生很大的抵触效果和负面情绪的产生。例如员工犯错误遭到责骂，虽然短期内可以督促员工认真工作，但是时间长了会导致员工对工作的紧张感，甚至产生一定的心理障碍，如果采取正面的方式引导员工，反而会收到更好的效果。

3. 员工感觉不公平

感觉不公平是员工压力的一个重要来源。感觉不公平可以是指薪酬待遇、组织对员工的重视程度、工作时间的长短、升迁进修的机会、工作环境的好坏等。感觉不公平会导致员工之间的怨气增加、攀比心理、嫉妒心理，导致人际关系紧张，工作效率下降。感觉不公平可以是个体与别人的比较，也可以是对整个组织决策程序是否公平的感知，对整个组织的信任感的降低。

4. 沟通不力

信息沟通是正式组织的三要素之一，也是管理的一项重要职能。组织中没有效率的沟通会产生一系列的问题，如因为信息不对称产生的冲突与误会，都会给员工造成很大的压力。沟通涉及与管理者的沟通，与同事的沟通，与客户的沟通。我国的文化中强调对领导的服从，这对沟通产生了一定的障碍。过多地工作会导致员工心理压力的增加，不利于员工身心健康和工作绩效。同事之间缺乏沟通，会导致组织的不和谐性，不利于组织的发展。与客户之间缺乏沟通，会严重影响企业的对外形象，影响企业的经济效益。

5. 工作过量、时间紧迫

在固定的时间内，人能够挖掘的心理资源是有限的，因而没有一个人能够在长期的压力之下一直保持工作的最佳水平。紧迫的时间要求和过量的工作负担只能使人疲于奔命，导致低层次的徘徊工作和糟糕的心理健康状况。

【课堂讨论】 小乔是一位年轻的 MBA，自由撰稿人，看起来很温文尔雅的女孩子，但做起事来却雷厉风行。谈起上一份工作的时候，她显得很自然坦诚。她以前是一家企业的总经理秘书，由于对管理理论知识较有研究，所以也经常有机会参加企业的高层管理会议。对于一个 20 出头，刚走出学校门口的女孩子来讲，这已经是一个很不错的工作了，但不到两年的时间，她还是选择了离开。理由是厌倦，甚至觉得自己有心理疾病，"害怕面对重复的工作，害怕面对职场中那永无休止的压力"，这让她怀疑自己的能力，而且怀疑自己的存在。同时，她总不能理解其他人在职场中的行为。所以她选择了离开，并远离了职场。小乔为什么最终选择离开职场？你认为不良的组织管理能给员工造成哪些心理压力？

二、压力产生的后果

压力产生的后果有积极和消极两种，但通常更多的是表现在消极方面。在美国研究人员发现，每年由于与压力有关的疾病所导致的劳动生产率下降的损失高达 600 亿美元。压力的消极作用表现在生理、情绪和行为三个方面。

（一）生理反应

生理上的反应分为应急性的和常期性的。

应急性的反应，是指在突如其来的情境下，个体生理上的一种本能性的反应。生理上的应急反应是由自主神经系统支配的，比如，在应急反应时肝脏迅速释放葡萄糖，以增强全身肌肉活动所需要的能量。

常期性的反应，是指个体由于压力情境的持续，在生理上的一种反应。一般来说，分为三个阶段：一是警觉反应阶段，在此阶段生理上可分为两个时期——震撼期和反击期，即由开始情绪上受到震撼、生理功能的减弱到生理功能的增强；二是抗拒阶段，在这个阶段个体的生理功能大致恢复正常；三是衰竭阶段，由于压力持续，导致个体适应能力丧失，精疲力竭，陷入崩溃状态。

由于压力所导致的躯体疾病有很多：如消化性溃疡，免疫系统疾病等。

（二）情绪反应

压力下引起的心理反应均为负面的情绪反应。短期的压力所引起的负面情绪，会伴随压力的消失而消失，不一定会对人产生不良影响。只有长期的压力下所引起的心理上的负面情绪反应，才会对人的身心健康造成不利影响。由此引起一系列的心理疾病，对正常社会生活和适应能力造成不良的影响。

（三）行为反应

1. 攻击

攻击是指因心理障碍而导致的苦闷、烦躁、激动等情绪产生的歇斯底里、冲动等行为，并且这种行为往往会指向引起心理障碍的外在因素进行宣泄。攻击可分为直接和间接两种行为方式。直接性攻击是对造成心理挫折的因素表示不满、敌意、对抗和反对。另一种是间接的或转移性的攻击，即当某人受到挫折时，能意识到直接地表现出自己的愤怒和不满，不仅会有损于自己在他人心目中的形象，而且对今后进一步去实现自己的预期目标造成不利影响，因而就将内心的不满朝着其他的方面发泄出来，或者指桑骂槐。

2. 忧郁

忧郁是由多方面的不良感受组成的一种心理压抑的情绪。如自卑感、认同危机感、失落感、孤独感、负罪感、自责感、失望感等。这些方面的不良感受往往会使人表现出抑郁寡欢、疾首蹙额等神情，以及产生忧心忡忡、伤感、烦闷和愁苦的心态。

3. 焦虑

焦虑是指人内心的不安、恐惧、困扰和紧张的感受，有时还伴有生理上的不适，如心跳加速、肌肉紧张、呼吸急促、胸闷、淌汗、恶心、不思饮食、注意力不集中、尿频、失眠等现象。

心理压力所引起的这些不良情绪反应说明，如果人们在日常生活中的心理压力过重，又不能及时消除，势必就会对他的正常社会生活和适应能力造成不良的影响。

临床心理学的研究表明，心理压力若长期得不到缓解和消除，那么就会产生多方面的不良后果。首先是对身心健康的影响，如心脏病、冠心病、头晕等，都与心理紧张和心理压力有关；其次，心理压力负担过重所引起的各种不良心态，也会影响到人们的日常生活、工作和学习。

三、应对压力的方法

（一）改变生活方式

1. 确定一个"放松时段"融入到日常生活里，试着养成放松的习惯；

2. 尽可能多做令你感到愉快的事情；

3. 不要让压力累积起来；

4. 做到劳逸结合；

5. 坚持在家里和工作中应有的权利；

6. 避免劳累过度或接受太多的工作任务；

7. 不要躲避令你感到害怕的事情；

8. 要学会记住自己的成绩和进步，并会表扬自己。

（二）学会说"不"

当人们请求你帮他们做事情而给你造成压力时，你通常很难说"不"。考虑一下你是否能够做或者愿意做他们要求你做的事情。如果你不能够或不想做，学会有效地拒绝他人的请求。

（三）说出你的想法

诚实地表达你的意见，这一点很重要，虽然这有可能会惹恼别人或引起争论。如果确信别人的某个请求是不合理的，你就得说出来。当愤怒和挫折无法宣泄时，人就会郁闷、沉默、唠叨、指责或背后诽谤，不能表达自己的意见会导致消极、挑衅的行为，这种行为对健康有害，因为被压抑的挫折或愤怒会对免疫系统造成伤害。

（四）建设性的批评

说出你的感受，解释为什么别人的行为伤害了你，或给你带来了不便，告诉别人你是多么希望他们能够改变。

（五）处理冲突

第一，避免争执。每个人都遇到过与朋友、家人或同事在某个问题上产生冲突的情况。争执会造成压力，但冷静、克制、自信以及据理力争会缓解这种压力。

第二，处理冲突。要谨慎地选择你的语言，要诚实、自信、得体。

第三，保持中性。处理冲突的一个技巧叫"保持中性"，它是把话中的"刺"剔掉，重新组织起话的内容。

（六）自我激励

承认你能从错误中吸取教训，下一次更正。告诉你自己："我已经做得最好，对我来说已经足够好了。""金无足赤，人无完人。""即使我不时地失败，人们仍会喜欢我。""犯错误并不意味着做人的失败。"

（七）学做三件事

第一，学会关门。即学会关紧昨天和明天这两扇门，过好每一个今天，每一个今天过得好，就是一辈子过得好。

第二，学会计算。即学会计算自己的幸福和计算自己做对的事情。计算幸福会使自己越计算越幸福，计算做对的事情会使自己越计算对自己越有信心。

第三，学会放弃。特别推荐汉语中一个非常好的词，这就是"舍得"。记住，是"舍"在先，"得"在后。世界上的事情总是有"舍"才有"得"，或者说是"舍"了一定会"得"，而"一点都不肯舍"或"样样都想得到"必将事与愿违或一事无成。

（八）学说三句话

第一句：算了！即指对于一个无法改变的事实的最好办法就是接受这个事实。

第二句：不要紧！即不管发生什么事情，哪怕是天大的事情，也要对自己说："不要紧"！记住，积极乐观的态度是解决任何问题和战胜任何困难的第一步。

第三句：会过去的！不管雨下得多么大，连续下了多少天也不停，你都要对天会放晴充满信心，因为天不会总是阴的。自然界是这样，生活也是这样。

（九）学会"三乐"和"三不要"

"三乐"：助人为乐、知足常乐、自得其乐。进一步说就是在自己好的时候要多助人为乐，在自己过得一般的时候要知足常乐，而当自己处于逆境中时则要学会自得其乐。

"三不要"：（1）不要拿别人的错误来惩罚自己。现实生活中有许多人一不怕苦，二不怕死，再重的担子也压不垮他，再大的困难也吓不倒他，但是他受不起委屈，冤枉。其实，委屈、冤枉，就是别人犯错误，你没犯错误；而受不起委屈和冤枉就是拿别人的错误来惩罚自己。懂了这个道理，再遇到这种情况，对付它的最好办法就是一笑了之，不把它当一回事。（2）不要拿自己的错误来惩罚别人。当自己受到冤枉或不公正待遇后，也冤枉别人或不公正地对待别人。事实上当你伤害别人时，自己会再次受到伤害。（3）不要拿自己的错误来惩罚自己。何谓好人？我们认为，如果交给他（她）做 10 件事，他（她）能做对 7 件至 8 件，就是好人。显然，这句话潜藏着另外一层含义就是好人也会做错事，好人也会犯错误。所以，好人做错了事，一点都不要紧，犯了再大的错误也不要紧，只要认真地找出原因，认真地吸取教训，改了就好。

四、自我调适

员工的压力来源包括社会、组织、个人等多方面，员工的压力既有生理特点又有心理特点，产生压力后如果不能及时缓解会引发更大的压力，总之，工作压力是一个复杂的现象，压力管理是一项系统工程，除了需要采取综合的、组织性的战略对工作中的压力进行缓解外，员工也要学会一些方法进行自我调节，管理人员也是如此。

（一）自我调适途径

1. 培养良好的人格品质

培养良好的人格品质首先应该正确认识自我，扬长避短，不断完善自己。其次，应该提高对挫折的承受能力，在挫折面前，采取积极应对方式，化被动为主动。一个真正的强者，不在于他取得了多大的成绩，而在于他承受了多少失败。拥有健康积极的人格品质，就算暂时受挫，也不会意志消沉、一蹶不振，总会有成功的一天。

2. 养成科学的生活方式

生活方式对心理健康的影响极为重要。健康的生活方式是指生活有规律，合理膳食，适量运动，戒烟限酒。现代人的工作、生活压力很大，负担很重，为了长期保持工作和生活的效率，必须科学地安排好每天的工作、锻炼、休息，使生活有规律。

3. 积极参加业余活动，发展社会交往

枯燥的工作，会导致员工出现厌倦、烦躁、抑郁及痛苦的情绪，丰富多彩的业余活动不仅丰富了员工的生活，而且为员工的健康发展提供了活动机会。组织管理者应该帮助员工培养个人兴趣，发展业余爱好，发挥潜能，振奋精神，缓解紧张，维护身心健康，提高工作效率。发展社会交往可以不断地丰富和激活人们的内心世界，有利于保持心理健康。

4. 求助心理学家或心理咨询机构，获得心理健康咨询知识

心理学家具备了较雄厚的理论功底和生活实践经验，员工在必要时求助于有丰富经验的心理咨询医生或长期从事心理咨询的专业人员，对于个体的心理问题有很大的帮助。心理咨询是指通过人际关系，运用心理学方法和技巧，帮助来访者自强自立的过程。心理咨询属于心理治疗，通过咨询者与求询者的交谈、指导，针对求询者的各种心理适应和提出的问题，帮助求询者正确地认识到自身心理问题的根本原因，引导求询者更为有效地面对现实，为求询者提供建立新型人际关系的机会，最终恢复健康的心理。

5. 加强自我心理调节

员工应当保持积极向上的乐观情绪，加强自我心理调节，特别是对于刚刚踏入工作岗位的人来说，要脚踏实地，谦虚学习，在工作中遇到困难时，积极开展自我心理调节，克服工作、生活中出现的各种不良情绪和行为。

（二）自我调适方法

1. 分散注意力

分散注意力是一种简单易学的压力调节的方法。当员工承受压力的时候，常常处于焦虑、压抑之中，而调节这种情绪状态除了解决个人实际的压力源、认知重建等方法外，也可以简单地采用分散注意力的方法，把注意力投向他处，从忧虑的思维中解脱出来。这是一种简单有效的消除压力造成的焦虑情绪的方法。

（1）体育运动。这一方法简单明了，就是当你处于焦虑之中时进行身体运动。在专心运动时不太可能去想忧虑的事情，而且体育运动可以给人一种幸福感，还能够帮助消耗肾上腺素———一种可以引起紧张的物质。进行身体运动的方法有许多，如散步、慢跑、打乒乓球等。在身体运动中需要心理上付出努力是最好的，这样对分散注意力更有效。

（2）其他活动。可以采取一些其他的活动方式转移注意力。如下班后可以进行看电视、上网、聚会等自己感兴趣而且轻松的活动。在上班时候可以转换工作内容，如与他人讨论工作等与现在工作不同的内容，都有转移注意力的效果。

（3）想象。可以在工作间隙，进行一些令人放松的想象等心理活动。如可以回忆一次愉快假期旅游，想象令自己愉悦的美丽情景，背诵一段诗歌等。这一心理活动的细节

越详细，越容易达到分心作用。在运用这一技巧的时候，必须先选择好适合自己、适合环境的方法，选择好能吸引注意的情景。

2. 改善睡眠

压力较大的人容易有睡眠障碍，而睡眠不好又导致身心状态不好，容易产生更大的压力，形成恶性循环。睡眠障碍是一种心理问题，可以采用认知行为疗法进行治疗。

(1) 改变对失眠的认知。有的员工对失眠非常担心，而对失眠的担忧会破坏睡眠，使人一直处于一种兴奋状态，放松不下来，不容易入睡。此时应当进行认知重建：以平静放松的心态对待失眠，即使睡不着，那样还会得到一定的休息，以平静的心情接受它，不要认为一定要睡几个小时才可以，其实有时睡少一点也没有关系。

(2) 避免使用安眠药。长期使用安眠药不但没有好处，还会产生副作用。如果你的身体对安眠药产生了药物依赖，不用药物很难入睡，不服用安眠药，通过改变认知行为，就可以远离失眠的困扰。

(3) 缓解日常压力。过度的压力会影响睡眠，所以采取一定措施来缓解压力是很有必要的，另外，不要把白天担忧的事情带到床上来。

(4) 养成良好的习惯。白天可以适当地参加体育活动；睡前不食用刺激性的食物，如巧克力、茶、咖啡等；晚餐避免太饱或太饿；睡觉之前避免太兴奋，不要与别人热烈讨论问题或思考问题；尽量做一些轻松的活动。

(5) 身心放松。上床睡觉前使自己的身心放松有利于睡眠，一些非常容易实现的方法就可以达到放松，如散步、洗一个热水澡、听一听音乐等。

(6) 转移注意力。如果躺下后睡不着，可以起床做一些其他的事情，直到有了睡意。如看看电视、报纸、书等，所做的事情应当比较简单而不要激烈。

以上这些都是解决睡眠障碍的有效办法，大家可以尝试一下，从而有利于缓解生活中的压力。

3. 实用放松法

我们所感受的工作压力是一种心理反应，也是一种生理反应，在有压力的时候，会感到紧张，控制身体紧张的最有效的方法是学习在紧张反应时如何进行放松。这种方法我们称之为实用放松法，具体的放松训练应当经过以下几个步骤，必须在完全掌握前一步骤后才能进入下一步骤：

(1) 渐进性肌肉放松法。这是由美国生理学家捷克渤逊创立的，后来经逐步完善，广为应用，它通过全身主要肌肉收缩、放松的反复交替训练，使人体会到紧张和放松的不同感觉，从而更好地认识紧张反应，并对此进行放松，最后达到身心放松的目的。其最基本的动作是：紧张你的肌肉，注意这种紧张的感觉。保持这种紧张感 3 秒钟至 5 秒钟，然后放松 10 秒钟至 15 秒钟。最后体验放松时肌肉的感觉。

(2) 简化的渐进性肌肉放松法。在完成渐进性肌肉放松法的训练后，可以简化"紧张肌肉"的程序，也可以仅对不同部位的肌肉群进行系统的放松。若能够成功达到放松，可选择不同的时间和地点进行练习。这样可以在更广泛的环境中学会放松，用于真正需要的时候。

(3) 简单放松法。简单放松法更为简短，通过练习能够轻松达到放松状态。练习这一放松方法时，首先应该找到一个让人心情平静和放松的目标——诱导物，用于训练过程。常用的诱导物有让人放松的声音或语句、优美的特殊东西、或让人平静的情景。然后采取舒服的姿势，自然放松地呼吸，来想象这些能让人放松的诱导物。

（4）暗示性放松。用前面的三种方法都能够放松后，可以开始全天任何时候使用自己掌握的放松方法，而不必设定专门的"放松时间"。通过这样一个过程，可以发展一种随意放松的能力，我们把进行这种放松方法称之为暗示性放松。其要点是：垂下双肩，放松全身肌肉，注意呼吸，放松。

（5）放松法的应用。放松训练的最后一步是当你需要放松的时候，运用到实践中去。经过一段时间的反复训练，放松练习已成为日常生活的一部分。此时，可以随心所欲地达到放松。

实用放松法是一种简单有效的缓解压力的方法，员工经过放松的训练，可以有效地消除身体的紧张，从而有利于心理的放松，缓解压力。

4. 推行健身计划

健身计划是组织发起的活动，目的是促进良好的健康习惯和纠正健康问题。在生活中存在着相当广泛的不利于健康的行为，这些行为有吸烟、过量饮酒、过量饮食、缺乏锻炼等，它们会影响压力的水平。又如缺乏锻炼、久坐的生活方式被认为是一个致病因素，它明显加大了员工的压力及相关问题，也加大了使人患上心脑血管疾病的风险。而体育锻炼能够改善身体对于压力的反应，更好地应对压力。另外，营养可以改善心情和神经反应，锻炼有助于减轻压力，它可以提供自然的愉悦和分散注意力。

任务诊断 回顾你走过的人生历程，你遇到过哪些压力？你曾用过哪些方法来调适自我？

知识小结

组织心理就是研究个体、群体与组织的关系，探讨什么样的社会心理环境，有利于激发个体动机，达到组织目标。也就是研究如何安排有利的组织环境，适应个体心理需要，使组织与个体的利益维持平衡。组织工作的重点是组织结构的设计和变革、组织关系的明确与协调；建立分工合理、协作关系明确的组织结构体系是贯彻落实计划工作的基础；进行合理的权力配置的目的在于有效聚集各组织成员的力量，以实现共同目标。以目标为中心、职责分明、以人为本、经济高效是做好组织工作的基本原则。组织变革是由多种因素相互作用的综合结果。这是任何组织都不可回避的问题，而能否抓住时机顺利推进组织变革则成为衡量管理工作有效性的重要标志。

这里我们特别强调，组织文化是组织生存和发展的灵魂的精神支柱。优秀的组织文化必须体现到行动上，建设组织文化要克服国民文化中的消极因素。

知识巩固

一、单项选择

1. 以下有关管理幅度描述正确的一项是（　　）。

A. 直接而有效地指挥和管理下级部门的数量

B. 直接而有效地指挥和管理下属的数量

C. 指挥和管理的全部下属的数量

D. 职责与权力的范围

2. 下列组织结构中分权程度最高的是（　　　　）。

A. 直线制　　　　B. 职能制　　　　C. 直线职能制　　　　D. 事业部制

3. 勒温认为组织变革的过程包括三个阶段：解冻、变革和（　　　　）。

A. 再冻结　　　　B. 激励　　　　C. 管理　　　　D. 目标

4. 下面哪种情况下适合采用矩阵型组织结构。（　　　）

A. 现场的作业管理

B. 规模较大、决策时需要考虑的因素较多的组织

C. 跨国公司

D. 以上都不是

5. 组织的（　　　　）是一种意识形态上的深层组织文化，也是组织文化的核心和主体。

A. 物质文化　　　　　　　　　　　B. 精神文化

C. 制度文化　　　　　　　　　　　D. 以上 A，B，C 三条都不是

6. 下列不属于压力来源的是（　　　　）。

A. 个人　　　　B. 人际关系　　　　C. 组织管理　　　　D. 以上都对

7. 人们发现，对一些历史悠久的组织进行变革所遇到的阻力比在历史不长的组织中遇到的大得多，其程度有时甚至超乎人们的想象。你认为最根本的原因是（　　　　）。

A. 历史悠久的组织往往规模比较大，因而问题多，情况复杂，不太容易进行变革

B. 习惯势力的作用

C. 历史悠久的公司的社会影响较大，所以一般不敢轻举妄动

D. 以上 A，B，C 三条都是

8. "听着！如果不是我们把产品生产出来，咱们这组织就什么都没有。"生产部经理说道。"你错了！"产品开发部经理打断他，"如果我们不开发出产品，那才是什么也没有！"销售部经理立即嚷道："开发也好，生产也好，没有我们把产品卖出去，咱们这组织也就该关门了！"财务经理最后气愤地说道："你们都有理，可是如果不是我们记好账，管好钱，咱组织这点儿家底早就没了。"这是职能型结构的弊病的典型表现。职能型结构的优点是（　　　　）。

A. 有利于培养管理者　　　　　　　B. 结构简单，上下级关系清楚

C. 专业划分工有利于发挥专家的作用　D. 决策迅速

9. 下列不属于减少组织变革阻力的方法的是（　　　　）。

A. 教育与沟通　　　　B. 参与　　　　C. 利用群体动力　　　　D. 强制

10. 确定合理的管理幅度是组织设计的一项重要内容，下列说法正确的是（　　　　）。

A. 管理幅度越窄，越易控制，管理人员的费用也越低

B. 管理幅度越宽，组织层次越少，但管理人员的费用会大幅度上升

C. 管理幅度的确定并不是对任何组织都普遍重要的问题

D. 不同的管理者能力、下属素质、工作性质等因素将决定管理幅度

二、简答题

1. 什么是组织？组织对个人和社会的重要性？
2. 组织的构成要素有哪些？
3. 组织结构的主要类型有哪些？优缺点各是什么？适用于哪些组织？
4. 怎样理解变革？变革的阻力来自哪里？
5. 组织文化的功能有哪些？他对组织变革有哪些影响？

案例分析

案例 1：巴恩斯医院

10 月的某一天，产科护士长黛安娜给巴恩斯医院的院长戴维斯博士打来电话，要求立即做出一项新的人事安排。从黛安娜的急切声音中，院长感觉到一定发生了什么事，因此要她立即到办公室来。5 分钟后，黛安娜递给了院长一封辞职信。

"戴维斯博士，我再也干不下去了，"她开始申述："我在产科当护士长已经四个月了，我简直干不下去了。我怎么能干得了这工作呢？我有两个上司，每个人都有不同的要求，都要求优先处理。要知道，我只是一个凡人。我已经尽最大的努力适应这种工作，但看来这是不可能的。让我来举个例子吧。请相信我，这是一件平平常常的事。像这样的事情，每天都在发生。昨天早上 7：45，我来到办公室就发现桌上留了张纸条，是杰克逊（医院的主任护士）给我的。她告诉我，她上午 10 点钟需要一份床位利用情况报告，供她下午在向董事会作汇报时用。我知道，这样一份报告至少要花一个半小时才能写出来。30 分钟以后，乔伊斯（黛安娜的直接主管，基层护士监督员）走进来质问我为什么我的两位护士不在班上。我告诉她雷诺兹医生（外科主任）从我这要走了她们两位，说是急诊外科手术正缺人手，需要借用一下。我告诉她，我也反对过，但雷诺兹坚持说只能这么办。你猜，乔伊斯说什么？她叫我立即让这两位护士回到产科部。她还说，一个小时以后，她会回来检查我是否把这件事办好了！我跟你说，这样的事情每天都发生好几次的。一家医院就只能这样运作吗？"

阅读以上资料，回答以下问题：

1. 这家医院的组织结构是怎样的？
2. 你认为有人越权行事了吗？为什么？
3. 在这个案例中，你发现了什么问题？请提出解决的措施。

案例 2：美国西南航空公司的文化

美国西南航空公司，创建于 1971 年，当时只有少量顾客、几架飞机和一小群焦急不安的员工，现在已成为美国第六大航空公司，拥有 1.8 万名员工，服务范围已横跨美国 22 个州的 45 个大城市。

1. 总裁用爱心管理公司

现任公司总裁和董事长的赫伯·凯勒，是一位传奇式的创办人，他用爱心（LUV）建立了这家公司。LUV 说明了公司总部设在达拉斯的友爱机场，LUV 也是他们在纽约上市股票的标志，又是西南航空公司的精神。这种精神从公司总部一直感染到公司的门卫、地勤人员。

当踏进西南航空公司总部大门时，你就会感受到一种特殊的气氛。一个巨大的、敞顶的三层楼高的门厅内，展示着公司历史上值得纪念的事件。当你穿越欢迎区域，进入把办公室分列两侧的长走廊时，你就会沉浸在公司为员工举行庆祝活动的气氛中——令人激动地布置着有数百幅配有镜架的图案，镶嵌着成千上万张员工的照片，内容有公司主办的晚会和集体活动、垒球队、社区节目以及万圣节、复活节。早期员工们的一些艺术品，连墙面到油画也巧妙地穿插在无数图案中。

2. 公司处处是欢乐和奖品

你到处可以看到奖品。饰板上用签条标明心中的英雄奖、基蒂霍克奖、精神胜利奖、总统奖和幽默奖（这张奖状当然是倒挂着的），并骄傲地写上了受奖人的名字。你甚至还可以看到"当月顾客奖"。

当员工们轻松地迈步穿越大厅过道，前往自己的工作岗位时，到处洋溢着微笑和欢乐，谈论着"好得不能再好的服务"、"男女英雄"和"爱心"等。公司制定的"三句话训示"挂满了整个建筑物，最后一行写着：总之，员工们在公司内部将得到同样的关心、尊敬和爱护，也正是公司盼望他们能和外面的每一顾客共同分享。好讲挖苦话的人也许会想：是不是走进了好莱坞摄影棚里？不！不！这是西南航空公司。

这里有西南航空公司保持热火朝天的爱心精神的具体事例：在总部办公室内，每月做一次空气过滤，饮用水不断循环流动，纯净得和瓶装水一样。节日比赛丰富多彩。情人节那天有最高级的服装，复活节有装饰考究的节日彩蛋，还有女帽竞赛，当然还有万圣节竞赛。每年一度规模盛大的万圣节到来时，他们把总部大楼全部开放，让员工们的家属及附近小学生们都参加"恶作剧或给点心"游戏。

公司专为后勤人员设立"心中的英雄"奖，其获得者可以把本部门的名称油漆在指定的飞机上作为荣誉，为期一年。

3. 透明式的管理

如果你要见总裁，只要他在办公室，你可以直接进去，不用通报，也没有人会对你说："不，你不能见他。"

每年举行两次"新员工午餐会"，领导们和新员工直接见面，保持公开联系。领导向新员工们提些问题，例如："你认为公司应该为你做的事情都做到了吗？""我们怎样做才能做得更好些？""我们怎样才能把西南航空公司办得更好些？"员工们的每项建议，在30天内必能得到答复。一些关键的数据，包括每月载客人数、公司季度财务报表等员工们都能知道。

"一线座谈会"是一个全日性的会议，专为那些在公司里已工作了十年以上的员工而设的。会上副总裁们对自己管辖的部门先作概括介绍，然后公开讨论。题目有："你对西南航空公司感到怎样？""我们应该怎样使你不断前进并保持动力和热情？""我能回答你一些什么问题？"

4. 领导是朋友又是亲人

当你看到一张赫伯和员工们一起拍的照片时，他从不站在主要地方，总是在群众当中。赫伯要每个员工知道他不过是众员工之一，是组织合伙人之一。

上层经理们每季度必须有一天参加第一线实际工作，担任订票员、售票员或行李搬运工等。"行走一英里计划"安排员工们每年一天去其他营业区工作，以了解不同营业区的情况。旅游鼓励了所有员工参加这项活动。

为让员工们对学习公司财务情况更感兴趣，西南航空公司每 12 周给每位员工寄去一份"测验卡"，其中有一系列财务上的问题。答案可在同一周的员工手册上找到。凡填写测验卡并寄回全部答案的员工都登记在册，有可能得到免费旅游。

这种爱心精神在西南航空公司内部闪闪发光，正是依靠这种爱心精神，当整个行业在赤字中跋涉时，他们连续 22 年创造利润，创造了全行业个人生产率的最高纪录。1999年有 16 万人前来申请工作，人员调动率低得令人难以置信，连续三年获得国家运输部的"三皇冠"奖，表彰他们在航行准时、处理行李无误和客户意见最少三方面取得的最佳成绩。

阅读以上资料，回答以下问题：

1. 西南航空公司的组织文化是什么？

2. 赫伯在创建西南航空公司的组织文化中起到了什么作用？

实训设计

1. 模拟组建组织

(1) 学生自愿分组确定组织成员，每五人至十人组建一个模拟公司；

(2) 设定本公司的名称和办公地点，初步确定经营范围；

(3) 选举产生总经理；

(4) 确定本公司的组织结构模式和领导体制；

(5) 由总经理任命本公司各成员的职位，并确定分工。

每组选派代表进行模拟公司陈述，包括上述各项内容，根据各要项确定的合理性及其分析选出优胜组。

2. 选择一个你曾经工作的组织，画出它的组织结构图并用本章的术语来描绘它。你喜欢在那里工作吗？为什么？

项目7

心理健康与管理

1. 了解健康的内涵和判断标准；
2. 了解构建健康组织管理系统的方法；
3. 了解 SCL－90 健康自我诊断量表。

1. 能够结合实际合理使用沟通的技巧，具备基本的沟通能力；
2. 应用 SCL－90 量表进行自我诊断，并能进行一定的自我调节。

　　尊敬的读者： 21 世纪，经济、科技飞速发展，生活和工作的节奏越来越快。在激烈的竞争和过重的压力面前，公司高管和企业员工都面临着内外压力的困扰，无形之中造成了如缺勤率、离职率、事故率高以及体力衰竭、精神忧愤、效率缺失、组织效力低下、抑郁症和自杀等系列心理的和病理的后果。我们常说，心灵是人的窗口，保持人心灵的健康，也就是保证了一个面对世界的窗口，保证了一个人的目标和方向。成功的企业领导者必须学会发现员工身心问题，缓解员工工作压力，调适员工情绪，构建以人为本的心理健康管理系统，把维护员工身心健康作为企业成功的重要方面，只有这样，企业才能在激烈的竞争中处于不败之地。

任务一　心理健康判断

任务情境　一个牧羊人为了扩张自己的事业，决定培养一只狼作为帮手。于是，他每天训练狼如何捕捉小羊。他希望通过狼把邻近羊群中的小羊据为己有。这只狼事先并没有经过野生训练，是人工抚养大的，所以胆子很小。为了鼓励它，牧羊人说："你是一只狼呀，既然如此，那么你要相信自己能够变成一只最杰出的狼！"这只狼果然变得很杰出，因为它把主人的羊也捕捉到了自己的肚子里。最后，一位猎人出于义愤击杀了这只狼，而牧羊人也从此沦为穷光蛋。

问题：你从这个故事中得到的启示是什么？

任务分析　国内外的研究表明，心理疾病是威胁个人生命健康的大敌，是破坏企业组织效率的大敌。如果员工心理健康存在问题，就会导致员工工作积极性和工作热情的下降，工作绩效和工作满意度的降低，还会引起企业间人际关系的紧张，导致离职现象。企业管理层的心理问题更可能导致决策失误而引起严重的经济损失，特殊行业员工的心理问题甚至还可能给社会和环境造成灾难，从而给企业带来严重的形象损失和经济责任。

本任务主要回答健康的内涵与判断标准、心理健康的内涵与判断标准和我国企业人员的心理健康状况等等问题。

在上述任务中，如果企业员工的个人目标只是为了自己的贪婪，那么他将对同事和企业构成潜在的危害。在不健康的心理的驱使下，很可能会不计后果地胡作非为。事实上，很多企业在人力资源的开发和管理中，常常犯牧羊人的毛病。

知识精讲

一、健康的内涵与判断标准

1948 年世界卫生组织在其宪章中对健康所下的定义是："健康不仅是免于疾病和衰弱，而且是保持体格方面、精神方面和社会方面的完美状态。"1990 年世界卫生组织对健康又做出了最新定义："一个人在躯体健康、心理健康、社会适应良好和道德健康四个方面皆健全才算健康。"可见，健康不仅仅是指躯体健康，还包括心理、社会适应、道德品质相互依存、相互促进、有机结合。当人体在这几个方面同时健全，才算得上真正的健康。

判断健康的标准有：

1. 充沛的精力，能从容不迫的担负日常生活和繁重的工作而不感到过分紧张和疲劳；

2. 处世乐观，态度积极，乐于承担责任，事无大小，不挑剔；

3. 善于休息，睡眠好；

4. 应变能力强，适应外界环境中的各种变化。能够抵御一般感冒和传染病；

5. 体重适当，身体匀称，站立时头、肩位置协调；

6. 眼睛明亮，反应敏捷，眼睑不发炎；

7. 牙齿清洁，无龋齿，不疼痛，牙颜色正常，无出血现象；

8. 头发有光泽，无头屑；

9. 肌肉丰满，皮肤有弹性。

二、心理健康的内涵与判断标准

（一）心理健康的内涵

心理健康是指个体不仅没有心理疾病或心理变态，而且在身体上、心理上以及社会行为上均能保持最佳的状态。

心理健康包含有生理、心理和社会行为三方面的含义：第一，心理健康的人，其身体状况应是没有疾病的，身体功能在正常范围之内，没有不健康的体质遗传。第二，具有健康心理的人对自己持肯定的态度，乐于接受自己，同时对他人和外界抱着开放的心态。第三，心理健康的人，能积极地适应社会环境，妥善处理社会环境，妥善处理人际关系。

心理健康是一个连续的、流动的概念。心理健康不是非此即彼的概念，而是一个连续体。神经症和心理健康是这个连续体的两端，两者之间实质上是由量的变化到质的变化。心理是否健康也不是停滞不变的，而是一种流动的状态。在一段时期，一个人的心理可能处于健康的状态；而在另一段时期，心理健康水平可能下降。

（二）判断心理健康的标准

许多心理学家对怎样判断心理是否健康持有不同的看法，下面是判断心理状况是否健康的几条基本依据，即心理健康的标准。

1. 积极的自我观念

具有积极自我观念的人，能够客观的看待自己的长处与短处，既不会因为自己的缺点而自卑，也不会因为自己的优点而自大，正确的认识自己的优点和缺点。不过分夸奖自己，也不责备自己，能接受别人，感觉别人也能接受自己。自己估计的我和别人眼中的我差异不大，对自己有适当的评价。

2. 正确面对现实，吸取经验，走向未来

心理健康的人能够正确面对现实，对现实有正确的判断能力，与现实保持良好的接触，对于现实中遇到的困难与挫折，能用积极的心态去应对。企业员工每天都在面对各种各样的压力，在现实中，他们脚踏实地、勤奋刻苦；针对将来，能够积极的学习，不断完善自己，经过努力达成自己的目标。

3. 热爱生活，乐于学习和工作

乐于学习和工作，是心理健康的又一个特征。心理健康的人能热爱生活，珍惜生命，积极投身生活中，享受生活的乐趣；对于生活中遇到的困难，能够积极应对，不会视生活为负担。心理健康的员工，乐于学习和工作，能够积极学习，认真工作，在学习和工作中施展才能，并从学习和工作中获得激励和乐趣，并提高自我的价值感，使心理状态更加健康。

4. 有良好的人际关系

心理健康的人，乐于与人交往，有良好的人际关系。他们既能接受自己，也能接受他人，认识到别人的重要性，人际关系融洽。在人际交往中，赞美、信任、尊重等正面态度多于仇恨、嫉妒、厌恶等负面态度，他们与自己的朋友、亲人、父母、同事、上司等和睦相处，能被自己的团体所接受。

5. 能真实地感受自己的情绪，能恰当地调控自己的情绪

心理健康的人能体验到各种情绪：喜、怒、哀、惧、美感、理智感、愧疚感、羞耻感等等。他们能恰当地调控自己的情绪，其心情以积极情绪状态为主，虽然也会有消极的情绪状态，但不是长期占主导地位。他们对情绪的表达是适度的，控制是恰如其分的，不会太过或不及。国外学者雷曼认为情绪健康的人具有下列特点：情绪安定，没有不必要的紧张感与莫须有的不安感；能够把气馁心转向到具有创造性与建设性的方面；对别人的情绪容易产生同感；具有喜欢别人与被别人喜欢的能力；能表现出与发育阶段相适应的情绪；能建设性地处理问题，也能适应变化；具有自信、善于与别人交往；既能自己满足，也能接受帮助，两者保持平衡；为了将来，现在的需要得不到满足能忍受；善于生活。

6. 智力正常，智商在 80 以上

智力是人认识事物和实际行动所达到的水平。它主要包括观察力、记忆力、思维力、想象力和实践活动能力等。智力正常是人进行学习、生活、工作的最基本的心理基础。智力正常是心理健康的基本特征，是与周围环境取得生态平衡最重要的心理保障。在人群中，大多数人都具有正常的一般智力发展水平。智力超常与智力落后的只是少数，智力超常与智力一般是心理健康的表现，而智力落后则是心理不健康的表现，属于心理疾病。一般常用智力测验来诊断智力发展的水平。智商低于 70 者为智力落后，智商在 80 以上是心理健康的标准。

7. 行为协调

行为是有机体在环境刺激下所产生的内在心理和生理变化的外在反应。人的行为受人的心理活动的支配。心理健康的人，他的思想行为是一致的、协调的、统一的。他做起事来，有条不紊，按部就班。心理不健康的人，行为是矛盾的，分裂的，做起事来是有头无尾的。个人适度的行为，首先是一个人的行为内容要符合社会规范、不异常，并以积极的态度正确对待社会生活的准则；其次，个人的行为反映诸如喜怒哀乐，言谈举止皆在情理之中。诸如一个人听到家中不幸的消息，毫无悲痛，而被蚊子咬了，则大喊大叫，这些都是心理病态。

8. 社会准则

以社会准则作为衡量心理健康状况的标准，是看一个人的行为是否偏离社会公认的

行为规范。行为在社会公认的行为规范内，则认为心理是健康的。如果一个人心理异常，势必在行为上偏离大多数人的行为规范，例如旷工、打架、自杀等等。由于社会规范并非总是明确一致的，因而在具体问题上，经常是以大多数人的行为作为心理是否健康的标准。然而"大多数人的行为"并非总是代表着健康的行为。有心理障碍者必然偏离社会规范，偏离社会规范者却未必都有心理问题。

9. 主观感受

依据被评价者的主观感受来判断他的心理健康状况。如果他对生活感到满意、幸福，感到快乐多于痛苦，则可以判断其心理状况健康；相反，则认为是不健康的。这条标准只能作为一种辅助的标准使用，不能作为一个单独标准使用。因为，真正能感受心理痛苦的人，即使有心理障碍，也多属轻微障碍。例如，神经症患者的痛苦体验可能是所有精神障碍病人中最强烈的，而一些严重精神病患者反而没有感觉到痛苦，甚至充满愉快感。

【课堂讨论】 依据心理健康的标准，请判断自己的心理健康状况如何？

三、我国企业员工健康现状

有调查显示，目前有 40.2% 的中国（尤其是大城市）员工感到压力过大，70.4% 的企业经营者感到压力很大、烦躁易怒、疲惫不堪、心情沮丧、疑虑重重、挫折感强和悲观失望等情绪症状。与此同时，一些与工作压力大有关的慢性疾病在企业经营者中具有较高的发病率，与 2004 年相比，几种常见慢性病如高血压、高血脂、慢性胃炎等的患病比重都呈上升趋势。

（一）从企业体制分析

1. 国有企业

我国是以国有经济为主体，多种经济形式并存的经济结构。改革开放以后，我国由计划经济转向市场经济，一时间员工难以适应改革带来的新的价值观念，抱怨社会分配不公，缺失安全感，引起烦躁易怒、疲惫不堪、心情沮丧、疑虑重重、挫折感强、悲观失望等负性情绪。

2. 民营企业

民营企业是 1980 年改革开放以后发展起来的，相对于国企来说，民营企业员工心理健康状况较好一点，但是仍然存在一些不健康的心理现象或不良情绪，如焦虑、紧张、冲动、抱怨等等。

3. 外资企业

据"外企人职业生活调查"结果表明，77.3% 的外企员工每周工作时间超过 40 小时，79.4% 的人认为在外企工作压力太大。据"外企职业生活质量调查数据"显示 96.8% 的外企员工看重薪酬；92.6% 的被调查者基本满意现有薪酬。因此尽管在高强度、高压力下工作，但是因为高报酬满足了他们的心理需要，所以健康状况较好。

（二）从员工性别分析

女性存在健康问题的比例高于男性。从 50 年代起，社会号召女性走出家庭，走向社会，使得传统的角色与工作岗位发生冲突。但是传统的性别观念又导致了社会对女性就业的偏差，特别是女性在求职、就业中的不利地位，在生育、养育、更年期等阶段的负面宣传，都导致了女性健康问题的产生。

（三）从管理层次分析

1. 企业管理人员是心理不健康的高危人群

据 2010 年《中国企业家健康指数白皮书》报告显示：七成以上中国企业家存心理亚健康隐疾，狂妄、自大、多疑是知名企业家再发展的三大阻力，焦虑、狂妄、患得患失、沉重、隐忍、多疑等复杂心理隐患交织在一起，形成企业家心理健康的主要问题。这些心理疾患，最终诱发心血管等脏器疾病，成为"压死骆驼的最后一根稻草"。高层管理者不仅需要对一个组织进行决策，还需要处理日常的工作，面临很大的压力和责任。这些都导致了越来越多的管理者感到工作繁忙、压力过重，心理负担增加，缺乏安全感，对工作产生厌倦等现象，并且引发了一系列的慢性疾病，如慢性胃炎、高血脂、神经衰弱等症状，严重影响管理人员的身心健康。

2. 普通员工的健康问题最为严重

企业中不同层次员工的健康状况，普通员工的健康问题最为严重。据《2010 员工心理健康关注调查报告》显示：企业员工的心理健康问题越来越突出。在受访的近 2000 份样本中，有 11.1% 的员工表示自己的工作压力极大，40.2% 的员工表示自己的工作压力很大，32.4% 的员工表示工作压力一般，认为自己的工作有一点压力以及没有压力的员工之和才只占到了样本量的 16.3%。普通员工一般都是从事低技能的工作，长时间高度集中精力干一件事情，很容易疲劳；而且生产中的安全问题也让他们过度地担心、紧张，以及不断变化的考核标准等，给他们的心理和生理上造成了不同程度的影响。在心理上表现最多的是厌倦、易怒、难以放松、焦虑、忧郁和情绪低落；生理上也伴随出现肩膀痛、背痛、颈部疼痛以及疲惫感以及肠胃不适等症状。

（四）从管理模式分析

在现代企业管理中，更多的是采取任务管理模式，对员工的情感关注不够，使员工的情感需要得不到应有的满足，导致员工工作积极性不高、工作压力很大、缺勤率高、离职率高、事故率高、人际关系紧张等。随着对员工健康与组织效益之间关系的重视，越来越多的组织开始采用人本管理模式，采取内部心理咨询师、外部专业机构协助和心理培训等方式帮助员工缓解工作压力、改善工作情绪、提高工作积极性、增强员工自信心、有效处理同事/客户关系、迅速适应新的环境、克服不良嗜好等，并且使组织在节省招聘费用、节省培训开支、减少错误解聘、提高组织的公众形象、改善组织气氛、提高员工士气、改进生产管理等方面获得很大收益。一项研究表明，企业为员工提供心理帮助计划（EAP）投入 1 美元，可节省运营成本 5 美元至 16 美元。

（五）工作时间是衡量健康的标准之一

《中国企业家》杂志针对中国企业家阶层"工作、健康及快乐调查"的结果显示：目前有高达 90.6％的企业家处于不同程度的"过劳"状态，每周工作 65 小时，其中高达 92.3％的企业家存在不同程度的健康问题。经理人职业枯竭调查报告称，其中有 43.75％的经理人每天工作 10 小时至 12 小时，其中 25.67％持续感到精力不济、极易疲乏，对疾病抵抗力下降，长时间的工作会引起生理、心理和行为的系列反应。生理方面，身体疲乏虚弱，注意力无法集中，伴有失眠、头痛、背痛、肠胃不适等症状；心理方面，情绪衰竭，工作丧失热情，容易悲观沮丧、自我成就感降低；行为方面，冷漠多疑，人际关系恶化、出现攻击他人的行为或自残行为。

任务诊断　依据心理健康的标准，对自己的心理健康状况作出判断。

任务二　心理健康测试

指导语：SCL－90 广泛应用于我国的心理咨询中，它是目前我国使用最广的一种检查心理健康的量表。它具有内容多、反映症状丰富、能准确刻画来访者自觉症状等优点。SCL－90 共有 90 个评定项目。它的每一个项目均采用 5 级评分制（从 1—5 级），1＝没有，2＝很轻，3＝中度，4＝偏重，5＝严重。请仔细阅读每一条，然后根据最近一星期以内，下列问题影响你自己或使你感到苦恼的程度进行选择。

①没有：自觉无该项症状（问题）；

②很轻：自觉有该项问题，但对自己并无实际影响，或影响轻微；

③中度：自觉有该项症状，对自己有一定影响；

④偏重：自觉常有该项症状，对自己有相当程度的影响；

⑤严重：自觉该症状的频度和程度都十分严重，对自己的影响严重。

这里所指的"影响"，包括症状所致的痛苦和烦恼，也包括症状所造成的心理社会功能损害。"轻"、"中"、"重"的具体定义，由自评者自己去体会，不做硬性规定。

1. 头痛；
2. 神经过敏，心中不踏实；
3. 头脑有不必要的想法或字句盘旋；
4. 头昏或昏倒；
5. 对异性兴趣减退；
6. 对旁人责备求全；
7. 感到别人能控制你的思想；
8. 责怪别人制造麻烦；
9. 忘性大；
10. 担心自己衣饰及仪态引起周围人议论；
11. 容易烦恼和激动；
12. 胸痛；
13. 害怕空旷的场所或街道；
14. 感到自己精力下降，活动减慢；
15. 想结束自己的生命；
16. 听到旁人听不到的声音；
17. 发抖；
18. 胃口不好；
19. 容易哭泣；

20. 感到大多数人都不可信任；
21. 感到受骗，中了圈套或有人想抓住你；
22. 同异性相处时感到羞愧不自在；
23. 无缘无故地感到害怕；
24. 自己不能控制地大发脾气；
25. 怕单独出门；
26. 经常责怪自己；
27. 腰痛；
28. 想到难以完成任务；
29. 感到孤独；
30. 感到苦闷；
31. 过分担忧；
32. 对事物不感兴趣；
33. 感到害怕；
34. 感情容易受到伤害；
35. 旁人能知道你的私下想法；
36. 感到别人不理解你，不同情你；
37. 感到别人对你不友好，不喜欢你；
38. 做事必须很慢以保证做得正确；
39. 心跳得厉害；
40. 恶心或胃不舒服；
41. 感到比不上他人；
42. 肌肉酸痛；
43. 感到有人在监视你，谈论你；
44. 难以入眠；
45. 做事必须反复检查；
46. 难以作出决定；
47. 怕乘电车，公共汽车，地铁或火车；
48. 呼吸有困难；
49. 一阵阵发冷或发热；
50. 因为感到害怕而避开某些东西，场合或活动；
51. 脑子变空了；
52. 身体发麻或刺痛；
53. 喉咙有梗塞感；
54. 感到前途没有希望；
55. 不能集中注意；
56. 感到身体某一部分软弱无力；

57. 感到紧张或容易紧张；
58. 感到手脚发重；
59. 想到死亡的事；
60. 吃得太多；
61. 当别人看着你或谈论你时感到不适；
62. 有一些不属于自己的想法；
63. 有想打人或伤害他人的冲动；
64. 醒得太早；
65. 必须反复洗手、点数目或触摸某些东西；
66. 睡得不稳不深；
67. 有想摔坏或破坏东西的冲动；
68. 有一些别人没有的想法或念头；
69. 感到对别人神经过敏；
70. 在商店或电影院等人多的地方感到不自在；
71. 感到做任何事都很困难；
72. 一阵阵的恐惧或惊恐；
73. 感到在公共场合吃东西很不舒服；
74. 经常与人争论；
75. 单独一人时神经很紧张；
76. 别人对你的成绩没有作出恰当的评价；
77. 即使和别人在一起也感到孤单；
78. 感到坐立不安，心神不定；
79. 感到自己没有什么价值；
80. 感到熟悉的东西变成陌生或不像是真的；
81. 大叫或摔东西；
82. 害怕会在公共场合昏倒；
83. 感到别人想占你便宜；
84. 为一些有关"性"的想法而很苦恼；
85. 你因为自己的过错而受到惩罚；
86. 感到要赶快把事情做完；
87. 感到自己身体有严重问题；
88. 从未感到和其他人很亲近；
89. 感到自己有罪；
90. 感到自己脑子有毛病。

分析统计指标：

1. 总分

（1）总分：90个项目所得分之和；

（2）总均分：总分÷90；

（3）阳性项目数：单项分≥2的项目数；

（4）阴性项目数：单项分＝1的项目数；

（5）阳性症状均分：（总分－阴性项目数）÷阳性项目数。

2. 因子分

SCL－90包括10个因子，每一个因子反映出病人的某一方面症状痛苦情况，通过因子分可了解症状分布特点。

因子分＝组成某一因子的各项目总分÷组成某一因子的项目数

9个因子含义及所包含项目为：

（1）躯体化：包括1、4、12、27、40、42、48、49、52、53、56和58共12项。该因子主要反映身体不适感，包括心血管、胃肠道、呼吸和其他系统的主诉不适，和头痛、背痛、肌肉酸痛，以及焦虑的其他躯体表现；

（2）强迫症状：包括了3、9、10、28、38、45、46、51、55和65共10项。主要指那些明知没有必要，但又无法摆脱的无意义的思想、冲动和行为，还有一些比较一般的认知障碍的行为征象也在这一因子中反映；

（3）人际关系敏感：包括6、21、34、36、37、41、61、69和73共9项。主要指某些个人不自在与自卑感，特别是与其他人相比较时更加突出。在人际交往中的自卑感，心神不安，明显不自在，以及人际交流中的自我意识，消极的期待亦是这方面症状的典型原因；

（4）抑郁：包括5、14、15、20、22、26、29、30、31、32、54、71和79共13项。苦闷的情感与心境为代表性症状，还以生活兴趣的减退，动力缺乏，活力丧失等为特征，反映失望，悲观以及与抑郁相联系的认知和躯体方面的感受，另外，还包括有关死亡的思想和自杀观念；

（5）焦虑：包括2、17、23、33、39、57、72、78、80和86共10项。一般指那些烦躁，坐立不安，神经过敏，紧张以及由此产生的躯体征象，如震颤等。测定游离不定的焦虑及惊恐发作是本因子的主要内容，还包括躯体感受的项目；

（6）敌对：包括11、24、63、67、74和81共6项。主要从三方面来反映敌对的表现：思想、感情及行为。其项目包括厌烦的感觉，摔物，争论直到不可控制的脾气暴发等各方面；

（7）恐怖：包括13、25、47、50、70、75和82共7项。恐惧的对象包括出门旅行，空旷场地，人群或公共场所和交通工具。此外，还有反映社交恐怖的一些项目；

（8）偏执：包括8、18、43、68、76和83共6项。本因子是围绕偏执性思维的基本特征而制定：主要指投射性思维，敌对，猜疑，关系观念，妄想，被动体验和夸大等；

（9）精神病性：包括7、16、35、62、77、84、85、87、88和90共10项。反映各

式各样的急性症状和行为，限定不严的精神病性过程的指征。此外，也可以反映精神病性行为的继发征兆和分裂性生活方式的指征；

（10）其他：包括 19、44、59、60、64、66 和 89 共 7 个项目未归入任何因子，反映睡眠及饮食情况，分析时将这 7 项作为附加项目或其他，作为第 10 个因子来处理，以便使各因子分之和等于总分。

结果的解释：

通常来说，总分超过 160 分，或阳性项目数超过 43 项，或任一因子分超过 2 分，说明可能患有心理疾病，即为异常。

任务三　构建心理健康管理系统

任务情境　"和"与"谐"是两个不同的中文字，它们的含义有很大的相似点。《吕氏春秋》里有一段话可以很好的说明"和"的含义，"正六律，和五声，达八音，养耳道也"，人的耳朵很奇怪，不愿意听单一的声音，一定要听几种不同的声音才能感到舒服。《论语》里有句话叫"君子和而不同"，把"和"与不同直接提出来了。"谐"是形音字，从言，皆声。本义是和谐，强调配合得匀称。"谐，和也"（《尔雅》），"掌司万民之难而谐和之"（《周礼·调人》）。把"和"与"谐"连在一起，即"和谐"就是指存在差别的各个成分可以相互协调地联系在一起。它本身就带有两层含义：一是组成一个整体的各个成分之间存在差别，且差别明显，但这些存在差别的各个成分之间又可以非常协调地整合在一起。

问题：和谐组织的典型特征是什么？

任务分析　企业健康管理是一个系统的工程，职业人的心理健康只是整个健康管理系统的组成部分，引进专业的健康管理服务机构，可以有效地对职业人进行系统的EAP 管理，进行职业人健康教育培训，科学引导职工养成健康的生活方式，树立全新的健康理念，快乐地工作和幸福地生活，全面提高职业人的健康意识和身心素质，让员工个人健康与企业整体绩效有机统一起来，为企业健康持续发展发挥积极作用。

本任务主要回答构建健康组织的意义、学习型组织的特征与构建环节以及如何优化组织管理系统等等问题。

在上述任务中，和谐组织实际上是以人为本的组织。人本管理是以人为中心的管理，其本质上就是尊重人、服务人、依靠人、发展人。

一、构建健康组织的意义

组织也叫社会组织，它是人们为了达到共同的目标，有序地形成了一个动态的系统的社会共同体。组织的主要特征是为了达成某一特定的目标，在分工协作的基础上，各自分担明确的任务，在不同的权利配合下，扮演不同的角色。因此可以说，组织就是对各种不同角色的组合工作。

构建以人为本的组织是时代的要求，是构建社会主义和谐社会这一宏大系统工程所呈现的多层次、多方面特点的具体体现。优秀的组织，非常注意工作氛围的塑造，这种氛围不仅仅是指良好的工作环境，更重要的是团队成员的心理契合度，即是团队成员间彼此充分信任和合作，有共同的目标，领导者善于运用激励方法，团队的创造性和潜力得到激发，业绩就会很显著；相反，组织目标无法实现。所有的员工都希望在组织中有表达自己想法的机会和渠道，开放式的沟通环境有利于产生分享式的观点，并且可以使员工更加团结的工作。

二、学习型组织

1990 年，麻省理工学院斯隆管理学院彼得·圣吉在《第五项修炼》一书中提出"学习型组织"的管理观念，其含义为面临剧烈变化的外在环境，组织应力求精简、扁平化、终生学习、不断自我组织再造，以维持竞争力。

（一）学习型组织的特征

学习型组织不存在单一的模型，它是关于组织的概念和员工作用的一种态度或理念，是用一种新的思维方式对组织的思考。在学习型组织中，每个人都要参与识别和解决问题，使组织能够进行不断的尝试，改善和提高它的能力。学习型组织的基本价值在于解决问题，与之相对的传统组织设计的着眼点是效率。在学习型组织内，员工参加问题的识别，这意味着要懂得顾客的需要。员工还要解决问题，这意味着要以一种独特的方式将一切综合起来考虑以满足顾客的需要。组织因此通过确定新的需要并满足这些需要来提高其价值。它常常是通过新的观念和信息而不是物质的产品来实现价值的提高。

学习型组织具有下面几个特征：

1. 组织成员拥有一个共同的愿景

组织的共同愿景，来源于员工个人的愿景而又高于个人的愿景。它是组织中所有员工共同愿望的景象，是他们的共同理想。它能使不同个性的人凝聚在一起，朝着组织共同的目标前进。

2. 组织由多个创造性个体组成

在学习型组织中，团体是最基本的学习单位，团体本身应理解为彼此需要他人配合。组织的所有目标都是直接或间接地通过团体的努力来达到的。

3. 善于不断学习

这是学习型组织的本质特征。所谓"善于不断学习"，主要有四点含义：

一是强调"终身学习"。即组织中的成员均应养成终身学习的习惯，这样才能形成组织良好的学习气氛，促使其成员在工作中不断学习。

二是强调"全员学习"。即组织的决策层、管理层、操作层都要全心投入学习，尤其是经营管理决策层，他们是决定组织发展方向和命运的重要阶层，因而更需要学习。

三是强调"全过程学习"。即学习必须贯彻于组织系统运行的整个过程之中。

四是强调"团体学习"。即不但重视个人学习和个人智力的开发，更强调组织成员的合作学习和群体智力（组织智力）的开发。

学习型组织通过保持学习的能力，及时铲除发展道路上的障碍，不断突破组织成长的极限，从而保持持续发展的态势。

4. "地方为主"的扁平式结构

传统的组织通常是金字塔式的，学习型组织的组织结构则是扁平的，即从最上面的决策层到最下面的操作层，中间相隔层次极少。它尽最大可能将决策权向组织结构的下层移动，让最下层单位拥有充分的自主权，并对产生的结果负责，从而形成以"地方为主"的扁平化组织结构。例如，美国通用电器公司目前的管理层次已由 9 层减少为 4 层。只有这样的体制，才能保证上下级的不断沟通，下层才能直接体会到上层的决策思想和智慧光辉，上层也能亲自了解到下层的动态，掌握第一线的情况。只有这样，组织内部才能形成互相理解、互相学习、整体互动思考、协调合作的群体，才能产生巨大的、持久的创造力。

5. 自主管理

学习型组织理论认为，"自主管理"是使组织成员能够边工作边学习，并使工作和学习紧密结合的方法。通过自主管理，组织成员可以自己发现工作中的问题，自己选择伙伴组成团队，自己选定改革、进取的目标，自己进行现状调查，自己分析原因，自己制定对策，自己组织实施，自己检查效果，自己评估总结。团队成员在"自主管理"的过程中，能形成共同愿景，能以开放求实的心态互相切磋，不断学习新知识，不断进行创新，从而增加组织快速应变、创造未来的能力。

6. 组织的边界将被重新界定

学习型组织的边界的界定，建立在组织要素与外部环境要素互动关系的基础上，超越了传统的根据职能或部门划分的"法定"边界。例如，把销售商的反馈信息作为市场营销决策的固定组成部分，而不是像以前那样只是作为参考。

7. 员工家庭与事业的平衡

学习型组织努力使员工丰富的家庭生活与充实的工作生活相得益彰。学习型组织对员工承诺支持每位员工充分的自我发展，而员工也以承诺对组织的发展尽心尽力作为回报。这样个人与组织的界限将变得模糊，工作与家庭之间的界限也将逐渐消失，两者之间的冲突也必将大为减少，从而提高员工家庭生活的质量，达到家庭与事业之间的平衡。

8. 领导者肩负新的使命

在学习型组织中，领导者是设计师、仆人和教师。领导者的设计工作是一个对组织要素进行整合的过程，而不只是设计组织的结构和组织政策、策略，更重要的是设计组织发展的基本理念；领导者的仆人角色表现在对实现愿景的使命感；领导者作为教师的首要任务是界定真实情况，协助成员对真实情况进行正确、深刻的把握，提高成员对组织系统的了解能力，促进每个成员的学习。

9. 重视文化开放和系统思考

学习型组织建立了新的学习模式，有开放的文化，也重视开发系统的思考能力。在学习型组织中，一方面，组织成员彼此接纳，坦诚相见，相互信任，相互学习，分享所得的信息及结论，另一方面，学习型组织用系统的思考和整体观看待问题并解决问题，帮助组织的领导者和其他成员重新审视组织价值观念和组织文化，更全面地分析组织内部和外部的环境，增加组织对于外部环境挑战的能力，促进组织的持续发展和创新。

（二）构建学习型组织的环节

在构建学习型组织中需要把握以下几个重点环节：

1. 树立先进的学习理念

在建设学习型组织的过程中，首先就要在全体员工中树立起先进的理念。一是要树立"竞争就是学习力的"理念。二是要树立"终身学习"理念。三是要树立"团队学习"理念。四是要树立"学习型组织建设就是科学管理"的理念。五是要树立"教育是一种生产性投资"理念。六是要树立"学习工作化，工作学习化"理念。七是要树立"学习最主要任务是学会学习"理念。因此，学会学习，防止知识陈腐化，必然是当今学习的最重要任务之一。

2. 进行五项修炼

建设学习型组织必须立足于学习、读书、培训，但绝不能只停留在一般的学习、读书、培训的层面上，要进行"五项修炼"：

第一项修炼：自我超越。自我超越是指不断突破自己的成就、目标、愿望，给自己以新目标、愿望。

第二项修炼：改善心智模式。心智模式是指由于过去的精力、习惯、知识素养、价值观等形成的基本固定的思维认知方式和行为习惯。心智模式根深蒂固，本性难移，影响个人行为，因此必须不断学习，改善自己的缺点。

第三项修炼：建立共同愿景。共同愿景是指组织中所有成员共同发自内心的意愿。共同远景包括目标、价值观、使命感，它是在人们心中一股令人深受感召的力量。在创建学习型组织时，应该确立组织大愿景、团队小愿景和个人愿景。

第四项修炼：团队学习。组织要努力创造集体学习、沟通的机会，目的是使团队智商大于个人智商总和，使个人在团队中成长速度更快。

第五项修炼：系统思考，系统思考是核心。领导者全面、系统的思考可以创造出组织 $1+1>2$ 的效果，一个部门要整体地、动态地、本质地思考问题。

3. 提高领导者的素质

一般情况下领导者的素质可由政治素质、思想素质、职业素质、身心素质构成。在变革时期，领导者要能够引领新的观念，领导者要具有宽阔的视野，领导者要克服非此即彼的思维方式，养成亦此亦彼的弹性思维，领导者要具有开放的胸怀；领导者还要获得和保持可持续领导的能力，做到永不满足，经常反思个人的价值及调整个人的行为，从而进行自我革新，学会开发员工的潜能，并能够脚踏实地地工作。

典型事例

联想——中国第一个学习型组织

联想集团创建于 1984 年，现已发展成为拥有 19 家国内分公司，21 家海外分支机构，近千个销售网点，职工 6000 余人，净资产 16 亿元，以联想电脑、电脑主板、系统集成、代理销售、工业投资和科技园区六大支柱产业为主的技工贸一体、多元化发展的大型信息产业集团。1997 年销售总额达 125 亿元人民币，并在各主要业务领域都取得了显著成绩，其中联想电脑闯入亚太十强排名第五，联想 QDI 主板跻身世界板卡供应第三位，联想系统集成公司成为国内优秀系统集成企业之一。1995 年至 1997 年连续三年在全国电子百强企业中排名第二，全国高新技术百强企业排名第一。

联想的成功原因是多方面的，但不可忽视的一点是，联想具有极富特色的组织学习实践，使得联想能顺应环境的变化，及时调整组织结构、管理方式，从而健康成长。

早期，联想从与惠普（HP）的合作中学习到了市场运作、渠道建设与管理方法，学到了企业管理经验，对于联想成功地跨越成长中的管理障碍大有裨益；现在，联想积极开展国际、国内技术合作，与计算机界众多知名公司，如英特尔、微软、惠普、东芝等，保持着良好的合作关系，并从与众多国际大公司的合作中受益匪浅。

除了能从合作伙伴那里学到东西之外，联想还是一个非常有心的"学习者"，善于从竞争对手、本行业或其他行业优秀企业以及顾客等各种途径学习。

柳传志有句名言："要想着打，不能蒙着打。"这句话的意思是说，要善于总结，善于思考，不能光干不总结。

三、优化组织管理系统

（一）人本管理

1. 人本管理的内涵

人本管理是以人为中心的管理，以人为本，说到底就是满足人的需求，发挥人的才能，实现人的价值，提升人的生命质量。它强调的是员工在组织中的主体地位和主导作用，管理者要积极为员工创造相应的环境和条件，围绕员工的积极性、主动性和创造性进行管理。人本管理以人的全面、自由发展为核心，以个人自我管理为基础，以企业共同愿景为引导，使员工的人性得到最完美的发展。因此人本管理的本质就是尊重人、服务人、依靠人、发展人。

人本管理有如下特征：

（1）个人的自我管理是人本管理的本质特征。人本管理强调人的主体意识，既能自觉主动参与企业管理，也能根据企业的总体目标，进行自我管理，在自己所在的工作岗位上自主地做好工作，充分发挥自己的潜力，以实现自己的价值。

（2）人本管理的基础，是员工对组织行为规范、规章制度的认识、理解与内化，它所依靠的是组织的共同价值观和心理文化氛围，管理者的作用主要在于启发、引导和支持。

（3）人本管理对人的约束是柔性的。它主要不是依靠权利影响（如上级的发号施令），而是靠员工的自觉性、主动性，管理比较松散，弹性比较大。

2. 以人为本的组织管理层次

目前较为普遍的方法是把人本管理分为由低至高 5 个层次：

（1）情感沟通管理。这是人本管理的最低层次，也是提升其他层次的基础。

（2）员工参与管理。即企业管理者与员工的沟通不再局限于对员工的生活关心，员工已经开始参与到工作目标决策之中。

（3）员工自主管理。随着员工参与管理的程度越来越高，对业务娴熟的员工或知识员工可实行自主管理。

（4）有针对性地进行人力资源开发培训工作，建立完善的培训体系。

（5）组织文化的建立。组织文化说到底就是一个公司的工作习惯和风格。组织文化的形成需要公司管理的长期积累。组织文化管理的关键是对员工的工作习惯进行引导，而不仅仅是为了公司形象的宣传。

3. 人本管理与制度管理的关系

与人本管理相辅相成的是制度管理。崇尚人本管理，不是说制度管理就可以忽视了，不是用人本管理来替代制度管理，而是二者的功能互补。制度管理是人本管理的前提和基础。完全没有制度约束的组织是混乱的，人本管理也必然丧失立足点，人本管理是制度管理的升华。要减少对员工的卡、压、漠不关心，而要积极调动员工的积极性。

（二）企业流程再造

1. 组织流程再造的内涵

组织流程再造是 20 世纪 90 年代初期在美国兴起的管理变革浪潮，是指由组织过程重新出发，从根本思考每一个活动的价值贡献，然后运用现代的资讯科技，将人力及工作过程彻底改变及重新架构组织内各种关系。组织流程再造应包括四个要素：根本、彻底、显著和流程。

传统的组织结构是按照职能和层级设计的，各职能部门各自为政，业务流程被分割的支离破碎，组织员工在生产经营活动中"见树不见林"，而在现代组织中，顾客要求愈来愈多样化，组织员工更加注重自我实现，组织不仅追求规模经济更强调速度经济的情况下，以这种片断化的组织流程为基础的组织也就愈来愈难以满足多方面的要求，而通过组织流程再造理论，也就是借助信息技术，以重整业务流程为突破口，将原先被分割得支离破碎的业务流程再合理地"组装"回去。流程再造是从根本上对原有的基本信念和业务流程进行重新考虑和重新设计，以期在成本、质量、服务和效率等衡量绩效的重要指标上，获得显著的改变。流程再造的关键在于挑战基本信念，即对长期以来组织在经营中所遵循的基本信念进行重新思考，强调流程再造的彻底性。

2. 组织流程再造的原则

组织业流程再造的原则为：整合工作流程、由员工下决定、同步进行工作、流程的多样化、打破部门界限、减少监督审核、减少扩充协调、提供单点接触、集权分权并存。

3. 组织流程再造的特色

一是在崭新的资讯技术支持下，以流程为中心，大幅度地改善管理流程。二是放弃陈旧的管理做法和程序。三是评估管理流程的所有要素对于核心任务而言是否重要。专注于流程和结果，不注重组织功能。在方法上以结果为导向、以小组为基础、注重顾客，要求严格衡量绩效，详细分析绩效评估的变化。

4. 组织流程再造过程的指导思想

流程再造过程中的指导思想是坚持三个中心：以顾客为中心；以员工为中心，以员工为中心是达到个人目标与组织目标融合的有效途径；以效率和效益为中心。效率和效益是企业活力的最终体现，流程再造的成果最终要在效率和效益上反映出来。业务流程是企业再造的核心领域，企业再造的关键技术就是重整业务流程。

（三）产业先见

1. 产业先见的内涵

所谓产业先见是指基于对生活方式、技术发展、人口趋势等改变产业范围及开创新竞争空间的因素的深入了解，借助想象力而得出的对未来产业变化的预见。产业先见之争是看谁能预见未来商机的规模及轮廓，谁能想出别出心裁、满足顾客未来需求的途径，或谁能对现有服务顾客的方式进行大幅度创新改革。组织要想立于不败之地，不能停留在追赶之道，而要谋求领先之计，即创造未来，把握先机。未来的竞争并不取决于组织现有的规模和过去做得怎么样，而是取决于有无深远的战略目光，有无产业先见。

2. 产业先见的方式

（1）学会遗忘。学会遗忘并不是简单地把组织过去的业绩全部忘掉，而是指在不断接受新知识的条件下，学会遗忘构成自己心智模式的基础条件，从而为改变组织或个人的心智模式创造条件。

（2）超越顾客导向。超越顾客导向的真正含义是引导顾客朝他们愿意却不自知的方向走，接受组织为他们准备的全新产品和服务，进而开创出新的产品。

（3）探寻未来需求的有效途径。从现有需求的演化着手探寻，从现有技术进步的可能性着手进行探寻。

（4）掌握行进路线。组织要抢先进入未来的市场，需寻求现实与未来的最短路径。

（5）建立和发展核心能力。核心能力是组织拥有的、能为消费者带来特殊效用、使组织在某一市场上长期具有竞争优势的、独特的内在能力资源。核心能力与产业先见有着内在的逻辑联系。产业先见若没有核心能力的支持，便是空想；有核心能力而没有产业先见，就可能没有市场。只有二者结合，才能使组织立于不败。

任务诊断 针对某一组织现在的管理系统，以小组为单位展开讨论，应如何进行优化。

知识小结

在激烈的市场竞争和工作压力面前，企业员工出现各种各样的身心问题，如心理紧张、痛苦压抑、垃圾情绪、丧失信心等不良健康状态，严重影响企业的工作效率，导致成本上升。成功领导者必须通过了解身心健康现状，掌握构建良好和谐健康组织的方式，为组织的发展创造良好的工作环境，使组织在竞争中处于不败之地。健康是指个体不仅没有心理疾病或心理变态，而且在身体上、心理上以及社会行为上均能保持最高最佳的状态；我国企业高管和企业员工健康状况不容乐观，究其因素有个人因素、人际因素和组织管理因素；企业应构建以人为本的健康组织系统。

这里我们特别强调，在日常的学习、生活和工作中，员工的健康状况一旦出现了问题，也不要将解决问题都寄托在管理者身上，关键是员工也要进行自我调节，学会一些自我调节的途径和方法，而且要早调节。

知识巩固

一、单项选择

1. 个体不仅没有心理疾病或心理变态，而且在身体上、心理上以及社会行为上均能保持最高最佳的状态指的是（   ）。

A. 身体健康　　　　　B. 心理健康　　　　　C. 健康　　　　　D. 以上都不对

2. 心理健康是（   ）。

A. 连续的　　　　　B. 流动的　　　　　C. 连续的、流动的　　D. 以上都不对

3. （   ）是人认识事物和实际行动所达到的水平。

A. 智力　　　　　B. 观察力　　　　　C. 思考力　　　　　D. 分析力

4. （   ）是人们为了达到共同的目标，有序地形成了一个动态的系统的社会共同体。

A. 群体　　　　　B. 团体　　　　　C. 组织　　　　　D. 机构

5. （   ）是指由于过去的精力、习惯、知识素养、价值观等形成的基本固定的思维认知方式和行为习惯。

A. 模式　　　　　B. 习惯　　　　　C. 价值观　　　　　D. 心智模式

6. 人本管理是以（   ）为中心的管理。

A. 人　　　　　B. 组织　　　　　C. 团队　　　　　D. 领导者

7. 下列不属于压力的来源的是（   ）。

A. 个人　　　　　B. 人际关系　　　　　C. 组织管理　　　　　D. 以上都对

8. （   ）是指组织中所有成员共同发自内心的意愿。

A. 共同愿景　　　　　B. 凤愿　　　　　C. 共识　　　　　D. 意愿

9. 按全国常模来说，SCL－90 总分超过（　　　）分，或阳性项目数超过 43 项，或任一因子分超过 2 分，说明可能患有心理疾病，即为异常。

A. 160 　　　　　　B. 90 　　　　　　C. 120 　　　　　　D. 60

10.（　　　）是指基于对生活方式、技术发展、人口趋势等改变产业范围及开创新竞争空间的因素的深入了解，借助想象力而得出的对未来产业变化的预见。

A. 组织 　　　　　　B. 预见 　　　　　　C. 产业先见 　　　　　　D. 心智模式

二、简答题

1. 健康的含义及判断标准是什么？

2. 自我调节的方法是什么？

3. 人本管理的核心是什么？结合实际谈谈自己的看法。

4. 产业先见的具体策略是什么？结合实际谈谈自己的看法。

案例分析

案例 1：张先生提拔后的反应

张先生是一家大公司的部门经理，他热爱并且出色地完成了自己的本职工作。然而，在过去的一年里，由于被提拔到现在的职位，他产生了一种莫名其妙的不适感，他经常感到尽管自己工作有成效，可还是不能出类拔萃，这种焦虑的情绪深深地浸入他的意识之中。他开始延长工作时间，把工作带回家，甚至常常工作到深夜。他感到筋疲力尽，却仍然担心第二天的工作。她的同事鼓励他说："你一直都是最好的，现在也一样。"但张先生却明白：自己已经干不好了。

阅读以上资料，回答以下问题：

1. 看了案例以后，你有什么想法？

2. 这个案例说明了什么？为什么？

3. 如果你是张先生应该如何摆脱现状？

4. 如果你是管理者，你应该怎么做？

案例 2：联想：激发鲨鱼般的复原力

在自然界，鲨鱼拥有一种动物进化竞争中的终极武器——惊人的复原力。这种力量让这种 4 亿年前就已存在的动物度过了 4 次全球大毁灭。《哈佛商业评论》资深编辑黛安·库图在《如何激发复原力？》一文中提出，真正的复原力必须同时兼备三项特质：能够接受并面对现实的能力、从生命的某些方面发掘出意义的能力、随机应变的能力。

如果将这三种特质联系到联想集团的文化中，似乎可以一一得到印证。8 月 3 日，联想公布了截止到 2006 年 6 月 30 日的第一季度业绩，其综合营业额为 35 亿美元，较去年同期增长 38%。尽管综合表现良好，但由于市场竞争加剧以及收购 IBMPC 的裁员成本，公司的净利润仅为 500 万美元，同比下降 89.13%，重组费用更高达 1900 万美元。毫无疑问，在未来的全球布局中，整合依然是联想的工作重点。我们试着探究在联想内部这种已经出现并且正被有意识加强的复原力，以期解释过去的 5 年里，这家公司为何能够度过从战略到业绩的几次大波动，并且对面临的整合难题保持信心。

1. 积极氛围

在中国数以万计的公司中，只有少数几家公司的员工可以被人在 10 分钟之内判定其所在的公司，联想便是其中之一。为了鼓舞员工士气，每天早上 8：30，联想总部都会广播联想之歌，歌词的高潮部分这样写道："啊，联想，联想，联想，乘风破浪向远方。啊，联想，联想，联想，我们再创辉煌。"在联想新总部大厦，来来往往的工作人员虽然大部分穿着随意，却走路昂首挺胸，脸上充满自信。

事实上，员工信心指数调查是联想人力资源工作中相当重要的一环。在调查过程中，每个员工将拿到一张调查表，里面设有固定的问题，比如"你对公司未来运营是否有信心？"、"未来 6 个月是否会离职？"、"你认为公司效率怎么样？"、"同事之间的合作怎么样？"等等。调查表被回收后，当期的焦点话题会在一个名为"焦点访谈"的栏目中讨论。评分结果反馈到高层后会讨论出相应解决之道，再将结果和解决措施公布给员工。平时，员工信心指数调查在联想每半年进行一次。联想集团人力资源（中国）高级总监张瑾对《商务周刊》表示，"但当公司发生比较大的变革时会适时增加调查次数，特别是在变革初期会进行比较频繁的调查。"而在联想总部，如果公司取得非常好的业绩，员工沟通部也会策划水果宴。此时，联想整个大楼的楼梯口到处都会摆满水果，由所有员工一起分享。

2. 正面沟通

2004 年 3 月，联想曾经进行了近年来最大规模的战略性、结构性裁员。也正因如此，几乎与裁员同时，一篇联想员工撰写的《裁员纪实：公司不是我的家》在网上迅速流传开来。文章说，"领导者战略上犯的错，却要员工承担"；"不管你如何为公司卖命，当公司不需要的时候，你曾经做的一切都不再有意义"；"员工和公司的关系，就是利益关系，千万不要把公司当作家"。一时间，有关"联想文化的光环已经褪色"的质疑不绝于耳。

对此，当时担任联想公司 CEO 的杨元庆在大会上面对所有员工，做出"联想是家但又不是家"的回应和员工坦诚沟通；作为一个追求长远发展的企业，仅仅像家一样一团和气是不够的，更重要的是从公司长远发展考虑，建立更加高效的文化导向。很多联想员工都在一夜之间对"家文化"进行了反思。杨元庆说："我们每一次发生变革，都要把变革的作用告诉大家，即使面对最困难的环节也会正面回应。"在联想，内部沟通部是一个长期设立的独立部门。现在，沟通已经成为联想做每一件事的必备环节，而沟通的方式也涵盖了开会、书面以及发放员工手册等多种方式。

2004 年 12 月 8 日，联想集团并购 IBM 的全球 PC 业务。完成并购交易后，联想 PC业务规模跃升为全球第三。这是中国 IT 企业海外收购金额最大的案例。随着联想总部迁至 IBM 总部所在地纽约，并将管理工作交给一些原 IBM 的高级管理人员，一封名为《究竟是我们收购了 IBM，还是人家收编了联想？》的联想内部员工来信再度引发人们关注。针对于此，联想内部目前正在开展"文化鸡尾酒"行动，通过组织案例讨论等形式，帮助大家发现和理解双方在行为方式上的差异性，并且通过网络平台，让员工们自己出谋划策，找到合适的解决方案。自"文化鸡尾酒"行动开展以来，已经讨论了近 20 个话题，比如新联想还要提倡"艰苦奋斗"吗？对我工作的评价美国人是怎样表达？面对国际同人，我们需要改变吗？

3. 随机应变

对于联想与 IBM 之间的文化融合，Gartner 研究公司分析师 Martin Gilliland 认为："两公司的文化都不应当是准文化，他们需要培养一种全新的文化。能否培养出这种全新的联想企业文化是成功与否的关键。"在收购 IBMPC 业务之前，联想邀请了麦肯锡咨询公司对两家公司进行调查，最终的报告结果显示：联想和 IBM 有高达 90% 多的相似度。职场网首席执行官赵宇明认为，联想长期从事组织的建设和发展，是收购 IBMPC 的前提条件。他对《商务周刊》分析到："IBM 是成熟组织的跨国公司，如果联想跟它差距太大，根本消化不了它，就像 TCL 消化不了汤姆逊一样。"几乎所有专家都承认，联想之前取得的成功，也在很大程度上在于根据企业所处阶段的不同对企业文化进行相应的调整，即伴随联想一次次的转型，其企业文化也在进行一次次的嬗变。

在创业之初，联想主要考虑的是"生存文化"，特征为敬业和危机感。随着企业的发展壮大，联想文化又过渡到"严格文化"。在 2000 年新老班子交接和组织分拆时期，联想公司又提出"亲情文化"的建设，提倡"平等、信任、欣赏、亲情"，用柳传志的话来说，联想需要制造"湿润"的空气。这种文化建设非常适应当时联想即将实行向服务转型的战略。

如今，在联想北京总部大楼，每个电梯里都挂着联想员工集体旅游的合影。照片中，各种肤色的员工笑容同样灿烂。目前，大家开始关注的是"如何提升国际化能力"的话题，希望总结出中国团队提升国际化能力的多个行为层面。

4. 维持平衡

为了让员工更为积极地面对未来，人力资源部门正在培养其中的积极因子。比如传统联想文化中，总结问题总是多于总结成绩，这种批评精神在某种程度上也会成为公司发展的消极因素。人力资源部门在员工信心指数调查中发现，"在过去几天内得到上司肯定"一项是所有调查项目中得分最低的项目，这意味着员工缺少来自领导的认可度。另一方面，严密的考核指标虽然有利于内部竞争，但也会让员工过于在意指标。目前联想正在考虑解决考核指标的实施频率过高、考核过于繁杂以及考核成本过大等问题。以联想的销售部门激励计划为例，以前是一年调整一次，2003 年变革后，为了更直接更紧密地与员工挂钩，每个季度都在调整。但现在联想又在逐步拉长这个周期，明年可能是半年调整，甚至一年调整。

按照联想集团新任 CEO 威廉·阿梅里奥的说法，联想目前将专注四项特定的举措：第一，在中国以外的市场更深入及更广泛地推行联想交易型业务模式；第二，加强集团全球供应链的短期和长远效能；第三，通过创新在市场上脱颖而出，同时继续实行成本优化，推动台式电脑业务的发展；第四，通过强大的宣传及营销举措，提升联想品牌的知名度。

被看做民族企业一面旗帜的联想，要成为世界的联想，的确需要做好经历各种困难的准备。从心理学实证方面研究指出，当人们遇到挫折时，高达 90% 以上的人会选择五种反应：攻击、退化、压抑、固执与退却，而积极思考者的比率低于 10%。从这个角度讲，联想一直矢志培育的个人以及组织的复原力，正是未来面对困难时促使员工积极应对的基石。

阅读以上资料，回答以下问题：

1. 联想公司是如何通过难关的？采取了什么样的措施？

2. 此案例中涉及什么样的管理思想？

实训设计

1. 结合自己所在班级，调查学生的健康状况，针对学生存在的问题应该采取什么样的措施？

2. 在学习、生活、就业等方面，你有压力吗？你的行为有什么异常吗？以小组为单位展开讨论，总结如何勇敢的面对压力。

主要参考文献

［1］陈鸿雁．管理心理学［M］．北京：北京交通大学出版社，2008.

［2］朱吉玉．管理心理学［M］．大连：东北财经大学出版社，2007.

［3］余文钊．管理心理学［M］．大连：东北财经大学出版社，2004.

［4］顾培忠，任岫林．组织行为学［M］．北京：北京人民大学出版社，2008.

［5］郭丽，冯光福．管理学基础［M］．北京：化学工业出版社，2009.

［6］斯蒂芬·柯维．高效能人士的七个习惯·前言［M］．北京：中国青年出版社，2008.

［7］孙喜林．管理心理学［M］．大连：东北财经大学出版社，2006.

［8］王重鸣．管理心理学［M］．北京：人民教育出版社，1997.

［9］刘耀华．构建心理健康管理系统迫在眉睫［J］．北京：中国企业报，2011.

［10］赵明宇．女性心理健康大调查［J］．北京：北京娱乐信报，2005.

［11］罗丹萍．员工心理健康调查［J］．中国人力资源开发网，2005.

［12］国家职业心理咨询师教程（三级）［M］．北京：民族出版社，2005.

［13］国家职业心理咨询师教程（二级）［M］．北京：民族出版社，2005.

［14］国家职业心理咨询师教程（基础知识）［M］．北京：民族出版社，2005.

［15］淄博职业学院《企业管理心理学》精品课程．

［16］西安财经学院《组织行为学》精品课程．

［17］北京交通大学《管理学》精品课程．

［18］东北财经大学《管理学》精品课程．

［19］广西科技职业学院《管理学》精品课程．

主要参考文献

[1] ...